死体置場で待ち合わせ

法月綸太郎
往復書簡
新保博久

光文社

目次

死体置場で待ち合わせ

読者への公開状（エラリー・クイーンふうに）
新保博久　7

第一信　新保博久
「モルグ街の殺人」誕生の謎
二〇二二年五月十二日　11

第二信　法月綸太郎
誰がメアリー・ロジャーズを殺そうとかまうものか
二〇二二年五月二十五日　17

第三信　新保博久
犯罪の女王のリアル
二〇二二年六月八日　24

第四信　法月綸太郎
もう一人のメアリーの遁走
二〇二二年七月十一日　31

第五信　新保博久
ポーは裏切る
二〇二二年七月二十五日　38

第六信　法月綸太郎
蕗屋清一郎は過度な技巧を弄しない
二〇二二年八月八日　46

第七信　新保博久
特殊設定ミステリなんか怖くない
二〇二二年九月五日　54

第八信　法月綸太郎
山中峯太郎は倒叙ミステリの夢をみるか？
二〇二二年九月二十六日　62

第九信　新保博久
すべてのミステリは特殊設定である
二〇二〇年十月六日　71

第十信 法月綸太郎 81
ラスコーリニコフ・イン・USA
二〇二二年十一月十一日

第十一信 新保博久 91
倒叙とフーダニットは両立できるか？
二〇二二年十一月二十七日

第十二信 法月綸太郎 100
ミステリとお笑いの親和性について
二〇二二年十二月五日

第十三信 新保博久 111
藪をつついて謎を出す
二〇二三年一月二十一日

「藪の中」の真相に関する暫定的結論
新保博久 123

第十四信 法月綸太郎 125
「藪の中」の真相は「完全犯罪」の中にあり？
二〇二三年二月三日

第十五信 新保博久 137
「蔵の中」の作者は「藪の中」をどう読んだ？
二〇二三年二月十九日

第十六信 法月綸太郎 146
「藪の中」から「茶碗の中」の方へ
二〇二三年三月十七日

第十七信 新保博久 156
欠け茶碗の欠片を探して
二〇二三年三月三十一日

第十八信 法月綸太郎 165
蝙蝠やクラリモンドは吸血女
二〇二三年四月十四日

第十九信
新保博久 175
スペインが風邪ひきゃ(?)
ミステリがくしゃみ
二〇二三年五月十五日

第二十信
法月綸太郎 184
英語と米語のギャップについて
二〇二三年五月三十一日

第二十一信
新保博久 195
話題のツヅキはどこまでも
二〇二三年六月十二日

第二十二信
法月綸太郎 206
二十一世紀もやっぱりツヅキです
二〇二三年七月十七日

第二十三信
新保博久 216
猿の眼は猿の手ほどに物を言い
二〇二三年八月三日

第二十四信
法月綸太郎 225
カチカチ山と
鉄道自殺をめぐって
二〇二三年八月十四日

第二十五信
新保博久 235
安吾と正史の〝不連続〟な関係
二〇二三年九月十一日

第二十六信
法月綸太郎 244
甲虫とドラゴンから、
グリーン家の方へ
二〇二三年九月二十五日

第二十七信
新保博久 255
電話女は催眠薬入り
ココアを飲まない
二〇二三年十月九日

第二十八信　法月綸太郎　266
『陸橋殺人事件』は多重解決ミステリの元祖なのか？
二〇二三年十一月六日

第二十九信　新保博久　277
リッキョウの皮をむく
二〇二三年十一月二十一日

第三十信　法月綸太郎　288
推理はつづくよどこまでも
二〇二三年十二月四日

第三十一信　新保博久　299
オッターモール氏の手が招く
二〇二四年一月十七日

第三十二信　法月綸太郎　310
かわうそともぐらに手を引かれて
二〇二四年一月二十九日

第三十三信　新保博久　323
Z世代によろしく（お手柔らかに）
二〇二四年二月十四日

第三十四信　法月綸太郎　333
ルブランの妹から
レドンダ島の王たちの方へ
二〇二四年三月十一日

第三十五信　新保博久　345
まぜるな危険か？
多重推理と特殊設定
二〇二四年三月二十七日

第三十六信　法月綸太郎　357
さようなら、わたしたちの
秘密の郵便箱よ！
二〇二四年四月八日

新保博久×法月綸太郎
感想戦対談　372

末期のメッセージ（都筑道夫ふうに）
法月綸太郎　392

付録Ⅰ　「盗まれた一萬円」　坂口安吾　396
付録Ⅱ　「家常茶碗」　佐藤春夫　415
付録Ⅲ　「藪の中」　芥川龍之介　427
付録Ⅳ　『今昔物語集』巻二十九第二
「多衰丸調伏丸二人盗人語《たすいまろちょうぶくまろふたりのぬすびとのこと》」　439
付録Ⅴ　『今昔物語集』巻二十九第二十二
「詣鳥部寺女値盗人語《とりべでらにもうずるおんなぬすびとにあうこと》」　440
付録Ⅵ　『今昔物語集』巻二十九第二十三
「具妻行丹波国男於大江山被縛語《めをぐしてたんばのくににゆくおとこおおえやまにしてしばらるること》」　442
付録Ⅶ　「茶碗の中」　小泉八雲　田辺隆次・訳　444
付録Ⅷ　『新著聞集』巻五第十奇怪編
「茶店《ちやてん》の水椀若年《すいわんじやくねん》の面《おもて》を現《げん》ず」　448
付録Ⅸ　「猿の足」　ジャコブス　鷲尾浩・訳　449

作品名索引　489
人名作品（海外）　492
人名作品（国内）　496

装幀／泉沢光雄
手紙／新保博久・法月綸太郎
イラスト／イクタケマコト

［凡例］

本文中、『』は書籍タイトル、映画タイトル。「」は短編タイトル、テレビ番組名。

〈〉はシリーズ・タイトル、選集や全集タイトル。

引用文中の【…】は中略の意味です。

本文中に登場する書籍、短編など、主要作品の書誌情報は、巻末の索引に掲載しています。

読者への公開状（エラリー・クイーンふうに）

新保博久

よく言われるようにドストエフスキーは優れた探偵小説家でもあるとして、水村《みずむら》美苗《みなえ》氏は「ふつうの探偵小説とちがって、なぜ『カラマーゾフの兄弟』は再読再々読が可能なのか」と自問自答し、自分なりの回答へと話を進めたことがある。

あ、『カラマーゾフの兄弟』の話をいま私はしたいわけではない。水村氏の意見がどういうものかは、辻邦生《つじくにお》氏との往復書簡形式の文学談義エッセイ『手紙、栞を添えて』を見ていただこう。

探偵小説――推理小説やミステリあるいはミステリーといった呼称の使い分けにも、話者や時代によって微妙な（あるいは大きな）差異があるのだが、全部ほぼ同義語であるとして、とりあえず今は推理小説に統一しておくことにしたい。その推理小説は、犯人の正体やトリックの種明かしを知ったら、再読してもつまらないという〝俗信〟がある。運悪く、読む前にそれを教えてしまわれる場合もあり、だから、いわゆるネタバレ（ネタバラシとかネタ割りというべきだが、これも普及してしまった言い方をしておく）行為が袋だたきに遭うのだろう。

再読に耐えないとかネタバレ御法度《ごはっと》とか、それもこれも、推理小説は最初にだまされる時の快感が大きすぎるからにほかならない。確かに、ファースト・サプライズで得られたほどの快感は再読では味わえないだろう。だが意外性は推理小説の大きな魅力の一つとはいえ、すべてではない。作者がどううまく（あるいは、うまくなく）手がかりを隠し込んでいるか検証するといった技術的興味、また初読のさい犯人は誰か、どうやって密室を脱出したかなどに気を取られて読み過ごしていた細部を発見するなど、再読ならではの楽しみもある。

たとえばガストン・ルルー『黄色い部屋の秘密』で深夜、犯人を待ち伏せするのにルールタビーユ探偵と相棒の男とがそれぞれ持ち場につく前に別れのキスをするのは、そこをカットしている訳本が多かったせいもあるが、私も何度目かに読み返すまで気がつかなかった。

「ルウルタビイユの抱擁を思い出すと、妙に気になる。あんなふうに友達に接吻するのは余程の場合か、これから危険に飛びこもうとするのを見送るような時に限られている！」（日《ひ》影丈吉《かげじようきち》訳、ハヤカワ・ミステリ文庫旧訳版）

フランスでは同性同士〝特別な関係〟でなくともキスするのは普通のことらしいが、日本の読者が変に気を回さないよう、ぼかして訳す場合も多いようだ。

「ルールタビーユの抱擁のことが頭をかすめ、不安な気がした。何かあらたまった場合か、危険を冒す時でもなければ、あんなふうに友人を抱擁したりはしないものだ！」（宮崎嶺雄《みやざきみねお》訳『黄色い部屋の謎』創元推理文庫旧訳版）

再読してもたいがい面白く読めるのに与《あずか》って最も力があるのは、読み手の忘却力だろう。せんだってもレイモンド・チャンドラーの『長い（お）別れ』を再読したが（たぶん二度目。三度四度と読み返すのが珍しくない私には二度は少ないほうに属する）、覚えていたのは冒頭と結末だけで、中盤で誰が誰を殺すのか、きれいさっぱり忘れていた。とくに三十歳を過ぎてから初めて読んだ作品は忘れやすい。

推理小説に限らなくとも、ウェブスターの『あしながおじさん』の正体など軽い意外性が仕掛けられている（丸わかりと言えば言える）が、正体を知ったうえで繰り返し愛読しているファンも少なくないだろう。要は、ジャンルを問わず再読に耐えない本は初読にも耐えないし、推理小説に限っては、ジャンル読者には初読時が面白すぎるというにすぎない。

最初に引いた水村美苗氏のような意見が出てくるのは、氏が推理小説をあまりお好きでない、むしろ嫌いだからではないか（別に構わないのだが）。辻邦生氏との往復読書エッセイは二十世紀の終わり、朝日新聞に毎週、交互に執筆されたとき読んでいたが、今回参考にしたくて改めて通読したところ先の一節が目にとまった次第。辻邦生氏のほうは推理小説にも関心があったようだが、この連載では言及されなかった。それもあって私は、『手紙、栞を添えて』のような往復書簡形式のスタイルでの推理小説談義も欲しい、ないなら自分で作ってしまおうかと思ってきた。私自身は格不足としても、実作者であると同時に、卓越した読書家で評論書も多い法月綸太郎氏にお相手をお願いできれば、けっこう実のあるものになりそうだ。思い立ったとき法月さんにはご快諾いただけたものの、発表媒体の手配がつかず頓挫《とんざ》して早、二十年が経《た》つ。

だが今、SNSなどが普及してきたこともあって、シャーロック・ホームズや、クリスティーの『オリエント急行の殺人』だの『そして誰もいなくなった』だの、江戸川乱歩《えどがわらんぽ》や横溝正史《よこみぞせいし》に関心を懐《いだ》いて誰かと話をしたいという若者（に限らないが）も増えてきたと実感している（昔はひとり粛々と読んでいるか、趣味を分かち合えるのはせいぜいひとり二人だった）。読書会のような企画があちこちで催されているらしいのも、新たな読者が常に育ってくると同時に、お互いに呼びかけやすくなった昨今、不思議はない。ロートル読者としては、何か受容のされ方が変わってきたなと感じることもしばしば。我々はこんな読み方をしてきたんだとお話しするのも、新しい読者に何かしら参考になるかもしれないという想《おも》いは日増しに強くなっている。

機が熟してきたようなので始めましょうか、あくび指南でも。ネタバレは極力やらないつもりなので、皆さんもよろしくお付き合いください。

第一信

二〇二二年五月十二日

新保博久→法月綸太郎

「モルグ街の殺人」誕生の謎

拝啓　法月綸太郎さま

一両日中にも、今年度の本格ミステリ大賞が決まるでしょうが、結果の速報はまだ耳に届いていません。評論・研究部門に『法月綸太郎ミステリー塾　怒濤編　フェアプレイの向こう側』がノミネートされていて、その当落を知ってからお手紙しようとも考えたのですが、テンプレート式に「おめでとうございます」とか「残念でした」とか申し上げるのは、物書きのはしくれだけにこっぱずかしい。テンプレでない気の利《き》いた言い回しを生むのもひと苦労なので、結果を聞かないうちに第一信を差し上げることにしました。

しかし「拝啓　〇〇〇さま」というのは、この連載を思いつくヒントになった『手紙、栞を添えて』の毎回の書き出しを猿真似したかのようですね。一行目を思案せずに済むので、これは日本モノグサ協会から推奨されそうな書き出しですが、今回限りにします。だいたい猿真似といえば「モル……いえ、何でもありません。これは、法月さん以外にも読んでいただきたい公開書簡《オープンレター》でした。

さて、世界最初の推理小説が「モルグ街の殺人」（一八四一年）だと私が教えられたのは小学五年のとき、子供向きのリライト本によってでした。教科書に書かれていることは素直に信じ込むよう訓練されていた（でなければテストで良い点が取れないので。そういえばたまたま、同じエドガー・アラン・ポーの「こがね虫」が五年の国語教科書に載っていたものです）せいか、「モルグ街」が起源だということを疑いもしなかったのです。むしろ、長じて江戸川乱歩らの評論を読むにつれ、それが定説だと、ますます強固に刷り込まれてきました。

たとえば、都筑道夫《つづきみちお》ミステリー論集『死体を無事に消すまで』には、都筑氏が百科事典に書いた「推理小説」の項目が再録されていて、「それ（「モルグ街の殺人」）より古く起源をもとめる論者もいるし、犯罪を主題にした小説がそれ以前にあったことも事実だが、意識的に犯罪事件の論理による分析的解決をあつかったのは、ポーが最初だから、この定説はみとめてよいだろう」と述べられています。

しかしそれから多少知恵がつくと、先人の意見を鵜呑《うの》みにしているばかりでいいのか、などと考えはじめるわけですね。「ポーが最初だから」と、どうして断定できるのか、まず気になります。推理小説の母胎《ぼたい》は、十八世紀からのゴシック・ロマンスである（らしい）のですが、「（ホレス・ウォルポールの）『オトラントの城』がゴシック・ロマンスの元祖と称されるのは

（一つには）、この奇想天外な怪奇譚《たん》を、作者が第二版の序文で「ゴシック物語《ストーリー》」と呼んでいるから」（風間賢二《かざまけんじ》『怪異猟奇ミステリー全史』）なんだそうです（また鵜呑みにしている）。このように著者が宣言してくれていれば話が早いのですが、ポーが「モルグ街の殺人」を自身の編集する「グレアムズ・マガジン」に発表したとき、「いまここに推理小説という新たなジャンルが誕生した」と主張するはずはない。デュパン登場の第三作「盗まれた手紙」（一八四四年）を、掲載に先立って知人にあてた手紙で「私の推論物語（the tales of ratiocination）としておそらくいちばんの出来」と称していたのは、もちろん探偵小説とも推理小説とも用語のない時代だったからでしょう。

さらに、こんな意見もあります。「ポーは『モルグ街の殺人』に始まる一連の推理小説に名探偵デュパンを登場させ、シリーズ化することによってジャンルとして確立し、一種のスター・システムを作りました。」「ポー以前にも、いまから見れば推理小説だといえないこともない作品はいくつかあるのですが、やはりデュパンという名探偵の創造こそが、推理小説誕生の瞬間でしょう」（巽孝之《たつみたかゆき》『NHK　100分de名著「エドガー・アラン・ポー　スペシャル」』）

とくに異を立てる必要もないのですが、これを文字どおりに受け取ると、デュパン再登場の「マリー・ロジェの謎」（一八四二〜四三年）が発表されて初めて、遡行《そこう》的に「モルグ街の殺人」は世界最初の推理小説の地位を固めたということになります。しかし私が考えるに、むしろ「マリー・ロジェの謎」こそ真にポーが世に問いたかった作品で、「モルグ街」はそのための捨て石にすぎなかったのではないでしょうか。

作者が自分で考えだした謎を自作で探偵に解かせても、そういう小説に初めて接する読者が感銘してくれるとは限りません。そんな絵空事よりも、現実に起こっている未解決事件の真相を作家が言い当てたほうが、はるかに感心してもらえたでしょう。現実に存在する謎よりも、作者が頭で捏《こ》ねあげた謎が解かれるほうが面白いと読者が認識してくれるには、推理小説というジャンル（名称は何にせよ）が成熟するまで待たねばなりませんでした。

はっきりした根拠があるわけでなく、まあ私の妄想としてお聞きください。ポーは新たな文芸ジャンルを創造しようという抱負があったわけではなく、ジャーナリストでもあっただけに、自作の登場人物に現実事件を解決させれば話題となり、売り上げにも貢献すると考えた。もちろんポー自身が探偵役を務めてもいいのですが、まだ有罪を宣告されてもいない実在人物を真犯人だと名指しするのはまずい。またポー自身、何か現実事件の真相を言い当てた実績があるわけでもありません。チャールズ・ディケンズの大長編『バーナビー・ラッジ』（一八四一年）において、挿話的な推理小説的部分について連載途中に、種明かしされるのに先んじてポーが推理を発表し、オレはこんなに鋭いんだぞとプロパガンダしたことはありましたが。

そこで、分析能力に長《た》けた人物をまず小説中に創造し、架空の事件を鮮やかに解かせて、彼が名探偵であると読者に認知させておく。モルグ街をパリに設定しておいたのも、自国アメリカの事件をそのまま扱うのでなく、酷似《こくじ》した事件が彼の地《か》で起こったことにする便法だったのではないでしょうか。モルグ街の犯人には身を隠していなければならない意識はなかったはずなのに、デュパンが正体をあばくまで、まったく目撃情報が寄せられていないのも、考えてみればいい加減な話です。

「モルグ街の殺人」という一編は、語り手が心の中で考えていただけの話題にデュパンがいきなり合いの手を入れ、友人が何を考えていたか言い当てる分析能力の持ち主だと証明する前半と、殺人事件の報道とその解明を綴《つづ》る後半とに分かれていますが、前半と後半はこの組み合わせでなければいけない理由はとくにない。デュパンが分析の達人であると読者に得心させる理論編が前半、それを応用した実践編が後半だと見ることもできるでしょう。そしてこの関係は、前半後半を合わせた「モルグ街の殺人」全体と、「マリー・ロジェの謎」との関係にも比定されると思うのです。モルグ街事件を解きえたデュパンだから、マリー・ロジェ事件――というか、そのモデルになったメアリー・ロジャーズ事件にも真相を看破できたのだ、と主張するかのように。

デュパン（すなわちポー）の推理の誤謬《ごびゅう》を糊塗《こと》するために、「マリー・ロジェの謎」連載中や単行本化に際して、ポーがどれほど姑息《こそく》に筆を入れていったか、ジョン・ウォルシュの『名探偵ポオ氏』（一九六八年）は容赦なく明らかにしていて、これも面白い本でした。私が「マリー・ロジェ」を本命とする説で困るのは、メアリー・ロジャーズの遺体が発見された一八四一年七月より早く、同年四月号に「モルグ街」が発表されていることです。そのときポーは、メアリー・ロジャーズ事件でない何か別な迷宮入り事件をデュパンに解かせるつもりでいた（それがどういう事件だったのか、当時の米紙でも精査しないことには見当もつきませんが）ものの、メアリー・ロジャーズのほうがホットだし、うまく解けそうな自信があったので乗り替えた（結果的に失敗したものの）、と考えることで辻褄《つじつま》を合わせています。
要点のみにて舌足らずになった気もしますが、どんなものでしょう。ご意見を伺えれば幸いです。

二〇二二年五月十二日

第二信

二〇二二年五月二十五日

法月綸太郎 ↓ 新保博久

誰がメアリー・ロジャーズを殺そうとかまうものか

拝復　新保博久さま

第二十二回本格ミステリ大賞の開票式は十三日の金曜日で、評論・研究部門は小森《こもり》収《おさむ》編『短編ミステリの二百年1～6』が受賞しました。自分のことはさておいて、納得の行く結果だったと思います。というか、四月に行われた第七十五回日本推理作家協会賞の選考会で、私も選考委員として同書を称揚《しょうよう》し、満場一致で評論・研究部門の受賞作に決まったわけですから、「自分の本が落選して残念です」というのはお門違《かどちが》いでしょう。

ディテクションの小説とクライムストーリイの主導権争いを軸に、倒叙《とうじょ》ミステリやシリーズキャラクターの問題を掘り下げていく小森氏の労作については、いずれこの連載でも話題にのぼりそうな予感がします。ちなみに「小森史観」を読み解くポイントは「都市の治安」にあるのではないか、と私はにらんでいるのですが……。

いや、のっけから話が脱線しました。本題に入りましょう。

新保さんからの問いかけを受けて、さっそくポーの再読を始めました。時節柄、こういうふうに書くと冷やし中華みたいですね。ピンポイントの拾い読みではなく、じっくり腰を据えて頭から精読するのは久しぶりで、「モルグ街」の犯人が凶器の剃刀《かみそり》を所持していた理由（＊＊似）とか、誤認逮捕される銀行員の名前がル・ボン（Le Bon：フランス語で「善人」の意）だったことなど、すっかり忘れていました。

「善人」といえば、「おまえが犯人だ」のグッドフェロウ氏もその仲間です。三月に出たばかりの『ポー傑作選2　怪奇ミステリー編　モルグ街の殺人』（河合祥一郎《かわいしょういちろう》訳）に収録された同作の新訳は、ミステリファンなら必読（再読必至）ですね。今まで謎だった語り手の正体には、目から鱗が落ちました。なるほど、そういう解釈もありかと膝を打ったのですが、これ、英米では定説なんでしょうか？

おっと、また話がそれてしまった。あらためて本題に戻りましょう。

新保さんの「本命は「マリー・ロジェの謎」で、「モルグ街の殺人」は捨て石にすぎなかった」説は、往年の連城三紀彦《れんじょうみきひこ》さながらのどんでん返しでした。「モルグ街」が前半の理論編で「マリー・ロジェ」が後半の実践編、という入れ子の見立てもスリリングで、こういう俯瞰《ふかん》した視点が出てくるのが古典再読の醍醐《だいご》味でしょう。

とはいえ、新保さんも認めるように、現実のメアリー・ロジャーズ事件が「モルグ街」の発表より後だった、という史実はいかんともしがたい。迷宮入り事件の乗り替え説を採《と》らなければ、ポー自身が自作自演でメアリー・ロジャーズを殺したと考えるほかありません（それだと本当に、連城ミステリになってしまいますが）。

乗り替え説を採用しても、疑問は残ります。仮にポーがメアリー・ロジャーズ事件を正しく解決していたとしたら、その後どうなっていたか？　読者はさらなるデュパンの名推理＝現実の難事件の解決を望んだでしょう。「もはや絵空事の謎では、読者の要求は満たせまい。もっと難解で、耳目《じもく》を集める未解決事件を解き明かさなければ！」。目ざとい雑誌編集者で、読者の関心を惹《ひ》きつけるコツをつかんでいたポーなら、きっとそう考えたはず。ところが「現実の謎」路線には、一つ大きな障害があるのです。

少し話を戻しますが、今回「マリー・ロジェの謎」を再読して一番引っかかったのは、パリ在住のデュパンにニューヨークの事件を解決させるため、ポーがものすごく変な設定をこしらえている、ということでした。デュパンの友人である語り手は、数学の確率論に関する回りくどい前置きをしたうえで、次のように話を切り出します。

今ぼくがここに公けにしようとしている異常な事件の詳細が、ほとんど理解を絶した一連の偶然の一致の、時間的順序から言えば第一の部分をなすものであり、その第二の部分、ないし最後の部分が、最近の、ニュー・ヨークにおける**メアリ・シシリア・ロジャーズ**殺しで

あることは、あらゆる読者が認めるところであろう。（丸谷才一《まるやさいいち》訳）

かいつまんで言うと、パリとニューヨークで酷似した二つの殺人事件が別々に起こり、デュパンがパリの事件を解決したけれど、その推理はニューヨークの事件にもほぼ当てはまるだろう。ただし両者がそっくりな経緯をたどるのは、「ほとんど理解を絶した一連の偶然の一致」にすぎない――無名の語り手（＝ポー）は読者に向けてこう強弁し、それでも足りないというように「偶然の一致（暗合）」について滔々《とうとう》と自説を語るわけです。読み進めていくうちに、こういう不自然な設定は気にならなくなりますが、新保さんの脳裏に「マリー・ロジェ」本命説が浮かんだのは、この「時間的順序」の転倒が呼び水になったからではないか、と推察します。

もちろん「偶然の一致」云々《うんぬん》は、ポー一流の煙幕で、作者も読者もこの建前を真《ま》に受けてはいなかったでしょう。後に単行本に収める際、冒頭に当時の経緯を説明する「註《ちゅう》」が加えられたのも、あらぬ誤解を避けるためだったと考えられます。それにしても、単にニューヨークで起こった事件をパリに移し替えるだけなら、こんな面倒な手続きを経《へ》るまでもない。現在の小説に慣れた私たちの目には、無用なノイズを増やしているようにしか見えません。しかし十九世紀半ばの雑誌編集者だったポーには、現実の事件をノベライズするため、そういう本末転倒したエクスキューズが必要だったようです。

今はその問題に深入りしないことにして、話を先に進めましょう。「マリー・ロジェ」の推理が的をはずしていたせいで、ポーは「現実の謎」路線を放棄せざるをえなくなりましたが、仮にデュパンの推理が正しくてもやはり行き詰まっていた可能性が高い。柳の下のドジョウを狙って、「マリー・ロジェ」方式でデュパンにアメリカの現実事件を解かせるとして、米仏でそっくりな事件が起こるという「偶然の一致」が繰り返されるだけでは、あまりにも不自然かつご都合主義的で、読者は冷めてしまうでしょうから。

つまり「現実の謎」を相手にする限り、デュパンの推理が当たるかはずれるかは問題ではない。「マリー・ロジェ」方式だと、どっちに転んでもデュパンをシリーズ探偵として再起用することが困難になってしまうのです。新保さんの説では、作者がわざわざ自分の首を絞める設定をこしらえた理由がわからない。ポーほどの策士ならそれぐらいの予想はできたと思うのですが。

路線変更の結果が「盗まれた手紙」だったのは、「現実に存在する謎よりも、作者が頭で捏ねあげた謎が解かれるほうが面白いと読者が認識してくれる」ためにはよかったのでしょう。怪我《けが》の功名というやつですね。ただし、その次の段落の「またポー自身、何か現実事件の真相を言い当てた実績があるわけでもありません」という一文には、異議を申し立てさせてください。

いや、正確には「事件」ではないし「真相を言い当てた」わけでもありません。こう書けばもちろん、新保さんもおわかりでしょう。『バーナビー・ラッジ』の真相を看破したエッセイと同様に、ポーの「分析的知性」が発揮された「メルツェルの将棋指し」（一八三六年）のことです。推理のターゲットは、十八世紀のハンガリー貴族が発明したチェスを指す自動人形。ポーは先行資料を詳しく読み解いて、それが純粋な機械ではなく、チェス人形の中に人間が隠れていることを証明しました。「モルグ街」発表の五年前、ポー自身が探偵役を務め、「現実の謎」を解き明かした実例ですが、実際の人形の仕掛けはポーの推理通りではなかったことが後に判明――箇条書きの文体やポーの推理がまちがっていたことまで含めて、「マリー・ロジェ」の祖型というべき作品です。

さて、早い時期から『バーナビー・ラッジ』評と「メルツェルの将棋指し」に注目していた評論家に、レジス・メサックがいます。原書刊行（一九二九年）から九十年あまりを経て、昨年ついに完訳の出た伝説的大著『「探偵小説《ディテクティヴ・ノヴェル》」の考古学』の著者ですね。恥ずかしながら、索引を含めて八百ページ・二段組というボリュームに恐れをなし、ずっと積ん読状態だったのですが、今回、往復書簡の参考になるかもと一念発起して、「第四部　モルグ街の謎」だけフライングで読んでみたという次第。

メサックはフランス人なので、英米の論者とは異なった視点からポーの探偵小説を論じていて、いろいろ面白いところがある。プレ「モルグ街」として世評の高い「群集の人」にはほとんど関心を示さず、『バーナビー・ラッジ』評と「メルツェルの将棋指し」の分析に多くの筆を割《さ》きながら、その論証の過程から見えてくるポーの技法の特徴について、メサックはこんなコメントを付しているのです。

そこには、この種の物語の構成にほぼ付きものの不自然さや、ぺてんとすら言える部分まで見出される。ポーは、自分が持ち出すつもりの質問すべてに答えようとする。そうするために、彼は自分が答えられる質問しか用意しないように注意を払う。彼のテクストを冷静に、神経を集中させて読むと、彼が答えを出すのを怠った種類の疑問点がほかにもあることがわかる。(「第三章　自然魔術《ナチユラル・マジツク》」槙野佳奈子《まきのかなこ》訳)

後半の文章は、「作者が自分で考えだした謎を自作で探偵に解かせても、【…】読者が感銘してくれるとは限りません」というツッコミより、もっと痛いところをついている気がします。モルグ街の犯人の目撃情報がまったく寄せられないといういい加減さも、ポーがその質問に答えるつもりがなかったことの証拠ですし、こうした手口は分析的推理というより、詐欺師の用いるぺてんに近い。先述の『ポー傑作選2』には、ちょうどいい具合に「詐欺《デイドリング》──精密科学としての考察」というエッセイとも創作ともつかない短編が収録されていて、「マリー・ロジェ」と「盗まれた手紙」をつなぐミッシングリンクの趣《おもむき》があります。ですが、だいぶ話がとっちらかってきたうえに、紙数も尽きたようなので、いったんそちらにお返ししましょう。

二〇二二年五月二十五日

第三信

二〇二二年六月八日

新保博久→法月綸太郎

犯罪の女王のリアル

法月綸太郎さま

ここで懺悔《ざんげ》しなければなりません。

二〇〇〇年代に入ったころ私は、「ミステリマガジン」に「ミステリ再入門」という連載を書いておりました。世界のミステリ全史を対象にするという、鯨を三枚に下ろすような真似は、もとより手に余ることなので、せめて対象期間だけでも二十世紀に限ったのですが、その一回を「モルグ街はなぜパリにあったのか」と題した記憶がありました。

バックナンバーを検《あらた》めてみると、それは二〇〇二年十一月号、結局全五十回に及んだ連載の第三十一回です。だいたい編年体で進めてきたのに、対象外だったはずの十九世紀の話題にいきなり戻ったのは、第二次世界大戦後のフランス・ミステリについて語る前振りでした。完結後に書籍化を打診されて、読み返したところその部分が唐突に思われ、そこをプロローグにして全体を組み立て直そうとか、身のほど知らずが考えるべきことではありませんね。眼高手低《がんこうしゅてい》を痛感させられ企画そのものをうやむやにしてしまいました。観念して、ほとんど連載のまま纏《まと》めてもらえばよかったと今さら感じます。未練らしく、連載のほかの回をごく一部『シンポ教授の生活とミステリー』（二〇二〇年）に取り込んだりはしましたが。

「マリー・ロジェ」本命説は、書籍化に向けての改稿過程で考えついたことで未発表だと思い込んでいたのですが、「ミステリマガジン」掲載時すでに開陳していたのに気づきました。素人探偵が警察を出し抜く物語であるためには、まず警察制度そのものが整備されていなければならない。それが最も先進的だったのがフランスなので、ポーはよく知りもしないくせに舞台をパリに求めたのだという説がまかり通っていたものの、本当にそれだけが理由だったのか。この珍説もドヤ顔で連載時に提示したのに誰からも問題にされず、公表したという記憶を封印してきたのかもしれません。

いただいたお返事のなかで、「ポー自身が自作自演でメアリー・ロジャーズを殺した」可能性を冗談まじりに示唆《しさ》しておられますが、私も当時ちらと考えたことではありました。それは思考の遊びでしかないのですが、ご指摘を受けて、別な推理作家自身が実際に手を染めたかもしれない現実犯罪を、その旧連載で妄想したことを思い出したのです。その妄論を披瀝《ひれき》したのは「ミステリ再入門」第十回「『ねずみとり』その他の推理劇」（二〇〇一年二月号）においてで、第九回「クリスティー失踪はミステリ史上の重大事件か」を受けたものでした。

アガサの失踪に手を貸した、姉婿《あねむこ》の妹ナン・ワッツの、娘の（ややこしい）ジュディス・ガードナーとその夫に取材したジャレッド・ケイド『なぜアガサ・クリスティーは失踪したのか？』の邦訳から一年ほど経って書いたのが拙稿です。ケイド著に描き出されていたのは、夫アーチボルドに離婚を切り出されて精神的に追いつめられたアガサが、夫への面当《つらあ》てに失踪の茶番を演じた姿にほかなりません。アーチーは若いゴルフ友だちのナンシー・ニールと懇《ねんご》ろになっていたのでした。ケイドの語る〝真相〟が本当だとすれば、事実とは概して凡庸な、つまらないものだという私の持論にまた一つ裏づけを得られたぐらいです。

評論家の身上はなるべく面白い誤解を提示することで、正解を言い当てるかどうかは二の次だと考えています。そこでもっと面白い〝真相〟を創ってみたくなったのですが、「ミステリマガジン」に書いた時には素《そ》っ気《け》なさすぎたので、もう少し詳しく語り直してみますね。実在した故人の名誉を潰すわけにもいきませんから、今はメアリー・ロジャーズをマリー・ロジェに替えたポーの故智に倣《なら》って、ヒロインは井草《いぐさ》クリスティーヌ（笑）という日系女性作家とでもしておきましょうか。

夫を愛人の手から取り戻すには、愛人当人の息の根を止めてしまえばいい。ですが普通に殺したのでは自分が真っ先に疑われてしまうから、アリバイを用意したい。そのあいだ失踪したと見せかけてホテルに逼塞《ひっそく》していたというのはどうか。行方《ゆくえ》をくらますためと見せかけて、ホテルに閉じこもっていたとしてアリバイを成立させるのが目的でした。その前にクリスティーヌは、殺人者の手記でありながら、殺人行為だけは伏せておくという小説を発表して評判になっていましたが、それまで探偵側から描いてきた作品より、書いている作者自身、犯罪を犯しているような背徳的な快楽を覚えていたのかもしれません。

もちろん殺人をしに出かけているあいだホテルには居られないので、陳腐な手ながら替え玉を用意する必要があります。これには失踪の茶番に協力を得た義姉妹が便利なのですが、瓜二つでなくとも（失踪した身を隠すためという触れ込みなので、顔はあまり見せない）背格好さえ似ていればよい。とはいえ、失踪研究書の口絵第一ページにツーショットで載っている失踪当事者と義姉妹とでは、外見が違いすぎて入れ替わりは難しそうです。あとの人間関係は考えてないので、話を進めるために、ともかくアリバイ作りに誰か替え玉を立てたことにしましょう。事情を打ち明けないでも、偽りの口実で第三者を雇うのも無理ではないのですから。夫の愛人をこっそり呼び出したクリスティーヌは（夫を譲るための相談をしたいと言えば、これは簡単ですよね）、ここで愛人を殺害しても自分にはアリバイがあるから安全だと考えます。もちろん本当に殺すつもりはなく、話し合いは物別れに終わらせて愛人は帰しました。殺そうと思えば殺せたが赦《ゆる》してやった、という想いで我慢することにしたのです。

こういう疑似殺人行為でおのが殺意を昇華させようとしたのが発端《ほったん》となる小説が再文庫化されたのに、最近法月さんは解説をお書きになりましたよね。そうです、都筑道夫『猫の舌に釘をうて』（徳間文庫）にほかなりません。都筑作品では恋敵《こいがたき》への殺意をなだめるために、なじみの喫茶店でよく逢う、顔の似た男を恋敵に見立て、想い人に処方されていた風邪薬をくすねたのを毒薬のつもりで、そやつのコーヒー茶碗にこっそり入れたら、飲んだ相手が本当に死んでしまったのが発端でした。

　ところでその都筑氏は、すべてのミステリのルーツはほとんどポーに見いだされるというのが持論で、半世紀以上も昔の一九七一年七月、東京の港区民会館で開かれた三回連続の現代ミステリ講座の第二回講師（第一回は中島河太郎《なかじまかわたろう》、第三回は佐野洋《さのよう》の両氏。日本編、海外編、実践編というようなテーマだったのでしょう）を務めたときの講演からも一端が窺《うかが》われます。

　この講演は写真が残っているだけで、録音もなければ筆録が活字化されることもなく、内容はまったく幻となっていました。ところがこれを学生時代、実際に聴講した松坂健《まつざかけん》氏が克明なメモをとっていて、たまたま発掘した五十年前のメモと記憶を合わせて原稿の形に再現した（面識のあった都筑氏の口調にも馴染《なじ》んでいたので）。松坂氏が昨二〇二一年十月に急逝する前に遺《のこ》した仕事の一つになりましたが、三門優祐《みかどゆうすけ》氏の個人誌「Re-ClaM」六号（二〇二一年五月）に発表されています。それを参照すると――

「モルグ街」「マリー・ロジェ」「盗まれた手紙」のデュパン三部作はもとより、イアン・フレミングの〈００７号〉シリーズの、主人公が敵の攻撃をかわしては反撃するパターンの連鎖も、原型はポーの「落とし穴と振り子」に求め得る。その説は、三一書房版の選集〈都筑道夫異色シリーズ〉（一九六八年）第二巻『なめくじに聞いてみろ』のあとがき（扶桑社文庫版にも再録）でも開陳されていましたが、エッセイ「メルツェルの将棋指し」も「文献から推理してゆくある種のアームチェア探偵もの」であり、さらに「『黒猫』や『裏切り心臓』は倒叙探偵小説の原型といえないこともない」と、つい最近まで私が思ってもみなかったことまで五十年前に指摘されていたのは新鮮でした（「黒猫」「裏切り心臓」を倒叙物と扱うのは私には異論があるのですが、これは後日の宿題としましょう）。

なんだかお返事からどんどん逸《そ》れてしまいましたが、「「マリー・ロジェ」の推理が的をはずしていたせいで、ポーは「現実の謎」路線を放棄せざるをえなくなりましたが、仮にデュパンの推理が正しくてもやはり行き詰まっていた可能性が高い」というご指摘は、言われてみればそのとおりで、まさしく意表を突かれました。でもどうでしょう。無限軌道を走りつづけるシリーズ探偵というのは、おそらくシャーロック・ホームズが世界最初の成功例ですよね。そのホームズとても、当初コナン・ドイルは六編の読み切り連載ぐらいに考えていたところ人気爆発して、作者がやめるにやめられなくなったほどですが、そうした前例を知らないポーがデュパンを看板スターにして書きつづけようとしていたとは考えにくい。

ポーは推理小説だけでなく、怪奇小説、冒険小説、ＳＦ、ブラックユーモア小説などでも元祖的存在と見なされているように、さまざまな作風に挑戦することを試みてきました。長期的な名探偵シリーズが莫大《ばくだい》な収入をもたらすとは予想できなかった時代、「マリー・ロジェ」で一発当てることだけが目的で、引き続きデュパンを活躍させるつもりはなかったのではないでしょうか。「盗まれた手紙」が、「マリー・ロジェ」のリベンジを果たす傑作を書こうとして、狙い違《たが》わず生まれた傑作なのか、解決役が必要なアイデアを思いついて、デュパンがいるじゃないかと復活させたのか、今となっては分かりません。「盗まれた手紙」が書かれただろう一八四四年から、四九年に急死するまで、デュパン物の第四作を生み出さなかったのは、すでに見限っていたのか、それとも前作に匹敵する新機軸のアイデアが浮かぶのを待っていたのか……。どこまでも謎の多い作家で、ポーについてはまだまだお話ししたいものです。

二〇二二年六月八日

第四信

二〇二二年七月十一日

法月綸太郎 → 新保博久

もう一人のメアリーの遁走

新保博久さま

都筑道夫氏の名前が出たところで、私も謝辞を記さなければなりません。徳間文庫から復刊された『猫の舌に釘をうて』の解説は、新保さんがお書きになった「文庫コレクション〈大衆文学館〉」や「都筑道夫コレクション《青春篇》」の解題をずいぶん参考にしましたし、八月に出る『誘拐作戦』の解説を執筆した際も、講談「爆烈お玉」のリライトにまつわる狭山温《さやまおん》氏の証言についてご教示いただきました。泥縄式になりますが、往復書簡にこと寄せてあらためてお礼を申し上げます。

個人的には、都筑氏の講演にもとづく松坂健氏の再現原稿が五十年ぶりに陽《ひ》の目を見たことにも不思議な縁を感じています。というのも、『誘拐作戦』の創元推理文庫版解説「〝眼底手高〟のダンディズム」(二〇〇一年)の著者が同じ松坂氏で、今回の徳間文庫版の新解説でも氏の文章を引用させてもらったからです(松坂解説のタイトルは「眼低」の誤植ではないかと思うのですが、そのままにしておきました)。

都筑氏の講演にまつわる話は長くなりそうなので、先にクリスティーの件を片づけておきましょう。「ミステリ再入門」の連載はついこの間のような気がしていたのに、何だかんだで二十年、二昔前ということになりますか。いやはや、それは自分も歳を取るわけです。当然書籍化されるものと思い込んで、連載を飛び飛びに読んでいたのは惜しいことをしました。今からでも本にまとめてもらえるとありがたいのですが。

それはさておき、井草クリスティーヌが替え玉を用意する〝真相〟を読んで真っ先に想起したのは、クリスティー本人が失踪事件の後に発表したポアロ物の某長編(一九三三年)でした。もっとも、よくよく考えると似ているのは替え玉のくだりだけで、離婚を望んでいたのは妻のほう、殺人の対象も愛人ではなく……おっと、これ以上書くとネタバレになるので、口をつぐんでおきましょう。

クリスティー失踪事件といえば、十数年前に「引き立て役倶楽部の陰謀」(『ノックス・マシン』所収)という短編を書いたことがあります。内容は一種のメタフィクションで、『アクロイド殺し』を読んで激怒した〈ビッグ4〉(英米仏露を代表する名探偵のワトソン役四人の同盟)がクリスティーをホテルに軟禁、フェアプレイの遵守《じゅんしゅ》を強要するというバカミスなのですが、執筆のため参考資料を漁っていた時、おやっと思ったことがある。一九二九年に出版されたトミーとタペンスが主人公の連作短編集『おしどり探偵』に、そのものずばり「婦人失踪事件」という短編が収められているのです。

最初の夫が戦死した後、有名な探検家と再婚を約したレディが行方をくらますという事件で、真相は他愛ないものですが、怪しげな療養所に潜伏しているところなど、作者自身の行動を連想せずにはいられません。ところが興味深いことに、この短編の初出は一九二四年（「スケッチ」誌十月十五日号に掲載）で、失踪の二年前に発表されている。要するにフィクションも含めると、一九二六年のリアル失踪事件は、クリスティーにとって二度目の出来事だったことになるわけです。

これは彼女が自作の小説を実演した、という意味ではありません。ポイントは二度目という点で、八十年前にポーが執着した「偶然の一致（暗合）」が長い影を引いている――メアリー・ロジャーズも事件の三年前に一度失踪しており（「マリー・ロジェの謎」では五か月ほど前に脚色）、水死体となって発見されたのは二度目の失踪時でした。興味深い暗合はほかにもあります。クリスティーの生名はアガサ・メアリ・クラリッサ・ミラーといい（メアリ・ウェストマコットという別名義の由来）、失踪直前に発表した『アクロイド殺し』の被害者はロジャーと名づけられていました。さらにクリスティーが潜伏していたハロゲートは水治療法で有名な温泉保養地ですから、もう一人の「メアリ（ー）・ロジャー（ズ）」は象徴的な「水死人」として発見されたことになる……。

もちろんこういう「暗合」はこじつけの域を出ません。むしろ見逃せないのは、クリスティーが失踪した際にも、新聞各紙の報道が過熱して大衆の好奇心を煽《あお》り、殺人説、誘拐説、狂言説などさまざまな憶測がメディアを賑わせたことです。クリスティーの失踪が茶番だったとすれば、狂騒的なメディアスクラム現象まで含めて「マリー・ロジェの謎」の再演／二番煎じであるという見立てだって可能でしょう。

第二信では書きそびれましたが、現代の読者にとって「マリー・ロジェの謎」という小説は、純粋推理や安楽椅子探偵のルーツというより、メディアリテラシーの教科書として読んだほうが理解しやすいのではないか。そういう意味では、クリスティー失踪事件の過熱報道をリアルタイムで分析・批判するのに、オーギュスト・デュパンほどふさわしい人物はほかにいないような気がしますね。

簡単に片づけるつもりが、思いのほか「もう一人のメアリー」に振り回され、あらぬ方向へ筆が〝遁走〟してしまったようです。気を取り直して、「すべてのミステリのルーツはほとんどポーに見いだされる」という都筑道夫氏の持論に目を向けましょう。

都筑氏といえば、先日NHKのBSプレミアムで、少年ドラマシリーズ「蜃気楼博士」（全十二回）が完全再放送されたばかりです。カー『読者よ欺かるるなかれ』の向こうを張った不可能犯罪ミステリで、マジシャン対霊能力者の心理戦から片時も目が離せない、一気見不可避の良質な映像化でした。

ところが作者の弁によれば、エポックメーキングな長編評論「黄色い部屋はいかに改装されたか?」を連載する気になった原因がこのドラマの原作で、
「そもそもは、三年ばかり前、中学生むきの雑誌に、推理小説を連載したことに原因しているのです。それはディクスン・カーばりの謎とき推理小説でした」
と漏らしているのが、また業《ごう》が深い。「トリックよりロジック」「ホワイダニットの重視」を旗印に「名探偵復活論」を提唱した「黄色い部屋は〜」で、カーは否定的な評価を下されていますが、カーの怪奇趣味や、不可能犯罪趣味が非常に好きだったからこそ、トリック中心のストーリイの組立てに疑問を感じはじめた、という告白は(そのきっかけがジュブナイルだったことまで含めて)とてもリアルです。

それはともかく、都筑氏の講演が行われた一九七一年七月というのは、ちょうど「黄色い部屋は〜」の連載(「ミステリマガジン」七〇年十月号〜七一年十月号)がラストスパートに入った頃ですね。「モダーン・ディテクティヴ・ストーリイとはなにか」を論じ、本格推理小説の成り立ちを考えるための土台として、始祖ポーへの関心と評価が最も高まっていた時期だと思います。「黒猫」や「裏切り心臓」の解釈についてはは後回しにして、まず「落とし穴と振子」=〈007号〉シリーズの原型説に軽く触れておきましょう。

新保さんがお書きになった「主人公が敵の攻撃をかわしては反撃するパターンの連鎖」というのは、松坂健氏の再現原稿だと「チェイス&エスケープのアドベンチャードラマ」、『なめくじに聞いてみろ』のあとがきでは「Attack and Escape(攻撃と脱出)」と記されているとこ

ろですね。もっと後の『推理作家の出来るまで』では、「アタック・アンド・カウンター・アタックのくりかえし、というゲームのようなスタイル」と言い換えていますが、どうも都筑道夫という人は、こういう対戦ゲーム的な術策の応酬に淫《いん》してしまう傾向があって、その嗜好《しこう》はスパイアクションに留まらない。『蜃気楼博士』の殺人実験がそうですし、シリーズ名探偵を擁護する「黄色い部屋は〜」の終盤でもレイモンド・バー主演のアメリカのTVドラマ「鬼警部アイアンサイド」から「予告殺人」の回を引いて、「犯人と探偵とが、たがいに相手の手じを読みあって、知能のたたかいをする」のが「本格推理小説の魅力のひとつ」であり、その不自然さをカバーできるのが「名探偵の効用」だという持論を展開しています。

同じミステリ講座の講師を務めた佐野洋氏はこのパターンが苦手だったようで、一九七八年の「名探偵論争」でも「予告殺人」を腐《くさ》していますが、現代アメリカの名探偵を代表する〈リンカーン・ライム〉シリーズなんか、まさにこのスタイルの最新版でしょう。ライムの生みの親であるジェフリー・ディーヴァーがジェームズ・ボンドの新作として『007 白紙委任状』を発表したのもむべなるかな、というわけです。

ポーに話を戻すと、この術策の応酬スタイルは「落とし穴と振り子」だけでなく、「盗まれた手紙」でデュパンが語る「偶数か奇数か」ゲームの必勝法（相手の知性にどれだけこちらの知性を合わせせられるか）にも応用されていますね。敵役のD＊＊大臣とデュパンの因縁深そうな駆け引きは、晩年の「アモンティリャアドの酒樽」や「跳び蛙」といった復讐譚に引き継がれていくのでしょう。

他方、倒叙探偵小説の原型として「黒猫」「裏切り心臓」を挙げるのは、講演でのリップサービスだとしても、さすがに筋が違うのではないか。私もこの二作を倒叙物として扱うのはいささか乱暴な気がするのですが……、いや補助線を一本引けば、無理筋を通せないこともないぞ、とあえて逆張りしたい山っ気もあります。

結論から先に言ってしまうと、その補助線とは、ポー「天邪鬼」と江戸川乱歩「心理試験」を結ぶものです。そして、もしポーがデュパン物の第四作に着手していたら、「語り手の犯行をデュパンが見破る倒叙探偵小説」が生まれていたのではないか？　ふとそんな考えが頭をよぎったものの、脱線ばかりで今回も枚数が足りなくなりました。続きは次のターンまでに考えることにして、その前に新保さんの「異論」について詳しくお聞かせ願いたいと存じます。

二〇二二年七月十一日

第五信

二〇二二年七月二十五日

新保博久 → 法月綸太郎

ポーは裏切る

法月綸太郎 さま

いやはや、今年の暑さには参ってしまいます。私が四十年間の東京暮らしを打ち切り、古巣へ都落ち（上洛？）してきた二〇一八年も恐ろしい暑さに見舞われ、これが京都の風物詩だと覚悟していても、手荒い帰郷の歓迎にたじろいだほどでした。

この四年間、法月さんとは指呼《しこ》の距離に居《きょ》を定めながら、しかしなぜかお会いしてはいないのですね。以前たまさか帰洛の機会があったときのほうがよくお目にかかっていたものですが、いつでも拝眉《はいび》できると思うとかえって横着になり、二〇二〇年春からはCOVID-19が猖獗《しょうけつ》をきわめて、物理的な接触は極力避けるべしという風潮になってしまいました。とはいえ、この一連の遣《や》り取りで、かつてないほど濃厚な接触が出来ているような気もします。いっそ、連載終了まで顔を合わせないほうが（リモートでは顔合わせしましたが）実りがあるかもしれません。

それはまあ成り行きに任せるとして、まずリクエストにお答えすべきでしょう。すなわち、エドガー・アラン・ポーが「今のミステリにあるジャンルの原型をすべて書いている」のではないか、たとえば倒叙探偵小説にしても「黒猫」や「裏切り心臓」が原型といえなくもないという都筑道夫氏の指摘の、ことに後半に私が首肯《しゆこう》しがたい理由をもっと詳しく、というご要望ですね。

実のところ、それほど斬新な意見があるわけではありません。いわゆる倒叙物は二十世紀初頭、英国のR・オースティン・フリーマンが、自身の生んだ探偵ソーンダイク博士の短編シリーズ第二期で発明した形式であり、それまで主流であったフーダニット（犯人さがし）に対するアンチテーゼだったと申すのは釈迦《しやか》に説法ですよね。ポーが「モルグ街の殺人」はじめ五作で推理小説の型を確立したのが、フリーマンの倒叙宣言より七十年むかしの一八四〇年代なので、それら五作と雁行《がんこう》して書かれ、一般には推理小説と認識されていない「裏切り心臓」や「黒猫」（発表順）で、まだ形式的に成熟していない本格推理のアンチテーゼにまで先鞭《せんべん》をつけていたというのは、いかにポーが天才でも手回しが良すぎるだろうと、常識的に考えるにすぎません。

ポー以前にも、物語の進行につれて主人公が殺人を犯してしまう作品例はいくつもあったでしょう。「裏切り心臓」や「黒猫」は、その点のオリジナリティによって評価されているわけではありません。デュパン三部作と「黄金虫」「おまえが犯人だ」と五作まとめて推理小説の原型と認定している江戸川乱歩は、それぞれ密室殺人、アームチェア・ディテクティヴ（というよりメディアリテラシーの一典型を示したところに現代的意義があるとする法月説も卓見ですが）、盲点原理、暗号、意外な犯人（これも現在の視点からいえば「叙述トリック」というべきですね）の五大原理を創案した（さらにディケンズに先を越されなければ被害者即犯人も作品化していたかもしれない）と絶賛しています。しかしこれはポーが書いた五作から帰納的に原理に還元してみせただけで、盲点原理はG・K・チェスタトンらに多少の発展形があるものの、他の四原理に比べて、質量ともにそれほどの影響を後世に与えたとも言えません（追随者の多寡は作品の評価とはまた違いますが）。

あえて指摘するなら、事件の限られた関係者のなかから真犯人をあぶり出すという、ポー以後に推理小説の典型となったパターンを、ポー自身は書いていないのです。「モルグ街」の実行犯はデュパンの口から初めて語られるわけだし（殺害者の声を聞いて矛盾した証言をする証人たちの一人が犯人かもと勘ぐった読者から、ネタ割りだ！　と非難されませんようにっと）、「マリー・ロジェの謎」の犯人はゴロツキの一人であって誰でもいいようなもの、そして「盗まれた手紙」に至ってはD＊＊大臣が犯人と最初から明かされています。

話のついでに言うと、容疑者たちから犯人を絞ってゆく手法の元祖は何でしょうね。有名どころでは、アンナ・カサリン・グリーンの冗漫な長編『リーヴェンワース事件』（一八七八年発表）あたりですか（ホントに有名か？）。ここではまだ、関係者一同を前にして真犯人を指摘するという、横溝正史が『蝶々殺人事件』で「探偵はみんな集めてさてといい」と自嘲してみせた儀式、私が冗談に〝名指し式〟と名づけたエンディングは採用されていません。SNSを通じて教わったところでは、ハリウッドで映画作家が本業だったレジナルド・ライト・カウフマンが書いた『駆け出し探偵フランシス・ベアードの冒険』（一九〇六年）が〝名指し式〟の開闢《かいびやく》かもしれない。フランシス探偵嬢は、「私は（容疑者）全員を消去法で落としていき、残ったのがあなたと【…】（もう一人で）したが、一人の女性として、彼は違うと直感しました！」（傍点は原文、平山雄一《ひらやまゆういち》訳）といった〝超論理〟で真犯人を特定してゆきます（笑）。クリスティーのデビュー作『スタイルズ荘の怪事件』（二〇年）に遥《はる》か先がけてはいるのですが、クリスティーは愛読するルルー『黄色い部屋の秘密』（〇八年）に倣《なら》って法廷場面で締めくくるつもりが、裁判の傍聴経験がなくてリアルに描けなかったために、ポアロに関係者を招集させたそうですね。限られた容疑者のなかから論理的に犯人を絞り込む趣向を前面に出した最初期の例は、コナン・ドイルの「三人の学生」（〇四年発表。『シャーロック・ホームズの生還』所収）ではないでしょうか（もっと早い例もありそうですが）。

ああ！　話がどんどん分岐していって、何の話をしていたんだか分からなくなってきます！倒叙推理に話柄を戻しますが、開祖フリーマンは、収録の五編中四編が倒叙物という画期的な短編集『歌う骨（歌う白骨）』（一二年）のまえがきにおいて、「従来の〝探偵小説〟では、「犯人は誰か？」という問いに関心が向けられる」のは「いつも誤りだと思ってきた」と言い、「現実の世界では、犯人が誰かという問いは、実際の面でも最も重要だ。しかし、小説にそんな実際面はないし、【…】読者の関心は、「犯人は誰か？」という問いよりも、「解明はいかにしてなされたか？」という問いにある。つまり、賢明な読者の興味は、最終的な結果よりも、そこに至るまでの動きにあるのだ」（渕上痩平《ふちがみそうへい》訳）と述べています。

　賢明ならざる現代読者の私は、ここで「そうか？」とツッコミたくなるのですが、まだクリスティーもヴァン・ダインも登場していない、シャーロック・ホームズが誌上から最後の挨拶を送っていた時代ですからね。人気の点ではホームズに及ぶべくもない（対抗馬たちの全員がそうだったのですが）ソーンダイク博士の生みの親が、新機軸で巻き返したくなったのは当然だし、実際に相当な成果を上げ、ミステリ史上ただちには爆発しなかったものの、革新的なスロー・ヒューズを仕掛けた業績は評価しなければなりません。

　しかし一方には、もっと早くにポーが倒叙物も播種《はしゅ》していたという説もある。平野謙《ひらのけん》氏は、「……そういうInverted Methodはフリーマンが最初に採用したとしても、すでにアラン・ポーの「盗まれた手紙」なども倒叙法をとりいれ、わが江戸川乱歩の「心理試験」などもその一典型といえよう」（六三年、〈世界推理小説大系〉第十二巻『クロフツ』集解説）と説いたものの、「心理試験」は誰もが認める倒叙物ながら一九二五年発表なのでフリーマンに後れをとっていますし、「盗まれた手紙」を倒叙と見なす意見はほかにないでしょう。犯人がD＊＊大臣だと最初に明かされているという意味で倒叙と称したのかもしれません【単行本註・あるいは「裏切り心臓」と間違えた？】。

「おまえが犯人だ」を最新訳（二〇二二年、角川文庫『ポー傑作選2　怪奇ミステリー編　モルグ街の殺人』）で鮮やかに料理してみせた河合祥一郎氏も、同編を推理小説ならぬ「推理小説風滑稽小説」と規定したうえで、「最初から読者に犯人がわかるように仕向けておいて、いかにしてその犯人を仕留めたかのオチを最後に明かすという刑事コロンボ型の先鞭をつけた作品とも言える」と、やはり倒叙物との類縁を語っています。

しかし、なんだか倒叙の定義が諸家によってブレたまま話が進んでいるようで、ここいらで整理しておく必要がありそうです。Inverted detective storyを倒叙探偵小説と訳した江戸川乱歩が、海外の評論家に推称されていたフランシス・アイルズ『殺意』、リチャード・ハル『伯母殺人事件』、F・W・クロフツ『クロイドン発12時30分』を評論集『幻影城』（一九五一年）にまとめて取り上げて以来、倒叙長編の三大傑作ということになってきました。海外では現在、マイケル・イネス『ソニア・ウェイワードの帰還』、ルース・レンデル『わが目の悪魔』などのほうがよく挙げられるようですが。

またぞろ、かつての自分の連載からの引きごとになりますが、いま耄碌《もうろく》した頭で考えるよりマシでしょう。「本の雑誌」一九九八年二月号で私は、『クロイドン』と同じく一九三四年に刊行されたジェイムズ・ケインの『郵便配達は二度ベルを鳴らす』が通常、ハードボイルド犯罪小説扱いで、なぜ倒叙物と呼ばれないのか問いかけています。乱歩は『幻影城』で、謎解きの面白さを主眼としていない『カラマーゾフの兄弟』【単行本註・乱歩が挙げたのは『罪と罰』。第七信で訂正】は探偵小説ではないと断じ、アイルズ『殺意』などは「殺人の心理を正面から描いている点で普通小説に近いけれども、犯人の計画にトリックがあり、その周到な計画が探偵の推理によって徐々にくずれて行く所に作品の重点が置かれている意味で」（「探偵小説の定義と類別」）、倒叙探偵小説であると認定しています。しかし、『郵便配達は～』の犯人もトリックを用いたものでした。むしろ、犯罪小説なのか倒叙物なのか弁別する手がかりは、主人公が犯人なのか探偵なのか、ということではないでしょうか。そういう意味では、『殺意』も倒叙物と言っていいかどうか疑問がありますが、「裏切り心臓」や「黒猫」を私が倒叙でないとする根拠はこれだけでも充分でしょう。

　ところで最近、角川文庫の新版で「告げ口心臓」（この邦題のほうが一般的ですね）を読み返してみて、犯人の語りが女の子の口調で訳されているのに驚いたものです。確かに、原文の一人称には語り手の性別を示す手がかりがありません。今まで読んできたものは男性口調だったと記憶します。中学校の図書室で出会った、あかね書房版〈少年少女世界文学選集〉第三巻『ポー名作集』が国会図書館デジタルコレクションで自宅のパソコンでも読めるようになったので、収録の「裏切る心臓」（島田《しまだ》謹二《きんじ》訳）初読版に五十五年ぶりに再会すると、これは男女どちらの語りとも読めるように訳されていました。山中《やまなか》峯《みね》太郎《たろう》がポプラ社版で〈名探偵ホームズ全集〉以上に自由奔放な筆を揮《ふる》った〈ポー推理小説文庫〉版の「裏ぎった心臓」が少女を犯人にしているのは、案外深い読解だったかもしれません。ことによると、「落とし穴と振り子」の語り手も女性ではないかとか思われてきたり。男か女かがミステリの仕掛けに影響するわけでないとはいえ、作品の印象はずいぶん変わります。性別錯覚トリックの開祖でもあった？

しかし、この往復書簡はポー専門というわけではないので、少し話題を変えてもいい頃合いでしょう。

二〇二二年七月二十五日

第六信

二〇二二年八月八日

法月綸太郎↓新保博久

蕗屋清一郎は過度な技巧を弄しない

新保博久さま

残暑お見舞い申し上げます。早いもので来週はお盆、それも三年ぶり「行動制限」なしという触れこみですが、新型コロナ（第七波）の猛威は相変わらずで、島根の実家の老父からは「オミクロン株が収まるまで帰省するに及ばず」と釘を刺されました。おかげで今年の夏も京都留守居役、絶賛自宅待機中の毎日になりそうです。

第五信ではこちらの勝手なリクエストにお答えいただき、ありがとうございました。ポーが「推理小説の型を確立したのが、フリーマンの倒叙宣言より七十年むかしの一八四〇年代」であり、ほぼ同時期に書かれた「裏切り心臓」や「黒猫」で、「まだ形式的に成熟していない本格推理のアンチテーゼにまで先鞭をつけていたというのは、いかにポーが天才でも手回しが良すぎる」というのは、新保さんの仰る通りです。ミステリマニアというのは、どうしても常識に反するうがった意見を口にしたがるもので、都筑氏の指摘にもそういうところはあるでしょう。現在の視点をそのまま過去に投影してしまう思考の倒錯には、注意しなければなりません。

にもかかわらず、第四信の最後に無理筋の可能性をほのめかしたのは、一言でいうと江戸川乱歩の存在があるからなのです。倒叙の定義が定まらない理由には、紹介者である乱歩のバイアスが影響しているかもしれません。平野謙の Inverted Method に関する記述もそうで、「盗まれた手紙」を倒叙と見なすのはさすがに首肯しがたいのですが、乱歩の「心理試験」の後半、明智小五郎《あけちこごろう》が登場してから後の展開など、「盗まれた手紙」をかなり参考にしたような書きぶりになっている。そもそも、老婆殺しの犯人・蕗屋清一郎《ふきやせいいちろう》の「無邪気なこと」「つまらない技巧を弄しないこと」という戦略は、ポーの盲点原理、「最良の隠し方は、あえて隠さないことだ」を応用したものでしょう。

ですが、続きを書く前にまずお断りしておかないと。「限られた容疑者の中から真犯人を絞り込む」手法の元祖については、準備が追いつかず、次信以降に先送りすることにしました。ポーの話題もそろそろ切り上げ時ですが、もうちょっとだけ書かせてください。ただし「告げ口心臓」（私も「告げ口」のほうがしっくり来るので、以下こちらの邦題に合わせます）の語り手のジェンダー問題その他は、また別の機会に。

さて、その「告げ口心臓」が収録された角川文庫の『ポー傑作選2　怪奇ミステリー編　モルグ街の殺人』には「ポーの用語」というキーワード解説集がついていて、その中に【天邪鬼《あまのじゃく》(perverseness)】という項目があります。これは「やってはいけないと思うと、逆にやってしまう心理」のことで、「ポーは短編「天邪鬼」でも、自分から人前で告白するような馬鹿な真似をしなければ露見することのない完全犯罪をした人が「やってはいけない」という衝動に抗しきれずに告白してしまう話を書いているが、これは衝動が強迫観念化する「黒猫」や「告げ口心臓」とまったく同じである」(河合祥一郎)。「盗まれた手紙」の盲点原理も裏を返せば、こうした天邪鬼な心理と表裏一体の発想に由来するのではないでしょうか。

何一つ証拠を残さないで巧みに人を殺した「天邪鬼」の語り手は「街をうろついている時に」天邪鬼の発作に取りつかれ、「ごった返した大通りを、まるで狂人のように跳んでいた」(中野好夫《なかのよしお》訳)。その姿に驚いて後を追ってきた人々の前で、犯行を告白すると、そのまま気絶してしまう……。これと対照的なケースとして、「モルグ街の殺人」の五か月前に発表された短編「群集の人」を見ておきましょう。無名の語り手である「私」がロンドンの雑踏で見かけた謎の老人を観察・尾行し、「この老人こそ、深い罪の象徴、罪の精神というものなのだ」「あの老人は一人でいるに堪えられない。いわゆる群集の人なのだ」(中野好夫訳)と看破する作品ですね。

この短編を「犯罪」という衣装が抜け落ちて、「追跡・群集・未知の男」という骨組だけが残った「探偵物語のレントゲン写真」(野村修《のむらおさむ》訳)に喩えたのが、「ボードレールにおける第二帝政期のパリ」のヴァルター・ベンヤミンです。最後まで何一つ語らず、「読まれることを拒む本」（巽孝之訳「群集の人」）に擬される「群集の人」の老人と、雑踏の往来で自分の罪を大声でわめき出す「天邪鬼」の語り手が対になっているのは明らかでしょう。それなら「天邪鬼」を「倒叙探偵小説のレントゲン写真」と呼んでもいいのではないか。

興味深いのは「天邪鬼」が一八四五年七月に発表されていることで、これは「告げ口心臓」と「黒猫」、さらに「盗まれた手紙」よりも後に書かれたということです。つまり「天邪鬼」は、ポーの探偵小説熱が一段落した時点で「告げ口心臓」や「黒猫」に描いた異常心理を蒸留し、精製した作品と見なすことができる。「群集の人」がレントゲンで透視した「探偵小説の消失点」に、反対方向からバク転して着地を決めたのが「天邪鬼」である、というのが第四信のラストで匂わせた私の見立てでした。

「告げ口心臓」「黒猫」を差し置いて「天邪鬼」に注目するのは、江戸川乱歩のお気に入り作品だったからです。「プロバビリティーの犯罪」を扱った「赤い部屋」には「天邪鬼」の変奏めいたくだりがありますし、屍蠟《しろう》が題材の掌編「白昼夢」にも「天邪鬼」と「群集の人」、それに「盗まれた手紙」をミックスしたような印象がある。また乱歩は「スリルの説」（「ぷろふいる」一九三五年十二月号）と「探偵小説に現われた犯罪心理」（「文化人の科学」一九四七年三月号）という二つのエッセイで、「天邪鬼」の自白衝動について立ち入った説明をしているのですが、いずれの文章でも相前後して『罪と罰』のラスコーリニコフへの言及が見られます。戦前から戦後を通して、その関心の向け方は変わっていません。

実はこの第六信に着手するまで知らなかったのですが、ドストエフスキーは自ら編集していた雑誌「ヴレーミヤ（時代）」一八六一年一月号にポーの短編のロシア語訳を掲載し、「エドガー・ポーの三つの短編」という序言を書いているらしい。同誌に訳されたのは「黒猫」「告げ口心臓」「鐘楼の悪魔」の三編で、そのうち前の二つが『罪と罰』のラスコーリニコフの描写に影響を与えているということを、ジョアン・グロスマンというアメリカの東欧文学研究者が、*"Edgar Allan Poe in Russia: A Study in Legend and Literary Influence"*（１９７３）という本で明らかにしているそうです。

乱歩が初めて書いた倒叙ミステリは「心理試験」（一九二五年）で、この小説の主人公の設定と老婆殺しの犯行は、『罪と罰』のラスコーリニコフがモデルです。当の乱歩がネタを明かしているので、ポーの短編がドストエフスキー経由で「心理試験」に影響していることは否定しようがありません。そういう意味に限れば「告げ口心臓」と「黒猫」が倒叙探偵小説の原型になっているという都筑説も、あながち暴論とはいえないでしょう。

しかも都筑道夫を含む日本のミステリ読者は、江戸川乱歩というレンズを通して探偵小説の歴史を刷り込まれています。そうすると「心理試験」という倒叙探偵小説から過去へ遡行する形で、『罪と罰』→「告げ口心臓」「黒猫」という系譜を見いだすのは、ある程度避けられないことではないか。その間の矢印のところに、ミッシングリンクとしての「天邪鬼」が隠れていることを見落とさなければいいのです。「倒叙探偵小説のレントゲン写真」ということなれない表現を用いたのも、これを言いたかったからなのでした。

そういえば、この往復書簡は「ドストエフスキーは優れた探偵小説家でもあるとして」という設問から始まっていましたね。しかしながら、新保さんも第五信で触れているように、乱歩自身は「ドストエフスキーは探偵小説だ」という主張には否定的でした。『幻影城』に収録された「倒叙探偵小説（アイルズ「殺意」）」（「宝石」一九四八年二、三月合併号）でも、『罪と罰』の「主眼は神と人間の問題にある」。したがって、哲学小説だから倒叙探偵小説には属さない、と明言しています。ただしこれらはいずれも戦後に書かれた文章で、「心理試験」が書かれた時代――ドロシー・L・セイヤーズやS・S・ヴァン・ダインといった英米の論客が〝ジャンルとしての探偵小説史〟を立ち上げる以前の一九二〇年代半ばには、まだそれほど明確な線引きはされていなかったでしょう。

同じ乱歩の「倒叙探偵小説再説」（「宝石」一九四九年九月増刊）によれば、大正十一年頃に馬場《ばば》孤蝶《こちょう》の講演でフリーマンが発明した「逆の探偵小説」（＝倒叙探偵小説）の存在を知ったようで、「私の「心理試験」は、書く時には別に意識していたわけではないが、あとになって考えて見ると、明瞭に「シンギング・ボーン」の系統に属する「逆の探偵小説」であった」と告白しています。もっとも、これは本人も認めているように後から整理された考えで、「心理試験」にしろ、同年の「屋根裏の散歩者」にしろ、フリーマン型の倒叙探偵小説からは出てこないタイプの小説でしょう。やはり乱歩にとっては、「天邪鬼」と『罪と罰』を結びつける「純粋なスリル」が発想源になっていて、倒叙探偵小説という形式への関心が先にあったわけではないと思います。

それどころか、本国のイギリスでも（ドストエフスキー以上に）ソーンダイク式の倒叙探偵小説のほうが扱いにくい、厄介なものだと思われていたふしがある。たとえば、ディテクション・クラブと英国推理作家協会（CWA）の会長を歴任したマーティン・エドワーズは『探偵小説の黄金時代』で、オースティン・フリーマンの先駆的な探偵小説「オスカー・ブロズキー事件」（一九一〇年）が犯罪実話に基づいていることを指摘してから、「当初、倒叙物はほとんど注目を集めなかった。フリーマンは第一次大戦が始まる前にその手の物の執筆を断念し、セイヤーズはそれを残念がった」（森英俊《もりひでとし》訳）と記しています。

倒叙ミステリが脚光を浴びるのは、フランシス・アイルズ『殺意』（一九三一年）以降で、コール夫妻やF・W・クロフツも、セイヤーズに勧められて、倒叙ミステリを書き上げる／その後はロイ・ヴィカーズの〈迷宮課〉シリーズから、テレビ時代の「刑事コロンボ」の成功へ、というのがエドワーズによる倒叙探偵小説史の素描なのですが、わが国でも近年、古畑任三郎《ふるはたにんざぶろう》や福家《ふくいえ》警部補をはじめとして、倒叙ミステリとシリーズ名探偵の相性のよさが再発見されているように思われます。そういう意味でも「犯人と探偵のいずれが主人公か？」によって、犯罪小説と倒叙物を区別しようとする新保説には、かなり説得力がありそうです。個人的には、犯人とシリーズ名探偵がお互いに主役の座を譲らない、オースティン・フリーマンが一九三〇年に発表した長編倒叙『ポッターマック氏の失策』の試みを高く評価したいのですが。

ドストエフスキーに話を戻すと、「刑事コロンボ」の生みの親であるリチャード・レヴィンソン&ウィリアム・リンクは、複数のインタビューで『罪と罰』でラスコーリニコフを追いつめる予審判事ポルフィーリイがコロンボのモデルの一人であることを明かしているそうですね。仄聞《そくぶん》するところでは、新保さんは以前 Twitter 上で、「刑事コロンボ」研究家の町田《まちだ》暁雄《あけお》氏と「倒叙ミステリの二つの型」をめぐって意見を交わされたことがあるとか。第四信に続いて、お願いばかりで恐縮なのですが、それについてあらためてお聞かせいただけると幸いです。

二〇二二年八月八日

第七信

二〇二二年九月五日

新保博久 → 法月綸太郎

特殊設定ミステリなんか怖くない

法月綸太郎 さま

出版社の各賞のパーティが自粛されるようになってまだ三年足らずですが、往年の活況を思い出すと、ずいぶん久しい気がします。一昨年《おととし》は関係者のみの贈賞式に縮小された日本推理作家協会賞・江戸川乱歩賞ながら昨年には、従来は協会員や出版関係者しか参加できなかったのに一般読者にも一部開放される形で行われたのに続いて、今年も十一月七日、同様の形で開催されるらしい。乱歩賞の最新受賞作、荒木《あらき》あかね著『此の世の果ての殺人』も発売されたので、さっそく一読しました。こういうタイトルを見ると、オールディーズ・ソングの名作、スキータ・デイヴィスの「この世の果てまで」(一九六二年)を連想してしまうのはロートルの証《あかし》でしょうか。私もさすがにヒットした当時は知るわけもなく、スタンダードとして認識してきましたが、平成生まれの作者（乱歩賞では初めてでしょう）はおよそ意識していなかったに違いありません。

『此の世の果ての殺人』は、やがて二〇二三年に小惑星が地球を直撃し人類滅亡がほぼ確実と予想される直近未来を背景に、衝突予測地点である熊本県阿蘇《あそ》郡からわずかでも遠ざかりたいと住民の大半が日本脱出したあとの福岡で、連続殺人犯が跋扈《ばっこ》しているようだという設定です。残り三か月余で誰も彼もが死に絶えそうな状況で、何者が何のために殺戮《さつりく》を続けているのか――流行の〝特殊設定ミステリ〟の一種といえるでしょう。実は私、この風潮には批判的なのですが、本書には好感を抱きました。ライフラインなどおおかた停まっていながら、淡々と自動車教習所に通う仮免OLと、妙に事件慣れしている指導教官のコンビが、死体を発見して当然のように犯人さがしに勤《いそ》しむ、異常な世界でも日常を貫こうという意思のしなやかさが心地よかったのです。設定の異常さをことさら強調することなく、わずかに機能している警察や病院を頼りながら、推理と捜査をオーソドックスに展開する。ヒロインが普通のOLのくせに、一一〇番通報を受けたさいの警察の一般的対応に精通している（51ページ）のが、仮に刑事ドラマのファンだったとしても、ありえないような気はするのですが。

アガサ・クリスティー賞の最新受賞作だという西式豊《にしきゆたか》『そして、よみがえる世界。』はまだ刊行されておらず、選考委員である法月さんと違って私には読むすべもないのですが、これも特殊設定ミステリみたいですね。新しい謎やトリックの創造が手詰まりになりがちである以上、特殊設定に活路が見出されてきたというところなんでしょうけれども、私がなぜ特殊設定ミステリを嫌うのか、ここらで説明しておきたいと思います。

人間に危害を加えられないようプログラムされているはずのロボットが殺人を犯したとしか考えられないというアイザック・アシモフの『はだかの太陽』、魔法が普通に通用するパラレルワールドで魔術によって施錠《せじよう》された密室殺人を描くランドル・ギャレットの『魔術師が多すぎる』はじめ、従来SFミステリと呼ばれてきた一群の作品には私も親しんできました。しかしそれらは、希少価値を認めて愛惜《あいせき》したのだという気がします。作者が特殊設定を用いる必然性を編み出したときにのみ書かれるべきもので、昨年は「ミステリマガジン」（二〇二一年五月号）、「小説現代」（九月号）が特殊設定ミステリ特集を組みましたが、ことさら作家にそういう短編を求めるのは筋違いではないでしょうか。個々の作者の創意工夫にも拘《かかわ》らず、まとめて読まされていささか食傷しました。書き下ろし長編でも、とにかく密室を、列車を、エロを、バイオレンスを、売れるからと編集者が要求していたのと変わらないように思われます（私がTVのミステリ・クイズ的な番組の原案を請《こ》われていたころ、何かというと密室をねだられたものです）。

長編や、同じ特殊設定を使っての連作ならまだしも、単発短編で試みられるとルールの説明に紙数を奪われ、背景がいかにも書割っぽくなってしまう。この世のお話である限りでは、作中人物をめぐる特異な状況だけを書き込めば済むところ、特殊設定の短編ミステリは概して世界が薄っぺらく見えるのですね。背景が描けていない！……って、新本格の人たちが擡頭《たいとう》してきたころ、人間が描けていないと批判していたのを再演しているみたいですが。『此の世の果ての殺人』の場合、もともと語り手に見える世界しか描きようがない制約を設けたことが奏効しているようです。

いや今回は、今までの流れから倒叙ミステリについて話さなければならないのでした。

第四信で、ポー「天邪鬼」と江戸川乱歩「心理試験」を補助線に引くと、ポーの「黒猫」や「告げ口心臓」を倒叙の祖と見なせなくもないとおっしゃったとき、よく分からなかったのですが、第六信を拝読して腑に落ちたものです。第一信でも引用しましたが、一八四一年にポーが推理小説を発明する以前から、「いまから見れば推理小説だといえないこともない作品はいくつかある」（巽孝之『NHK 100分de名著「エドガー・アラン・ポー スペシャル」』）――たとえばE・T・A・ホフマンの「マドモワゼル・ド・スキュデリ」（一八一八年）――のが確かなように、R・オースティン・フリーマンが発明するより先に倒叙推理が存在していても不思議はありません。

二年余り前、刑事コロンボの権威・町田暁雄氏より「個人的には、〈存在する倒叙（あるいは潜在する倒叙）〉と〈発明された倒叙〉があると思っております」と、Twitter上で承りました。フリーマンの〈ソーンダイク博士〉シリーズのうちの倒叙物以降が〈発明された倒叙〉で、それ以前から〈存在する倒叙〉があり、それが「黒猫」や『罪と罰』であったというわけですね（第五信で私が、『カラマーゾフの兄弟』は探偵小説ではないと江戸川乱歩が言ったと書いたのは『罪と罰』の誤りでした）。

これについて町田氏のご教示を仰いだのは、その前に白樺香澄《しらかばかすみ》氏（二〇二〇年、『刑事コロンボの帰還』の構成を担当した菊池篤《きくちあつし》氏の別名）のツイートで「刑事コロンボ」式のドラマを指す言葉としてhowcatchem（emはthemの短縮形）というのを教えられ、その発生と来歴を町田氏に訊ねたのが発端でした。whodunit（誰がやったか＝犯人さがし）やhowdunit（如何にやったか＝トリック当て）のような、特性を一語に要約した面白い表現だと思ったものです。どうやら文芸よりも、コロンボの流れを汲むTVドラマのほうに用いられているようですが、howcatchemは倒叙探偵小説inverted detective storyと同義というよりも、inverted detective storyの一変型だと白樺氏は見なしていると思われます（私がツイートを読み誤っていなければ）。

実際、コロンボや古畑任三郎以降、刑事vs.犯人の対決型が倒叙の主流のように見られがちですが、〈発明された倒叙〉の第一作、フリーマンの「オスカー・ブロドスキー事件」（一九一〇年）でソーンダイク博士と犯人とは駅で一瞬すれ違うだけですし、日本では三大倒叙の一つに数えられているクロフツ『クロイドン発12時30分』にしてもフレンチ警部と犯人が直接相まみえるのは中盤の一章だけでした。コロンボ～古畑系統は、〈存在する倒叙〉〈発明された倒叙〉をひっくるめた倒叙の中興の祖を飛び越して、『罪と罰』の予審判事vs.ラスコーリニコフに直結しているようです。面白いのは、ポルフィーリイ判事よりも犯人ラスコーリニコフの名前のほうが人口に膾炙《かいしゃ》していることで、犯罪小説でなく倒叙推理であるためには探偵のほうが主人公でなければならないという私の仮説を補強できそうなところ（ちなみにオスカー・ブロドスキーは被害者の名前でした）。

しかし自分で唱《とな》えておきながら何ですが、乱歩の「心理試験」や「屋根裏の散歩者」は明智小五郎の初期事件簿として倒叙物だということを怪しまなかったものの、それぞれ単品としては蕗屋清一郎や郷田三郎《ごうださぶろう》のほうこそ主人公ではないのか。「先天的の悪人だったのかもしれない」蕗屋のほうはともかく、郷田三郎は簡単に犯罪者側に転落しかねない退屈病患者だと明智なら洞察できそうなものを、わざわざ犯罪の恐ろしさ（というか楽しさ）を訓育して、実行に移すかどうか見きわめようと実験した、『ドグラ・マグラ』（夢野久作《ゆめのきゆうさく》）の正木《まさき》博士よりタチの悪い冷血漢だと明智のことを考えることも可能でしょう。とうに指摘されていそうなことですけれども。

普通の小説が時系列を追って、こうだからこうなったと原因から結果を述べてゆくのに対して、推理小説が結果（事件）から原因（犯人／動機）へと遡《そ》行《こう》してゆく、いわば倒叙文学なのだという私のかねての持論も、意識しているかどうか別にして、たいていの人が気づいていることでしょう。町田暁雄氏も、「普通の犯罪小説、加えて『罪と罰』をはじめとする多くの文学作品も、形式上は〈倒叙〉であるということで、これを要するに、実は〝倒れていた〟のは実は〈本格〉の方で、それを倒してみたら、普通のドラマの流れに戻ってしまった、ということなのではないか」として、「その文学やサスペンスを、個人的に〈存在する（あるいは潜在する）倒叙〉と呼んでおります。そして、これがさらに難しいのは、その中には、まったく〈倒叙〉や〈ミステリ〉など意識していないもの（当然ですが『罪と罰』）から、狭義の〈倒叙〉を豊かな文学性をもって表現した意図的な作品までが含まれる、ということです。この範囲は、ミステリとして意図したかどうか、ミステリとして読めるかどうか等々、楽しく議論や解釈が行なえるところなので、一緒くたにしておいた方が豊かかなあ、とも思います」（カッコ内は町田氏）とのご意見です。

また白樺香澄氏によれば、乱歩がフランシス・アイルズ『殺意』に感激して評論「倒叙探偵小説」を書いたとき、その概念は「犯人視点の（殺人を扱った）犯罪小説の中で、謎解きや決定的証拠など推理小説的興味があるもの」（カッコ内は白樺氏）くらいのゆるいもので、倒叙とは自立したジャンルというより「「ホラーミステリ」などに近い、越境的サブジャンルなのではないかと」いう。『クロイドン発12時30分』新訳版（創元推理文庫）の解説で神命明《しんめいあきら》氏も、「倒叙ミステリをひとつのジャンルとするよりは、単なる叙述の手法として捉えるべきではないかと考えている」と述べています。

このあたりが、最大公約数的な見方といえるでしょう。ただ、ハードボイルドにしても、ジャンルではない、文体だ、とか作家の姿勢だという意見もありながら、大方がハードボイルドだと認める（あるいは認めないと、ことさら言う）作品が相当数あって、とりあえず倒叙もジャンルに準ずるものと考えていいでしょう。という、あるようなないような曖昧なものなので、ジェームズ・M・ケインの『郵便配達は二度ベルを鳴らす』は倒叙物か否かと、むきになって問いかけるのも野暮《やぼ》なのかもしれません。ただ、探偵と犯人が等分に存在感を主張したフリーマンの『ポッターマック氏の失策』が、長編倒叙の一つの理想型だったという法月さんのご意見に私も同調するものの、フリーマン自身を含めて、この形式を長期的に追究できなかったという歴史に原理的な問題があるようにも思われます。

二〇二二年九月五日

第八信

二〇二一年九月二十六日

法月綸太郎↓新保博久

山中峯太郎は倒叙ミステリの夢をみるか？

新保博久　さま

コロナ禍の二〇二〇年から日本推理作家協会賞、二一年からはアガサ・クリスティー賞の選考委員を務めておりますが、すっかりリモート選考会に慣れてしまって、今となっては対面のほうがやりにくいかもしれません。リアルの授賞式もずっとご無沙汰ですし。出不精に拍車がかかって、だんだん世捨て人みたいになっている気がします。

第十二回アガサ・クリスティー賞に輝いた西式豊『そして、よみがえる世界。』は、そんなテレワーク時代にふさわしいＶＲ（仮想現実）ミステリです。このタイトルからイタリアン・プログレッシヴ・ロックを代表するＰＦＭの傑作アルバム『甦る世界』（一九七四年）を連想してしまうのは、プログレ・オタクの性でしょうか——という便乗ネタはさておき、この作品を特殊設定ミステリと号してもいいのか、実は少し迷いがありました。「ミステリマガジン」二〇二二年十一月号に掲載した選評でも「仮想空間と先端医療がテーマの近未来ＳＦ」という表現にとどめていますし、ハイテク医療スリラーとか、バーチャルＳＦミステリと呼んだほうが無難ではないかと。

第七信の特殊設定ミステリ批判は傾聴に値するもので、私もどちらかというと、今どきの猫も杓子《しゃくし》も特殊設定、みたいな風潮にはついていきかねるところがあります。ただしこれには世代的なギャップもあるようで、たとえば『円居挽《まどいばん》のミステリ塾』の第２回、斜線堂有紀《しゃせんどうゆうき》氏をゲストに招いた回で「特殊設定を使うと、強いあらすじで読者を殴れるんだ」という発言を軸に、『楽園とは探偵の不在なり』の執筆過程が語られているのを読むと、あらためて「昭和（のエンタメ作法）は遠くなりにけり」と痛感せずにはいられません。

その一方で、ホストの円居挽氏が「「あらすじで殴る感じの特殊設定ミステリ」の傾向が過熱すると、出オチで勝負する感じになってくる」「あらすじですべてが決まる大喜利になってしまう」、だから「このインフレ合戦に乗るとしんどそうだな」と一歩引いた感想を洩《も》らしているのが印象的でした。そういう意味では新保さんだけでなく、実作者の間でも特殊設定ミステリの「供給過剰」（ダンピング＆デフレ化）への警戒感が共有されているのではないでしょうか。このテーマについてはいろいろと思うところがあり、特殊設定の変遷は「ジャンルミックス→メディアミックス」の問題なのではないかという気もするのですが、もう少し自分の考えを煮詰めてからお返事するつもりです。

話をクリスティー賞に戻しますと、『そして、よみがえる世界。』は「強力なネタを実現するために、コツコツと設定（技術的環境）を積み上げていく」タイプの物語で、新保さんが敬遠する特殊設定ミステリとは正反対の作風だと思います。まだ出ていない本ですし、だいぶ改稿されるようなので、具体的な内容には触れられませんが、選考委員の立場からちょっとだけ〝匂わせ〟をしておくと、かつて瀬戸川《せとがわ》猛資《たけし》氏が『夢想の研究――活字と映像の想像力』で絶賛した某映画の破天荒なトリックを近未来のハイテクを使って具現化した奇想ミステリ、といえるでしょう。

そういう作風ですからミステリと最新科学の関係、特に専門的・理論的なディテールをどのように物語るかという問題について、あらためて考えさせられる小説でした。いや、これは必ずしも現代の最先端技術に限った問題ではありません。倒叙探偵小説の祖であるオースティン・フリーマンの〈ソーンダイク博士〉シリーズも、また江戸川乱歩「心理試験」のインスパイア元ではないか、と目されているアーサー・B・リーヴ『無音の弾丸』の〈クレイグ・ケネディ教授〉シリーズも、当時の最新科学を駆使したミステリだったからです。

リーヴと乱歩の影響関係について補足しておきましょう。〈ケネディ教授〉シリーズの訳者（Kindle版）でもある平山雄一氏は「明智小五郎年代記《クロニクル》 1」（集英社文庫版『明智小五郎事件簿 I』所収）において、『無音の弾丸』に収録された短編「科学的金庫破り」（別題「金庫破りの技法」）が「心理試験の連想診断を用いて、犯人を見破って」いることに注目。また明智探偵の初期事件簿にはその前にも「黒手組」というリーヴと同題の短編があることから、「この時期の乱歩は、『無音の弾丸』にインスパイアされたのではないかと思われる作品を二作も書いているので、この本を読んでいたのではないでしょうか」と推測しています。

平山説の当否はともかく、第一短編集『無音の弾丸』（一九一二年）は〈クイーンの定員〉の第四十九席に選ばれ、ケネディ教授も一時は「アメリカのシャーロック・ホームズ」ともてはやされたそうですね。しかし、実験や検査のプロセスを重んじたソーンダイク博士に対して、当時の発明品や新奇な科学トリビアをネタ消費しただけのリーヴの小説は、あっという間に古びてしまったらしい。理系ミステリを書く難しさを、身をもって示したシリーズといえるでしょう。

ところが、実際に『無音の弾丸』を読んでみると、新保さんが第五信で言及された「探偵はみんな集めてさてといい」を地で行くような〝名指し式〟の解決編がけっこう出てくるのです。たとえば「探偵、細菌の謎に挑む」という短編には、「先ほど挙げた重要参考人を所定の時間内に見つけてくれれば、今夜種明かしができると思う――九時ってところだな。やり方はいつもの通り。全員を夜九時に私の研究室に連れてきてくれ」（福井久美子《ふくいくみこ》訳）という台詞があります。十二編ある短編集の中で、半分の六編がこのパターンを用いているので、シリーズのお約束みたいなものでしょう。

『無音の弾丸』に収録された短編は、一九一一年に雑誌に発表されたものがほとんどなので、さすがに〝名指し式〟の草分けではないものの、この時代のアメリカで一種の定型になっていたことがうかがえます。後出しの証拠が多くて、お世辞にもフェアプレイとは言えませんが、複数の条件を重ねて実行犯を一人に絞り込む手続きを意識した作品もある。筋運びとか幕の引き方とか、エラリー・クイーンの『フランス白粉の謎』や後年のラジオドラマ「エラリー・クイーンの冒険」に通じるものがあって、読み物としてはそこまで腐したものでもない。ただ表題作に「モルグ街の殺人」のネタバレとリンクした差別表現（優生思想）があって、そこらへんはいま読むとキツいですね（先輩格のフリーマンも熱心な優生学論者だったそうですが）。

〝名指し式〟のルーツ探しは引き続き宿題ということにして、本題に入りましょう。第五信に続いて、第七信でも倒叙ミステリに関する当方のリクエストに答えていただき、重ね重ねありがとうございます。町田暁雄氏、白樺香澄氏との興味深いやりとりが整理されてキーワードも出揃った感があり、これから折に触れて参照することになりそうです。

推理小説そのものが結果から原因へ遡行してゆく、「いわば倒叙文学」であるという新保さんの持論は、若島正《わかしまただし》氏もフランシス・アイルズ論「風俗小説家としてのバークリー」（『乱視読者の帰還』所収）で指摘していましたね。「通常の探偵小説が正規の形態であり、「倒叙」物がそれに対して規範を逸脱する形態であるという前提」は、「普通小説の側から見ればけっしてそうではなく、むしろ「通常」の探偵小説の方こそ小説として特異な形態を持つのではないのか」というくだりです。

その流れでふと思い出したのが、山中峯太郎訳（翻案）の児童向けシャーロック・ホームズの長編『深夜の謎（緋色の研究）』『恐怖の谷』でした。第五信のラストでちらっと名前の出た、ポプラ社版〈名探偵ホームズ全集〉に収録されているやつですね。ずっと昔に学校の図書室で借りて読んだので、だいぶ記憶があやふやになっていますが、両方ともドイルの原作とは逆に「第一部・アメリカ（過去）編／第二部・ホームズ（事件）編」の順番になっていたはずです。「児童向けだから時系列順に書いたほうが理解しやすいだろう」と考えて、原作の構成をひっくり返したのでしょうか。理由はどうあれ、そのせいで山中版ホームズは文字通りInverted Detective Storyになってしまった。犯行そのものは描かれなくても、犯人の視点と「犯行以前」の要件は満たしているので、広義の倒叙形式といっても許されるでしょう。『恐怖の谷』の〝犯人〟の立ち位置とか、倒叙ミステリとして読んだらものすごく面白いことになっているのですが……、さてその場合、山中版ホームズは〈発明された倒叙〉なのか、それとも〈存在する倒叙〉なのか？

でも、こういう問いの立て方はそれ自体、本末転倒（inverted）ですね。あるいは人物相互の役割に注目して、主客転倒と言い換えてもいいでしょう。たとえば刑事vs.犯人の対決型のルーツとされる『罪と罰』にしても、評者によって注目するポイントが違う。旗振り役の乱歩からしてそうで、第六信では書き漏らしましたが、「スリルの説」では「裁判所の書記官であったか、ザミヨートフという、彼を下手人と疑っているその筋の係官」とのシーン（第二部六章、ポルフィーリイはまだ出てこない）を重視している。「探偵小説に現われた犯罪心理」でも「ラスコーリニコフが犯行後カフェーで出会った検察官に札たばを見せびらかすあの心理」と書いていますが、これも警察署の事務官ザミョートフのことで、コロンボのモデルになった予審判事ではありません。ザミョートフはあくまでも脇役で、真打のポルフィーリイを引き立てる前座にすぎないのです。

ということは、乱歩は殺人犯の一人相撲的な自白衝動に強いスリルを感じても、予審判事vs.ラスコーリニコフの対決にはそれほど興奮していない。新保さんの言う通り、乱歩にとっては探偵より犯人が第一で、「それぞれ単品としては蕗屋清一郎や郷田三郎のほうこそ主人公ではないのか」というのが当たっている気がします。

ところで、この手紙の最初のほうで「もう少し自分の考えを煮詰めてからお返事するつもりです」と書いたばかりですが、前言を撤回して、もういちど特殊設定ミステリに関する議論を蒸し返しましょう。

もちろん、ここまでの倒叙ミステリの話題、特にコロンボ〜古畑系統の刑事vs.犯人の対決型と関係があります。新保さんは第七信のラストで、「フリーマン自身を含めて、この形式を長期的に追究できなかったという歴史に原理的な問題があるようにも思われます」と記されましたが、私の見るところ、第二次世界大戦後のアメリカで倒叙ミステリという形式が再発見され、〈手法としての倒叙〉を刷新する目立った動きがありました。

具体的には一九五〇年代前半、特に五三年に「倒叙の復活」を印象づけるトピックが相次いでいます。枚数の都合で、詳細は第十信に繰り越しますが、この年にはＳＦ界でもシンクロするような出来事が起きている。アルフレッド・ベスターの長編『破壊された男』が発表され、第一回ヒューゴー賞に輝いたことです。

『破壊された男』（伊藤典夫《いとうのりお》訳）――またの名を『分解された男』（沼沢洽治《ぬまさわこうじ》訳）――はテレパシー能力を持つエスパーの存在によって、あらゆる計画殺人が不可能になった二十四世紀の未来社会を舞台に、ライバル会社の社長を殺し完全犯罪をなし遂げようとする普通人のセレブ実業家ベン・ライクと、一級エスパーでニューヨーク市警察心理捜査局総監を務めるリンカーン・パウエルが虚々実々の攻防を繰り広げるSFミステリの古典的名作です。後半、センス・オブ・ワンダーの極みのようなめくるめく展開に目を奪われる一方、消えた弾丸のトリックや動機の扱いなど、明かされていない謎がいくつも仕込んである。ところが……。

特殊設定＋倒叙ミステリ、しかも刑事vs.犯人の対決型という、まさに鴨がネギ背負ってきたような小説なのに、翌年に刊行されたアイザック・アシモフ『鋼鉄都市』――第七信に登場した『はだかの太陽』に先立つ〈ロボット長編三部作〉の第一作ですね――に比べると、ミステリ畑からの言及は少ない気がするのです。というより、今まで私たちがSFミステリを論じる際、ベスターの破天荒な作風を見過ごしてきたことが、特殊設定ミステリを窮屈なものにしてしまった原因の一つかもしれません。

とはいえ、第七信で新保さんがこの話題に触れなければ、たぶん私も『破壊された男』を思い出すことはなかったでしょう。こういう発見こそ、往復書簡の醍醐味《だいごみ》といってもいいと思います。

最後のほうは駆け足になってしまいましたが、そろそろ年末ベストの投票シーズンで、気持ちまで慌ただしくなりがちです。秋の夜長、寒暖差の激しい季節になりますので、お風邪など召しませぬように。

二〇二二年九月二十六日

第九信

二〇二二年十月六日

新保博久→法月綸太郎

すべてのミステリは特殊設定である

法月綸太郎 さま

ご心配ありがとうございます。私は視力気力とも減退して、年度内新刊があまり読めなくなったので、ベストテン投票など、ついぞご無沙汰しているのですよ。今や改訳版を含めて再読のほうが多いでしょう。

「心理試験」も、別な必要もあって乱歩の初期短編を何度目か（十何度目かもしれない）に再読していて行き会い、蕗屋清一郎が殺す金貸しの老婆が何歳だったか忘れていて今さら驚きました。法月さんは記銘しておられますか？

「もう六十に近い老婆」！

ということは五十八、九歳。その「老婆」より十歳も馬齢を重ねてしまった私は、かつて読んだ書物の内容をいくら忘却しきっていても不思議ではありません。

倒叙ミステリの話をするつもりが、黴《かび》の生えた話柄ばかりでなく少しはホットニュースにも触れようと、流行の特殊設定ミステリに寄り道したところ、まさに特殊設定倒叙ミステリともいうべきアルフレッド・ベスター『破壊された男』（あるいは『分解された男』）があったことを貴信で思い出させてもらい、ミッシングリンクが繋《つな》がった奇瑞《きずい》を喜んだものです。ＳＦ界の『Ｙの悲劇』ともいうべきオールタイム・ベストの常勝将軍であるＡ・Ｃ・クラーク『（地球）幼年期の終わり』や、Ｔ・スタージョン『人間以上』を抑えて第一回ヒューゴー賞を射止めた『破壊された男』、伊藤典夫訳が二〇一七年に文庫化されて読んだはずなのに綺麗さっぱり脳内メモリから失われており、まるで初読のようでした（主人公が殺人計画をエスパー警官に読心されないように、脳内を満たしておく戯れ歌の一節、沼沢洽治訳のほうによる「《もっと引っぱる、》いわくテンソル」というのだけは憶えていた）。

確かに、アシモフ『鋼鉄都市』『はだかの太陽』や、地球外生命体の探偵と犯人がそれぞれ地球人に憑依《ひょうい》して追跡劇を展開するハル・クレメント『20億の針』などに比べて、ベスターのはＳＦミステリの好例として挙げられることが多くはありません。ランドル・ギャレット『魔術師が多すぎる』に都筑道夫氏が一九七一年に書いた解説自体「ＳＦ本格推理小説」と題されていますが、「長篇ＳＦで、しかも本格推理小説」の先行例として前掲のアシモフの二作（第三作『夜明けのロボット』はまだ刊行されていなかった）のほかに、宇宙から帰還して母星が壊滅しているのを発見したロケットの乗組員が地球殺しの「犯星さがしに乗りだす」、「ポール・アンダースンの『審判の日』ぐらいしか、頭に浮かんでこない」のだそうです。この解説はハヤカワ・ミステリ文庫版『魔術師が多すぎる』にも加筆して再録されていますが、おそろしくプレミア価格がついているので、解説だけを読むなら『都筑道夫ポケミス全解説』が簡便でしょう。それはともかく都筑氏が『破壊された男』に触れなかったのは、倒叙だから本格物ではないという判断からでしょうか。

そもそも『破壊された男』が一九六五年に初訳された当時、これを倒叙ミステリだと認識した読者がどれほどいたでしょう。ハヤカワ版の裏表紙には確かに「卓抜な着想と叩きつけるような文体を駆使して描いた異色SFミステリ！」と謳《うた》われていたものの、「倒叙」という言葉は見あたりません。SFファンには「倒叙」が通じそうになかったこともあるのでしょう。創元版『分解された男』はフロントページの内容紹介でも厚木《あつき》淳《じゅん》氏の巻末ノートでも、倒叙どころかミステリであることにすら言及していません。

原書の刊行は、法月さんの第八信にもあるように一九五三年。七〇年以前の海外作品は刊行後十年間、邦訳されなかった場合、翻訳権フリーとなる「十年留保」という日本独自の優遇措置があったので、特典に与《あずか》れる時期まで待った結果、刊行時期が重なったのか、ハヤカワ版も創元版も同じ六五年五月に出版されました。

こういうバッティングは、事情は違いますが、最近H・H・ホームズ〈アントニイ・バウチャー〉の*Nine Times Nine*にも見られ、六十二年前の雑誌初訳版が『密室の魔術師』として初めて文庫刊行されたのと、国書刊行会が満を持して叢書《そうしょ》〈奇想天外の本棚〉第一回配本に送り出した同じ原作の新訳版『九人の偽聖者の密室』とが、ほとんど同時刊行されるという例に出くわしました。これは商業的にどちらに凱歌《がいか》があがるか分かりませんけれど、ベスターの場合はハヤカワ版二百九十円、創元版百九十円、小遣いの乏しい若年層がまず中心になってファンダムを形成した本邦SF読書界において、どちらがよく読まれたか想像するまでもありません。やがて名匠の名をほしいままにする伊藤典夫氏もこれが最初の訳書なので、まだシンパはいなかったはずです。

というせいでもなく、『破壊された男』のような犯人vs.探偵の対決型倒叙の魅力が日本のミステリファンに浸透するには一九六五年は時期尚早だったのかもしれません。倒叙ミステリはアイルズ『殺意』がフリーマンのソーンダイク博士流とは異なって名探偵物語でなく、犯罪心理小説ふうに復活させ、リチャード・ハル『伯母殺人事件』などそのフォロワー時代を経て、ロイ・ヴィカーズの〈迷宮課〉シリーズ（代表作「百万に一つの偶然」）のような、犯行発覚の手がかりの意外性を〝売り〟にした短編連作に受け継がれていたものの、「刑事コロンボ」の日本での放送は七〇年代からでしたから。

敗戦後すぐのころ江戸川乱歩が『殺意』を読みかけ、「冒頭の感じでは、ただ殺人のある普通小説のように思われたから」中断していたのを、一年半を閲《けみ》して英米のミステリ評論家が高く評価しているのを知って最後まで読みきったところ、「普通小説とも云えないことはないが、同時にまた探偵小説心を可なり満足させる名作であることが分った」（「倒叙探偵小説」）という。倒叙文学であるミステリをさらに倒叙化した結果、物語展開の時間的推移においてミステリでない一般文学と見かけ上、変わらなくなったのが犯罪小説ふう倒叙推理なのですから、『破壊された男』の読者もSFガジェットの奔流に圧倒されて、SFミステリというより普通のSFを読んだ印象が強かったのではないでしょうか。

ところで『破壊された男』のことを特殊設定倒叙ミステリと呼んだりしましたが、特殊設定を使っていないSFなんてものは存在するのでしょうか？　このジャンルには門外漢であるせいか、非特殊設定SFの例は思い浮かびません。逆に、特殊設定を使っていればすべてSF、ないしその類縁の作品（いわゆる特殊設定ミステリを含めて）になるかというと、それは違うと思うのです。

たった一つしか例を出せないものの、特殊設定を使っていてSFでない、しかしミステリではあるというものがありますでしょう。はい、三谷幸喜《みたにこうき》氏の戯曲／映画『12人の優しい日本人』（一九九〇年初演、翌年に映画化）ですね。東京サンシャインボーイズの舞台を私は観ていなくて、映画だけからの感想しか言えないのですが、レジナルド・ローズ原作のTVドラマ／戯曲で、映画版（一九五七年）をシドニー・ルメットが監督した陪審裁判劇『十二人の怒れる男』のパロディないしリスペクト作品には違いないでしょう。陪審員のうち十一人が有罪判決を出してさっさと終わらせようというのに一人が無罪を主張して、少しずつ覆していくオリジナルの設定を裏返して、十一人の無罪主張に一人が有罪で抗してゆく。この趣向を成立させるために、陪審制度のない現代日本にそれが存在するという〝特殊設定〟が導入されます。それ以外に現実と異なる設定はなく、SF的要素はまったくありません。パラレルワールドなのだから既にSFだと強弁されるかもしれませんが、『12人の優しい日本人』はコメディで、ミステリだと考える人は多くとも、SFだと見なす人はまず、いないでしょう。特殊設定ミステリについて語っている発言をかなり読んだつもりなのに、この作品に言及したものはほとんど目に留まっていないのですが【単行本註・本連載が終わって感想戦対談も済ませた六月下旬、ある文学賞パーティで大森望《おおもりのぞみ》氏を見かけたので、特殊設定でないSFとなるものは存在するか聞いてみたら、どの程度を〝特殊〟と見なすかによるが、いくらでもあると。逆に、これこそ特殊設定SFだという実例は、たとえばハル・クレメント『重力の使命（重力への挑戦）』だそうだ。いっぽう『12人の優しい日本人』はパラレルワールドなのでSFの一種だと。立ち話なので聞き違えもあるだろうが、私のいた場所には目から落ちたウロコが散らばっていた】。

もっとも、特殊設定ミステリに積極的な作家のひとり阿津川辰海《あつかわたつみ》氏には、「六人の熱狂する日本人」（二〇一八年）と題名からして三谷戯曲を意識したような（エピグラフに言葉が引かれているレジナルド・ローズのオリジナルよりも）短編があります。しかし、若林踏《わかばやしふみ》氏がホストを務めたトークイベント記録集『新世代ミステリ作家探訪』（二〇二一年）によると、『十二人の怒れる男』と三谷幸喜さんの戯曲『12人の優しい日本人』はもちろん参考にしていますが、実は本当にやりたかったのは（筒井康隆《つついやすたか》さんの）『12人の浮かれる男』（一九七八年初演）」だったという。三谷戯曲は背景が現代なので一種の特殊設定ですが、筒井作品のほうは陪審制が復活した近未来だからSFかな（大して違わないか）。「六人の熱狂する日本人」は、裁判員制度ができた（二〇〇九年）現実を取り入れた作品なので特殊設定ではないともいえますが、チェスタトンの『木曜日だった男』（一九〇八年）ばりにリアリティを蹴とばしてゆく痛快さがありました。

阿津川氏は同じ若林氏との対話で、「特殊設定ミステリとSFミステリは違う！」とも主張していて、「簡単に言うと、特殊設定ミステリは現実社会がベースで、そこに一つだけ特殊な設定がある。逆にいえば特殊設定以外は、現実の社会と全く変わらないわけです」、「SFミステリになると、今度は特殊設定が社会全体に影響を及ぼすような形で描かれます」という。そういう考え方なら、私も特殊設定ミステリを忌避《きひ》しなくてよいかなと思う反面、一つでも特殊設定を入れるとバタフライ効果どころでない影響を世界に与えるのではないかとも懸念します。与えない、と割り切ってしまうのは、むしろ空々しくないでしょうか。

いや、本当のところ、SFがすべて特殊設定かどうかは知識がないので保留するとして、ミステリこそすべて特殊設定小説といえるのではないかという気がしています。明察神のごとき名探偵など『破壊された男』のリンカーン（・ライムではない）総監ならずともエスパーのように見えますし、犯人も目撃されないうちに逃げるべきなのに密室をせっせと拵《こしら》えたり、作為まるだしのアリバイを主張して崩してくれと言わんばかりの容疑者なども、すべて特殊設定世界の住人かもしれません。ことは本格ミステリに限らず、まいど後頭部を気絶するほど殴られながら脳障害も起こさないハードボイルド探偵も同じ眷属《けんぞく》のような……

このあたり、法月さんのお考えとあまり乖離《かいり》していないようで、どうも議論になりませんね。倒叙のほうの話を少ししましょうか。

山中峯太郎翻案の名探偵ホームズ『深夜の謎』『恐怖の谷』（ともに一九五四年）＝倒叙ミステリ説は、ミネタロッキアンである私の脳裏にもチラと横切っていたのですが、江戸川乱歩や都筑道夫の名前を頻出させるのはまだしも、山中氏の話題では当今の若いミステリ読者にそっぽを向かれる（死語？）かと控えておりました。原作発表の順序にはこだわらず、山中翻案の三冊目に選ばれた『怪盗の宝（四つの署名）』は犯人の回想部分が短いためか、構成を転倒させずに倒叙形式に則《のっと》りませんでした。最初の二冊が、町田暁雄氏のいう〈発明された倒叙〉なのか〈存在する倒叙〉かは、私が訊かれたわけでもなさそうですが、〈偶然に生成した倒叙〉というところでしょうか。

『緋色の研究』の二部構成の前後を入れ替えて時系列どおりにするのは峯太郎が最初ではなく、コナン・ドイルが発表した、元号でいえば明治二十年（一八八七年）から十年余のタイムラグを経て、第二部をほとんど割愛した原抱一庵《はらほういつあん》「新陰陽博士」（一九〇〇年）などとして紹介されたあと、明治三十四年（一九〇一年）に森皚峰《もりがいほう》「モルモン奇譚」が邦題から窺われるように倒叙構成……を意図したかどうか時系列に直して世に問うたそうです。峯太郎がこれを手本にしたと断定はできないのですが。

峯太郎は『深夜の謎』はしがきで、「日本の少年少女に、もっともおもしろいように、すっかり、書きなおした」と述べながら、具体的な方針には触れていません。あるいは、自身にとって探偵物語は初挑戦だっただけに、『恐怖の谷』ともども西部劇的な後半部を先に書いて筆慣らしをしたかったのでしょうか。かつての全二十巻を大部《たいぶ》の三冊に集成した〈名探偵ホームズ全集〉（二〇一七年、作品社）の第三巻解説において、熱心なファンで註釈を担当した平山雄一氏は往年のポプラ社の担当編集者（秋山憲司《あきやまけんじ》氏）の言を引いて、ホームズは〈世界探偵小説文庫〉叢書（一九五四〜五八年）の最初の三点のみの予定が、他の巻より「ホームズの売れ行きが圧倒的だったので」続刊させて、やがて全集に発展していった経緯を明らかにしています。峯太郎本人も、書くほどに調子が出てきたのでしょう、独特の名調子で当時の年少読者を魅了しました。

ソーンダイク博士（と一部はホームズ）を〈探偵奇譚 呉田《くれた》博士〉シリーズとして翻案した三津木春影《みつぎしゅんえい》は逆に、原短編集『歌う骨』からは一編だけ倒叙物でない「前科者」にまず手を着け、「反抗のこだま（別邦題「歌う白骨」）」／「船上犯罪の因果」」や「パーシヴァル・ブランドの替玉」を普通の犯人探しに改作したものです。『探偵奇譚 呉田博士【完全版】』（二〇〇八年、作品社）を編纂した末國善己《すえくによしみ》氏は、「【…】当時の少年読者にとって、探偵小説の醍醐味は〝犯人当て《フーダニット》〟だったため、春影も翻案にあたって倒叙ミステリーを犯人が最後に明かされる普通のミステリーに再構成したと思われる」と解説し、フリーマンの原作「計画殺人事件（練り上げた事前計画）」の倒叙形式を春影も踏襲した「破獄の紳士」（一九一二＝大正元年）を「日本で初めて紹介された倒叙ミステリかもしれない」と措定しています。倒叙物の代表とされる「オスカー・ブロドスキー事件」をスルーした春影も、「消えた金融業者」や中編「死者の手」は原作の倒叙形式を崩していません。後者に基づく『浮出た血染の手形』では探偵名を田暮《たぐれ》博士というように、呉田を倒置させているのは、中興館書店以外では呉田の名前を使わない約束をしていたのでしょうか。原作の倒叙を再倒叙して犯人を秘めたり、そのまま活かしたり、翻案姿勢にゆらぎが見られるのは、江戸川乱歩も横溝正史も登場する以前（両氏とも呉田博士の愛読者でした）、読者も何を求めているのか曖昧な黎明期特有の現象なのかもしれません。

二〇二二年十月六日
松坂健氏の一周忌を目前に

第十信

二〇二二年十一月十一日

法月綸太郎→新保博久

ラスコーリニコフ・イン・USA

新保博久さま

第九信の冒頭に「心理試験」の被害者が「もう六十に近い老婆」「ということは、五十八、九歳」云々とありましたが、先月の半ば、私も誕生日を迎えて五十八歳になりました。ところが、よりによってその前日、入浴中に髪を洗っていたところ、左肩をいわして（痛めて）しまったのです。

いわゆる五十肩というやつで（アラ還なのに「五十肩」とはこれいかに?・）、何年か前にも一度やっているのですが、今回は前より痛みやしびれが激しい。ただ安静にしているだけでも辛《つら》いのですから、困ったものです。最初の何日かは鎮痛剤を飲まないと眠れず、薬が切れると痛みで飛び起きるという、さんざんな状態でした。

発症から二十日ほどたって、だいぶ腕を動かせるようになったものの、相変わらずしびれと背中の引きつりが治まらず、キーボードを打つのも一苦労。ボヤボヤしている間に、第十信の締め切りを過ぎてしまい、新保さんや編集部に合わせる顔がありません。せめてこの返信の文章が普段より雑になっていなければよいのですが。

とまあ、病気自慢（？）の見苦しい言い訳はこれぐらいにして、順番に宿題を片づけていきましょう。まず最初に、倒叙ミステリの話題から派生した山中峯太郎ホームズ版の時系列問題について、熱のこもった回答をいただいたことに深く感謝します。海外ミステリの受容・翻訳史のディテールに関して、実は今までそんなに興味がなかったのですが、倒叙形式という裏の視点から日本探偵小説の黎明期を見直すと、当時の探偵小説観のバックグラウンドみたいなものが浮かび上がってくる。この歳になって初めて、そういう系譜を遡行するスリルを実感できたような気がします。

特にソーンダイク博士の紹介歴はいろいろ考えさせられますね。歴史的な文脈も加味すると〈存在する倒叙〉〈発明された倒叙〉という二分法ではカバーできない、曖昧なケースが発生してしまう。これはある意味自然なことですが、後世の読者から見過ごされがちな盲点でもあるでしょう。山中版『深夜の謎』『恐怖の谷』がともに一九五四年刊、という同時代性（後述の一九五三年問題）も含めて、たいへん勉強になりました。

話が飛びますが、特殊設定ミステリに関する議論にもこうした盲点（ギャップ）が存在するのではないか。第九信でなるほどと膝を打ったのは、「特殊設定を使っていてSFでない、しかしミステリではあるというもの」の例として、三谷幸喜氏の戯曲とその映画版『12人の優しい日本人』を取り上げ、そこから阿津川辰海氏の「六人の熱狂する日本人」その他、へと話を広げていくところでした。今さらかもしれませんが、特殊設定と戯曲（舞台劇）の相性のよさをあらためて確認できたからです。

それで一つ思い出したのは、かれこれ十年ほど前、第十回ミステリーズ！新人賞（東京創元社）の最終選考会で交わされたやりとりです。二〇一三年、櫻《さくら》田《だ》智《とも》也《や》氏の「サーチライトと誘蛾灯」が受賞した回で、新保さんと私、それに米澤《よねざわ》穂《ほ》信《のぶ》氏の三人で選考委員を務めた年ですね。

その年の最終候補作八編の中に「白の下」（唐沢《からさわ》拓《たく》磨《ま》）という作品があったのを、新保さんはご記憶でしょうか？　選評が掲載された「ミステリーズ！」のバックナンバーがどこかに埋もれてしまって、今きちんと選考経過を確認できないのですが——非常に不思議な読み味の短編で、アイデアやプロットの転がし方に妙な面白さがあるんだけど、どうにもこうにも小説としてのバランスが悪い。このちぐはぐな感触は何だろう、と思っていたら、選考会の席上で米澤穂信氏が「これは舞台のセンスでしょう」と発言されて、ものすごく腑に落ちたのを覚えています。

あとで聞いたところ、作者は元お笑いコンビの芸人さんだったそうで、米澤氏の炯眼《けいがん》にあらためて舌を巻いたものです。ただし候補作は、舞台の約束事と小説（特にミステリ）のルールをごっちゃにしており、両者のギャップをうまく処理できていないという弱点があって、受賞には至りませんでした。その時は作者の力量の問題だと思っていましたが、今思い返すとあの作品の弱さは、特殊設定ミステリが構造的に抱えている問題を予言していたような気もするのです。

私がミステリーズ！新人賞の選考委員を務めたのは、二〇一二年から一六年（第九回から第十三回）までの五年間でした。任期中は「かんがえるひとになりかけ」（近田鳶迩《ちかだえんじ》）や「十五秒」（榊林銘《さかきばやしめい》）といった受賞作・佳作だけでなく、候補作全体でも特殊設定／異世界ミステリ風の作品がわりと目立っていたように記憶しています。現在の特殊設定ミステリ・ブームの呼び水となった『屍人荘の殺人』（今村昌弘《いまむらまさひろ》）も、二〇一七年の第二十七回鮎川哲也《あゆかわてつや》賞受賞作ですから、同じ東京創元社主催の新人賞という共通点がある。もしかしたら、特殊設定ブームの分岐点を見きわめるには、鮎川哲也賞とミステリーズ！新人賞の歴代受賞作と候補作を遡《さかのぼ》ってチェックすべきなのかもしれません。

いや、これはちょっと口が滑りました。「白の下」はいわゆる特殊設定ミステリではなかったと思いますが、特殊設定と戯曲（舞台劇）の相性のよさというのは、前回の第八信に書いた「ジャンルミックス→メディアミックス」の問題につながります。大まかな印象論を述べると、現在の特殊設定ミステリの多くは、小説以外のメディア（映画、漫画、アニメ、ゲーム等々）を直接の参照枠としており、従来の小説ジャンルとしてのSF、ファンタジー、ホラー等とミステリを異種交配したもの（ジャンルミックス）とは、フィクションの位相が異なる。今のトレンドは接ぎ木（キメラ）的なもので、新保さんや私みたいに昭和のエンターテインメントで育った世代がしっくり来ないのは、そうした位相の違い（メディア間のギャップ）に起因するのではないか、というのが私の仮説です。

相変わらず生煮えのアイデアをメモしただけですが、この件はまた次信以降に引っ張ることにして、倒叙ミステリの話に戻りましょう。第八信で予告した「倒叙の復活」を印象づける一九五三年のトピック、その続きです。

ベスターの『破壊された男』をめぐっては、新保さんがしっかりフォローしてくださったのでもう十分でしょう。「倒叙の復活」を印象づける二番目のトピックは、一九五三年の第九回ＥＱＭＭ（「エラリイ・クイーンズ・ミステリ・マガジン」）コンテストでロイ・ヴィカーズの短編「二重像」が第一席に選ばれたことです。

ヴィカーズの〈迷宮課〉シリーズは、この往復書簡でも何度か名前が出ましたが、この作者に関する日本語の評論としては、小森収氏の『短編ミステリの二百年』が一番新しくて詳しいものでしょう。第二信で「ディテクションの小説とクライムストーリイの主導権争いを軸に、倒叙ミステリやシリーズキャラクターの問題を掘り下げていく小森氏の労作については、いずれこの連載でも話題にのぼりそうな予感がします」と書きましたが、やっとその予感が現実になりました。

小森氏のヴィカーズ論は『短編ミステリの二百年2』の解説「8　ロイ・ヴィカーズと倒叙

ミステリの変遷」（「第三章　英米ディテクティヴストーリイの展開」より）と『短編ミステリの二百年3』の解説「11　大ヴェテランの試行錯誤」（「第四章　ＥＱＭＭ年次コンテストとスタンリイ・エリンの衝撃」より）の二つにまとめられています。

一九五三年問題を考えるうえで重要なのは、いうまでもなく後者です。〈迷宮課〉シリーズは倒叙ミステリ史の中興の祖というべき重要な作品群ですが、小森氏はシリーズ外の「猫と老婆」「二重像」に注目し、後者をヴィカーズのベスト作に選んでいる。重要なポイントなので、氏の解説を省略せずに引用しておきましょう。

前年の「猫と老婆」に引き続いて、この**「二重像」**も、主人公が犯人であるかどうかを明示しないままに、話が進んでいきます。倒叙ミステリを突き詰めたヴィカーズが到達したのは、明らかに犯人だと思われる登場人物を、最初から犯人であるかのように描き（それが倒叙ミステリの手法というものです）ながら、犯人であるとは明示しないことで、読者を宙吊《ちゆうづ》りにするというプロットでした。「猫と老婆」は、そうすることで、倒叙ミステリからクライムストーリイへの道を開き、**「二重像」**は、倒叙ミステリの書き方で謎解きミステリを書くという異色作となりました。（「11　大ヴェテランの試行錯誤」）

第九回コンテストの第一席を獲得した「二重像」がＥＱＭＭに掲載されたのは一九五四年四月号ですし、ヴィカーズはイギリス作家なので、五三年の米国トピックとするには牽強付会《けんきようふかい》なところもありますが、やはりこの時期のクイーン（フレデリック・ダネイ）の判断というのは大きい。どうもこの頃、アメリカのミステリ業界で「倒叙ミステリ」再発見の動きがあったのではないか？

そう考えるのは同じ一九五三年、アイラ・レヴィンの衝撃的なデビュー作『死の接吻』が発表されているからです。第一部ドロシイ、第二部エレン、第三部マリオン、と製銅王の娘である三人姉妹の名前が目次になっており、第一部は倒叙、第二部は本格、第三部はサスペンスという三部構成で書かれていますが、やはり第一部を殺人犯である「彼」の視点で書いたのが一番のミソでしょう。

犯人の側から犯行を描いているのに、第二部の終わりまで犯人の正体がわからない。俗に「半倒叙」とか「変則倒叙」と呼ばれるパターンの代表的作品です。これもまた、小森氏のいう「倒叙ミステリの書き方で謎解きミステリを書くという異色作」にほかならないわけですが、同時にこの小説には『罪と罰』からの遠いこだまが響いている。

ハヤカワ・ミステリ文庫版の「訳者あとがき」（中田耕治《なかだこうじ》）から、往時の書評を二つほど孫引きしておきましょう。「妊娠した女子学生を殺害しなければならぬ破目に陥った男の、『陽の当《あた》る場所』風の描写にはじまり、多数殺人の完璧なプロットに突入してゆく」（《ニューヨーク・タイムズ・ブック・レヴュー》〈アンソニー・バウチャー〉）、「最初から犯人の判っているのをスリラーというらしいが、金持ちの娘と結婚する目的で殺人を犯す『陽のあたる場所』風な冒頭から「彼」という代名詞で犯人が登場する」（《中央公論》五六年十一月号）。こうした記事からも明らかなように、『死の接吻』は一九五一年のハリウッド映画『陽のあたる場所』（ジョージ・スティーヴンス監督）を下敷きにしています。

これはシオドア・ドライサー『アメリカの悲劇』（一九二五年）の映画化（リメイクらしい）で、成功を夢みる青年ジョージ（モンゴメリー・クリフト）が、資産家の令嬢アンジェラ（エリザベス・テイラー）と恋に落ちる一方、工場で働く貧しい娘アリス（シェリー・ウィンタース）を妊娠させてしまう。アンジェラと結婚するため、ジョージは湖のボート事故を装って、邪魔になったアリスを殺害しようとするが……という、大ざっぱに言えば、二十世紀のアメリカ版『罪と罰』みたいな筋書きですね（後半の裁判シーンは『カラマーゾフの兄弟』ですが）。『陽のあたる場所』にはもう一つ注目すべき点があって、のちにTVシリーズ「弁護士ペリー・メイスン」や「鬼警部アイアンサイド」で大人気を博すレイモンド・バーの地方検事が、アリス殺しの疑いでジョージを追及するところです。野心的な青年と老獪な地方検事の息詰まる対決は、『罪と罰』のラスコーリニコフvs.予審判事ポルフィーリイのUSA版といっても差し支えないでしょう。『死の接吻』のアメリカン・ドリーム批判とは別の回路を通じて、刑事vs.犯人の対決型ミステリに影響を与えていると思います。

実例を挙げましょう。一九五二年、ピーターとアイリスのダルース夫妻が主役を務めるパトリック・クェンティンの〈パズル〉シリーズに、Q・パトリックのシリーズ・キャラクター、ニューヨーク市警のトラント警部補（のち警部に昇進）が合流します（パトリック・クェンティンとQ・パトリックは、イギリス出身の二人の作家、リチャード・ウェッブとヒュー・ウィーラーの合作ペンネーム。ウェッブ引退後はウィーラー単独の名義に)。ピーター・ダルースが主人公の『女郎蜘蛛』(一九五二年)、ピーターの兄ジェークが主人公の『わが子は殺人者』(一九五四年)、そして〈パズル〉シリーズから完全に独立した『二人の妻をもつ男』(一九五五年)の三長編がそれです。

といっても、これらはいずれも倒叙ミステリではありません。どれも巻き込まれ型主人公の一人称で語られますが、彼らは私生活に秘密や弱みを抱えており、限りなく黒に近い事件の関係者としてトラント警部にねちねちと責められる。最終的に潔白が証明されるものの、トラント警部とのかけひきは刑事コロンボと犯人の心理戦を連想させます。これはけっして私一人の思いつきではなく、たとえば『女郎蜘蛛』(白須清美《しらすきよみ》訳)の解説「終幕、そして新たなステージの幕開け」で、川出正樹《かわでまさき》氏も「というよりも順番からいって、かのよれよれのレインコートと安葉巻がトレードマークの名探偵の原型の一つが、トラント警部補だったのではないでしょうか」と指摘しています。

面白いことに、小森氏の『短編ミステリの二百年』でも、パトリック・クェンティン＝Q・パトリックは、EQMMコンテストの水準を高め、スタンリイ・エリンとともに短編ミステリをクライムストーリイの方向へと牽引した重要作家と見なされて、〈迷宮課〉シリーズのロイ・ヴィカーズと好対照を見せています。ヴィカーズもクェンティンもイギリス出身の作家だったことを付け加えてもいいでしょう。五〇年代のイギリス犯罪小説はもっと渋くてなかなか手に負えない印象があるのですが、同時代の合衆国でもさまざまな角度から倒叙ミステリ(広義）の可能性が探られていたようです。
――ですが、そろそろ筆をおかなければなりません。五十肩で執筆もままならないはずなのに、長々と妄言を書き綴ってしまいました。返信が遅れてしまったことも含めて、重ね重ねお詫びいたします。どうかご寛恕《かんじょ》くださいますよう。

二〇二二年十一月十一日

第十一信

二〇二二年十一月二十七日

新保博久 → 法月綸太郎

倒叙とフーダニットは両立できるか？

法月綸太郎さま

アラ還なのに「五十肩」とはこれいかに？――〝作麼生《そもさん》〟と無理問答で問いかけられたわけではありませんが、「今や古典になっても新本格というが如し」と返したら〝説破《せっぱ》〟できたでしょうか。いや、冗談にしてしまってはいけません。くれぐれもお大事に。しかし痛苦を押してとは思われない冴えた問題提起は、いつに変わらず私の古希脳を心地よく刺戟《しげき》してくれます。死体置場で待ちぼうけを食わずに済んだだけでもありがたいことです。どころか、最近年の特殊設定ミステリ・ブームが、法月さんや私のようなオールド・ミステリ者（アラ還なのでオールド呼ばわりも失礼にはなりませんよね？）を戸惑わせるのは、在来のSFミステリが小説内でのジャンル同士の異種交配であったのに対し、現在はゲームその他、非小説メディアとのハイブリッドである点が違和感を生み出しているのではないかとのご指摘には蒙《もう》を啓《ひら》かれたものです。負けずに私も、新鮮な死体を調達すべく泥縄を引きずって出かけねばなりません。

ミステリーズ！新人賞の選考委員を五年間ご一緒し、選考のあとは勧進元の東京創元社が都度《つど》お茶の席を設けてくれていましたが、せっかくの機会なのに選考会の感想戦に終始して、あまり四方山話《よもやまばなし》などに興じた記憶がないのです。世間話もしたのに忘れている、というのも大いにありそうですが。法月さんが委員を離れられてからも二年間、私は居すわって二〇一八年まで都合七年、接した五十編近い候補作それぞれ少なくとも二度ずつ目を通しながら、半数以上の作品は題名を見ても自他の選評を読んでも、かけらも甦ってこなくて応募者に面目ない次第（さすがに佳作以上の入賞作は多少なりとも憶《おぼ》えていますが、印象の濃淡は作品の出来栄えに比例しませんね。酷《ひど》すぎて忘れられない場合もありますから）。

残念ながら、例示された「白の下」については、「ミステリーズ！」六十一号（二〇一三年十月）の三人全員の選評を読んでも、忘却の淵《ふち》からサルベージできないほうに属します。選考の席上、「舞台に猟銃が出てきたら、幕が下りるまでに発射されなければならない」というのは誰の名言だったかなという会話を交わした記憶はあり（チェーホフですよね）、それが「白の下」をめぐってだったでしょうか。選考中は、応募者のペンネーム以外は年齢も性別も教えてもらえないのですが、この作者さんがお笑い芸人だったというのは、受賞作決定後に聞いたとしても忘れました。〝ぐたく〟というらしい芸名（いま検索した）を、詳しい人なら憶えているかもしれませんが、この「白の下」を読む術《すべ》はなさそうですね。

ここで話を変えるようですが、最近ＳＮＳなどで「伏線の回収」といった表現が目につきます。私のフォロワー、フォロイー間での話題なのでミステリに関して論《あげつら》われることも多いとはいえ、それ以上に、ＴＶドラマや映画についてよく言われる感じです。「伏線の回収」とは、もともとミステリ界のジャーゴンであるかのごとく受け止めてきました。しかし、文芸にも芸能にもアンテナの敏感な友人に教わったところでは、現在「伏線の回収」が一般にもなじみ深くなったのは漫才が発祥で、ナイツとかラーメンズといったコンビがその好例らしい。横山《よこやま》やすし・西川《にしかわ》きよし時代で漫才の知識が停止している化石人類たる私には、ちょっと覗《のぞ》き見したぐらいでは面白さをまだ実感できないのですが、そのうち感想をまとめられるかも知れません（まとめられないかも知れません。どっちかです）。

などということに想いを馳《は》せるなら、ミステリとお笑いというのも、倒叙形式と名探偵や、特殊設定ミステリと芝居などに劣らず、親和性を主張できそうな気もしてきます。特殊設定が舞台と相性がいいのは、短編一作でアイデアを使い棄《す》てるとすれば、その設定が世界の隅々にまで波及する効果を考えるのは効率が悪く、一幕劇的に仕立てるのが賢明だからでしょうか。またかと読者には思われるでしょうが都筑道夫氏の意見、恐怖小説集『十七人目の死神』（一九七二年）の一編ごとに挿入された「寸断されたあとがき」の、「忘れられた夜」あとがきから引かせていただきます。

「ＳＦというジャンルは、アメリカ人のような大まかな神経の持ちぬしでなければ、書けないのではないか、といまの私は考えている。リアリスティックに未来を描写しているようでも、地球のうちのアメリカだけ、ある惑星のある場所だけ、つまりは局部的な未来図であって、全体的なイメージが作者にあるのかどうか、疑わしい場合が多い」

と喝破《かっぱ》されたものです。そして「忘れられた夜」では、「ごく狭い場所のこと以外、主人公たちにはわからない状況を設定したが、アメリカ大陸やアフリカ大陸はもちろん、東京がどうなっているかさえ、私にも確たるイメージがない」と告白しています。先ごろ私が特殊設定ミステリ短編をいちどきに読んで、寒ざむしい気もした（第七信参照）のは、一つには、そこに描かれている以外の世界がどうなっているか見えないからでした。しかし舞台劇なら、もともと一杯舞台が世界のすべてで、回り舞台を使っても二杯舞台（舞台用語では場面一つを〝杯〟で数える）、あとは観客の想像に任せても不自然ではありません。

ミステリーズ！新人賞では法月さんの最後の登板となった第十三回（受賞作なし）で、今村昌弘氏が最終候補の一人に残っていました。翌年、今村氏が鮎川哲也賞を射止めた『屍人荘の殺人』が特殊設定ブームの火付け役となったのは第十信に書かれている通りですが、同時にクローズド・サークル物（孤島・嵐の山荘など）の流行を生み出しもしました。短編での候補作だった「ネバーランド」はまだどこにも発表されてないと思いますが、これは比較的よく記憶に残っていて、特殊設定などとはうらはらに、学園内の盗難事件を扱って、日常の謎に近いものでした。

特殊設定と両立することも多いクローズド・サークルが、本格ミステリの新進に好まれるようなのは、読みたがる側の需要に応えてもいるのでしょうが、犯人特定のロジックが組み立てやすいせいも大きそうです。法月さんには釈迦《しゃか》に説法ながら、「これこれの根拠で、この人物が犯人」という論証はけっこう困難で、「犯人しか知らないことを知っている者が犯人である」のを除いて、あまり思いつきません。むしろ、「○○を知っている（あるいは、知らない）者は犯人ではない」ほうがバリエーションを工夫しやすく、消去法で一人だけが残れば、彼もしくは彼女が犯人という積極的な理由がなくとも特定できます。それを成立させるには、容疑者の分母が限られてなければならず、行きずりの者が出入りできないクローズド・サークルは好都合なのでしょう。

それはさておき、二〇一〇年代のミステリーズ！新人賞では「かんがえるひとになりかけ」や「十五秒」など特殊設定的な候補作が目立っていたとのご記憶ですが、私のあやふやな印象ではそれらの作品が例外的で珍重すべきものに思われ、だから評価したみたいな気がします。予選段階で編集部が、あまり似た傾向に偏しないように配慮した結果かもしれませんが、どちらかというと日常の謎系の作品が多かったのではないでしょうか。受賞に至らなかったものも、相応の出来ではあったはずなので、転居に際して、うっかり紙資源回収などに出したりしたのを、不心得者が拾って剽窃《ひょうせつ》などしないように注意深く処分した現在、もはや確かめられませんが、当今の特殊設定の持て囃《はや》されぶりは、ライトノベルなどにおける日常の謎やお仕事小説隆盛に対する反動とも考えられます。

一九五三年問題ですが、私の生まれ年でもあって（だからどうだということもない）気になるところながら、二つの世界大戦のあいだの小春日和（一九一八～一九三九）――いわゆる黄金時代に急速に発展して一種の様式美にまで完成されたミステリに飽きたらなくなって、型を破る試みがいろいろなされ、〝倒叙の復活〟もそれらのトピックの一つなのではないでしょうか。積極的に過去の遺産を見直した結果というより、脱却を試行するうちに、たまたま倒叙という手法が再発見されたような気がするのです。

ヴィカーズ「二重像」は、「エラリイ・クイーンズ・ミステリ・マガジン」の年次コンテストの第一席作品を集めた『黄金の13／現代篇』に入っていたころから、他の名作短編に見られるような〝腑に落ち感〟に乏しくて、『短編ミステリの二百年2』で読んでもその印象を拭えなかったのですが、小森収氏に「倒叙ミステリの書き方で謎解きミステリを書」いたものだと解説されて、ようやく得心が行きました。「二重像」に前後してレヴィン『死の接吻』が刊行されているという法月さんのご指摘もなるほどと頷《うなず》かされます。しかし、倒叙物とフーダニットとを融合させるのは、もっと早くから試みられました。法月さんも参加しておられる探偵小説研究会の『ニアミステリのすすめ』で故・中辻理夫《なかつじりお》氏が『死の接吻』と対比して論じている（初出は「ジャーロ」No.21、二〇〇五年十月）ように、前半の倒叙ミステリから後半、犯人探しに転調するニコラス・ブレイク『野獣死すべし』があります。一九三八年発表という、黄金時代からポスト黄金時代へと分岐する時期を象徴する作品ともいえるでしょう。

江戸川乱歩氏をも感心させた長編ですが、一方『死の接吻』のほうはお気に召さなかったらしい。ドライサー『アメリカの悲劇』の現代版みたいなものにすぎないと江戸川氏に言われた田中潤司《たなかじゅんじ》氏が、いや、これは……と叙述の趣向を説明したそうですが、英文で速読したため第一部で犯人の名前が伏せられ、〝彼〟としか呼ばれていないことに留意されていなかったのでしょう。田中氏に説明を受ける前に書いたのか、「倒叙探小なのだが、私にはそれほどの作とは思えなかつた。拵《こしら》えものすぎるし、人物も人形で、文章は面白く熱もあるけれども、ごく通俗な面白さである。バウチャーの書いていたような　カーやロースンなどの味は少しもない」（「探偵作家クラブ会報」一九五四年六月号「海外近事」）と酷評しています。バウチャーが書いたというのは、法月さんが引用したのに続く部分、「ヘレン・ユーステスのように、レヴィンは、完全な性格描写、精緻な心理の追求、ヴィヴィッドな情景描写等々人並すぐれた文章力を駆使して、ディクスン・カー、クレイトン・ロースン、エラリイ・クイーン、又はアガサ・クリスティーの傑作に見られるような、驚くべきトリック作品を描き出している」（田中潤司訳）というくだりですね。

これはバウチャーの書き方が悪いのでしょう。パートごとに味わいが変わる趣向を伏せて紹介しているので、読者が第二部に入って、第一部で犯人の名前が明かされていなかったことに気づいてまず驚き、第二部の終わりでその正体を知って再び驚けるという意外性の連続攻撃をほのめかしたかったらしい。ヘレン・ユーステスを引き合いに出すのがいちばん当を得ているものの、その『水平線の男』（一九四六年、別題『地平線の男』）を乱歩は読んでいなかったのかも、いやアメリカでも知名度がたぶん低いためバウチャーが意外性ということを強調すべくカーやロースンの名前を挙げたところ（『水平線の男』の意外性は終盤だけですが）、密室トリックでも出てくるのかと期待した江戸川氏を失望させたに違いありません。

少し脱線になりますが、氏は自身「二銭銅貨」や「人間椅子」で一種の叙述トリックを使いこなしながら、他人の叙述トリック・構成トリックには、『アクロイド殺し』のレベル以上となると理解が及びにくかったのではないでしょうか。ビル・S・バリンジャー『消された時間』（一九五七年）の原書を包んだグラシン紙にも「さしたることなし」と冷淡な評を書きつけています。しかし「二銭銅貨」はポーの「黄金虫」のほか、叙述トリックといえる「おまえが犯人だ」を折衷させたような短編ですよね。ポーの推理作品のなかでも純正品とされるデュパン三部作でなく、評者によっては継子扱いの二編を融合させたような作品でデビューしたのが面白いところですが、自身のデュパンとなった明智小五郎の初登場は「D坂の殺人事件」。「モルグ街の殺人」を意識したようなタイトルはその後の乱歩作品に「殺人事件」という命名がほとんど見られないことを思うにつけ、明智は一作限りの探偵のつもりだったという述懐は偽りで（評判にならなければ引っ込めたでしょうけれども）、シリーズ・キャラクターに育てるべく満を持しての創造だったと思われます。

話を倒叙とフーダニットの融合例に戻さなければなりません。『野獣死すべし』と『死の接吻』との間には、パット・マガー『探偵を捜せ！』（一九四八年）もありました。夫を殺したヒロインの、死ぬ前に夫が呼び寄せた探偵が四人の客に潜んでいるのを見つけようと悪戦苦闘するストーリーです。まさに倒叙にしてフーダニット（求めるべきは犯人でなく探偵ですが）ではあるものの、結局単なる犯罪サスペンス小説と選ぶところがなく、せっかくの趣向も空回りだと私は感じました。

マガーといえば、妻が夫を殺したというが遠隔地にいる姪には、七姉妹のうちどの夫婦のことなのか分からず夫に長い思い出話を聞いてもらって推理させる『七人のおば』（一九四七年）や、冒頭で転落したのは誰かというのが物語内時間を遡行して謎になる『四人の女』（五〇年）といった、普通小説ふうに書き込みを豊かにしたほうが上作と位置づけたくなります。杉江松恋《すぎえまつこい》氏も『路地裏の迷宮踏査』（二〇一四年）で「過去回想の語り」をマガーの特長とする北村薫《きたむらかおる》氏の説を踏まえて、それのない『探偵を捜せ！』などは「なんとなく物足りない印象を受ける」と論じたさい（初出は「ミステリーズ！」十三号、〇五年十月。奇しくも前掲の中辻評論と同年同月）、マガーから（杉江氏がここで言うのは『四人の女』ですが）『死の接吻』への流れに触れていました。

『野獣死すべし』『探偵を捜せ！』「二重像」『死の接吻』といった、倒叙とフーダニットを両立させる試みは、それぞれ一回限りで応用がきかないのが難ですね。わずかに、犯人を〝彼〟とだけ呼ぶ手法が、高木彬光《たかぎあきみつ》『誘拐』（一九六一年）の一部に取り入れられたぐらいでしょうか。事件Aの犯人が事件Bでは探偵になるのは、ピーター・ラヴゼイ『偽のデュー警部』（八二年）、東野圭吾《ひがしのけいご》『鳥人計画』（八九年）といった例がありますが、事件Aの犯人が同じ事件Aで犯人を探すというのを期待するのは、矛盾していて無茶ぶりですかね？

二〇二二年十一月二十七日

第十二信

二〇二二年十二月五日

法月綸太郎↓新保博久

ミステリとお笑いの親和性について

新保博久さま

五十肩の再発以来、相も変わらぬ低空飛行が続いておりますが、ちょうど新保さんからの返信を待っている間、相沢沙呼《あいざわさこ》原作の連ドラ「霊媒探偵・城塚翡翠《じょうづかひすい》」（日本テレビ系）が全五話で最終回（十一月十三日）を迎え、翌週の二十日から続編「invert 城塚翡翠倒叙集」が新番組としてスタートしました。新保さんの「教授への長い道・第30回／倒叙モノで行こう！」（「ジャーロ№79」二〇二一年十一月号）やこの往復書簡の内容とも共鳴するような、非常にタイムリー！な出来事だと思います。

とはいえ、どこがタイムリーなのか突っ込んで議論しようとすると、どうしてもネタに触れざるをえない。まだ放映中のドラマですし、ネタバレは極力避けるというのが最初に決めたルールですから、ここでは〈城塚翡翠〉シリーズと「特殊設定+倒叙ミステリ」のねじれた関係性を指摘するだけに留《とど》めましょう。少年ドラマシリーズ「蜃気楼博士」完全再放送の感想（第四信）もそうでしたが、こういう時事ネタは、時間が経つと意外に前後の文脈を忘れがちなので、あえて書き留めておく次第です。

ついでにもう一つ、新保さんがSFミステリの代表として挙げたランドル・ギャレットの〈ダーシー卿〉シリーズ（『魔術師が多すぎる』『魔術師を探せ！』）について、心覚えを記しておきます。小森収編のアンソロジー『短編ミステリの二百年5』に収録された新訳版「青い死体」（白須清美訳）を読み返した際、妙に印象に残る場面がありました。ダーシー卿の助手で魔術師のマスター・ショーンが「代喩の法則」と回転檸を用いて、遺留品の小さな糸くずから犯人の着衣を復元するくだりです。なぜそこかというと、ソーンダイク博士の助手で時計師のナサニエル・ポルトンが、さまざまな実験器具や最新技術を駆使して手がかりを検証する場面とそっくりなことに気がついたからです。

アーサー・C・クラークは「十分に発達した科学技術は、魔法と見分けがつかない」と述べたそうですが、逆もまた真なりということでしょうか。異世界（パラレルワールド）ミステリの草分け的な〈ダーシー卿〉シリーズと、倒叙ミステリの元祖である〈ソーンダイク博士〉シリーズには、腹違いの兄弟みたいな類似点があるのかもしれません。

閑話休題。新保さんからの返信を読んで、ミステリーズ！新人賞の候補作リスト（二〇一二

〜一六年）をあらためてチェックしたところ、確かに特殊設定ものはそんなに多くないですね。日常の謎のほうが目立っていたというのもその通りです。記憶に偏りが生じたのは、第二十六回鮎川哲也賞『ジェリーフィッシュは凍らない』（二〇一六年）の市川憂人《いちかわゆうと》氏がデビュー前に応募した歴史改変ミステリ「スノウマン」（第十回候補作）や、最新の第十九回ミステリーズ！新人賞「ルナティック・レトリーバー」の真門浩平《まもんこうへい》氏の応募作で、パラレルワールドを意識した多重推理を繰り広げる「サンタクロースのいる世界」（第十三回候補作）といった実験作の印象が強かったせいもあるでしょう。

　ただ、新保さんの「当今の特殊設定の持て囃されぶりは、ライトノベルなどにおける日常の謎やお仕事小説隆盛に対する反動とも考えられます」という意見には少々異論があって、これはニュアンスの違いかもしれませんが、むしろ両者は同じコインの裏表のように思えるのです。「特殊設定と両立することの多いクローズド・サークル」という表現もそうで、closed circle という外来語は本来「内輪の仲間、グループ」を指すものですから、日常の謎やお仕事小説の異名になっていたとしてもおかしくない。私の印象では、日常の謎と特殊設定ミステリは漫画やアニメ、ライトノベル経由で地続きになっていて、反動というのとはちょっと違う感じがするのです。今村昌弘氏の「ネバーランド」が「特殊設定などとはうらはらに、学園内の盗難事件を扱って、日常の謎に近いもの」だったのも、両者の間の垣根の低さを物語っているのではないでしょうか。

　同様の例として、同じくミステリーズ！新人賞の選考委員だった米澤穂信氏を挙げてもいいでしょう。〈古典部〉シリーズ、〈小市民〉シリーズなど、学園ミステリの名手として日常の謎シーンを牽引した米澤氏は、魔術の存在を前提にした『折れた竜骨』（二〇一〇年）で第六十四回日本推理作家協会賞を受賞しました。同書は〈ダーシー卿〉シリーズの衣鉢を継ぐ由緒正しい異世界（パラレルワールド）本格ミステリですが、現在の特殊設定ブームの素地を作ったことに疑いはありません。私がミステリーズ！新人賞の選考委員になったのは二〇一二年ですから、ちょうど『折れた竜骨』の影響力が若い読者に波及していった時期だったはずです。

この年代に関しては「小説現代」二〇二一年九月号「令和探偵小説の進化と深化」特集の企画「特殊設定ミステリ座談会」（相沢沙呼、青崎有吾《あおさきゆうご》、今村昌弘、斜線堂有紀、似鳥鶏《にたどりけい》、若林踏）に見逃せない証言があります。青崎有吾氏が「だから2010年から12年にかけて、ミステリ好きの間でじわりじわりと浸透していった気がするんですよね。この間には『虚構推理』以外にも、米澤穂信さんの『折れた竜骨』（創元推理文庫）が本格ミステリ大賞の候補作になっていたので、この2作が注目されたのとあわせて〝特殊設定ミステリ〟という呼称が広まっていったように思います」と発言しているのです。

「特殊設定ミステリ座談会」は、きっと新保さんもお読みになっているでしょう。実はこの座談会を参考に、「現在の特殊設定ミステリは、非小説メディアとのキメラである」という仮説を掘り下げる予定だったのですが、倒叙ミステリについての議論を重ねるうちにふと気づいたことがあり、それでいささか戸惑っておりまして……。ですが、その話をする前に、第十一信で提起された問題にお答えしておきましょう。

「ミステリとお笑いの親和性」に関する新保さんの考察は、非常にアクチュアルで興味深いものでした。しかも第十一信の内容（日付）とシンクロするように、十一月二十五日発売の「ジャーロ№85」（二〇二二年十一月号）には稲田豊史《いなだとよし》氏の「ミステリーファンに贈るドキュメンタリー入門」第6回として、「ドキュメンタリーとして観る「水曜日のダウンタウン」」の前編が掲載されています。ドキュメンタリーが主題の連載ですが、お笑い系バラエティのフォーマットを逆手に取ってドッキリやリアリティ番組に批評的視線を投げかける手法は、ミステリの方法論とも深い関係がある。第十〜十二信が掲載される予定の「ジャーロ№86」（二〇二三年一月号）には、二〇二〇年、出演者の自死によって打ち切られた人気リアリティ番組「テラスハウス」における「やらせ」「仕込み」「台本の存在」について考察する後編が載っているはずです。

それで思い出したのは、千街晶之《せんがいあきゆき》編著『21世紀本格ミステリ映像大全』（二〇一八年）に「テレビバラエティ」と題された章があり、注目作品レビュー（八番組）の中に「水曜日のダウンタウン」「テラスハウス」が含まれていたことです。さらに全レビューを担当した秋好亮平《あきよしりようへい》氏が見開き二頁のコラム「お笑い芸人のネタにも、本格ミステリは潜んでいる⁉」を書いているのですが、舞台劇やお笑いに関する新保さんの意見を先取りしたような記述がある。該当する部分を引用しておきましょう。

かつて二《に》階《かい》堂《どう》黎《れい》人《と》は「『容疑者Xの献身』は本格か否か」（『ミステリマガジン』２００６年３月号）の中で、「叙述トリックでは、書かれていないことはすべて実現可能となってしまう危険性がある」と指摘した。これは本格ミステリ作品について論じた文章だが、その内容はコントや漫才にも当てはまるのではないだろうか。それらは基本的に、演者の言葉と身体のみによって表現され、余白の部分は観客の想像力に委ねられる。そこでは、説明されていないことは何でも自由に起こりうるため、叙述トリックの介在する余地が残されているのだ。

秋好氏によると、コントや漫才の世界では「伏線の回収」だけでなく、早くから笑いの手法として（広義の）叙述トリックが用いられていたらしい。前記レビューにも「近来はスペシャル放送の際に必ず叙述トリック的なネタを仕掛けてくるので油断ができない」（「水曜日のダウンタウン」）、「視聴者に与える衝撃やミスリードを誘う構成の巧さは、まさに上質な叙述トリックそのものと言えるだろう」（「テラスハウス」）といった指摘があり、こうした感覚は映画やドラマに限らず、テレビバラエティの世界でも共有されているようですね。

新保さんと同様、私もお笑いの世界にはすっかり疎《うと》くなっておりますが、一昨年の「M－１グランプリ２０２０」で優勝したマヂカルラブリーのネタが「漫才か漫才じゃないか」論争を引き起こしたという話を後から知って、ずいぶん身につまされた覚えがあります。漫才とコントの境界線をめぐって、コアなお笑いファンが侃々諤々《かんかんがくがく》の議論を繰り広げるさまが、かつての

「容疑者X論争」に重なって見えたから――というのは、いささか牽強付会ですが、けっして根も葉もない話ではありません。漫才コンビが会話中に設定を振ってコントに切り替える「コント漫才」というスタイルは、『アクロイド殺し』のフェア・アンフェア論争にも通底する一種の「枠物語」構造を備えているのですから。

秋好氏は前記コラムのラストで、「ミステリは本質的に〈裏切り〉を求められる文芸だ。【…】笑いもまた、〈裏切り〉によって生じる。ゆえに、笑いとミステリは兄弟なのである」と結論しています。一方でルーティン化した笑いは、第八信で引用した円居挽発言のように、たやすく「出オチで勝負する」「大喜利」に堕《だ》してしまいがちです。「ミステリとお笑いの親和性」という観点から昨今のトレンドを見直すと、新保さんを「寒ざむしい気」にさせたのは特殊設定それ自体ではなく、「大喜利」に付きまとうお座敷的な空気感だったのではないか？そんな懸念を覚えずにはいられません。

まあ、半可通《はんかつう》の分析ごっこはここらへんで止《や》めておきましょう。「ミステリとお笑いの親和性」に関する議論はもっと若くて生きのいい論者に任せることにして、オールド・ミステリ者にふさわしい話題に移ったほうがよさそうです。新保さんの返信に倣って、一九五三年以前に倒叙とフーダニットの融合を試みた作例を振り返ってみましょう。

新保さんが先駆的な融合例として、ニコラス・ブレイク『野獣死すべし』を挙げられたのは流石《さすが》です。「一九三八年発表という、黄金時代からポスト黄金時代へと分岐する時期を象徴する作品」という評価も順当でしょう。奇しくも同書は「ビースト・マスト・ダイ／警部補ストレンジウェイズ」（二〇二一年、英）としてTVドラマ化、日本でも今年、スターチャンネルで放映されたばかりです。舞台を現代にアップデートするため、脚本に大きな変更が二つ施されていて、一つは一人息子を亡くした父親が轢《ひ》き逃げ犯への復讐を誓う原作が、ドラマではシングルマザーの復讐譚になっていること。もう一つはアマチュアの詩人探偵だったナイジェル・ストレンジウェイズが、ＰＴＳＤ（同僚の殉職が原因）に悩まされる警察官に変更され、ヒロインと対等のキャラクターに格上げされていることです。フーダニットを重視した原作より、刑事vs.犯人の対決型の側面が強調されているのは、やはり映像化のセオリーでしょうか。

それはさておき、ハヤカワ・ミステリ文庫版『野獣死すべし』の巻末には、植草甚一《うえくさじんいち》氏の解説「復讐から憎悪の研究へ」が付いています。その中に「探偵小説の黄金時代は、すでに最後の段階だったが『野獣死すべし』はその時期の代表作だった。そうして第一部の「日記」を読んでいると、エラリイ・クイーンの『Yの悲劇』を読んだにちがいないと思わせる」云々という指摘がありました。作中の某キャラの扱いも含めて、十代の初読時にはなるほどと膝を打ったものですが、今はその頃よりだいぶ知識が増えている。おかげで「第一部　フィリクス・レインの日記」は、アントニイ・バークリーの手記ミステリ『第二の銃声』（一九三〇年）の中核を占める「ピンカートン氏の草稿」を下敷きにして書かれたにちがいない、と考えるようになりました。『第二の銃声』の構成上の弱点を逆手に取り、本格ミステリとして見事に昇華したのが『野獣死すべし』である、と言い換えてもいいでしょう。

だからといって、先行するバークリーを低く見るつもりは毛頭ありません。同文庫のカバー内容紹介には、「その優れた心理的サスペンスと殺人の鋭い内面研究によってアイルズの『殺意』と並ぶ近代探偵小説の屈指の名作とされる」とありますから、ブレイクの小説はバークリー『第二の銃声』とアイルズ『殺意』の融合といえなくもない。またバークリーは『地下室の殺人』（一九三二年）で「被害者捜し」という趣向を取り入れており（あまり成功しているとは思えませんが）、パット・マガーの変則フーダニットにも先鞭をつけているのです。

さらに『死の接吻』の第一部・倒叙、第二部・本格、第三部・サスペンスという三部構成は、バークリー名義の『試行錯誤』（一九三七年）の「第一部　悪漢小説風《ピカレスク》」「第二部　安芝居風《トランスポンタイン》」「第三部　推理小説風《ディテクティヴ》」「第四部　新聞小説風《ジャーナリスティック》」「第五部　怪奇小説風《ゴシック》」という五部構成の圧縮版と見ることもできるでしょう。『試行錯誤』を倒叙ミステリと呼ぶことには、若干のためらいを覚えますが、いずれにしても「倒叙とフーダニットの融合」という行き方が、バークリー／アイルズの探偵小説批判・実験精神から生じたことは間違いありません。そしてこの流れは、ほかならぬ植草氏が監修した〈クライム・クラブ〉（東京創元社）に引き継がれているような気がします。

面白かったのは、第十一信のラストがピーター・ラヴゼイと東野圭吾の作品で締められていたことで、私もこの二人の作風にはどこか響き合うものを感じます。特に東野氏の倒叙ミステリ観については、数年前、秋好亮平氏や白樺香澄氏らが参加する「風狂奇談倶楽部」の同人誌「風狂通信Vol.5」（二〇一八年）でインタビューを受けた際にも話題になったことがあり、せっかくだからここでその一部を紹介しようかと考えていましたが、そろそろ残り枚数に余裕がなくなってきたようです。その話はまた別の機会に譲ることにして、忘れないうちに、途中で宙吊りにしていた問題を書いておかないといけません。「現在の特殊設定ミステリは、非小説メディアとのキメラである」という仮説を掘り下げるのをためらったのは、私や新保さんのようなオールド・ミステリ者も、倒叙ミステリの受容に関しては同じ穴のムジナなのではないか、と思ったからです。

そもそも現代の国産倒叙ミステリは、「刑事コロンボ」「古畑任三郎」というTVドラマを直接の参照枠としており、『歌う白骨』や『殺意』からの影響はほとんどなきに等しい。ロイ・ヴィカーズの〈迷宮課〉シリーズですら、実際に読んだら「思ってたのと違う」という印象を与えるのではないでしょうか。

倒叙ミステリを説明する時、私は枕詞《まくらことば》のように「コロンボや古畑のような」という表現を用います。それが一番わかりやすいからですが、これは冷静に考えると、今村昌弘氏が『屍人荘の殺人』でホラー映画の文法を推理の条件に転用したこと、あるいは特殊設定の導入時に漫画や映画、アニメやゲーム等のお約束に則って、謎解きに必要なコストを大幅に削っているのと、あまり変わらない方便なのではないか。だとすれば、現在の私たちが持っている倒叙のイメージが『歌う白骨』や『殺意』にそぐわないのも当然です。

活字のミステリ史だけに注目する限り、現在の倒叙形式はうまく説明しきれない。かつてのSFミステリと現在の特殊設定ミステリを隔てるギャップにも劣らない断絶が存在するといってもいいでしょう。自分たちの世代に限定された常識に囚《とら》われて、「現在の国産倒叙ミステリも、非小説メディアとのキメラにすぎない」可能性を見落としていたことに思い当たり、足をすくわれたような気がしたのです。

最後のほうはまとまりのない、何だか愚痴っぽい文章になってしまいました。左肩の不調がメンタルに影響しているのかもしれません。これが結論というわけではありませんので、頭を冷やすのも兼ねて、いったん新保さんにボールを返すことにしましょう。

二〇二二年十二月五日

第十三信

二〇二三年一月二十一日

新保博久→法月綸太郎

藪をつついて謎を出す

法月綸太郎さま

今年もよろしくお願いします。

特殊設定ミステリと日常の謎――対照的なようでも実は同じコインの裏表にすぎないとは、第十二信で仰せの通りながら、しかし裏と表とでは正反対だと、強弁するのも野暮なこと。昨今の特殊設定の持て囃されぶりが、それ以前の日常の謎流行への反動ではないかと私が申したのも思いつきにすぎなくて、それほど信じているわけじゃないんです。

ところで、「昨今では、人の死なないミステリ、特に日常性の中の謎、などといったタイプの作品に出会うと、もうそれだけでうんざりする――ことが多い」って、これ、誰の言葉だと思いますか（私じゃありませんからね）。

もったいをつけるほどでもない、北村薫氏の最初のエッセイ集『謎物語』の一節なんです。日常の謎ミステリといえば戸板康二《といたやすじ》氏の「グリーン車の子供」はじめ〈中村雅楽《なかむらがらく》〉シリーズなど以前からあったものの、追随者には欠け、北村氏が中興の祖ともいうべき存在だったのは言うまでもありません。「この手があったか」と再発見を喜ぶかのように、澤木喬《さわききよう》、若竹七海《わかたけななみ》、加納朋子《かのうともこ》、倉知淳《くらちじゆん》、光原百合《みつはらゆり》ら諸氏がデビュー当初この系譜で名乗りをあげ、それらの作品が当初もっぱら東京創元社から刊行されたため、北上次郎《きたかみじろう》氏は〝創元派〟と名づけましたが、別に一出版社の専売特許ではない。それでも何か名称が必要なほど潮流が侮《あなど》れなくなってきた結果、〝日常の謎〟という用語を提唱したのは、ひょっとしたら私だったかもしれません。その記憶が仮に正しいとしても、何か名称が欲しくて曲もなく表現したにすぎず、命名者の栄誉を自慢するほどでもないでしょう。さて、北村氏が『空飛ぶ馬』でデビューしたのが昭和から平成に改元されたばかりの一九八九年、前掲の引用を含むエッセイが発表されたのが「小説中公」一九九五年七月号。さっき名前を書き並べた作家たちは追随者群のなかでも優等生ですが、『空飛ぶ馬』から数年後にして、中興の祖みずから食傷するほどになっていたようです。

北村氏は先の引用に続けて、もはや日常の謎系作品に接しても、「坂口安吾《さかぐちあんご》の『アンゴウ』を初めて読んだ時のような、胸の震えを覚えることは、まずない。わたしだけではなく、そういう読者が増えているのではないか、と思う」そうです。安吾はもちろんミステリの専門作家ではありませんが、横溝正史や高木彬光の戦後初期傑作に比肩する『不連続殺人事件』はじめ一連の推理作品を書いてきて、個人全集ではいわゆる安吾文学・探偵小説・評論随筆というふうに別建ての巻にされるのが通例でした。従来、一般文学編に収録されてきた「アンゴウ」（一九四八年。カタカナ表記になっているのは暗号・暗合・安吾のトリプル・ミーニングだかららしい）の存在を、北村氏は探偵小説以外も含めて全作品を読破中だった安吾ファンのミステリクラブ員に教えられたそうですが、戦前デビュー作家に限定していた創元推理文庫版〈日本探偵小説全集〉の『坂口安吾集』（八五年）で推理畑に植え替えたのはお手柄でしたね。安吾の文壇出世作となった「風博士」（三一年）を変格探偵小説だったことにして、戦前からの探偵作家の仲間扱いしたのですが、そんな禁じ手を犯すまでもなく、二十六歳の安吾青年が探偵小説と銘打って発表していた、安吾全集にも未収録の知られざる短編「盗まれた一萬円」（三三年）【付録Ⅰ】が最近発見され、「新潮」二〇二三年一月号に再録されたばかりで、出来はともかくこちらを収録すれば済んでいたはずだったんですね。もし北村氏が「アンゴウ」を探偵小説史に正統的に位置づけるために〈日本探偵小説全集〉全十二巻の企画を推進したのだったとすれば、自分が殺した一体の死骸を戦死者の山に紛れ込ませるため故意に負けいくさを起こしたというような、チェスタトン的発想で楽しかったんですが。

この〈日本探偵小説全集〉の『名作集1』（九六年）に芥川龍之介《あくたがわりゅうのすけ》作品は、「その諸作の中で、探偵小説として最も優れているのは、これだと思う。万華鏡に人の心を入れて、ころころ転がし、覗くような作品」として「藪の中」【付録Ⅲ】が選ばれています。

いっぽう翻訳家の宮脇孝雄《みやわきたかお》氏は評価が辛く、「私はミステリのショートショート（分量は二十枚ちょっと）として「藪の中」を読んできたので、最後の証言がオチになっている（つまりあれが真実）と考えているのだが、芥川にしては切れ味が鈍く、そのために幅広い解釈の余地を残してしまった、ということではないか。同じ月の別々の雑誌（大正十一年新年号）に、「藪の中」を含めて作品を四編も発表しているので、時間の余裕がなく、推敲が足りなかったのではないか、とも考えている」（カッコ内は原文）

「藪の中」は巷間《こうかん》いわれているような真相不明のまま終わる小説ではなく、はっきりした結末があると宮脇氏が唱《とな》えるエッセイ、「「藪の中」は藪の中か？」（「フリースタイル」二〇二二年春号）を読んで私は仰天しました。二〇二〇年に邦訳刊行された話題作、イーアン・ペアーズ著『指差す標識の事例』――うっかり大作に手を出して出られなくなると困るので私は読んでおりませんが――は、十七世紀にオックスフォードで起こった殺人事件を四人の人物が語る形式だそうです。その内容が食い違うそれぞれのパートを訳者も四人で分担して、そのひとり宮脇氏はあとがきで、西洋版「藪の中」であると書きかけ、誤解をおそれて思い留まったらしい。『指差す標識の事例』は最後の語り手の証言で真相が明らかになるが、氏の見解では「藪の中」もそれと同じなのに、そうは受け取ってもらえない蓋然性《がいぜんせい》が高いということで。

「……英米の怪奇小説を乱読し、死霊が真相を語る話がけっこう多いことも知っていたであろう作者（芥川氏）が考えた、それなりに単純な話だったのではないか、というのが私（宮脇氏）の解釈である」

西洋怪談にも通暁《つうぎょう》した宮脇氏がそう言う以上、たぶんその通りなんだろうと思った私が、仰天したのはその主旨にではありません。そう言ったのが宮脇氏でなかったなら、同じ意見を読んでもそんなに驚かなかったでしょう。というのは——

大学を卒業させられて、その場しのぎにせよ阿堵物《あとぶつ》の必要から、あれこれ考えた企画の一つに福永《ふくなが》アンソロジーというものがあったのです。福永武彦《たけひこ》氏がかつて加田伶太郎《かだれいたろう》（「誰だろうか」のアナグラム）という匿名（と、フクナガダを並べ換えた船田学《ふなだがく》名義）の短編ミステリ集『加田伶太郎全集』が文庫化された際、厚くしないためか伊丹英典《いたみえいてん》助教授（これもmeitanteiのアナグラム）が探偵役を務める八編に絞られて、非シリーズの二編（と船田名義のSF）が削られたのを残念に思っていました。で、その二編「女か西瓜《すいか》か」「サンタクロースの贈物」がそれぞれリドル・ストーリー、クリスマス・ストーリーだったので、それらを表題に、ほかの作家の類縁作品と併せて、福永氏を編者に迎えてのアンソロジーに発展させられないかと思ったのです。

結果、クリスマス・アンソロジーだけ河出書房新社に引き受けてもらえたものの、福永氏は病気療養中とて、再録も表題に用いるのも了承するが編者は引き受けかねる、出来上がりを楽しみにしているとハガキで返信されたといいます。あいにく版権の許諾交渉に手間取り、季節商品なので出版までに一年延引し、その間の一九七九年に福永氏が亡くなってしまう痛恨事があったのですが、曲折あったアンソロジー『サンタクロースの贈物』は実質的な編者であった私の名義に替え、つい一昨年末、四十二年ぶりに文庫化されたというのも余談。

元版の刊行準備中、北村薫氏の後輩にあたる（北村氏はまだデビューしていませんでしたが）ワセダ・ミステリクラブの新ＯＢたちが、誰かの家で顔を合わせれば当然一献（どころか二献三献）傾けたうえで知識見識を競うように、まあゲーム感覚ですね、こんなのもあると収録候補作品を教えてくれたりしたものです。法月さんや京大推理研の人々のあいだでも、似たような局面はあったのではないでしょうか。おかしみが現在の読者にどれほど通じるか、リドル・ストーリーとして皆川正夫《みながわまさお》氏がフレドリック・ブラウンの「熊の可能性」を挙げると、なるほどあれはリドル・ストーリーだとか、一種の大喜利状態ですね。そういうとき居合わせていた宮脇氏から、「藪の中」はどうかと言われて意表を突かれました。あれが、ストックトン「女か虎か」に代表されるリドル・ストーリーの仲間だとは当時、誰も考えもしなかったのですから。「女か西瓜か」や五味康祐《ごみやすすけ》「柳生連也斎《やぎゅうれんやさい》」など、本文に書かれていなくとも作者の胸中に正解が用意されているものも含めて、イエスかノーか、二択が基本と思っていました（モフィット「謎のカード」のように何が何やら分からなくとも、立派にリドル・ストーリーなのですが）。さらに関口苑生《せきぐちえんせい》氏が「檸檬《れもん》か爆弾か」と挙げたのですが、さすがにそれは違うだろとも。

それ以前、慶応義塾大学推理小説同好会がまとめた新書判『推理小説雑学事典』（一九七六年）は約八十五のコラムのうち一つをリドル・ストーリー紹介に充て、エリン「決断の時」、ペロウン「穴のあいた記憶」、エルスン「最後の答」、ブラッドベリ「町みなが眠ったなかで」や、先に掲げた国産品も挙げていますが、「藪の中」には触れていません。石川喬司《いしかわたかし》氏の『ＳＦ・ミステリおもろ大百科』（一九七七年。別題『夢探偵』）でも「リドル・ストーリー」に一章、割かれているものの「藪の中」は無視されています。いま、ちくま文庫版『謎の物語』(二〇一二年)を見ると、元版(一九九一年)と違って収録作品を翻訳物に限っていますが、紀田順一郎《きだじゅんいちろう》氏の編者解説には「日本のリドル・ストーリーとしては、周知のように芥川龍之介の「藪の中」(一九二二)がある」と述べられ、今世紀に入って意識が変わったようです。インターネットで「リドル・ストーリー」を検索しても「藪の中」に触れていないほうが珍しいくらいですが、それらのコンテンツは大半、二〇〇〇年以降に書かれたものと思われます。

そういう共通認識が定着していなかった一九七〇年代、「藪の中」をリドル・ストーリー扱いしてもいい可能性に気づかせてくれた宮脇氏みずから、リドル・ストーリーではないと断言したのですから、自分の親から「お前はうちの子じゃない」と言われたくらいびっくりした(大げさか)のも無理からぬところでしょう。

さて、半ば学生気分の抜けない談笑に私たちが興じていた一方、佐野洋氏と結城昌治《ゆうきしょうじ》氏の間でも「藪の中」をめぐる遣り取りがあったといいます。同じ話題が、エッセイ・シリーズ十二冊目で佐野氏の遺著となった『推理日記FINAL《ファイナル》』(二〇一二年)で連載の終期に二度、七か月おいて出てきて、一九七八年か八八年の出来事か謎なのですが、大要は同じで、大岡《おおおか》昇平《しょうへい》氏いわく「藪の中」を真相不明の小説とするのは誤り、推理作家が読めば唯一無二の真相が分かるはずだというのを佐野氏は読んだそうです。そんなところへ結城氏が、大岡氏は専門の推理作家の意見を聞いてみたいらしいから、一緒に考えようじゃないかと電話で誘ってきた。佐野氏が手を着けないうちに再度電話があり、結城氏は自分はもう解いたので早く答え合わせをして、一緒に大岡氏に見せようと催促したそうです。佐野氏はまず「藪の中」をじっくり再読したかったものの、手許《てもと》に本がないから買ってこなければならない、「それが多少億劫でもあった」。そのうち大岡氏の訃報《ふほう》に接し、計画はうやむやになったと。

しかし、佐野氏の書庫には「藪の中」があったはずなのです。氏自身、収録作家の一人で全巻所持していたに違いない東都書房版〈日本推理小説大系〉の、第一巻『明治大正集』(一九六〇年)に収められていたのですから。それ以前にも芥川作品の一部をミステリと評価する試みはあったのですが、「藪の中」が選ばれたのはこれが初めてです。また、変格ミステリ作家クラブのアンソロジー『変格ミステリ傑作選【戦前篇】』(二〇二一年)にも「藪の中」が採られて、夏目漱石《なつめそうせき》「趣味の遺伝」ともども「我が国のミステリ史を辿《たど》る上ではずすわけにいかない。事実はひとつではない。あるいは事実はひとつに収束しない。この簡潔精緻《せいち》に組みあげられた百年前の立論は、今なお――いや、厖大《ぼうだい》な情報が多層多重に交錯する今だからこそ、ますます重みを増しているのではないかと思う」と、選者の竹本健治《たけもとけんじ》氏はコメントしました(この本には横溝正史「蔵の中」も収録されていて読み比べるのに便利なものの、芥川とは題名が似ているだけで、それほど関連はなさそうです)。さらに翌年、文庫版〈探偵くらぶ〉の芥川龍之介集『黒衣聖母』では、日下三蔵《くさかさんぞう》氏の編者解説には各編の解題めいたことは何も書かれていませんが、年代順でないのに「藪の中」が最後に置かれて真打ち感を発揮しています。

「推理日記」で「藪の中」の話柄が連打される五年前、上野正彦《うえのまさひこ》氏が法医学見地から「藪の中」の真相を推測する一章を含む『「藪の中」の死体』（別題『「死体」を読む』）が刊行されていて、いかにも佐野氏が興味をもちそうな新刊だったのに見逃されていたらしい。そうした事どもをお知らせしようと思いつつ、氏が電子メールを受け取れる環境にあるかどうか自信なく、当時まだ還暦前の若造（！）が気軽に電話するのも躊躇《ためら》われ、筆不精の身は放置してしまいました。もし連絡して結城氏の提案が実現していれば、両氏それぞれの回答が読めたものをと、ちょっぴり後悔します。ちょっぴりにすぎないのは、できあがる回答はたぶん、「芥川龍之介を弁護する」（一九七〇年）で大岡氏が披瀝した説（過程は異なるが上野正彦説、宮脇説も結論は同じ）と大同小異だっただろうと予想するからです。

　真相をあぶりだそうとすると武弘《たけひろ》の自殺説が有力なのですが、恩田陸《おんだりく》氏は「『藪の中』の真相」についての一考察」（二〇一〇年）で多襄丸《たじょうまる》犯人説を採っており、女ごころの謎がテーマだという意見もある「藪の中」の真相当てコンペティションに参戦している女性が少ないせいもあって傾聴に価するでしょう。分量的に最も豊かで示唆にも富んでいる大里恭三郎《おおさときようざぶろう》氏の『芥川龍之介――『藪の中』を解く――』（一九九〇年）は武弘の妻が犯人と結論しています。その「真砂《まさご》という名前には、真犯人の〈真〉の意味が込められていたのではないか」ともいいますが、私は盗賊が重要な役割を果たす点から石川五右衛門《いしかわごえもん》を連想し、その辞世ともいわれる歌を「石川や浜の真砂は尽きるとも世に悪女の種は尽きまじ」ともじったような気もします（真砂は、芥川が不倫相手と密会した深川《ふかがわ》にある待合の屋号に由来するとの指摘もあるそうですが）。石川といえば、武弘・真砂の夫婦の苗字が金沢《かなざわ》であるのも暗示的でしょう。

「藪の中」の元ネタが『今昔物語集』巻二十九第二十三「具妻行丹波国男於大江山被縛語《めをぐしてたんばのくににゆくおとこおおえやまにしてしばらるること》」【付録Ⅵ】だというのは周知のことですが、もともと芥川の友人だった瀧井孝作《たきいこうさく》がこの物語に注目して、自身の創作に利用するつもりだと芥川に話したところ、先に「藪の中」を書かれてしまい、自分は断念しなければならなくなったそうですね。瀧井孝作は「純潔――『藪の中』をめぐりて――」（一九五一年）では、穏やかな調子に包みつつも憤懣をぶちまけています。

とはいうものの、早くも大正七（一九一八年）、八年ごろ書かれたらしい芥川の手帳に、「――心中　かけ落ちの途中　女 rape さる　男を殺す　Story beyond the sea French Mediaeval legend」（手帳2　見開き24）とあり、これはウイリアム・モリスが英訳した"The History of Over Sea"の一編の骨子をメモしたネタ集の一つらしい。その作品が富田仁《とみたひとし》氏が推測するように「ポンチュー伯の息女」だというのは、集英社版〈世界短篇文学全集〉第五巻「フランス文学／中世～18世紀」所収の邦訳を見ると原型バージョンであるせいか、駆け落ちではないし、夫殺しも未遂に終わっていて食い違うものの、「藪の中」の真砂を思わせるのは確かです。これを脳裏に何年も蓄えていた芥川が、瀧井孝作に「使える」と示教された『今昔物語集』の一エピソードとスパークしたのだとすれば、真砂犯人説が濃厚になります。

「藪の中」は短い七つのパラグラフから構成され、ト書きめいたものが若干挿入されるものの、物語は誰かしらのモノローグでのみ進行します。その細目は、①検非違使《けびいし》に問われたる木樵《きこ》りの物語（新保註・以下②～④は、「検非違使に問われたる」を省略、また①②④⑦の「物語」は初出誌では「話」、③は「答」）②旅法師《たびほうし》の物語③放免《ほうめん》の物語（註・放免とは、罪を許された犯罪者で下級警吏にスカウトされた者）④嫗《おうな》の物語⑤多襄丸の白状⑥清水寺《きよみずでら》に来《きた》れる女の懺《ざん》悔《げ》⑦巫女《みこ》の口を借りたる死霊（＝武弘）の物語、です。物語というのは談話という程度で、フィクションという意味ではありません。「証言」というほうがしっくりきますが、たぶん明治維新以後に造られた熟語なので、平安朝にはふさわしくないのでしょう。しかし「多襄丸の白状」に二度も出てくる「瞬間」は平安朝でも使ったんですかね。

①は死体発見の模様を伝え、②は事件が起こる前に男が女を馬に乗せて平和に旅していた姿の目撃証言、③は多襄丸を捕縛した警吏の手柄話、④は女の母親で、娘は真砂、婿は金沢武弘と、ここでだけ名前が明かされ、⑤〜⑦は当事者たち、⑤は真砂を犯し、武弘の所持品を奪い取った盗賊、⑥は真砂、⑦は口寄せされて降霊した死後の武弘がそれぞれ語ります。最大容疑者・強姦被害者・殺人被害者のトリオですね。三人が皆、我こそ武弘を殺《あや》めたと主張（武弘自身なら自殺）するのは、さながらクリスチアナ・ブランドの『ジェゼベルの死』で、「藪の中」を入れ子式に「羅生門」で包んだ黒澤明《くろさわあきら》監督の『羅生門』（一九五〇年）をブランドも観ていたのかなと思いましたが、『ジェゼベルの死』は一九四九年の発表でした。

って、実は映画『羅生門』を私は観てないんですけどね。名作の誉れ高いだけに、うっかり俳優のイメージを刷り込まれて、芥川だけを頼りに謎解きする邪魔になりかねないと、この機会に観ることもしておりません。まあ、先行研究をさんざ学習して自分も謎解きに参加するとしたら、後出しジャンケンでしかないんですが。既存の説で面白かったのは、⑤⑥⑦のうち誰が本当のことを言っているか（つまり誰が犯人か）を超越して三人とも嘘つき、木樵りが犯人だというもの。殺人者は冒頭から登場すべしが持論のヴァン・ダイン先生が随喜の涙を流しそうですが、さすがにこれはない【単行本註・初出当時は観ていなくて知らなかったが、木樵り犯人説は黒澤明の『羅生門』の影響らしい】。そして、劈頭《へきとう》に現れる遺留品なのに、それきり出てこない櫛。旅法師が見たとき武弘の征矢《そや》は二十本余あったというのに、多襄丸がつかまったら十七本しかなく、法師の観察が正しいとすれば何本かはどこへ行ったのか？

私が見た限り、この二点については誰も明快な解釈を下していなかったので、正答に行き着けないまでも少し考えてみました。その回答は封じ手にしてお渡ししますね。法月さんも謎解きに参加してくださるなら、引っぱられるといけませんし（それほど大した答案ではない）。私にとっては真相がどうこうというより、芥川龍之介は真相を用意していたのか、それとも読者の想像に任せて何も考えていなかったのか、それが「藪の中」最大のリドルです。さて、封じ手は開くや開かざるや？　〝決断の時〟ですよ。

二〇二三年一月二十一日

「藪の中」の真相に関する暫定的結論

新保博久

多襄丸の、特に凌辱《りょうじょく》後の行動説明は信憑性《しんぴょうせい》に乏しい。「藪の中」事件での役割がどうあれ、余罪によって死罪は免れそうにないので、せめて格好をつけようとしているだけではないか。自分と二十合以上、斬り結んだ武弘を称賛しているようでも、それを斃《たお》した自分はもっと偉いと言いたいのだろう。実際は、女性の移動用に使われる優しい馬も乗りこなせないで落馬するような、情けない男である。

(しかしこの落馬は、放免が推測しているだけなので疑問が残る。藪から粟田口《あわだぐち》へ向かう途中、新たな敵と出会い、矢を数本、射かけたが、相手にボコボコにされたのを隠すため落馬を装ったとも。だがこれは小説に登場しない第四の人物を措定しなければならないので、作品解釈としては無理がある。)

矢の減数は、男性性の象徴の劣化であり、女性性を象徴する櫛が遺されていたことと対偶関係が認められる。

櫛については、「中世には、櫛を投げて離縁の徴《しるし》とした例もある(吾妻鏡・建長二年六月二十四日。――)」(秋山虔《あきやまけん》編『王朝語事典』二〇〇〇年、東京大学出版会より、鉄野昌弘《てつのまさひろ》執筆

「櫛」の項)。真砂が、亡き武弘に訣別の徴を送ったともいえる。しかしむしろ、これから櫛を必要としない、すなわち剃髪《ていはつ》して尼になり、余生を武弘の菩提《ぼだい》を弔《とむら》って過ごす決意表明ではないか。

武弘は妻を護りきれなかった自責、また妻や盗賊から被った侮辱から立ち直れず、自害に至った。

真砂は真砂で、夫の眼前で凌辱されたことで二重の恥辱を覚え、男どもを二度でも殺したいものの、多襄丸は逃げ去って追うのも難しく、夫を二重に殺すしかない。しかし非力なので、死ね死ねと強い暗示を掛け、武弘を自殺に誘導した。それが自身の手で殺した幻想を生んだ――と考えれば、真砂と武弘の双方が武弘を殺した自覚をもって不審がない。

二度殺すために自害した夫の傷口をさらに刺してもらいたいところだが、一刀《ひとかたな》の傷しかない（木樵りの証言）ので却下。願望による妄想と解する。

凶器を抜き去ったのは真砂。あまりに体裁の悪い経緯を隠蔽《いんぺい》するため、自殺を他殺に見せかけたかった。

『今昔物語集』の原話で、凌辱された妻は夫の不甲斐《ふがい》なさを詰《なじ》るが、結局そのまま旅行を続けるという安易なハッピーエンドを嫌って（盗賊も逃げて捕縛されない）、芥川はこのように改作した。

雑駁《ざつぱく》ながら、以上を暫定的結論とする。

第十四信

二〇二三年二月三日

法月綸太郎↓新保博久

「藪の中」の真相は「完全犯罪」の中にあり?

新保博久 さま

第十三信が届いてからまもなく、北上次郎氏の訃報に接しました。つい先日(十一月十八日)、第十二回アガサ・クリスティー賞の贈呈式で、モニター越しとはいえご挨拶したばかりだったのに(私は京都からリモート参加)、あまりにも突然で言葉もありません。今年のクリスティー賞の選考はますます責任重大になりますが、天上の北上氏に叱られないよう、しっかり務めていかなければ……。R. I. P.

さて、気を取り直して「新潮」に再録された坂口安吾「盗まれた一萬円」の方へ、少し寄り道しておきましょう。私事で恐縮ですが、その昔、筑摩書房版『坂口安吾全集06』(一九九八年）の月報に「フェアプレイの陥穽」という安吾論を寄稿したことがあるからです（『謎解きが終ったら　法月綸太郎ミステリー論集』所収）。まだ怖いもの知らずだった当時の私は、安吾がデビュー直後に発表したファルス（道化、笑劇）論と戦後の探偵小説論を比較しながら、「両者はジャンル論としてそっくりな双子のような構造を備えており」「「合理」と「不合理」という言葉を入れ換えるだけで、ほとんど同じような内容になってしまうような書き方がされているのだ。このことは安吾の中で、探偵小説とファルスが裏表のないメビウスの帯のようにつながっていたことを示す」と声高に主張しておりました。若書きのせいか、ムダに肩に力の入った文章ですが、自分の考えにはわりと自信があったのです。そういうわけで、二十六歳の新鋭だった安吾が「笑劇としての探偵小説」（大原祐治《おおはらゆうじ》）を発表していたことを知り、四半世紀ぶりに誇らしい気分になったことを告白しておきます。

興味深いのはこの短編に、佐藤春夫《さとうはるお》「家常茶飯」（「新青年」大正十五年四月号）【付録Ⅱ】の影響が見られることでしょう。タイトルから想像できるように、これは〝創元派〟、もとい〝日常の謎〟の御先祖様みたいな作品で、茶本《さもと》という素人探偵もどきの男が周囲で起こる些細《ささい》な謎を次から次へテキパキと解決していく。推理というよりコント風の読み味ですけれども、「坂口安吾デジタルミュージアム」（https://ango-museum.jp）の「作品解説」（七北数人《ななきたかずと》）【単行本註・現在閲覧不可】によれば、「少年時代からポーや谷崎、芥川、佐藤春夫らの推理系短篇を好んで読んだ安吾だが、中学卒業から1年後、東洋大学入学直前に発表された佐藤の「家常茶飯」を、当時感心して読んだ作品として紹介している（『不連続殺人事件』正解発表時の選後感想)」というわく付きの短編です。
ネタが割れないように、安吾自身の感想を抜き書きしておきましょう(以下の引用は、創元推理文庫版〈日本探偵小説全集〉の『坂口安吾集』二九〇頁より)。

私は中学生ぐらいのとき、佐藤春夫氏の短篇探偵小説をよんで感心したことがあって、もう題名も忘れたけれども、ある男が本を紛失した。その本を心理通の友人が探してくれる話であるが、要するに、その紛失した人は、【以下、ネタバレのため割愛】。私が犯罪心理の合理性というのは、こういう人間性の正確なデッサンによるものをいうのであって、探偵小説を愛読して、人間性、合理性という点で裏切られるたびに、ひとつ自分で、ケンランたる大殺人事件を展開させ、犯人の推定をフンキュウさせながら、人間的に完全に合理的な探偵小説を書いてみたいと思うようになっていた。その探偵小説の人間的な合理性ということを私に教えてくれたのは、先程申した佐藤春夫氏の短篇だったのである。

これはもともと「日本小説」昭和二十三年八月号に掲載された文章ですから、執筆時の安吾は四十一歳。二十年以上前に読んだ短編をこれほど熱く語れるのは、それだけ強い印象を刷り込まれたことの証でしょう。
ちなみに創元推理文庫版〈日本探偵小説全集〉の『名作集1』では、芥川龍之介「藪の中」の次に「小味だが、感じのいい作品」(北村薫)として、佐藤春夫『「オカアサン」』(二重カッコ表記は、同書の「編集後記」に準拠）が置かれています。〈日本探偵小説全集〉とは異なる基準で令和版の『名作集X』を編み直すとしたら、「家常茶飯」と「盗まれた一萬円」のそろい踏みという趣向もありかもしれません。

もう一つ興味深いのは、「盗まれた一萬円」が探偵小説風味の風俗喜劇になっていることで、こうした作風はアントニイ・バークリーが『レイトン・コートの謎』（一九二五年）で探偵作家デビューする以前、A・B・コックス名義で発表したユーモア・スケッチやミステリ・パロディを連想させます。前記『坂口安吾集』の巻末付録として再録された大井廣介《おおいひろすけ》の回想「犯人あてと坂口安吾」（初出は角川書店版〈現代国民文学全集〉第二十七巻『現代推理小説集』月報、一九五八年六月）によれば、戦時中、大井邸で平野謙《ひらのけん》や荒正人《あらまさひと》らと探偵小説の犯人当てゲームに興じた際、「ついぞ犯人をあてたことがなかった」安吾が「タッタ一度だけ当てたことがある」作品がバークリーの『第二の銃声』だったそうですから、やはり安吾とバークリーの探偵小説観には何か通じ合うものがある。「盗まれた一萬円」の「私」（探偵役）と聞き手（小説家）のひねくれた関係（語り）も、どことなくバークリーの迷探偵ロジャー・シェリンガムと彼の交友スタイルに似てはいないでしょうか。

安吾は「探偵小説＝謎ときゲーム」論者としてふるまう一方、しばしば「探偵作家はもっと人間を知らねばならぬ」（「黒猫」昭和二十三年七月号に発表された随筆「探偵小説を截る」より）といった啖呵《たんか》を切るせいで、真意がわかりにくいと評されることがあります。けれども、安吾のいう「人間性」というのは、「家常茶飯」や「盗まれた一萬円」がそうであるように、わりとおっちょこちょいで切羽詰まった素の反応みたいなものを指していて、むしろそれが犯行計画に思わぬほころびをもたらしてしまう。安吾にとってファルスと探偵小説は、そうした合理と非合理の蝶番《ちょうつがい》みたいなところで結びついていたように思われます。

安吾の話はここらへんで切り上げて、いよいよリドル・ストーリーと「藪の中」をめぐるラビリンスに足を踏み入れるとしましょう。最初にざっくりした印象論を述べると、第十二信のメディアミックスの話題ともリンクしますが、一九九〇年代以降、アドベンチャーゲーム（ノベルゲーム）の世界ではシナリオ分岐型のマルチエンディングが当たり前になって、本来リドル・ストーリーという形式に宿っていたはずの魔力が薄れてしまった感があります。今世紀に入ってからは、倫理的ジレンマを問う思考実験の「トロッコ問題」や、米国TV番組発の確率論パラドックス「モンティー・ホール問題」をめぐる議論なんかが人口に膾炙《かいしゃ》して、リドル・ストーリーの存在意義をますます脅かしているのではないか。

そうした受難の時代（？）にもかかわらず、この形式には尽きせぬ魅力があって、自分でも何度かそれっぽい実作に手を染めたことがあります。エリン「決断の時」を下敷きにした「使用中」（『しらみつぶしの時計』所収）とか、フリオ・コルタサル「続いている公園」へのオマージュ「対位法」（『赤い部屋異聞』所収）などですが、実態はいずれもオチの寸止め効果を狙った〝リドル・ストーリー風の結末〟で、純粋なリドル・ストーリーとは似て非なるものでした。

自作のことはさておいて、最近このテーマで目を引いたトピックといえば、エラリー・クイーン研究家の飯城勇三《いいきゆうさん》氏が『本格ミステリ戯作三昧――贋作と評論で描く本格ミステリ十五の魅力』（二〇一七年）でリドル・ストーリーを取り上げ、「《贋作篇》英都大推理研VS「女か虎か」」「《評論篇》リドルとパズルの間」で、その成り立ちを論じていたことでしょうか（刊行年を確認して気づいたのですが、この歳になると、五、六年前のことは余裕で「最近」のカテゴリーに入りますね）。ストックトン「女か虎か」がもともとパーティ用の〈性格テスト〉として書かれたものである、という指摘には目から鱗が落ちた覚えがありますが、それ以上に興味を引かれたのは、（1）飯城氏が「多重解決」（第九章）と「リドル・ストーリー」（第十章）を続けて俎上《そじょう》に載せていること、（2）リドル・ストーリーというサブジャンルが「贋作・パロディ（自己風刺を含む）」によって促進されてきたこと、の二点でした。

ある意味でこの二つは、同じコインの裏表なのかもしれません（性懲《しょうこ》りもなく、また同じたとえを使ってしまいました！　どうかご勘弁を）。いうまでもなく、「藪の中」の真相をめぐって議論百出、さまざまな説が取り沙汰されてきたプロセスは、まさに百年の歴史を刻む多重解決（推理）コロシアムにほかならないわけですが。

これでやっと「藪の中」に話がつながりましたが、真相を推理する前にどうしても触れておかねばならないことがあり――いやはや、今回も寄り道ばかりでなかなか本題に入りませんね。それというのも「藪の中」を久しぶりに読み返した際、記憶の淵から浮上したのが、「女か西瓜か」の作者として新保さんも言及している福永武彦の「深淵」という作品だったからです。

『夜の三部作』（一九六九年）に収められた中編で、初出は「文藝」一九五四年十二月号（以下、雑誌の巻数表記も西暦にそろえておきます）。放火殺人犯の男と敬虔《けいけん》なカトリックの女性が交互に独白し、最後に「奇怪な殺人事件」の判明を告げる新聞記事で締めくくられる、「藪の中」をひっくり返したような構成です。

池澤夏樹《いけざわなつき》氏（福永氏のご子息ですね）による同書の解説「死を前にした黄昏の時」には、「深淵」について「またここに『今昔物語』の影響を見てとることもできる。日本の古典の中でも『今昔物語』は福永が特に好きだったもので、後に現代語に訳しているし、いくつもの話を換骨奪胎《かんこつだったい》して、長篇『風のかたみ』を書いている。男が女を掠うという主題の萌芽《ほうが》はここにあったのではないか。芥川龍之介が『今昔物語』に依って「藪の中」や「芋粥」を書いたことはもちろん福永の知識の中にあった」とあり、「藪の中」との関連性を示唆しているようです。

それだけではありません。『夜の三部作』の劈頭を飾る「冥府」にも「藪の中」の影響を見てとることができます。「群像」一九五四年四月号と七月号に分載されたこの中編は（1）死後の世界を舞台に、死者の一人称「僕」の語りが採用されており、（2）「七人の仲間で構成される法廷で生前を思い出して自分を説明する。それに応じて新生を許すか否かが審議される」（前記池澤解説より）という異世界ミステリ的な手法を取り入れているだけでなく、（3）生前の属性に従って、「善行者」「餘計者」「愛しすぎた者」「嫉妬した者」「知識を追った者」「他人のために生きた女」「愚劣には耐えられなかった者」と呼ばれる七人の死者（被告）のうち、一人が「自殺者」と判明する……。このように「冥府」のプロットには「藪の中」と重なる点が多く、やはり同作にインスパイアされた可能性が高いように思われます。

この二作は一九五六年三月に『冥府・深淵』として一度単行本化されており、後に「夜の時間」(「文藝」一九五五年五月号、六月号)を加えて『夜の三部作』に生まれ変わる……。「夜の時間」もやはり「藪の中」に準じたような男女の三角関係を、過去と現在の二重の時系列を通して物語る作品なのですが、実はそれとはまた別の形で〝裏の三部作〟が構想されていたのではないでしょうか。別の形とは、加田伶太郎名義で発表された〈伊丹英典〉シリーズの第一作「完全犯罪」を三つ目の頂点とするもう一つのトライアングルのことです。

「完全犯罪」の初出は「週刊新潮」一九五六年三月十一日号、十八日号、二十五日号の連載で、『冥府・深淵』の刊行と同時期です。ところが当時「加田伶太郎」は覆面作家で、その正体は伏せられていました。したがって『冥府・深淵・完全犯罪』が三部作として扱われることはありえなかったものの、作者自身にはまた別の思惑があったのではないか。少なくとも「冥府」「深淵」という補助線を引くことで、「完全犯罪」と「藪の中」の相似が鮮明に浮かび上がってくるように見受けられます。

隔靴掻痒《かっかそうよう》の感はありますが、できるだけ真相に触れないように、両者の共通点を見ていきましょう。「完全犯罪」の主要な登場人物は、貿易会社社長の雁金玄吉《かりがねげんきち》と後妻の弓子《ゆみこ》、雁金梅子《うめこ》(玄吉の亡妻の母)、別府正夫《べっぷまさお》(社長秘書)、安原清《やすはらきよし》(同宿の中学生)、本山太郎《もとやまたろう》(新聞記者で弓子夫人の元恋人)、それに捜査を担当する坂田《さかた》刑事の七人です。ほかにも無名の女中とか、捜査主任や坂田の同僚が出てきますが、無視していいでしょう。

新保さんの細目を引き継ぎますと、玄吉と弓子、本山の三人が⑦武弘、⑥真砂、⑤盗賊の当事者たち、おばあさんの梅子が④の媼に、事件の報告者を兼ねる安原清が①の木樵り、秘書の別府と坂田刑事が②旅法師と③放免に相当します。被害者である玄吉が『Yの悲劇』のヨーク・ハッター張りに「＊＊＊＊メモ」をしたためているのは、武弘犯人（自殺）説の変形といえるでしょう。

もっと興味深いのは後半の多重推理のくだりで、事件から十数年後、マルセイユを出航した貨物船大洋丸に乗り組んだ四人——船長と事務長、船医（成長した安原清）、それに古典学者の名探偵伊丹英典氏が、船医が書いたテキスト（問題編）を元に安楽椅子探偵方式の推理合戦を繰り広げる。「3の1　船長の推理」は清を、「3の2　事務長の推理」は秘書の別府を犯人と名指し、「3の3　船医の推理」は弓子と本山の共犯説、大トリの「3の4　伊丹英典氏の推理」で真犯人の正体を暴く、という四段返しの解決ですが、こうして見ていくと「完全犯罪」の多重推理はすべて「藪の中」の別解と対応しているのがわかります。たとえば船長の清＝船医犯人説は、新保さんが「さすがにこれはない」と仰った木樵り犯人説と同じぐらい乱暴ですけれども、多重推理の一番手としては欠かせないものでしょう。伊丹英典氏が指摘する真犯人を「藪の中」にそのまま適用するのはさすがに無理だとしても、操《あやつ》りパターンの変形と見なせば「もっとも意外な犯人」であることはまちがいないと思います。

今回も脱線に次ぐ脱線で、相も変わらぬ妄説を垂れ流していたら、またしても残りの枚数が少なくなってきました。ところが、締め切りを迎えて尻に火がついているのに〝決断の時〟どころではありません。新保さんの「封じ手」を開く前に、私も「藪の中」の真相をめぐって千《せん》思万考《しばんこう》、ない知恵を絞ってはみたものの、櫛と矢に関する矛盾の解消法も思い浮かばず、ひたすら懊悩煩悶《おうのうはんもん》するばかり。輾転反側《てんてんはんそく》するうちに、ますますアサッテの方向へ邪念思考が逸れていき、流浪漂泊《るろうひょうはく》の末にたどり着いたその先は……。

「藪の中」は七つのモノローグから構成されています。寸断されたそれぞれの節を見ているうちに、私はふと夢野久作の短編「瓶詰地獄」（一九二八年）のことを思い出しました。孤島で遭難した兄妹が瓶に詰めて海に投じた三通の手紙を「第一の瓶の内容」「第二の瓶の内容」「第三の瓶の内容」と並べた書簡体形式の作品ですが、手紙の配列が兄妹の物語の時系列に沿っていないところがミソでしょう。

　これに対して「藪の中」のモノローグは、証言聴取の時系列順になっていると思われますが、もし「瓶詰地獄」のように配列の順番を変えたらどうなるか？　誤解のないように補足しておきますと、これはある種の叙述トリック作品みたいに、事件の時系列が意図的にごまかされているという意味ではなく、それぞれの節を並べ替えて読むことで物語の印象が様変わりするのではないか、という思いつきです。

　七つのモノローグの並べ替え（順列）の総数は、七の階乗で五〇四〇通り。すべてのパターンをしらみつぶしに読むのは大変ですから、今回はショートカットの便法に頼ることにしました。七人の語り手を性別で分け、男性の語り手を前半に、女性の語り手を後半にまとめてしまという力業です。

ただしここで注意が必要なのは、⑦巫女の口を借りたる死霊の物語で、内容的には死後の武弘の告白ですが、小見出しに明記されているように語り手は「巫女」、すなわち女性の声で語られているのがポイントでしょう。したがって七人のモノローグは、①木樵り、②旅法師、③放免、⑤多襄丸が男性、④媼、⑥真砂、⑦武弘が女性の語りに仕分けされます（河井祥一郎訳「告げ口心臓」の向こうを張って、多襄丸が女、というジェンダー改変版「藪の中」を創作するのはチャレンジのしがいがありそうですが、真相を推理するという趣旨にはそぐわないので、今回はパスします）。

男性の語りによって事件の外枠を定める前半は、原作に従って①→②→③→⑤の順で構わないと思います。問題は女性の語りをまとめた後半で、三人のモノローグをどう並べ替えるかで読後の印象は大きく変わるはずですが、語りの性差を重視する以上、メンツにこだわる男性（武弘）の告白は、たとえ巫女の語りを経由したものであっても信頼度は低いと見るのが筋でしょう。そうすると⑤多襄丸と⑦武弘の物語を一続きにしたうえで、「男同士の絆《きずな》（連帯感、仲間意識）」を切断する⑥真砂の懺悔をその後に配し、ラストは④の媼の物語で締めたい。通しだと①→②→③→⑤→⑦→⑥→④、という流れになります。
⑦→⑥→④という後半の配列は、要するに真砂犯人説を支持するということですね。大トリに当事者ではない④の媼を持ってきたのは、それ以外のモノローグでは伏せられていた真砂と武弘という名前を明かす趣向が生きること、さらに⑥／④の対比によって一途な娘の身を案じ

る女親の哀れがいっそう際立つように思えるからです。「瓶詰地獄」のラスト、幼い兄妹のイノセントな手紙の文面がそうであるように。

例によって例のごとく、泥縄式で駆け足のお返事になってしまいましたが、乱丁版「藪の中」の後味はいかがなものでしょう？　並べ替えというより、一か月遅れの福笑いみたいな按《あん》配《ばい》で、もっとスマートな収束の手順がありそうですけれども。ともあれ、今日はこのへんで手を止めて、おそるおそる新保さんの「封じ手」を開いてみることにします。

二〇二三年二月三日

第十五信

二〇二三年二月十九日

新保博久→法月綸太郎

「蔵の中」の作者は「藪の中」をどう読んだ?

法月綸太郎さま

結局、私の妄想的推論は読まずに第十四信をお書きになったのですね。その第十四信をお待ちするあいだも、また拝読後も、ご提案の並べ替え順も含めて「藪の中」を何度も読み返し(短いのでつい読み返してしまう)、関連文献を漁《あさ》りつづけておりました。その結果、私の暫定版も改訂を余儀なくされ、前便よりは自分でも納得できるものになってきたので、のちほど披露することにしましょう。

第十四信にまたまた古希脳が刺戟され、あれこれ連想が止まらなくなってもおります。むかしアントニイ・バークリーの『毒入りチョコレート事件』を友人に勧めたら、「とても面白かった。あのシリーズはもっとないのか」と訊かれて、ああいう多重推理パターンの長編はそう何編も書けるものでない、長編でなく、またほかの作家でもいいならアイザック・アシモフ『黒後家蜘蛛の会』が近いかなと答えたものでした。「アフリカ旅商人の冒険」（『エラリー・クイーンの冒険』所収）をなぜ思い出さなかったんでしょう。

〈黒後家〉シリーズは最近日本でもとみに人気が高いようで、二〇二〇年代に入って田中啓文《たなかひろふみ》『竹林の七探偵』、笛吹太郎《ふえふきたろう》『コージーボーイズ、あるいは消えた居酒屋の謎』、宮内悠介《みやうちゆうすけ》『かくして彼女は宴で語る』と、オマージュのような連作が相次いでいます。本家アシモフさながら、笛吹氏以外はSF出身というのもなぜか共通しますが。ただ、いずれも短編シリーズなのは、長編を保《も》たせるような謎は扱いにくいと示しているかのようです。

『毒入りチョコレート事件』のことを思い出したのは、「完全犯罪」を〈福永武彦全小説〉（一九七三〜七四年、新潮社。この叢書で読んだのは、当時文庫化されていなかった『加田伶太郎全集』だけでしたが）以来半世紀近くぶりに読み返して、創元推理文庫版『完全犯罪　加田伶太郎全集』の解説で法月さんが指摘なさっているのを見過ごしていた私が、今さらながら『毒チョコ』（この略し方は嫌ですが、なにしろ邦題が長いので）パターンであると思い知ったからです。福永氏がバークリーの名前を筆にしたのは見た覚えがありませんし、『毒チョコ』の訳書が〈世界推理小説大系〉（東都書房）の『アイルズ／バークリー』集（一九六二年）として刊行されたのは「完全犯罪」より後ですが、もっと早く一九五四年「宝石」に初訳連載され、さらに戦前、舞台を日本に移しながらそれなりに忠実な翻案「毒殺六人賦」が「新青年」に一挙掲載されているので、福永氏が「絞殺四人賦」として「完全犯罪」を構想したこともあり得なくはありません【単行本註・「この頃は探偵小説を翻訳でしか読まない」（「深夜の散歩・百番目の傑作の方へ」ＥＱＭＭ一九五九年六月号）と述べられているので、原書で読んだはずはない】。実際、「ぼくは今でも惜しいんだけど、あれ（「完全犯罪」）をもう少しじっくり書けば長編になると思いますよ」（一九七〇年、結城昌治・都筑道夫との鼎談《ていだん》「『加田伶太郎全集』を語る」）と回想しています。長編化されていたとしたら、あたかもバークリーの「偶然の審判」と『毒チョコ』のような関係になり、しかも構造的には「偶然の審判」よりも「完全犯罪」のほうが『毒チョコ』に近い。

加田と福永とは別人であるという煙幕を張りつつ、創作の過程を明かした加田名義のユーモラスなエッセイ「素人探偵誕生記」（一九五九年）によると、初めての短編探偵小説を週刊誌に依頼されて「考えついたのが、素人探偵が何人もいて、それぞれ勝手な推理をするが、最後に名探偵伊丹英典氏に名をなさしめるという、まさに僕が大学の演習で用いているのと同じ方法」、つまり「Ａ君Ｂ君Ｃ君それぞれの智慧は、最後に加田伶太郎先生の鶴の一声にはかなわない、という経験を利用する」ことだったといいます。「これを更に押し及ぼすと、話の中に話があるという、アラビアンナイト的二重構成が要求されて来る。すなわち一つの探偵小説的な謎の事件があり、ここでは名探偵が登場しないから謎は未解決のまま残される。つまり迷宮事件として話は終ってしまう」――という「完全犯罪」の過去の事件は、そのまま「藪の中」ではないですか。「藪の中」に「完全犯罪」を対置させる法月さんの発想は、まことに慧眼であったと脱帽するしかありません。

そして、「僕のプランは、どの人物にとっても不可能だが、そのうち、よく考えると逆に誰にでも可能になる、しかしまた考え直すと、それが一つ一つ不可能なことが分る」という「完全犯罪」は、どの人物にとっても可能だが、つき合わせれば誰にも不可能になってしまう「藪の中」をさらに一ひねりして合理的世界に戻したかに見えます。加田作の問題編二回、解答編一回に分載された問題編を読んだ一読者である福永氏が「分ったぞ、これは全員が共犯だ、と叫んだ」というフィクションは、福永氏の「藪の中」解釈を示唆しているのかもしれません。

福永氏が「藪の中」をどう読んだか、直接的な言及は存じませんが、「藪の中」を含むチャールズ・E・タトル出版刊の *"Rashomon and other stories"*（1952）は日本人が英訳したものらしいのに、武弘がなぜかTakehikoになっているという。福永氏がこの版を読んだとしたらさぞ苦笑したでしょうが、良心的兵役拒否者としてわざと栄養失調になった結果か、生涯を病弱に過ごした氏は、武弘にシンパシーを感じたとも思われます（「完全犯罪」を「藪の中」に比定する法月流なら武弘に相当する雁金玄吉ではイメージが合いませんが）。

ローマ字表記の誤りは、平岡敏夫《ひらおかとしお》氏が芥川作品集をカレッジの教材に用いた体験をもとにした「「藪の中」――英訳という読み・アメリカの学生の読み――」から得た知識です。いろいろ教えられる点も多いものの、平岡氏が「藪の中」は「推理小説仕立てであるので、犯人探しに走るのも止むを得ないと思う」としながら、母親が真砂の容姿を説明する「散文的な表現」から多襄丸の眼に「女菩薩のように見え」、さらに多襄丸と武弘の一騎打ちを使嗾《しそう》する「その一瞬間の、燃えるような瞳」と先鋭化して行く「このようなコンテキストをなおざりにして、真犯人探しにあけくれているのは作品にとって不幸なこと」と冷笑的なのは、「「藪の中」について依然として真相探しを重ね、〈藪の中〉をさまよっている人たち」の一人としては引っ掛からざるを得ません。

多襄丸の眼からは外面如菩薩《げめんにょぼさつ》、武弘に言わせれば「あの人を殺して下さい」と多襄丸に頼んだ内心如夜叉《ないしんにょやしゃ》である真砂ですが、実体は単に、普通に満たされない人妻であったろうと〈藪の中〉をさまよっている身にも見えます。「遺恨なぞ受ける筈」もない「優しい気立《きだて》」と義母の媼に評される武弘には、セックスにも淡泊だったという印象です。多襄丸に凌辱された真砂は屈辱と苦痛にまみれながらも、武弘からは得られなかった満足のエクスタシーを表情や声に表し、それを夫に知られてしまったのではないでしょうか。

もちろん芥川はポルノグラフィを書くつもりはなく、時代の規制もあったでしょうが、行為の部分はスキップされて、そんな描写はありません。原話に使われた『今昔物語集』巻二十九第二十三（※）の描写のほうがまだしも具体的なほどです。

「作者が作品の中にまったく持ち込んでいない」ことを仮定して論を進めるべからずと、大岡昇平氏に叱られそうですが、妻を犯されてしまったのは、武弘自身、多襄丸の口車に乗せられて藪の中へ誘い込まれたあげく、妻を護《まも》りきれなかった結果だという自責があって然るべきでしょう。それなのに、真砂が夫の眼の中に「怒りでもなければ悲しみでもない、――ただわたしを蔑んだ、冷たい光」しか認められなかったのは、真砂のほうにも疚《やま》しい気持ちがあったと考えるよりほかないのです。武弘にしてみれば、多襄丸と妻の双方から侮辱されたわけで、しかしそれは武士としても男性としても自分が不甲斐ないからで、自殺したくなったとしても不思議ではありません。自殺しても、その動機を後人に知られては屈辱はいや増します。そこで〝他殺に見せかけた自殺〟を試みた……。

だいぶ核心に近づいてきたような気がします。

※余談ながら、法月さんが引き合いに出された夢野久作「瓶詰地獄」も、同じく巻二十六第十「土佐国妹兄行住不知島語《とさのくにのいもせしらぬしまにゆきてすむこと》」をブラック版にしたかのようです。淵源はイザナギイザナミ神話まで遡れるでしょうが。

平岡敏夫氏はまた、放免が捕えた多襄丸から押収した矢は十七本、旅法師が「すれちがいに見かけたの（新保註・二十あまり）と眼の前に並べてのちがいというだけでなく、多襄丸はその間に何本か征矢《そや》を使用していることになるわけで、芥川の表現のたくみさ、細かさに読者はさらに気づかされる」とも説いていますが、そこに作者がどういう意味を込めたのかという解釈は示されていません。

武弘の死因が多襄丸の太刀《たち》によるものか、真砂なり本人なりが小刀《さすが》で刺したものか、傷口を調べれば分かるだろうに検非違使は怠慢だと唱える人もありましたが、とりあえずは多襄丸の白状に頼るしかなかったわけで、陳述の食い違いが判明するころには死骸は腐敗しきっていたのではありますまいか（死体の身元が武弘とすぐ分かったとしても、行方不明のその妻の実家を検非違使が突き止めて「媼の物語」を聴くだけでも数日は経っているでしょうから）。真相に迫る手がかりは、残された断片的な言葉しかないのです。

小説のラスト、武弘がおのが胸を突いたとき、「誰か忍び足に、おれ（武弘）の側へ来たものがある。（略）――その誰かは見えない手に、そっと胸の小刀を抜いた」。これはやっぱり、逃げないで藪の奥に潜んでいた真砂でしょうかね。多襄丸が藪の中を去るとき「まだ女の馬が、静かに草を食って」いた、その馬は放免が粟田口の「石橋の少し先に」見つけているので、虚偽ではありません。真砂が「人の助けでも呼ぶために」（多襄丸の白状）せよ逃げるためにせよ、馬に乗っていくべきなので（「武士の妻たる彼女は小刀で多襄丸を無二無三《むにむさん》に斬り立てている」くらいだから「乗馬も出来たはず」だとも平岡氏は指摘しています）、多襄丸に見つからないほど巧みに藪の奥に隠れていたのでしょう。彼女も夫が自殺した理由を詮索されては困るし、凶器を隠して他殺に見せかけるだけの理由がある。しかしここは、武弘が生前に仕掛けておいたメカニズムで刃物に消え失せてもらうほうがミステリらしい。芥川には余計なお世話でしょうが。

なんだか、戦後初期に日本の長編探偵小説時代を招来させた一作『――殺人事件』を思い出しませんか。その作者が、友人の乾信一郎《いぬいしんいちろう》氏に宛てた一九四六年八月十二日付の手紙に「戯作三昧」から芥川の一節を援用しているのが、くまもと文学・歴史館に保存されていました。そのころ芥川作品をまとめて読み返したなかに、「藪の中」も含まれていたとは考えられないでしょうか。

武弘には凶器をトリックで消す知恵も、仕掛ける余裕もないはずなので、自分の手で抜いた……？　胸を突く前に「誰かの泣く声」が聞こえて、「気がついて見れば、おれ自身の泣いている声だったではないか？」というのは、幽体離脱が始まっていたかのようです。泣いていたのは真砂だという意見が多いのですが、あたりまえすぎて面白くありません。いっそ小刀を抜き去ったのが武弘の生霊（瀕死《ひんし》でもまだ息があるので）だったら面白いのですが、霊体にそんな物理的な作用はできないでしょう。その前にまず、武弘が縛られている縄を多襄丸が逃げる前に切ってやった（死霊の物語）のでなく、まだ縛られたままであった（清水寺に来れる女の懺悔）とすれば、武弘は自殺することもできません。武弘の生霊は、隠れていた真砂に憑依《ひょうい》し、小刀でおのが胸を突かせ、その小刀を抜き取らせて凶器隠滅を図ったのでは？（これで真砂、武弘とも刺したのは自分だと認識していることに説明がつきます）

　武弘の生霊（もう死んでいるなら死霊）は、小刀を持って逃げ出した妻も殺そうとして、「小刀を喉に突き立てたり、山の裾の池へ身を投げたり」させたものの、真砂の生存本能は覆せなかった。武弘を刺させることは、真砂自身、殺意を抱いていたので可能だったのですが。清水寺に逃げ込まれてしまっては、法力のため霊体も手出しできなくなったのかもしれません。

　死霊は、今度は馬で逃げる多襄丸を追います。「盗人の罪は赦してやりたい」と思っていたので、それを伝えに行こうとしたのでしょうか。しかし死霊に追いかけられたら、豪胆な盗賊も肝をつぶしたに違いありません。必死に矢を数本、応射しますが死霊には効かない。あわてて逃げようとして、ついに落馬して捕われてしまった。死霊が怖かったなどとは言うのも恥ずかしいし、死霊を怒らせないため生前の武弘の武勇を誇張して語るしかなかった……

推測というより、創作みたいになっていますね。あきれてしまわれないで、ご意見をいただけたら幸いです。

二〇二三年二月十九日

北上次郎氏を偲ぶのも忘れた新保拝

第十六信

二〇二三年三月十七日

法月綸太郎→新保博久

「藪の中」から「茶碗の中」の方へ

新保博久さま

第十四信では夢野久作「瓶詰地獄」に敬意を表して手紙の一部をスキップしましたが、ようやく第十三信の「暫定的結論」と第十五信の「改訂版」を拝読。「藪の中」のチャールズ・E・タトル出版の英訳で、武弘がTakehikoになっていたという逸話がツボにはまったので、メインディッシュに取りかかる前に、福永武彦とバークリー『毒入りチョコレート事件』について少しだけ寄り道をしておきましょう。

実は創元推理文庫版『完全犯罪　加田伶太郎全集』の解説を書いた時は、探偵小説マニアの作者だから当然『毒チョコ』（私もこの略称は避けたいのですが、原題に寄せて『ポイチョコ』と呼ぶわけにもいかず、新保さんに追随します）を読んでいるはず、という思い込みにとらわれて、うかつにも高橋泰邦《たかはしやすくに》訳の東都書房版がまだ出ていなかったことを失念しておりました。新保さんの指摘を受けて、泥縄式に福永氏のエッセイをさらってみたものの、『毒チョコ』の感想らしきものは見当たりません。サロン型の多重推理形式を「完全犯罪」の参考にしていたのであれば、その趣向に触れずにはいられないと思うのですが、あるいは四人のゴルフ仲間がアマチュア探偵気取りで推理を競うロナルド・ノックス『陸橋殺人事件』（一九二五年）に触発されたのでしょうか？

とはいえ、福永氏は『深夜の散歩　ミステリの愉しみ』の「百番目の傑作の方へ」（EQMM一九五九年六月号）の回で、ジュリアン・シモンズ選「サンデー・タイムズ・ベスト99」を紹介しながら、「アントニイ・バークリイも『毒入りチョコレート』より『試行錯誤』がいい人もいよう」と書いているので、一九六二年の東都書房版より前に『毒チョコ』を読んでいたのは確実でしょう。

そういえば、江戸川乱歩『海外探偵小説作家と作品』の「バークリー」の項には、「バークリーの長篇は十数冊出ているが、私は戦前の邦訳「絹靴下殺人事件」しか読んでいない。代表作と云われる「毒入りチョコレート事件」も未読である。この後者をまねた日本人の作が、昔「新青年」にのって問題になったことがあり、私などは、そのために、そのもとの作「チョコレート事件」を邦訳してほしいという気持を失ってしまい、原作を読む気もなくなっていたほどである」（昭和三十一年六月新稿）という記述がありましたね。「毒殺六人賦」のせいで『毒チョコ』の完訳が遅れたようにも読めますが、もしそうならずいぶん罪作りなことをしたものです。戦後の乱歩がアイルズ『殺意』を持ち上げる一方、バークリー名義の長編の紹介に消極的だったのは、戦前のトラウマが尾を引いていたからかもしれません。

それはさておき。

新保さんの「藪の中」の真相、特に第十五信の「改訂版」は予想以上に「創作」の色が濃くて驚いたのですが、死霊説にはそそられるものがありますね。というのも、それが作中ルールを踏まえた特殊設定ミステリの解法になっているからで、作品の構成上、読者は死霊の存在を否定できない。先行する「暫定的結論」には、「だがこれは小説に登場しない第四の人物を措定しなければならないので、作品解釈としては無理がある」という注釈がありましたが、その裏をかくように武弘の死霊が「第四の人物」を兼任するのは、コロンブスの卵みたいな妙案です。とりわけ矢の本数の食い違いと多襄丸の落馬の理由を「死霊に追いかけられたから」と解するのは、WHY（なぜ？）の謎に注目した「論理のアクロバット」の好例といっていいでしょう。

ですが「改訂版」で一番面白かったのは、特殊設定ミステリに食傷しているはずの新保さんから、超自然的なホラー要素を逆手に取った〝特殊設定ど真ん中〟の発想が出てきたところでした。ここで調子に乗って「嫌よ嫌よも好きのうち？」などと口走ると、昭和のセクハラ親父みたいになりますが……（以下自粛）。

新保さんの「藪の中」熱に当てられたようで、私もうかうかしてはいられません。芥川龍之介がどういう意図で矢の本数を増減させたのか、『今昔物語集』の原話に当たって弓矢に関する記述を確認してみました。新保さんも書かれているように、「藪の中」の元ネタは巻二十九第二十三「具妻行丹波国男於大江山被縛語《めをぐしてたんばのくににゆくおとこおおえやまにしてしばらるること》」なのですが、弓矢の扱いに関して、芥川は原話に変更を加えています。

元ネタのほうは、太刀を帯びた若い男が旅の夫婦連れを呼び止めて、自分の太刀（陸奥国産の名刀）と夫の弓を交換しようと持ちかける。名刀に目がくらんだ夫は男に弓を譲り、さらに相手に乞われるまま、矢を二本渡してしまう。山奥に入ると若い男は受け取った矢を弓につがえ、交換した太刀を捨てろ、言うことを聞かないと射殺すぞと脅して、丸腰になった夫を杉の木に縛りつける……という筋書きです。

みすみす弓矢を手放した夫の間抜けさには呆れますが、多襄丸がいきなり武弘を力ずくで組み伏せる「藪の中」と比べると、同行者を油断させ自由を奪う段取りとしては原話のほうが理にかなっている。むしろ芥川の再話で矢の本数が減っているのは、このへんのやりとりが影響しているのかもしれません。

ところが原話を読み進めていくと、弓矢の件以上に気になることが書いてある。ラストに「賊は女の着物を奪わなかったので立派だが、人里離れた山中で初対面の相手に弓矢を渡した夫の愚かさはどうしようもない」というコメントが添えられていることです。ポイントは賊が妻の着物を奪わなかったという点で、盗賊が着物を奪う／奪わないという手口の相違が、作中の別の証言に引っかかってくる。別の証言というのは——いや、その説明をする前に、また少し回り道をしなければなりません。

実は今回の返信に取りかかるまで詳しく知らなかったのですが、「藪の中」には巻二十九第二十三「具妻行～」以外にも、芥川が参照した『今昔物語集』の原話があるらしい。同じ巻二十九に収録された第二「多衰丸《たすいまろ》調伏丸《ちょうぶくまろ》二人《ふたりの》盗人《ぬすびと》語《のこと》」【付録Ⅳ】と第二十二「詣鳥部寺《とりべでらにもうずる》女《おんな》値盗人語《ぬすびとにあうこと》」【付録Ⅴ】の二編がそれです。付け焼き刃で補足しておきますと、『今昔物語集』の巻二十九は「本朝（日本）世俗部・悪行」篇と題して盗人譚を多く集めており、「具妻行～」以外に芥川が再話に利用した第二「多衰丸～」と第二十二「詣鳥部寺～」もその例外ではありません。芥川の構想の跡をたどるために、続けて三つの原話を読んだわけですが、これらの盗人譚と「藪の中」を突き合わせると、隠れていた別の構図が見えてくる――ような気がしてきたのです。

まず第二十二「詣鳥部寺～」から見ていきましょう。これは題名から察しがつくように「藪の中」の〈放免《ほうめん》の物語〉の最後の段で、多襄丸の余罪として語られた「昨年の秋鳥部寺《とりべでら》の賓頭《びんず》盧《る》の後《うしろ》の山に、物詣《ものもう》でに来たらしい女房が一人、女《め》の童《わらわ》と一しょに殺されていたのは、こいつの仕業だとか申して居りました」というくだりの元ネタです。

『今昔物語集』の第二十二は女の童を連れて鳥部寺に詣でた人妻が、元放免の雑色（下男）に寺内で犯され着物を奪われたというもの。原話の記述で目を引くのは、二人とも殺されずにすんだものの、色欲を満たした賊が袴（下着）だけ残して、主従の着物まで持ち去った行為を「あさましい」と批判していることでしょう。一方、次の第二十三では、若い男が妻の着物を奪わなかったことを「立派だ」と評しているので、『今昔物語集』の編者には明らかに両者を対比する意図があったはず。言い換えれば、芥川はあえて多襄丸の犯行手口を参照元の原話どうしが食い違うように仕立てているわけです。

でも、これだけでは何のことやらわかりませんね。隠された構図をあぶり出すために、もう一本補助線を引いておきましょう。

第二十二のラストには見逃せない記述があって、「その男はもとは侍であったが、盗みを働いて獄に入り、後に放免（※）になった」というのです。芥川がこの話を作中に取り込んだのは、放免という語に引き寄せられたからではないでしょうか。〈放免の物語〉の中には、鳥部寺の強姦犯が「放免」だったという情報は出てきませんが、『今昔物語集』の原話と「藪の中」を併せ読むと、多襄丸と彼を搦め取った男のいずれも「放免」であるという仕掛けが浮き上がってくる。これが芥川の狙いだったような気がするのです。

※ただし、歴史学者の喜《き》田《た》貞吉《さだきち》が「社会史研究」誌に発表した「放免考」（大正十二年七・八月、ちくま学芸文庫『賤民とは何か』所収）によれば、「これらは同じく放免と呼ばれていても、検非違使庁の下部の放免ではなく、いわゆる雑色男となっていた放免囚である。そしてやはり放免と呼ばれていたのだ。すなわち放免とは前科者ということで、必ずしも庁の下部に限った名称ではなかったのだ」とあるので、「藪の中」で多襄丸を捕縛した放免とは、同じ言葉でも意味が違うようですが。

それを踏まえて、今度は巻二十九第二「多衰丸調伏丸二人盗人語」を読んでみます。多衰丸と調伏丸という二人組の盗賊にまつわる逸話で、「藪の中」の多襄丸はこれをもじった名前というのが定説のようですね。原話のほうは、蔵破りの常習犯・多衰丸はたびたび逮捕・投獄されたが、相棒の調伏丸は神出鬼没でその正体も不明であった、という週刊誌の風説記事みたいな内容です。ただし原文の途中に脱落があるらしく、具体的なエピソードが欠けているため、二人の関係はよくわからない。芥川がわざわざこの物語を選んだのは、作中の肝心な箇所が抜けていることによって、想像力を刺激されたからという見方ができるかもしれません。

もう一歩踏み込んで、想像（妄想）をふくらませてみましょう。繰り返しになりますが、新保さんは第十三信の「暫定的結論」の中で、「だがこれは小説に登場しない第四の人物を措定しなければならないので、作品解釈としては無理がある」と書いています。しかし「藪の中」と『今昔物語集』の原話を二重写しにして読み込めば、作中で証言している放免を「第四の人物」、すなわち多襄丸の隠れた共犯者・調伏丸（仮称）に当てはめることができる。相棒の調伏丸が逮捕されなかったのは、放免として警吏の側にいたからで、神出鬼没・正体不明とされた理由も同じです。「藪の中」事件では、あらかじめ多襄丸と示し合わせて密かに三人の跡をつけていた可能性が高い。藪の陰から武弘を不意打ちして、杉の木に縛りつけたのは調伏丸でしょう。多襄丸と真砂が現場を去った後、自分の正体を隠すために武弘を殺害、縄をほどいたのも彼のしわざだとすれば、三人の証言の食い違いにもそれなりに筋が通ります。

その後、二人の盗賊は何らかの理由で仲間割れし、調伏丸は放免として多襄丸を逮捕、武弘殺害の罪も相棒になすり付けたのでしょう。それだけではありません。手口の相違に注目すると、鳥部寺に詣でた女房を犯し、主従の着物を奪って逃げたのも調伏丸の犯行だった疑いが濃くなります。〈多襄丸の白状〉の中で、「あなた方は太刀を使わない、ただ権力で殺す、【…】どうかするとおためごかしの言葉だけでも殺すでしょう」とうそぶいたのは、仲間を裏切って証拠をでっち上げ、すべての罪を着せたのが権力の手先となった放免＝調伏丸であることをほのめかしているのではないでしょうか？

こんなふうに『今昔物語集』の原話を引き合いに出すのは、狡いかもしれません。ただ「多襄丸調伏丸二人盗人語」の原文に脱落があるのは偶然でなく、「藪の中」の構成にも何らかの影響を及ぼしているという見方はけっして強引ではないでしょう。リドル・ストーリーとは趣が異なるにせよ、原話に空白の部分が存在するために、不完全な物語に想像を働かせる余地が生じるからです。

原話に空白の部分があって、題名に「〜の中」が含まれるといえば、小泉八雲《こいずみやくも》「茶碗の中」【付録Ⅶ】もそうですね。いま手元に本がないので確認できませんが、新保さんが第十三信で触れていた紀田順一郎編『謎の物語』にはちくまプリマーブックス版、ちくま文庫版の両方に平井呈一《ひらいていいち》訳で収録されているはずです【編集部註・ちくま版では「茶わんのなか」、他に「茶わんの中」と表記される場合もありますが、本書では引用文中を除き「茶碗の中」に統一します】。

物語の発端は正月の年始廻りの途中、茶店で手にした茶碗の水に浮かんだ若い男の顔——気味悪く思いながらぐっと飲み干した関内という武家の部屋へ、その夜、水に映《うつ》ったのと同じ顔の若衆が訪ねてくる。幽霊と断じて小刀を向けると、闖入者《ちんにゅうしゃ》は壁を抜けて消えてしまう。翌晩、若衆の家来と称する三人の男が訪ねてくるが、関内はいきなり大刀を抜いて飛びかかり、客を目がけて左右に斬りかかった。男たちは隣家の土塀のきわへさっと飛びのき、影のように土塀を乗り越えて……。

——ここで、この話は切れている。これから先の話は、何人《なんぴと》かの頭のなかにあったのだろうが、それはついに百年このかた、塵《ちり》に帰してしまっている。

わたくしは、あるいはこうもあろうかという話の結末を、自分でいろいろに想像することはできるけれども、どうもしかし、西洋の読者に満足をあたえるようなのはひとつもなさそうである。わたくしはむしろ、関内が幽霊を嚥《の》んだそのあと、どういう次第になったかは、おおかたの読者の想像にまかせておいた方がよいように考える。(平井呈一訳)

八雲の怪談も原話を未完の物語として読者に提示し、読後の想像を喚起させるというスタイルで書かれており、これも一種のリドル・ストーリーにほかならないと思います。ところが、八雲の解釈に真っ向から異議を唱えた作品があることは、新保さんもよくご存じでしょう。赤《あか》江漠《えばく》の短編「八雲が殺した」（一九八四年、長編『海峡』とともに第十二回泉鏡花《いずみきょうか》文学賞を受賞した短編集の表題作）がそれなのですが、ちょうど話が佳境に入ったところで、またしても紙数が（――ここで、この手紙は切れている）。

二〇二三年三月十七日

第十七信

二〇二三年三月三十一日

新保博久→法月綸太郎

欠け茶碗の欠片を探して

法月綸太郎 さま

つらつら考えるに、特殊設定ミステリの隆盛は日常の謎への反動というより、両者は地続きという御説のほうが正論ですね。実社会での経験に乏《とぼ》しい若手作者が小説を書こうとして、唯一知悉《ちしつ》する学園物か、自分の身のまわりに材を得る日常の謎系を扱うのと、知らない世界を無理して描くより、いっそ舞台ごと自分で創ってしまえばいいと考えるのは同じ根でしょう。異世界転生テーマが濫用《らんよう》されるのもそれで理解できます。特殊設定は、勿体ないが（というほどでもない）使いよい、ということで、私も「藪の中」の第四の人物に意識せずして特殊設定を用いていたようです。

この往復書簡はどういうふうに展開してゆくか、明確なヴィジョンもなく船出しましたが、学生時代から作品を発表し、ほとんどそのまま専業作家になってしまった芥川龍之介に行き着いたのは、ある意味で必然だったのかもしれません。芥川が実社会の体験不足を補うべく、『今昔物語集』やキリシタン文献、海外文学など文献を旺盛に摂取咀嚼《せっしゅそしゃく》して作品化していった軌跡は、日常の謎や特殊設定を描いたともいえるのですから。異世界ファンタジーである「河童」（一九二七年）はもとより、汽車で乗り合わせた少女がなぜ煤煙が入るのにも構わず窓を開け放つのかという「蜜柑」（一九一九年）も日常の謎を扱っていると言えなくもありません。

さて、「藪の中」の第四の人物を放免（角川文庫版『藪の中・将軍』付録の宮島新三郎《みやじましんざぶろう》の同時代評では「ほうべん」と、漢音の「ほうめん」でなく呉音《ごおん》でルビが施されていますが、無罪放免の「ほうめん」と識別させるためでしょうか）とする法月さんの妄説（？）もすこぶる興味深い。加田伶太郎「完全犯罪」になぞらえるなら、坂田刑事が犯人ということになりますね。盗賊上がりで国家警察パリ地区犯罪捜査局の初代局長にまで昇りつめたフランソワ・ヴィドックほどではないとしても、一人二役で逮捕を免れようとするのはブラウン神父譚の「奇妙な足音」さながらです。調伏丸ならぬ〝蝙蝠丸《へんぷくまる》〟と異名を捧げたくなる。

福永武彦氏が『深夜の散歩』で『毒入りチョコレート事件』に触れているとのご指摘にも恐れ入りました。いま手元にある『深夜の散歩』は五度目の刊行になる創元推理文庫版ですが、ひとつ前のハヤカワ文庫JA版には書名索引がついていたので、横着せずにそちらを参看すべきでした。しかし福永氏は『毒チョコ』より『試行錯誤』のほうを買っているように読めますね（もっともクロフツは『坑木会社の秘密（製材所の秘密）』は知らないがと言いつつ、嫌いなはずの『樽』などを推していたりしますが）。

　創元ライブラリでも、ピエール・バイヤール著『シャーロック・ホームズの誤謬　『バスカヴィル家の犬』再考』が文庫化されたばかりです。コナン・ドイルの『バスカヴィル家の犬』といえば、舞台となるダートムアに出張して来ているホームズに、ロンドン警視庁のレストレード警部が「署名なしの逮捕状持参す」（日暮雅通《ひぐらしまさみち》訳）と返電してくる場面が第十三章にありますが、このunsigned warrantというのはホームズが電報で要求したものなのでしょう。この段階でホームズはレストレードに犯人が誰か教えていないし、そもそも逮捕状《ウォラント》にサインすべきは検事ですよね。検事のサインも、逮捕すべき相手の名前も書いてない逮捕状なんてものがあるかしら。全訳のあるベアリング＝グールドの〈詳註版　シャーロック・ホームズ全集〉やオックスフォード大学版〈シャーロック・ホームズ全集〉でも、この語に注釈はしていません。これは、正式書類などなくても容疑者をあっさり屈服させられるもの——つまり拳銃を持って来いとレストレードに言いたくても、電報にあけすけに書けなかっただけではないでしょうか。

　それを日暮さんに申し述べたら、まだ誰も指摘していない新発見かもしれないと言われました。まさか。日暮さんもご存じないということは、より新しいレスリー・クリンガーの注釈本にもないに違いありませんが、百年以上、イギリス本国だけでなく世界中のシャーロッキアンがあとに草も生えないほど研究し尽くしていて、同人誌も含めれば新説かどうかなんて誰にも判定できません。私程度が思いつくレベルのことは、誰かがとっくに発表していそうなものです。「藪の中」の仮想解決も独自に考えたつもりではありますが、先例があることは免れません。

「藪の中」問題もいいかげん切り上げ時ですね（しかし、ここから「茶碗の中」へ行くとは思わなかった……）。赤江瀑「八雲が殺した」も、ラフカディオ・ハーンの「茶碗の中」と、下敷きとなった『新著聞集』の巻五第十奇怪篇「茶店《ちやてん》の水椀若年《すいわんじやくねん》の面《おもて》を現《げん》ず」【付録Ⅷ】との比較検討を発端とし、そこから新たな物語を紡いでいました。作中で指摘されているように、ハーン（八雲）は原話の描写をふくらませるいっぽう、二箇所、重大な削除を施しています。（八雲というのは、日本に帰化するにあたってハウンに漢字を宛てたものだったのですね。知っていたはずなのに、すっかり忘れておりました。小泉は夫人の姓。雑誌「幻影城」編集長だった島崎博《しまざきひろし》氏も同じシステムで、島崎氏の博は本姓の傅《フ》に字形の似た名前にしたらしいです）

ハーンが削除したのは若衆の家来たちが、「（主人が）思ひよりてまゐりしものを、（貴殿は）いたはるまでこそなくとも、手を負はせるはいかがぞや」と難詰《なんきつ》するセリフと、彼らはそれきり再訪してこなかったという結末です。すなわち、関内が飲もうとした茶の表面に見知らぬ若衆の顔が生霊のごとく出現したのはなぜかという、時系列的には怪異の発端となったはずの動機の部分と、事件の決着を示す部分で、ハーンは原話の頭と尻尾を切ってしまいました。原話でも、いつ若衆が関内を見初《みそ》めたのか説明されないのですが、そこはいかようにも察しのつくことで、リドル・ストーリーでなかった原話が結末の削除操作によってリドル・ストーリーに変じてしまったのは、たいへん珍しい例でしょう。

「茶碗の中」は「通俗ばなしの原話にもはるかに及ばない不出来の作になった」との酷評は、

「八雲が殺した」のヒロイン村迫《むらさこ》乙子《おとこ》の見方であり、赤江氏の意見ではありますまい。比較文学研究者の牧野《まきの》陽子《ようこ》氏が言うように、「(「茶碗の中」は)原話よりハーンの再話作品の方がはるかに緊迫感があって不気味であり、恐怖感の漂う仕上がりになっているといえよう」(『〈時〉をつなぐ言葉――ラフカディオ・ハーンの再話文学』。この章の原型は一九八八年十二月「成城大學經濟研究」の紀要論文「ラフカディオ・ハーン『茶碗の中』について」http://id.nii.ac.jp/1109/00001537/)といった評価に、赤江氏の立場も近いのではないかと想像されます。紀田順一郎・東《ひがし》雅夫《まさお》編『日本怪奇小説傑作集』(二〇〇五年)全三巻でも「茶碗の中」がトップを飾っています(トップであるのは年代順だからですが)。

『怪談』(二〇二二年)をあえて直訳調で訳した円城塔《えんじょうとう》氏によれば、「ハーンがどの程度日本語を聞き取り、話すことができたかはよくわからない。【…】記された日本語の読解についてはおおよそ、できなかったと考えられている。素材の収集はほぼ、妻小泉節子《せつこ》からの聞き取りによったと言われている」(訳者あとがき)らしい。

「ともすると、小泉八雲ことラフカディオ・ハーンは、日本の文献を読み漁りそれを流麗な日本語で記したと思われていることがあるのだが、当然そんなことはなかったのであり、彼は書物を前にした妻の語る日本の話を、日本語と英語を交えたやりとりを通じて自らの体に通し、それを英語読者へ向けて英語で記した」

あいにく「茶碗の中」は原短編集では死去直前の『怪談』(一九〇四年)でなく『骨董』(一九〇二年)の一編なので円城訳には含まれていません。だいたい日本では八雲怪談は雑駁に

「怪談」と総称されていますが、小林正樹《こばやしまさき》監督の映画『怪談』（一九六五年）のオムニバス四話のうち原作が『怪談』に収録されているのは第二話「雪女」と第三話「耳無し芳一の話」だけで、「和解」（では怪談っぽくないためか「黒髪」と改題されています）は『影』（一九〇〇年）、全体を締めくくる「茶碗の中」は前述のとおりです（映画は作者自身が怪異に襲われて終わるメタ構造にしたのでしょう）。

小説「茶碗の中」におけるハーンの削除改訂は不注意・不用意のせいではなく、原話の男色臭が洗い流されているのは、ハーンが「英米ヴィクトリア朝の読者層に対する倫理的配慮から か、他の怪談の再話においても原話に少しでも悪趣味と思われる所があれば、注意深く削った」（牧野陽子、前掲書）結果であるのは異論のないところでしょう。同時代人であるオスカー・ワイルドがそのためにレディング獄舎に囚われ、悲惨な後半生を送ったことなどを考えれば、筆禍にどれほど用心しても、しすぎることはありません。『雨月物語』ちゅうBL小説であるとの解釈も有力な「菊花の約《ちぎり》」もハーンはリライトしていますが（そもそも上田秋成《うえだあきなり》の作が中国ダネなのでダビングを重ねたことになる）、菊花に英語でもそういうニュアンスがあるのかどうかともかく、ハーンは「守られた約束」（Of a Promise Kept）と題しました。

「茶碗の中」がなぜ削除改訂されたかは議論の余地ないところでしょうが、関内を追及に来る武士たちの名前にまで変更を加えた理由は見当もつきません。ハーン旧蔵の『新著聞集』写本によれば松岡平蔵《まつおかへいぞう》、岡村平六《おかむらへいろく》、土橋《つちばし》久蔵（「八雲が殺した」や『〈時〉をつなぐ言葉』、また柴《しば》田宵曲《たようきょく》『続　妖異博物館』では土橋の名を文蔵と読んでおり、いかにも久の字は文と見えなくもない）となっていて、若衆の配下その一その二その三でもいいような人物にフルネームを与えているのも面妖ですが、ハーンは彼らをMatsuoka Bungō, Tsuchibashi Bungō, and Okamura Heiroku に変えている。三人のうち二人のファーストネームが同じなのは単に間違えたのか、あるいはトゥイードルダムとトゥイードルディー的な不気味さを醸《かも》させようとしたものでしょうか。初訳と思われる田部隆次《たなべりゅうじ》訳「茶碗の中」（一九二六年。青空文庫で公開）では松岡文吾はハーンの変更に合わせて漢字に置き換え、土橋は『新著聞集』に遡って久蔵、ハーン邦訳のスタンダードとなった平井呈一訳もこれを踏襲しています。順番以外に変更のない岡村平六を除いて、近年の上田和夫《うえだかずお》訳（一九七五年、新潮文庫）と平川祐弘《ひらかわすけひろ》訳（二〇一四年、河出書房新社）は「松岡文吾、土橋文吾」、牧野陽子訳（一九九〇年、講談社学術文庫）は「松岡文五、土橋文五」とそれぞれ訳したものです。ハーンが名前を変えた理由について、法月さんは何かお考えがありますか。

怪談において、怪異の起きる由来はナニナニの祟《たた》りだとか説明するのがゴシック、説明抜きに怪異だけ読者に提示するのがモダンホラーだと、都筑道夫説を大雑把に解釈しておくなら、ハーンは若衆の動機を伏せることで、ゴシックだった原話をモダンホラーに作り替えたとも言えるでしょう。こういった論旨は、途切れた第十六信の続きで法月さんが予定しておられたのを先回りしてしまったかもしれませんね。

少し角度を変えましょう。江戸川乱歩に「祖母に聞かされた怪談」（一九六〇年）という随筆があります。そこに紹介されている話の内容がハーンの「むじな」にそっくりなのに、乱歩は一言もそれに触れていません。どころか、ロング・ブックガイドとも言える随筆「怪談入門」は古今東西の怪奇小説を語っていながら、ハーンも小泉八雲も名前すら出てこない。「祖母に～」では、エリザベス・フェラーズの推理小説『私が見たと蠅は言う』のヒロインが昔、同じ内容の怪談を読んだことから、東西に共通の怪奇譚が存在していることを興《きよう》がっているばかりです。乱歩蔵書にも八雲の著作は、明治時代に訳された『怪談』が一冊あるきり。ほとんど読んでいなかったのでしょうか。乱歩にまつわる解けない謎の一つです【単行本註・乱歩が兄事していた小酒井《こさかい》不木《ふぼく》の『犯罪文学研究』に収められた「ラフカヂオ・ハーンの飜訳」は、ほぼ「貉《むじな》」の内容紹介に費やされている。初刊本は現在の乱歩蔵書に残されていないが、不木から献本されていただろうし、目を通さなかったはずはない。それでも「祖母に聞かされた怪談」を想起しなかったとすれば、これはもう乱歩自身のいう〝脳髄の盲点〟（一九二三年「恐るべき錯誤」）に入ったとしか考えられない】。

乱歩は同性愛に関心があることを隠しませんでしたが、「恋愛に結びついた怪談は、西洋にも東洋にも非常に多い。（中略）男女の恋愛ではないが、上田秋成の「菊花の約」と、幸田露伴の「対髑髏」などが忘れ難い感銘を残している」（「怪談入門」）とも述べています。しかしそれがハーンによって「守られた約束」にアダプテーションされていることには知らん顔です。あれほど同性愛文献に関心を寄せていたのに。

都筑道夫もまた、ハーンを語ることがそれほどありませんでした。怪談の書き手として、いつも挙げていたのは岡本《おかもと》綺堂《きどう》と内田《うちだ》百閒《ひやつけん》ですね。普通にハーンに親しむには、平井呈一訳を介するのが簡便でしたが、平井氏の訳業を買っていない都筑氏は敬遠してしまったのかもしれません。

誰にも翻訳できない難物と言われていたドロシー・L・セイヤーズの『ナイン・テイラーズ』を仕上げて名声を高めた平井氏ですが、その訳本を読みとおすことが出来なくて、浅羽莢子《あさばさやこ》訳のお蔭でようやく味わいえた私も、平井訳への偏見が拭えないようです。しかし、兄の国語教科書に載っていた「耳なし芳一の話」で興味を覚え、偕成社のジュニア版日本文学全集で買い求めた『怪談』（一九六五年）はご多分に漏れず平井呈一訳でした。ずいぶん傷《いた》んでいますが、手放しかねている一冊です（手放そうにも状態が悪すぎて棄てるしかないでしょうが）。なかでも「茶碗の中」が際立って印象に残っているように、リドル・ストーリーという概念を知らなかった小学生だったのに、読み終わって宙ぶらりんに取り残されたような不安感は、普通の怪奇物語を読んだときの怖さ以上に強く刷り込まれたようです。ハーンが結末を削り、原話とは異なりリドル・ストーリーに仕立てたことは意外な読者を育てていたと言えるかもしれません（大した読者でないのがカナしい）。

さて、どうにか書き終えたところでお茶でも飲むとしましょうか。と、淹《い》れたお茶の表面を見ると……


二〇二三年三月三十一日エイプリルフール・イヴ

第十八信

二〇二三年四月十四日

法月綸太郎↓新保博久

蝙蝠やクラリモンドは吸血女

新保博久さま

前回は尻切れトンボの投げっぱなしで、不調法をお詫び申し上げます。いただいたお返事は論旨の先回りどころか、「八雲が殺した」とハーンの再話（削除改訂）のポイントをきちんと押さえたうえに、牧野陽子氏の著作までご教示くださり、お礼の言葉もございません。関内を追及に来る武士たちの名前の変更に関しては、都筑道夫の小泉八雲評価とあわせて、本信の後半であらためて触れることにしましょう。

それはさておき、のっけからまた余談なのですが、芥川龍之介はおよそ百年前、大正八年（一九一九年）三月に実父・新原敏三《にいはらとしぞう》をスペイン風邪（インフルエンザ・パンデミック）で亡くしているのですね。自らも三度スペイン風邪に感染して病床に臥し、

胸中の凩《こがらし》咳となりにけり
凩や大葬《とむら》ひの町を練る

といった句を詠《よ》んだそうです。幸いにして私は新型コロナウイルスに未感染ですが、この往復書簡が「ジャーロ」で始まった二〇二二年七月は、オミクロン株による第七波のまっただ中でしたから、先行き不透明で「唯ぼんやりした不安」を抱えた手紙のやりとりが芥川に行き着いたのは、別の意味でも必然だったような気がします。

それにしても「学生時代から作品を発表し、ほとんどそのまま専業作家になってしまった芥川龍之介」という寸言は、かつて「実社会での経験に乏しい若手作者」としてデビューした自分にとっても、なかなか耳の痛いコメントでありました。「唯一知悉する学園物か、自分の身のまわりに材を得る日常の謎系を扱うのと、知らない世界を無理して描くより、いっそ舞台ごと自分で創ってしまえばいいと考えるのは同じ根でしょう」という指摘にも思い当たるふしがありますが、それでもやはり、知らない世界を取材して描くより、舞台ごと自分で創ってしまうほうが効率がいい、という発想にならないのは、一九六〇年代生まれの限界（？）なのかもしれません。

実社会とフィクション（ミステリ）の関係も、昔ほどシンプルには語れなくなってきたようです。日常の謎がお仕事ミステリ流行の呼び水となり、学園異能バトルの延長線上に就活サバイバル小説があるとすれば、虚実の狭間にもっとねじれた相関関係が生じることもありうるでしょう。たとえば近年ネタにされることの多い「マナー講師による謎ビジネスマナー」の乱立は、特殊設定ミステリの隆盛とシンクロしているのではないか？　「飲み会でお酌をする際、徳利の注ぎ口は〝縁の切れ目〟を想起させるので使わない」とか、「稟議書《りんぎしょ》などのハンコは、隣の上司にお辞儀をするような角度で押す」とか、大喜利みたいな謎マナーが本当に幅を利かせているかどうかは別として、この種の呪術的発想は「実社会での経験に乏しい若手作者」がこしらえた異世界の特殊ルールと大差ないように見えるからです。

　というのは、もちろん冗談ですけれども……、二月に出たばかりの限界研編『現代ミステリとは何か　二〇一〇年代の探偵作家たち』に収録された宮本道人《みやもとどうじん》氏の白井智之《しらいともゆき》論「特殊設定ミステリプロトタイピングの可能性」のようなマニフェストを読むと、あながち冗談とも言いきれなくなってくる。宮本論文の元ネタになった「ＳＦプロトタイピング」という概念は、「未来を考える際にフィクション作成を土台にする手法」のことで、「日本では特に二〇二〇年代に入ってからビジネス業界で注目を集めるようになり、様々な企業が事業開発や新人研修などに取り入れるようになった」そうですし、特殊設定ミステリの隆盛も、出版業界が求めるコンテンツビジネスやマーケティングを織り込んだ世知辛いものでしょう。むしろ空洞化が進む実社会のほうが、様式化された異世界や学園（カースト）物のマンネリズムに色目を使っているような気さえするのです。

なんだか辛気臭《しんきくさ》くなってきたので、話題を変えましょうか。「藪の中」の第四の人物を放免とする妄説は、第十四信でちらっと名前の出た福永武彦の某作（「完全犯罪」ではありません）から連想したものです。福永の趣向とは若干ニュアンスが異なるのですが、詳しく書くとネタバレになりますので、雰囲気だけお察しください。それはそれとして、調伏丸ならぬ〝蝙蝠丸〟という異名は渋いですね。私もだいぶ頭をひねったのですが、いい語呂合わせが思い浮かばなくてパスしてしまったのです。もし機会があれば、どこかで使わせてもらってもいいですか？

それはさておき、第十六信のラストで「茶碗の中」を持ち出したのはその場の思いつきで、何か深い考えがあったわけではありません。新保さんも意外だったようですが、その後いろいろ資料を読んでいくうちに、「藪の中」という作品に思いのほかラフカディオ・ハーンの仕事が影響していることを知って、自分のほうがびっくりしているところです。その報告も兼ねて、もう少し「藪の中」とその周辺について書かせてください。

ここまで「藪の中」については、主に『今昔物語集』との関係を重視してきましたが、新保さんが第十七信で「『今昔物語集』やキリシタン文献、海外文学など文献を旺盛に摂取咀嚼して作品化していった軌跡」と記しているように、芥川の文学的視野は日本の古典だけに留まらない。第十三信で言及されたウィリアム・モリスによる「ポンチュー伯の息女」の英訳や、アンブローズ・ビアスの短編「月明かりの道」（小川高義《おがわたかよし》訳『アウルクリーク橋の出来事／豹の眼』所収）といった作品の影響はつとに指摘されてきたところです。

それだけではありません。渡辺義愛《わたなべよしなる》氏の論文「『藪の中』の比較文学的考察」（「上智大学仏語・仏文学論集」第十三号、一九七九年／https://digital-archives.sophia.ac.jp/repository/view/repository/00000003716）によれば、「藪の中」の構成はイギリスの詩人ロバート・ブラウニングの長詩「指輪と本」The Ring and the Book（1868—69）を下敷きにしているらしい。これはブラウニングが十七世紀末のローマで起こった殺人事件の裁判記録を素材に「劇的独白」という表現形式を用いて書き上げた詩で、渡辺氏は複数の先行研究を引きながら、「一つの事件をめぐり、たがいに相反する証言が、数人の証人の独白という形式で展開される手法は、あきらかに芥川の作品の場合と同工異曲である」と論評しています。

ところが、そもそも芥川がどうして「指輪と本」に注目したかというと、まず東京帝大文科大学講師として招かれたラフカディオ・ハーンの英文学講義が元にあって、芥川はその講義録（一八九八〜一九〇二年）をまとめた選集〝Appreciations of Poetry〟を愛読し、とりわけ第五章「ブラウニングの研究」に刺激を受けたからだというのです。その講義の中でハーンは「指輪と本」の登場人物について、「これらの人々を創り出すことは、二百年前の死人を墓から呼び出すこととほとんどおなじくらい不可思議なことで、これこそほんとうの交霊術である」と述べているそうで、「藪の中」の死霊の独白という着想もそこから来ているのではないか、という見方が出てくる。こうした見方の当否については、「中野のお父さん」こと北村薫氏の意見も聞いてみたいところです。

以下も渡辺論文からの孫引きになりますが、「いっぽうハーンは、解説のなかで、当時の東京に殺人事件が発生した場合を想定し、新聞の報道はどれもこれも事件の一面しか伝えず、事件が法廷にもち出されたとしても、加害者と被害者のほんとうの秘密は十中八九永久にわからずに終るであろうと述べ、そのことは、人間の判断が必然的に不完全なものであること、また、事実の真相に疑問の余地がない場合でさえも、ほんとうの動機やほんとうの感情を絶対確実なものとして知るのは至難のわざであることを証明している、という教訓をひき出している」とあります。こうした教訓は、ポーが「現実の謎」と格闘した「マリー・ロジェの謎」を連想させますが、ハーン自身も来日前の一八七四年、米国シンシナティの新聞社〈インクワイアラー〉に入社、「皮革製作所殺人事件」を追及した記事が大反響を呼び、事件記者として名を上げたことがある。

そういえば、前掲の牧野陽子氏の紀要論文「ラフカディオ・ハーン『茶碗の中』について」には、「恐怖の要素の色濃い短編の描き手としてハーンは時にエドガー・アラン・ポーと比べられるが、ハーンはポーと異なり、人間の内に潜む病的な異常心理を解したり描写したりすることは決してなかった。ポーと同じように生みの親との縁薄く、不幸な幼年時代を送りながら、ポーとは逆に、家庭に愛情をそそぎこみ、か弱いもの、小さなものに温かく心を通わせた」という註が付してありました。「藪の中」と「茶碗の中」を通して、ポーと小泉八雲がつながるというのも、なかなかオツなものですね。

さて、ハーンの仕事と「藪の中」のミッシングリンク探しとなると、十九世紀のフランス作家テオフィル・ゴーティエの短編「カンダウレス王」（小柳保義《こやなぎやすよし》訳『吸血女の恋　フランス幻想小説』所収）も見落とすことができません。リディアの王カンダウレスは王妃の美しさを誇るあまり、腹心の衛兵隊長を寝室にしのばせて裸体を見るように強制する。それを知った妃は激怒し、のぞき見た隊長に自殺するか王を殺すか、二者択一を迫った、というのが大まかなあらすじです。

俗に言うＮＴＲ（寝取られ？　寝取らせ？）の元祖みたいな小説ですけれども、「あなたが死ぬか夫が死ぬか、どちらか一人死んでくれ、二人の男に恥《はじ》を見せるのは、死ぬよりもつらい」という真砂の台詞（多襄丸の白状）は、この短編に由来するものでしょう。先の渡辺論文にも「このあらすじが物語るように、*Le roi Candaule* においてカンドール王、衛兵隊長ジジェス、および王妃ニシアのあいだに存在する一種の三角関係は、「藪の中」において、武弘、多襄丸、および真砂のあいだに成立する三角関係に酷似している」「それに芥川自身、高校時代にゴーチエの *Le roi Candaule* を読み、「藪の中」執筆当時、もう一度読みかえしたことをはっきりと認めている」という指摘があります。

ところが、このゴーティエを日本に紹介したのが、やはり小泉八雲なのですね。ハーンは来日前の一八八二年、フランス語の短編集を英訳した『クレオパトラの一夜とその他幻想物語集』をアメリカで自費出版、その中に「カンドール王」（英題 King Candaules）も含まれていました。若き芥川はハーンによる英訳を入手してこれを読み、同書に収められた「吸血女の恋」を「クラリモンド」という題で翻訳（一九一四年）しています。

小泉八雲の鑑賞眼を通して「指輪と本」「カンダウレス王」という英仏二つの素材を活用しているわけですから、「藪の中」とハーンの関係は見かけ以上に深いものだと言えるでしょう。だからひょっとしたら、芥川は「茶碗の中」へのオマージュとして、「藪の中」という題名を付けたのかもしれません。

さて、そこでようやく冒頭の課題に戻ってくるわけですが、「乱歩にまつわる解けない謎」はさておくとして、都筑道夫がハーン／小泉八雲に対して妙に冷淡だったのは確かです。新保さんが仰るように、平井呈一の訳業を買っていなかったせいもあるでしょうね。還暦を迎えてからの文章ですが、「ミステリマガジン」一九八九年一月号〜二〇〇二年九月号に連載された新刊書評エッセイを上下巻にまとめた『都筑道夫の読《ドク》ホリデイ』でも、あちこちで思い出したように平井訳への不満を漏らしている。〈平井氏訳本〉の小泉八雲『心——日本の内面生活の暗示と影響』に触れながら、「訳文の日本語は、たしかにすぐれている。／だが、怪奇小説の翻訳となると、ちょっと困ったものだと思う。ヴォキャブラリイの豊富さでは、近ごろの翻訳家の比ではない。けれども、そのつかいかたが、きざっぽい。いや、きざを通りこして、嫌みというべきだろう」(「新しい骨」一九八九・五)とか、かなりきついことを言っています。

とはいえ、小泉八雲の作品に無関心だったかというと、そういうわけでもなさそうです。たとえば同じ『読ホリデイ』の「明るい闇」(一九九〇・一〇)の回では、ハーン来日百年を記念して出版された平川祐弘編の講談社学術文庫版『怪談・奇談』について、かなり踏み込んだ感想を書いている。晩年の文章だからといって軽視できないのは、それが翻訳論――しかも「日本語（古文）→英語→日本語」というレアケースに関する考察であり、「あくまで必要なのは、八雲の英語なのである」と言いきっているからですね。

というところで、懸案の「茶碗の中」の作中人物について、「ハーンが名前を変えた理由について、法月さんは何かお考えがありますか」というご質問ですが、それに答えるのは現在の私の手に余ります。そのかわりに、ちゃっかり都筑氏の感想を引いておきますと、「ハーンの怪談奇談は、自由訳というより、創作訳というべきかも知れない。そこに意味があるのだから、あくまで八雲の文章に、忠実であるべきなのだ。たとえば八雲が、ひとつの名前、古歌の解釈などを間違えていても、それは訂正すべきではない。間違いのまま翻訳して、訳注かなにかで、八雲の誤解を、読者に知らせればいいのである」（同右）ということになります。

どうも今回は他力本願で、長い引用ばかりになってしまいましたが、毒を食らわば何とやらで、さらにもう一つ《ワンス・モア》追加しておきましょう。「明るい闇」の回の後半で、都筑氏は Of a Promise Kept という原題を「菊花の約」と訳した編集方針にも疑問を呈しています。理由はその次に「破られた約束」Of a Promise Broken という作品が続くからで、「Kept のほうは、上田秋成の作品からとったストーリイで、その原題を訳題にしたわけだ。ほかのひとも、「菊花の約」という訳題で、訳していたように思う。この一篇だけをのせるなら、それでもいいだろうが、ふたつならべるとなると、話はちがう。Broken のほうを「破られた約束」としたら、前者は「守られた約束」にしなければ、八雲の意図に、反するのではなかろうか」と釘を刺している。こういうところに着目するのが、翻訳者／雑誌編集者だった都筑道夫の面目躍如と思うのですが、新保さんはいかがでしょう？

都筑氏の著作リストを見ていると、『悪夢図鑑』（一九七三年）の中に「即席世界名作文庫／第二十二巻　ハーン集　怪談」というタイトルが含まれています。『やぶにらみの時計』で再デビューを果たした直後、「ヒッチコック・マガジン」一九六一年二月号に発表したショートショートのようですが、あいにく収録本を持っていなくて、どんな内容かわからない。毎回お願いばかりで恐縮ですけれども、ご教示いただけると幸いです。

二〇二三年四月十四日

第十九信

二〇二三年五月十五日

新保博久 → 法月綸太郎

スペインが風邪ひきゃ(?・)ミステリがくしゃみ

法月綸太郎 さま

今回は、何からお話ししましょうか。

芥川龍之介も罹患《りかん》したというスペイン風邪——病名に国や地域名を冠するのは、その土地への憎悪を煽りかねないのが困るところです。「トランプ前大統領は新型コロナウイルス感染症についてしつこく「中国ウイルス」と言い続けていたけれども、ならばまずはスペイン風邪を「アメリカ風邪」と訂正してからにしろよ、と言いたく」(『文豪と感染症 100年前のスペイン風邪はどう書かれたのか』編者あとがき「おわりに」)なるのは永江朗《ながえあきら》氏ばかりではないでしょう。「いまのところアメリカ中西部の兵営で発生したインフルエンザが、世界に拡がったものと見られている」(速水融《はやみあきら》『日本を襲ったスペイン・インフルエンザ』)のですから。

「スペインにとって不運だったのは、他のヨーロッパ主要国が（第一次世界大戦の）交戦中で、どの政府も自国でインフルエンザが流行していることを発表しなかったのに、中立国なるが故に、流行の状態が世界に知れ渡ったことである」（前掲書）といいます。しかしまあ、そういう知識がなく発生源を誤認していたとしても、百年後の今日それゆえにスペインを非難する人もいますまいから、すでに日本の歴史用語として定着しているスペイン風邪の名称を改めるのも混乱するので、ここではスペイン風邪という表現にしたがいます。

ミステリに直接絡む話題としては、〈ファントマ〉シリーズの共作者ピエール・スヴェストルが一九一四年、シリーズ三十二巻を完成したところでスペイン風邪に斃《たお》れたことが挙げられましょう。残されたマルセル・アランが単独で十一巻を追加しましたが、日本では久生十蘭《ひさおじゅうらん》らによってシリーズの初期三巻だけが入れ替わり立ち替わり（一巻の前半だけだったり、二冊分が一冊に圧縮されたり）刊行された程度です。まもなく初めて邦訳されるという第五巻『ファントマと囚われの王』【単行本註・二〇二四年十月現在、まだ邦訳刊行されていない】が十蘭自身の小説『魔都』のインスパイア源の一つといわれるものの、日本ミステリに及ぼした影響は微々たるものです。

あるいは、スペイン風邪のミステリ界への最大の〝貢献〟は、ダシール・ハメットが感染したことかもしれません。浮気性のせいか二十歳以来、淋《りん》病にかかってばかりいたハメットは、陸軍に入隊中の一九一八年にスペイン風邪に罹患、結核も併発して除隊処分になりました。ピンカートン探偵社に復職しても、治りきらない病気のため職務に耐えず、入院中に知り合ったナースと最初の結婚、娘も生まれて収入を得る必要上、肉体的には軽作業に属する文筆の道に入ったようです。スペイン風邪にかからなければ、ハードボイルド作家ハメットは誕生しなかったと言ったら、こじつけにすぎるでしょうか。

ハメットと同じ一八九四年に生まれた江戸川乱歩は記録魔と呼ばれたほど巨細《こさい》な記録を遺しましたが、欧州大戦は対岸の火事で、スペイン風邪にはまったく言及していません。そもそも探偵小説壇が形成されるのが一九二三年に乱歩が作家デビューして以降なので、日本ミステリ界とスペイン風邪との関係が云々されることもありませんでした。乱歩が「日本の誇り得る探偵小説」（一九二五年）と絶賛した谷崎潤一郎《たにざきじゅんいちろう》の「途上」（一九二〇年）が、前掲『文豪と感染症』や、シリーズ紙礫《かみつぶて》14『文豪たちのスペイン風邪』といったアンソロジーに収録されるまで、犯人が妻を死に追い込もうとして利用する感冒がスペイン風邪だったとは、私もおよそ気づかなかったものです（スペイン風邪という名称も出てきません）。その流行性感冒がなかったとしたら、犯人はまた別な手段でプロバビリティの犯罪を試みたのでしょうけれども。乱歩が谷崎と同じく本邦探偵小説の先覚者と位置づけた画家・小説家の村山槐多《むらやまかいた》が一九一九年に夭折《ようせつ》したのもスペイン風邪であったことを思えば、パンデミックの影響は昨今ほどではないとしても、ミステリ界も完全に無縁ではなかったくらい猖獗をきわめていたようです。しかし、この話題はあまり発展性がありませんね。

平井呈一氏の訳業について、法月さんが引用なさった都筑道夫氏による批判の尻馬に乗るみたいですが、私も別な角度からちょっと物申したいことがあります。浅羽莢子さんがD・L・セイヤーズの『ナイン・テイラーズ』を訳していた一九九七年ごろ、先駆者だった平井訳に触れて、「一つの英単語から、さまざまな日本語を連想してゆく力は目覚ましい」としながら、しかし「原文に即しているかどうかは疑問がある」といった意見を聴かされた憶えがあります。亡くなった浅羽氏のご意見を伺うことはもうできない以上、おぼろな記憶でも書き残しておきたいと思ったまでで、そちらの驥尾《きび》に付そうというわけでもありません。

平井氏の小泉八雲作品の訳を「いかにも意に満たぬ箇所がままあった」と批判する平川祐弘氏の近年の訳しぶりもまた、都筑氏からは批判を免れません。平川訳「貉《むじな》」の冒頭が、「東京の赤坂には紀伊国坂《きいのくにざか》という坂がある。その坂道がなぜこう呼ばれるのかそのわけは知らない」（平川編『小泉八雲名作選集1　怪談・奇談』／〈個人完訳小泉八雲コレクション〉『骨董・怪談』）となっているのに『都筑道夫の読《ドク》ホリデイ』では疑問が呈されています。最近円城塔氏が直訳した「ムジナ」では同じ箇所が、「トーキョーのアカサカ街には、キイ地方の坂という意味で、キイ・ノ・クニ・ザカと呼ばれる坂がある。キイ地方の坂と呼ばれる理由をわたしは知らない」となっていました。平川氏が which means the Slope of the Province of Kii という箇所を省略したのを都筑氏は難じているのですが、「日本の読者には不要の原注は略し代りに訳者注を付した」（『怪談・奇談』はしがき）という方針が本文にも及んでいるようで、確かに感心できません。もちろん平井呈一氏の「むじな」では飛ばさずに訳され、「訳者注――赤坂紀の国坂上、もとの東宮御所のあるところは、江戸時代に紀州侯の藩邸があったところなので、その名があるのである」（『小泉八雲作品集10』、一九六五年、恒文社）と割註で書き添えられていて、この箇所に関しては都筑氏も平井氏の訳出態度を支持したことでしょう。

しかし「むじな」「耳なし芳一の話」と並んで八雲怪談のよく知られたベスト3の一角を占める「雪おんな」の平井訳には、私も批判的にならざるを得ません。クライマックス、巳之吉《みのきち》に嫁いで子供までなしたお雪が正体を顕わす場面、「それはわたしじゃ。……《ママ》このわたしじゃ。お雪じゃ。あのとき、ひとことでもしゃべれば命をとるとかたがた言うておいた」（引用は、井上雅彦《いのうえまさひこ》監修『雪女のキス　異形コレクション綺賓館Ⅱ』二〇〇〇年、カッパ・ノベルスによる）と、お雪は言い放つ。凄んでいますが、訳文でどう演出するかは訳者の裁量とはいえ、お雪と自称するのがよろしくない。江戸学の泰斗《たいと》・三田村鳶魚《みたむらえんぎょ》の受け売りながら、「自分の名におの字をつけていうたわけがあったもんじゃない」（『大衆文芸評判記』）はずです。原文でも単にYukiで、地の文でしかO-Yukiとは言っていません。平川祐弘氏の「雪女」も、『小泉八雲名作選集1　怪談・奇談』でこそ「お雪」ですが（凄んではいない）、〈個人完訳小泉八雲コレクション〉『骨董・怪談』では「雪」に改めています。私も小学生時代に初めて触れた偕成社版の平井呈一訳が刷り込まれてはおりますが、このせりふは「それは、わたし――わたし――わたしなのだ！　ユキだ！　それについて一言でも口をひらけばお前を殺すと言ったはず！」（円城塔訳「ユキ・オンナ」）ぐらいのほうが、人間の男とは添い遂げられない妖怪の哀しみが伝わってくるような気が今ではするのです。

さらに、『怪談』（一九〇四年）に先んじて幽霊譚を多く収めた『骨董』（一九〇二年）において、「茶碗の中」の前に置かれて巻頭を飾った「幽霊滝の伝説」では、大工の女房が肝試しの賭けに勝つため幽霊滝の祠《ほこら》から賽銭箱を持ち去ろうとしたとき、人外の声で“Oi! O-Katsu-San!”と呼びかけられるのが、平井呈一氏は恒文社版では「おい、お勝さん」と漢字を宛てた以外はほぼそのままにしているのに、偕成社版では「おい、お勝」と呼び捨てにして凄みを利かせたものです。原文を離れてでも、作為的に読者を怖がらせようとしたのではないでしょうか。

なお、都筑氏もこの点は「学術文庫の名にふさわしい好企画」だと称揚しているように、『怪談・奇談』には八雲が依拠した原話が判明している限り古文で収録されていますが、本編の原話だという平垣霜月《ひらがきそうげつ》「幽霊瀧」（一九〇一年）では大工の女房というだけで名前はなく、滝からの声が「おかッさん」と呼びかけるのに触発されて八雲は勝と命名したらしい。「おかッさん」は霜月によれば「他人の女房」を意味する方言だそうですが（おかみさん?）、あるいはお方様の転訛《てんか》で、「幽霊瀧」の舞台は松江《まつえ》のほうですが、法月さんはそういう方言をご存じでしょうか?

都筑氏はさらに八雲の短編‘Of a Promise Kept’は明らかに『雨月物語』の「菊花の約」のリライトなのに、講談社学術文庫版では「原拠」を収録せず、解説にも言及がないことについて嫌みを記していますが、原話があまりにもポピュラー且《か》つ長すぎるために見送られた、あるいは上田秋成が元にした中国の白話小説『古今小説』巻第十六「范巨卿雞黍死生交《はんきょけいけいしょしせいのまじわり》」まで遡るか、判断を保留した結果かもしれません。いずれにせよ、解説でまったく触れないのは手落ちでしょう。そのこと以上に都筑氏が苦言を呈しているのは、同編が次の「破られた約束」Of a Promise Brokenと対句的題名になっているのに、「守られた約束」としないで秋成の題名を用いていることです。学術文庫版はほかにも「興義《こうぎ》和尚のはなし」を「夢応の鯉魚」と秋成題に戻していて、解説で無視していても『雨月物語』由来であることに気づいてないわけではないぞと、衣の下の鎧をちらつかせたかったのでしょうか。もっと原著者の意を汲むべきだという都筑氏の指摘を、法月さんは「翻訳者/雑誌編集者だった都筑道夫の面目躍如と思う」とおっしゃっていますが、翻訳者でも雑誌編集者でもない私も学術文庫版の改題は気に入りません。

「破られた約束」といえば阿刀田高《あとうだたかし》氏が『恐怖コレクション』(一九八二年)で、八雲怪談のなかで最も不気味なものではないかと紹介しています。この短編の結びは、「『これは、ひどい話だ』とわたし(八雲)は、この話をしてくれた友人にむかっていった。『この死人の復讐は——もしやるなら——男にむかってやるべきだ』『男はみなそう考えます』彼は答えた。『しかし、それは女の感じ方ではありません』」一行あけて、「彼の言うとおりであった」(上田和夫訳『小泉八雲集』一九七五年、新潮文庫)となっています(この一行アキが利いているので、無視しているほかの訳はその点でもダメでしょう)が、阿刀田氏は「どこの出版社の本か思い出せないが」、「右の引用の部分の〝友人〟が〝妻〟になり、〝彼〟が〝彼女〟になって」いる「異本《ヴァリアント》を見た記憶がある」そうで、「私にはこの異本の記述のほうが、ずっと深みがあるように思える」、「むしろ〝絶対そうでなくてはならない〟とさえ思う」のです。〝妻〟とはもちろん実際のハーン夫人であった小泉節子、〝友人〟というのは、別な短編「悪因縁」で「東洋思想の迷路をいつもうまく案内してくれる一友人」（上田和夫訳）と同一人物でしょう。この友人が誰なのかはハーン研究家の間では判明しているのかもしれませんが、「守られた約束」「破られた約束」が並んで収められた『日本雑記』（一九〇一年）は一九〇四年に死去した八雲にとって晩年の著作なので、少なくとも八雲自身の手で異本が作られる余裕はなかったはずで、阿刀田氏のは、八雲に多くの材料を提供したのが節子夫人だという知識から生まれた模造記憶ではないでしょうか。

「茶碗の中」もそうですが、遠田勝《とおだまさる》氏の『〈転生〉する物語――小泉八雲「怪談」の世界』（二〇一一年）によれば、「作者が作中に顔を出し、自分の書いている物語を茶化したり、批評を加えたりするのは、（ドイツの）ロマン派作家の愛好した、いわゆるロマンティック・アイロニー」というそうで、「ハーンが時折りおこなう、こうした物語の末尾や途中での作者の登場と批評の書き入れは、実をいえば、日本の研究者の間ではあまり評判がよくない」らしい。この本の主要部分は、講談社学術文庫版『怪談・奇談』にも「原拠」が収められていない「雪おんな」の、原話と見なされたことも一時期あった「白馬岳の雪女」が実は、八雲作品から逆算的に翻案された模造民話であって、「雪おんな」は八雲のほとんどオリジナル作品だった蓋然性が高いと説いてゆくことで、月並みな言い方をすれば推理小説を読むように面白い。本書が出たとき私は日本推理作家協会賞の評論その他の部門の予選委員を離れて本選のほうにシフトしていたのですが、もしまだ予選に携《たずさ》わっていて出版に気づいていれば、協会賞の候補ぐらいには残せたかもしれず、惜しいことをしたと思うくらいです。

などと言っているうちに紙数がいっぱいになってきたので、大急ぎ、先の第十八信でのお訊ねに答えておきましょう。都筑道夫氏の「怪談」という題名の怪談ショート・ショートを収めた書籍内連作「即席世界名作文庫」は、岩波文庫の「読書子に寄す」をパロディにした刊行の辞にあるように、「世界不朽の名作をその長さと内容より解放して、似ても似つかぬショート・ショートとなさしめ」たもので、お題拝借のコーナーとなっています。全二十六巻・別巻二のうち、第二十巻ポオ集「黒猫」や別巻ストックトン集「女か虎か」、ウールリッチ集「晩餐後の物語」のように原典を踏まえたパロディであるのは例外で、「大いなる遺産」「武器よさらば」といった題名がつけられなくもない内容のショート・ショート（これら二編はたまたま、一九六二年の短編集『いじわるな花束』から『悪夢図鑑』に再録されるさい出来が「気に入らない」として棄てられた、戸田《とだ》和光《かずみつ》氏の一大労作「都筑道夫　ショートショート初出誌リスト（試供品版）」http://www7b.biglobe.ne.jp/~tdk_tdk/tsudzuki2.html にも載っていない幻の作品ですが）・コレクションでした。第二十二巻ハーン集に編入された「怪談」もその例に漏れず、氏のハーン観を窺うにはあいにく役に立ちません。

二〇二三年五月十五日

第二十信

二〇二三年五月三十一日

法月綸太郎↓新保博久

英語と米語のギャップについて

新保博久さま

スペイン風邪という通称が推奨されないのは、新保さんのご指摘通りでした。混乱を避けるため、本信でも引き続きその表記を用いますが、なるべく誤解を招かないように気を配りましょう。

さて、さる五月十一日、飯田橋《いいだばし》の角川《かどかわ》本社ビルで第七十六回日本推理作家協会賞の選考会が行われ、私も「短編部門、評論・研究部門」の選考委員として久しぶりに上京。コロナ禍の折、過去三回の選考会はリモートで参加していましたが、今回で四年の任期が明けるので、不義理を重ねたお詫びも兼ねてリアル出席に踏み切ったわけです。

選考結果はすでにご存じでしょう。この往復書簡との関わりでいえば、第十七信で名前の出た日暮雅通氏の『シャーロック・ホームズ・バイブル　永遠の名探偵をめぐる１７０年の物語』が「評論・研究部門」の受賞作となりましたが、この本に書かれているように、ホームズの生みの親であるコナン・ドイルもスペイン風邪によって家族を亡くしています。第２部９章「家族の死と心霊主義への深入り」によれば、「同じ一九一六年、ルイーズとの長男であるキングズリーが、ソンムの戦いで重傷を負い、帰国した。体調は徐々に回復していたのだが、一九一八年一〇月にインフルエンザで亡くなってしまう。これは一般に「スペイン風邪」と呼ばれているもので、一九一八年三月に始まり、世界的なパンデミックとなった。そして翌一九一九年二月には、弟イネスがインフルエンザ・パンデミックの第三波のさなかに、肺炎で亡くなった」というのです。

相次ぐ家族の死のせいでドイルが心霊主義運動に走ったという俗説に対して、日暮氏は慎重な態度を崩していませんが、第一次世界大戦とスペイン風邪の流行がホームズ物語の作者の晩年に大きな影響を与えたことは否定できない。これもまた、パンデミックがミステリ界に残した傷跡の一つだと思います。

インフルエンザの話はこれぐらいにして、もう一つ今年の協会賞に関連する話題をメモしておきましょう。受賞を逸した「評論・研究部門」候補作、小林淳《こばやしあつし》氏の『東宝空想特撮映画轟く　１９５４―１９８４』の中に、やはり第十七信で言及された小林正樹監督の映画『怪談』を論じたセクションがありました。「東宝空想特撮映画のカテゴリーに含まれるのか否か、さまざまな意見が出て、おそらくは〈否〉が大勢を占めるであろうが、詳述しておきたい作品がある」という挑発的な書き出しが目を引きます。

オムニバスの第四話となる「茶碗の中」についても、あらすじにほぼ一頁を費《つい》やす念の入れようですが、著者の関心は音楽音響を担当した武満徹《たけみつとおる》に向けられているようで、「彼は映画音楽分野でも輝かしい足跡を遺したが、『怪談』はそのなかでも最高峰の位置に据えられる」とあります。それだけに「茶碗の中」の山場となる音楽演出を書き起こしながら、「武満は日常の非現実を聴覚から表し、武士と異界からの訪問者の殺陣を古典芸能に近い意匠に近づけてみせた。三味線と文楽の節が映像を揺さぶり、昂揚させ、ドラマを牽引する。邦楽の様式が作劇の要をつとめる。武満は楽曲というよりも、それ以前の、音の響きから映画を演出していく作曲家のイメージが強いが、その特徴がここではっきりと手に取れる」と評しているのが印象に残りました。

そういえば、選考会には「中野のお父さん」こと北村薫氏も出席されていたのですが、選考終了直後に所用で退席されてしまいました。せっかく上京したのに、芥川龍之介と「藪の中」について話を聞く機会を逃してしまったのが心残りです。

そんなこんなで、またしても前置きが長くなりました。ここからやっと本題です。まず「破られた約束」の結びのくだり、実は私も阿刀田高氏と似たような記憶があり、まさかと思いながら手近にある小泉八雲の本を確認したところ、上田和夫訳の新潮文庫版はもちろん、田代三《たしろみ》千稔《ちとし》訳の角川文庫版『怪談・奇談』所収の「破約」でも、ラストは「友人」「彼」となっているではありませんか！　どうやら自分も模造記憶に囚われていたらしい。そう思い知らされて愕然《がくぜん》としたことを、とりあえずご報告いたします（追記・二〇〇四年にちくま文庫から刊行された池田雅之編訳『妖怪・妖精譚　小泉八雲コレクション』所収の「破られた約束」では、問題の結語部分がカットされていました）。

――と、ここまでならよくある思い込みでけりがついていたかもしれません。ところが、念のためネットで検索してみると、二〇〇四年六月、京都外国語大学付属図書館で催された「二人の偉大な日本紹介者　ハーンとモラエス」（ラフカディオ・ハーン没後100年並びにヴェンセスラウ・デ・モラエス生誕150年記念稀覯書展示会）という企画展が引っかかったのです。デジタル展示目録（https://www.kufs.ac.jp/toshokan/hearn&moraes/heamor-fra1.htm）に転載された「（8）A Japanese miscellany『日本雑録』」のキャプションには、「「破約」は夫人セツが語った出雲《いずも》の怪談で」とあり、さらに「終りの対話に再話の名人としてのハーンの面目が躍如としている。「復讐をしたければ、その亡霊は夫に対してすべきであった。」とハーンはセツにたずねた。（ここではセツはハーンの男の友人となっている。）「男はそう考えます。」しかしそれは女の感じ方ではありません。」とセツの答えを代弁している」と踏み込んだ解説が記されています。具体的な典拠が示されていないので確言できませんが、京都外大図書館の展示目録ですからそれ相応の学術的な裏付けがあるはずです。ひょっとしたら、英米の読者が読むことを意識してハーンが友人の男性の話と書き換えたのかもしれません。

そういえば第五信で、新保さんが「ところで最近、角川文庫の新版で「告げ口心臓」を読み返してみて、犯人の語りが女の子の口調で訳されているのに驚いたものです」「男か女かがミステリの仕掛けに影響するわけでないとはいえ、作品の印象はずいぶん変わります」と書いていたことが頭をよぎりました。仮に「破られた約束」のセツ夫人エンドが阿刀田氏（や私）の模造記憶だったとしても、性別錯覚トリックに通じるようなジェンダー・バイアスが作用しているわけで、それこそ大学の紀要などでアカデミックな分析が行われていてもおかしくはないでしょう。

「幽霊滝の伝説」のお勝さんという命名に関する議論も、恥ずかしながら今までまったく知りませんでした。「おかッさん」が「他人の女房」を意味する方言だというのも初耳です（「おッかさん」なら芥川の「杜子春」になりますが）。実在の「幽霊滝」は松江市から近いといっても鳥取（伯耆国《ほうきのくに》）にあるので、私が生まれ育った土地の言葉とは少し違うようです。鳥取県米《よな》子《ご》市出身の桜庭《さくらば》一樹《かずき》氏（二〇一二年の第九回ミステリーズ！新人賞の選考会でご一緒しましたね。近田鳶迩氏の「かんがえるひとになりかけ」が受賞した回です）ならご存じかもしれません。

そうこうしているうちに、東京創元社から最新刊の『迷いの谷　平井呈一怪談翻訳集成』を発売前にご恵送いただきました。新保さんのお口添えによるものだそうで、いつもお世話になってばかり、この場を借りてお礼を申し上げます。

平井呈一についてはあまり深入りしないつもりでしたが、「ラフカディオ・ハーンの怪奇文学講義」が収録されているとなると、そうも言ってはいられません。「「モンク・ルイス」と恐怖怪奇派」「小説における超自然の価値」の二編で、特に後者はポーの「アッシャー家の壊滅（崩壊）」やルイス・キャロルの〈アリス二部作〉への言及もあり、比較文学的な視点も含めて非常にレベルが高い。一九〇三年に東京帝大がハーンを解雇した際、学生たちが留任運動を起こしたというのも納得の講義内容です。自ら英訳したゴーティエ作品にもしっかり触れていて、傑作と見なしている「死せる恋人」というのは、第十八信で少しだけ言及した「クラリモンド」のことですね。

巻末の「解題」（編集＝藤原編集室）によると、中学時代からハーンの『怪談』に心酔していた平井は、「佐藤春夫訳『尖塔登攀記』（白水社、１９３４）の下訳者として小泉家と交流を」もったそうで、同書にはアメリカ時代のハーンが事件記者として名を馳せた新聞記事「皮革製作所殺人事件」を邦訳した「無法な火葬」が収録されています。その猟奇的な内容について、佐藤春夫の序文「訳者の覚え書きを以て解説に代う」によれば、

「無法な火葬」はその記事がというよりも事件そのもの――娘の不義の相手を三叉《さすまた》を揮って殺害しその死屍を製皮所の竈の中に隠匿しているのが発覚した出来事が人々に喧伝されていたのを、その現状の残忍さを直視して淋漓たる血痕や半焼けの死屍などを忌憚なく如実に写生細描したというだけのものであるかも知れないが、それだけでも無論並々ならぬ筆力を示

している上に例の叙述の順序の巧妙な単純化が自らな起伏によって一篇の工《たく》まざる探偵小説或は犯罪小説実話の傑出した一篇を構成している。殺人の現場を外部から聞知していて加害者や被害者とも問答したという特別な立場の少年や兇行現場に立合っていた無言の証人たる馬の取扱い方などに到底無味乾燥な新聞記事ならぬものを発見してさすがはと思わせるものがある。（旧字旧仮名の原文を新字新仮名に変更）

だらだらと引用しましたが、こういう戦前の貴重本が「国立国会図書館デジタルコレクション」（https://dl.ndl.go.jp/pid/1215978）で手軽に読めるのはありがたいことですね。それはともかく、佐藤春夫がこの記事に注目したのは、アメリカ時代のハーンの文体に探偵小説趣味を見出したからでしょう。ということは、当時から探偵小説と怪奇小説の両面で、ハーン＝小泉八雲の影響《インフルエンス》は無視できないものだったわけです。

にもかかわらず、第十七信で新保さんが指摘したように、なぜか乱歩はそれをスルーしてしまった。同じく第一信の話題に上った風間賢二『怪異猟奇ミステリー全史』でも、「佐藤春夫そして芥川龍之介の探偵小説」という独立した見出しを掲げながら、小泉八雲の影響についてはまったく触れられていません。平井呈一の訳文云々は別として、時代的に早すぎたということなのでしょうか？

それはさておき、『迷いの谷』には「付録　エッセー」として、ミステリの翻訳に関するよもやま話を集めたパートがあります。この往復書簡で取り上げるには、こちらのほうがふさわしいかもしれません。推理小説は「食わず嫌い」「ずぶの下戸」と言ってはばからない平井呈一が、東都書房版〈世界推理小説大系〉でクイーン『Yの悲劇』、ヴァン・ダイン『僧正殺人事件』、カー『黒死荘の殺人』を訳した際の裏話に目を奪われますが、原稿によって本音と建前を使い分けているような気もします。セイヤーズ『ナイン・テイラーズ』を訳すきっかけとなった厚木淳氏との会話を再現した「下戸」という文章の中には、「だいいち生粋の英語の文章だから、おれにも行けそうだな。アメリカのやつらの文章は、おれは大の苦手なんだ」という人騒がせな台詞がありました。

それで思い出したのは、天敵（？）の都筑道夫が早川書房の編集者時代を回想して、英米の本格のギャップについて次のように発言していたことです。「これは実は、私どもの怠慢でもあって、現代的な本格へ変化していく過程のイギリス作家のものが、おおむね渋くて、アメリカ語に馴れた目には、読むにも、訳すにも、骨が折れる。手間がかかるわりに、まず売れそうもないから、【…】重要な作品が未紹介のまま、一足飛びにいわゆる新本格のアンドリュー・ガーヴやニコラス・ブレイクになってしまったわけです」（「黄色い部屋はいかに改装されたか？」）。ですから、都筑氏が平井呈一の訳文にアレルギー反応を示したのも、元はといえばアメリカ英語とイギリス英語のギャップに悩まされ、後者への苦手意識を解消できなかったせいかもしれません。

もう一つ『迷いの谷』の「付録　エッセー」で気になったのは、「秋成小見」という上田秋成の『春雨物語』に関する文章です。平井呈一は「大体、『春雨物語』というものはまぼろしの集で、」「前半の五篇だけがつたえられており、しかも五篇目の「樊噲《はんかい》」は（上）だけで切れている」と記していますが、巻末の「解題」には、一九五一年に新発見の完本が上梓され、「以降は全十篇の刊本が流布していたのだが、平井呈一はそれを知らなかったようだ」という注釈があります。

なぜそこが気になったのかというと、都筑道夫も半自伝エッセー『推理作家の出来るまで』の最終回近くで、やはり「樊噲」について触れているからです。これは伯耆国大山《だいせん》の麓に住んでいた大蔵《だいぞう》（樊噲は後のあだ名）というならず者の物語で、ある雨の夜、若者たちが小屋に集まって酒盛りの最中、一人で山上の大智明神の社まで行けるか、という話になり、怖いもの知らずの大蔵が肝試しを買って出る。社にたどり着いた証拠の品として賽銭箱を背負って持ち帰ろうとすると、いきなり箱から手が生えて宙に舞い上がり、大蔵を抱きすくめたまま隠岐島《おきのしま》まで飛んでいってしまう……。

「幽霊滝の伝説」とそっくりな状況ですが、ここまではほんの出だしにすぎません。晩年の都筑のエッセーでは、さらにこんな回想が続きます。「落語家の兄にすすめられて、私はこの作品を読んだ。写本でつたわって、後半は発見されていない、と教えられた。ひとつ、ふたりで後半を書こうじゃないか、といいだしたのは、兄だったろう。ふたりで、ストーリイを相談して、現代語で私が書く。兄がそれを、秋成の文体模写で、古文ふうにする」（「読者はどこに」）

しかし、贋作「樊噲」を書く試みは二人の手に余り、立ち消えになってしまう。その後、落語家の兄（鶯春亭梅橋）が亡くなってから完全版を入手して、やっと「樊噲」の後半を読んだけれど、書誌的な解説が不十分で欲求不満に陥ったと述べています。どうもこういう逸話を読むにつけ、平井呈一の訳文への反発は、都筑氏本人が意識している以上に厄介な、コンプレックスの裏返し的な不満から来ていたような気がしてくるのです。

最後にこちらも駆け込みで、都筑道夫のショートショート「怪談」の感想を。送っていただいたコピーを拝読しましたが、確かにこれはハーンの原典とほとんど関係ない、アメリカの酒場ジョークを引き伸ばしたようなものですね。ハーン観を窺う役に立たないどころか、この内容で「第二十二巻ハーン集」と冠するのは、逆に小泉八雲への無関心を公言するようなものでしょう。無茶振りをして申し訳ありませんでした。

それよりも、この「怪談」が掲載された「ヒッチコック・マガジン」一九六一年二月号の目次のほうが興味深い。というのも、「日本ショート・ショート・傑作集」と題して都筑作品のほかに、山川方夫《やまかわまさお》「箱の中のあなた」、星新一《ほししんいち》「霧の星で」、中河悦朗《なかがわえつろう》「不完全犯罪」が同時掲載されているからです。四人目の中河悦朗という人はよく知りませんが、星・都筑・山川のいわゆる「ショートショート御三家」が勢揃いしているとプレミアム感があります。昨年末に刊行された日下三蔵編『箱の中のあなた　山川方夫ショートショート集成』には、同じ顔ぶれの座談会「ショート・ショートのすべて〝その本質とは?〟」が収録されており、そちらへ話を転じるつもりでしたが、今回も頭でっかちの尻切れトンボで、枚数がオーバーしたようです。

返信の期日も過ぎてしまったので、ここらへんで筆をおくことにしましょう。

二〇二三年五月三十一日

第二十一信

二〇二三年六月十二日

新保博久→法月綸太郎

話題のツヅキはどこまでも

法月綸太郎さま

都筑道夫の初期トリッキー長編、「トクマの特選！」での三次四次文庫化の四連続解説、お疲れさまでした。都筑氏の逝去直前（二十年前！）に光文社文庫版で私も解説を連投した折（三番目の『誘拐作戦』だけは当時、創元推理文庫で現役だったので再刊を遠慮しましたが）、気づいていれば指摘すべきだったあれこれを教えられて蒙を啓かれたものです。『三重露出』（一九六四年原刊）も、今回付載された中野康太郎《なかのこうたろう》氏の妄説（褒め言葉）が正鵠《せいこく》を射ているかどうか検証したいところですが、『猫の舌に釘をうて』（一九六一年）と併せてじっくり再読（何度目かしら）している余裕がありません。とりあえず法月さんの解説を拝読しましたが、解説の末尾はここ四半世紀、再刊に恵まれていない居候《いそうろう》探偵キリオン・スレイが主人公のシリーズ長短編計四冊の復活予告かなと解釈したものの、これはいまお答えいただかなくとも結構です。

むしろ気になるのは、「平井呈一の訳文への反発は、都筑氏本人が意識している以上に厄介な、コンプレックスの裏返し的な不満」というくだりで、このコンプレックスというのは、都筑氏の兄者（鶯春亭梅橋）に対するブラザー・コンプレックスなのでしょうか。実は、梅橋師匠の遺稿文筆を少しまとめて読む機会があったのですが、ニコラス・ブレイク『野獣死すべし』の論理的矛盾を指摘して江戸川乱歩を驚かせたという論理的思考や、新作落語の構成には長けていたとしても、それを文章化する技術ではやはり弟に一揖《いちゆう》せざるを得なかったようです。それでも惜しまれることには、坂口安吾の中絶長編『復員殺人事件』について、梅橋師匠に解決編を予想しておいてもらいたかったなあと。

ご承知のように『復員殺人事件』は『不連続殺人事件』に続く本格推理長編第二作になったはずが、掲載誌の休刊により未完に終わった幻の作品です。安吾亡きあと江戸川乱歩の慫慂《しょうよう》によって高木彬光が書き継いだ『樹のごときもの歩く』が、模範解答として冬樹社版や、ちくま文庫版の安吾全集には全文収録されていますが、高木氏自身も認めるとおり努力賞レベルで、安吾の意中の解決を言い当てたと思われるには程遠い。私も高木氏の驥尾に付して首をひねったものの、戦中に倉田《くらた》家の長男が息子ともども線路に横臥《おうが》していて轢死《れきし》した事件の真相は、バレー選手だった妹の美津子《みつこ》（彼女が、安吾が夫人に言い遺したとおり犯人だとすれば）がバレーボールの球で顔面を強打して昏倒《こんとう》させたのだろうというぐらいしか考えつきませんでした。

日本推理作家協会（当時は日本探偵作家クラブ）の懇親会だった土曜会の、恒例の余興だった犯人あて小説でも屈指の名編といわれる鮎川哲也「達也が嗤う」（一九五六年）では、最優秀の解答が田中潤司、第二席が矢野徹《やのてつ》の両氏だったといいます。出題時の鮎川氏はまだ本名の中川透《なかがわとおる》を名乗っており、直後に出世作『黒いトランク』が刊行されて鮎川名義に改められ、「達也が嗤う」が「宝石」に掲載されたときは現筆名になっているという端境期《はざかいき》でした。土曜会では第二席にも入らなかったものの、「矢野氏に劣らぬ解答」と出題者からお墨付きを得たのが都筑氏です。正解ではないだけに「達也が嗤う」を未読の読者にも興を殺《そ》ぎはしないでしょうから、引用してしまいますが、都筑氏の解答は「真犯人は中川透氏。動機、中川透を犯人として抹殺し鮎川哲也として甦生《そせい》するため」というもので、中野康太郎氏の「三重露出ノート」を考え併せると、このときの名誤答が、旧筆名・淡路瑛一《あわじえいいち》を抹殺し都筑道夫としての甦生を図ったともいえる『猫の舌に釘をうて』の遠い発想源になったのではとか思ってしまいますね。

顧みれば、「達也が嗤う」で十回目を迎えた犯人あて企画の、第一回・第二回が高木彬光の「妖婦の宿」「影なき女」で、誰にも当てられまいと自信満々だった高木氏の鼻を二度続けて明かしたのが早大英文科の鈴木幸夫《すずきゆきお》教授でした。第三回の出題役には鈴木氏が指名された結果、「痴人の宴」を書いて作家千代有三《ちよゆうぞう》が誕生しています。「挑戦された作家たちは想像力を駆使して、自分で解決を創作してしまうから、優れた作家ほど犯人は当たらない。【…】高木さんは（「痴人の宴」に）長編解答を提出してくれたが当たらなかった。高木彬光さんが想像力豊かな優れた作家である証拠である」（「犯人当て『妖婦の宿』ニワトリ怨恨の真相」）と先輩を立てましたが、これは一面の真理で、高木氏が安吾の中絶作を完成させるのに適任であったかどうか、疑問が残るところ。安吾が夫人に打ち明けていたという腹案なるものはずいぶん雑で、信が置けず、高木氏は相当苦心したらしい。『樹のごときもの歩く』（一九五八年）初刊本のあとがきに、「後半部の執筆にあたっては、横溝正史先生、ならびに都筑道夫君から、いろいろと御知恵を拝借した」とありますが、田中潤司氏に直接聞いたところでは「樹のごときもの」の解釈をひねり出したのが都筑氏だという。しかし田中氏は、「正解はあんな言葉遊びみたいなものではない」と斥《しりぞ》け、生前の安吾に一度だけ会う機会があった折、『復員殺人事件』の「真相は、こういうことですよね」と問いかけたところ、否定も肯定もされなかったものの、田中氏は言い当てた感触を得たそうです（どんな内容だか、教えてもらえませんでしたけれども）。

そこで鶯春亭梅橋に戻るわけですが、安吾が『不連続殺人事件』を連載していた雑誌を毎号買って読み、「ごく早いうちに、真犯人を見ぬいていた。それも、作者のいう「心理の足跡」から、ちゃんと犯人を推理したのだ」（都筑道夫「安吾流探偵術」）。「アリバイ崩しや、密室をつかわなかったところが、実にあたらしいね」と『不連続』を絶賛し、『復員殺人事件』も連載時から購読していた（同前）ので、中絶はさぞかし残念だったでしょう。都筑氏のほうは『不連続』を初読時にはそれほど買わなかった由で、『復員』についても兄弟間で話題にならなかったのかもしれません。何より安吾自身『復員』中絶後も五年間、生きながらえていたので、当人が完結編を書いてくれる望みがあったでしょう。しかし安吾は一九五五年二月に世を去り、梅橋も同年十月に身まかってしまいました。せめてあと一年、梅橋に余命があれば梅橋案・都筑執筆の兄弟合作「復員殺人事件・完結編」が生まれていたかもと夢想するものの、都筑氏の推理作家としての始動はさらに遅れたかもしれません。

最初の長編推理『やぶにらみの時計』（一九六一年）徳間文庫版の解説で法月さんも引用しておられますが、「私が推理小説を書くようになったのも、落語家の兄の影響だ」（『推理作家の出来るまで』）と認めつつ、「私の心の底には、落語家の兄に対する憎しみも、あったように思う。兄が生きているあいだ、私はいくらすすめられても、推理小説を書こうとしなかった」（同前）といいます。こてんぱんに批判されたら癪だ、というより推理作家として立ちなおれなくなりそうな恐怖を覚えていたようでもありますが、この近親憎悪的な感情は法月さんの連続都筑解説の一貫テーマのようでもありますね。

それはそれとして、『退職刑事2』創元推理文庫版（二〇〇二年）の解説でも指摘したことですが、都筑氏の場合、「自分で考え出した謎よりも、よそから与えられた問題を解くほうが会心作になる率が高い」。〈退職刑事〉シリーズの第一作となった「写真うつりのよい女」からして、山村正夫《やまむらまさお》氏が新聞記者時代に遭遇した奇妙な死体事件に独自の解釈を与えたものですし、シリーズ代表作と自他ともに許す「ジャケット背広スーツ」も、地下鉄の駅で三着の上着を抱えて走っている男性を都筑氏が目撃したことが出発点でした。同じく〈なめくじ長屋捕物さわぎ〉の「天狗起し」「小梅富士」はともに、やはり推理小説マニアである従弟の中村利夫《なかむらとしお》氏（『キリオン・スレイの生活と推理』初刊本の担当編集者でもあったはず）に出題されたものだといいます。

そういうのが得意な作家と思われていたせいか、現実の新聞記事から事件の背景を小説化する競作企画に佐野洋氏、岡嶋二人《おかじまふたり》氏らと参加して、「新聞を読むシルビア」も書きました。こうした点を踏まえて〈退職刑事〉の創元版最終第六巻に、若竹七海氏の書店員アルバイト時代の実体験に基づく「五十円玉二十枚の謎」を退職刑事が解くボーナス・トラックを書下ろしてもらうアイデアを担当編集嬢が思いついたのですが、一年後に都筑氏の死去が迫っていたと知る現在、叶《かな》わぬ夢だったと諦めるしかありません。健康が許せば乗り気になってもらえただろうことは、読者から謎を募集した『朱漆《うるし》の壁に血がしたたる』(一九七七年)があったことからも想像がつきますが、長編でやるにはさすがに無理があった。『復員殺人事件』の完結編も、都筑氏単独では無理だったと思われます。

なお、氏の『黄色い部屋はいかに改装されたか?』は、名探偵復活論という結論ありきに向けての強引さも見られるとはいえ、長編連載評論には稀《まれ》な明晰さですが、第二十信で引用された、クリスティー、クイーン流の黄金時代本格が、「現代的な本格へ変化していく過程のイギリス作家の【…】重要な作品が未紹介のまま、一足飛びにいわゆる新本格のアンドリュー・ガーヴやニコラス・ブレイクになってしまった」というくだりは分かりにくい。黄金時代の後衛であるJ・D・カーが『夜歩く』でデビューしたのが一九三〇年、ブレイクの同じく『証拠の問題』が三五年と、五年しか差がないので、未紹介に終わった重要なイギリス作品と都筑氏が言うのは一体どういう作家が念頭にあったのでしょうか。むしろデビューはブレイクより遅いエドマンド・クリスピンあたりかなとも思うものの、まったく未紹介だったわけではありません。

翻訳ミステリ編集から退いて推理作家となった氏は、初期長編『飢えた遺産』『三重露出』カバーで、「推理小説と名がつけばなんでも読むが、親米派というより親英派で、イギリス作家のひねった作品がいちばん好きだ」と自己紹介しながら、晩年に贔屓《ひいき》したのはアメリカ作家のホック、ヤッフェら、そしてベルギー生まれのシムノンでした。親英派で生涯を貫いた平井呈一氏への反感は、あるいは同族嫌悪、逆に羨望だったかもしれません。

平井呈一について私事を述べると、その名前を初めて認識したのは、まだ完訳が出ていなかった『吸血鬼ドラキュラ』の訳者としてですが、偕成社版のハーン『怪談』では、訳者名まで意識して読んでいたかどうか。『ドラキュラ』は訳出態度がどうのこうのと論《あげつら》うには中学生の身は幼すぎ、それなりに怖くて楽しんだものです。それ以上に目を引いたのは、創元の文庫解説目録で見かけたヘンリ・セシル『ペテン師まかり通る』という訳書名でした。コンゲーム小説という概念は当時まだなく、数行の内容紹介からユーモア・ミステリとは知れたものの、『ドラキュラ』との落差は奇異でしかありません。『ペテン師まかり通る』は当時すでに絶版で、たまたま重版された同じセシルの『メルトン先生の犯罪学演習』を高校の入学説明会の合間に面白く読み、ますます『ペテン師まかり通る』が欲しくなったのですが、古本を入手する（裸本で数十円）まで数年かかったはずです。見つからないとなると期待はどんどんふくらむもので、フロントページの紹介文に「おもしろすぎて申しわけありません」と言うほどには笑えないぞと少し不服でしたが、『怪談』や『ドラキュラ』の訳者がなぜこれを訳したか、読み終えてますます不思議でした。

そして忘れるともなく忘れて幾星霜《いくせいそう》、大学も卒業して数十年経ったつい先年、ワセダ・ミステリクラブの先輩で歌人の藤原龍一郎《ふじわらりゅういちろう》氏から、これ読んでおいたほうがいいよと、岡松和夫《おかまつかずお》著『断弦』（一九九三年）という初耳の著者の小説を貸し与えられました（そういえば鈴木幸夫教授も、このクラブの初代会長でした。顧問格が会長で、学生側のリーダーは幹事長と呼ばれるのです）。『断弦』の主人公の白井貞一青年は、師事する文豪永江荷葉の手許から同じ門下生とともに「四畳半襖の下張」を持ち出したり、荷葉の自筆原稿や色紙を贋作して小遣いを稼いだとして、ペテン師の汚名を着せられたことを初めて知ったものです。古い東京の記録者として永井荷風《ながいかふう》を愛誦する都筑氏は、ここでも平井氏より荷風に肩入れする気になったのでしょうか。

荷風に小説「来訪者」（一九四六年）で筆誅《ひっちゅう》を下された余波により、平井氏はみすず書房版の個人全訳〈小泉八雲全集〉（五五年）が蹉跌《さてつ》してから、五六年の『魔人ドラキュラ』（旧訳題）以降は幻想怪奇系か、推理小説なら『ナイン・テイラーズ』など重量級の作品しか訳していないなかで、『ペテン師まかり通る』（六〇年邦訳）の訳業は妙に浮いている（これまでに訳した推理小説は「五本」であると、セシルの本作を除外しています）。推理小説には「ずぶの下戸」を自認する平井氏が企画を持ち込んだはずはなく、編集部の厚木淳氏に依頼されたのでしょうが、気分転換に何か軽いものをという思惑があったのかもしれません。しかし原題 *Much in Evidence* ともアメリカ版の *The Long Arm* とも似もつかない『ペテン師まかり通る』という邦題を、まさか編集部は提案しはしますまい（マッケン『怪奇クラブ』*The Three Impostors*も『三人の詐欺師』とは当初しなかったんですから）。これはご本人から「ペテン師平井ここにあり」と自虐的に主張したかったように見えます。なんだか怪奇小説以上に怖い邦題です。そのせいかどうか、版元はすぐ絶版にしてしまいました。

ところで、しばらく前に第二十一回『このミステリーがすごい！』大賞受賞の公募作として今年初め刊行された小西《こにし》マサテル『名探偵のままでいて』を読んだのは、探偵役の老人（といっても私より二つしか年上でないのですが、じゅうぶん爺さんですね）の設定が気になったからです。ワセダ・ミステリクラブ（小説では中黒ナシで、現実にはワセダ・ミステリ・クラブと表記されることもあって一定しないのですが、カタカナがずらずら続くため、ここでは一つだけ中黒を入れました）出身で、瀬戸川猛資氏とも親しくミステリ論を闘わせたと設定され、小説に取り入れられるほどメジャーな団体なのかなと手に取ったのですが、感想を述べるのはこの書簡の目的ではなく（愉しく読みはしました）、探偵が患っているレビー小体型認知症という存在を知ったのが一番の収穫でした。頭は昔ながらの明晰さを取り戻すこともあるものの、不定期にリアルな幻覚を見るんだそうですね。

たまたま昨十一日（六月）の毎日新聞朝刊一面（！）で、コナン・ドイルが特に晩年、心霊主義に傾倒したという、ミステリ・ファンにはほぼ常識がデカデカと記事になり、何か新資料でも発見されたのかと驚きましたが、単にヒマネタだったようです。妖精のインチキ写真にも手もなく騙されてしまうなど、あるいはコナン・ドイルがレビー小体型認知症に罹患していた証拠でも見つかったのかと思ったのに。病気が見させる幻覚だという知識がなくて、当人が見たと確信したなら、いくら科学精神に富んでいても屈服させられてしまうでしょう。こんな妄説でも、世界中に数多《あまた》いるシャーロッキアンの誰かが、とうに指摘していそうですが、愛する家族をいわゆるスペイン風邪によって一人ならず喪《うしな》ったことがコナン・ドイルを心霊主義に走らせたというよりは、こちらのほうが納得しやすい。どうでしょう？

妄言はほどほどにして。さて、二〇二三年二月二十日配信の「WEBきらら」三月号【単行本註・のちサイト「小説丸」にアーカイブ】の「PickUPインタビュー／小西マサテルさん『名探偵のままでいて』」（文・取材／瀧井《たきい》朝世《あさよ》）を見ると瀧井氏の、「終章で扱うのはリドル・ストーリー。謎に対する答えを明かさないまま終わる話のことで、F・R・ストックトンの「女か虎か？」という有名短篇が作中にも登場する。さらに最後にも読者に対して、あるリドルを提示してくる展開だ」という説明に、小西氏の言葉が続きます。

「『女か虎か？』をただ紹介するだけでなく、出来がいいか悪いかは別として新解釈を入れたかったんです。ただ、読んでくれた方の感想を聞くと、リドル・ストーリーというもの自体がわからない人も多いみたいで……（苦笑）」

その世界にどっぷり漬かっていると、オタク外の堅気衆の常識水準も、つい過大評価してしまいますね。法月さんが最後に触れられている山川方夫・星新一・都筑道夫三氏の座談会では、「ショート・ショートというのは、【…】一つの重要なファクターとして読者の参加を最大限に許している形式だということを考えているわけです」という都筑氏の発言が目を引きました。勝手に結末を考える読者参加型という意味ではリドル・ストーリーこそ典型ですね。そちらへ話を持って行こうと前々から企んでいたのですが、リドル・ストーリーのスタンダードである「女か虎か」よりも、私はW・W・ジェイコブズの「猿の手」に目をつけていました。次回はその話をさせていただければ幸いです。

二〇二三年六月十二日

第二十一信
新保博久

第二十二信

二〇二三年七月十七日

法月綸太郎↓新保博久

二十一世紀もやっぱりツヅキです

新保博久さま

ここに来て「猿の手」とは、また絶妙なコースに投球予告を。球種はストレートか変化球か、あるいは大リーグボール2号「消える魔球」か（たとえが古すぎて若い読者には意味不明かも）、今から次回のお手紙が楽しみですが、その前にたまった宿題を片づけておかないといけません。

と言いつつ、「猿の手」にからめて若い読者向けの話題を一つ――ちょうどこの返信を書いている最中に、ゾンビならぬ〈不死〉の生首美少女が探偵役を務める特殊設定ミステリの人気シリーズ、青崎有吾『アンデッドガール・マーダーファルス』の第4巻が発売されました。七月スタートのTVアニメ（フジテレビ系）とタイアップした新刊で、「探偵たちの過去が明かされ、物語のピースが埋まる。全五編収録の短編集」という内容紹介文が付いているのもアニメ化に即したものでしょう。

わざわざこの本を取り上げたのはほかでもありません。巻頭作「知られぬ日本の面影」に東京帝大講師時代の小泉八雲がゲスト出演しているからで、しかも結成されたばかりの探偵トリオが初めて対峙《たいじ》するのが、この往復書簡でも取り上げた「破られた約束」さながらの怪事件なのです。ただしハーンの原作通りなのは経帷子《きょうかたびら》を身に着け、遍路の鈴を持った顔のない女という怪異の描写までで、侍の夫は八雲の教え子である田部隆次に、幽霊も死んだ先妻ではなく、三年前結核で死んだ幼なじみの許嫁《いいなずけ》にリライトされている。隆次の妻せんの枕もとにその許嫁とよ子の幽霊が現れ、「この家から出ていけ」と怨《うら》み言《ごと》をささやく、というのが発端ですが、一八九七年（明治三十年）の東京を舞台にしながら、山田風太郎《やまだふうたろう》の〈明治もの〉というより、都筑道夫の〈なめくじ長屋〉風の展開をするところがミソでしょう。

とはいえ、いつまでも小泉八雲の話を引っぱるわけにもいきません。いい按配に都筑道夫の名前が出たところで、話を本筋に戻して、前回の新保さんの疑問にお答えすることにいたしましょう。

第二十信に書きつけた「都筑氏本人が意識している以上に厄介な、コンプレックスの裏返し的な不満」云々というくだりは、私もちょっと気が急《せ》いていたようで、いささか言葉足らずというか、筆が滑ってしまった自覚があります。新保さんがいみじくも言い当てられた通り、「トクマの特選！」の四連続解説の裏テーマは、早逝した落語家の兄（鶯春亭梅橋）への「近親憎悪的な愛憎」にほかならないのですが、もっと長い目で都筑道夫という作家の足跡を追っていくと、ブラザー・コンプレックスというよりもう少し広い意味で、〝年上のひと〟に対するアンビバレントな感情に振り回されがちなところがある。もともと早熟な作家だったのに加えて、若くして日本語版EQMM編集長という重責を課され、背伸びを強いられたことが持ち前のブラコン気質に拍車をかけたのかもしれません。

たとえば、一九〇八年生まれでおよそ二十歳年上の植草甚一氏に対するライバル意識にもそうした気負いがうかがえます。『推理作家の出来るまで』に綴《つづ》られた早川書房時代の回想には、「もっとも、正直なところ、私は創元社の植草セレクションは、大して怖くなかった。古本屋でよくあって、お茶をご馳走になったことは、前に書いたが、話をしてみて、このひとは要約ができないひとだ、と思っていたからだ」「そんなわけで、植草さんが解説を書くとしても、怖くはなかった。セレクションのほうも、日本のミステリ読者を、あまり考えないだろうから、とたかをくくっていた。それがあたっていたことは、創元社の「クライム・クラブ」を見れば、わかるだろう」（「おいわけ油屋」）という記述がある。植草甚一の眼力を認めながら、「怖く（は）なかった」という言い回しを繰り返すのは、やはり年長の植草氏に対してある種の引け目を感じていたことの裏返しでしょう。

平井呈一の訳文に関しても、文句の付け方が妙に未練がましくて、意固地になっているような感触がある。ふと気になって生年を調べてみたら、平井呈一は久生十蘭と同じ一九〇二年生まれなのですね。生まれ年で比べても仕方がないのですが、都筑道夫といえば若い頃から文体に影響を受け、五十代で遺族公認の〈新顎十郎捕物帳〉シリーズを書き継いだほどの十蘭マニアですから、同い年だった平井との扱いの差がよけい目立ってしまう。

その二人に限りません。青年時代の都筑が弟子入りした正岡容《まさおかいるる》と大坪砂男《おおつぼすなお》はいずれも一九〇四年生まれで、平井・久生組の二歳年下。さらにその間の一九〇三年にはジョルジュ・シムノンが生まれていて、どうも都筑道夫という人はこのへんの年代に生を享けた〝年上のひと〟たちに、ずっと愛憎（同族嫌悪と羨望、尊敬と反発）の入りまじった強い執着心を持ち続けていたようなふしがある。そういえば正岡と大坪、心酔していた二人の師匠との関係もすぐに冷えて、長続きしませんでした。

まあ、こういう話は占星術や血液型占いと一緒で、あんまり深入りするとボロが出る。適当なところで切り上げるのが吉ですが、蛇足は承知で、都筑道夫のブラコン・リストにエド・マクベイン（エヴァン・ハンター）を付け加えておきましょう。都筑氏が晩年まで新作を追い続けたマクベインは、鶯春亭梅橋と同じ一九二六年生まれ、その兄が一九五五年に死んだ後、ぽっかり空いた穴を埋めてくれる存在だったと思います。都筑が編集職を辞して作家に転身したのも、出版エージェントから作家に転じたマクベインに刺激されたようなところがありますし、カート・キャノンの贋作『酔いどれ探偵』はもちろん、〈なめくじ長屋捕物さわぎ〉の集団捜査方式にも〈87分署〉シリーズからの影響が感じられる。都筑にとって三つ年上のエド兄貴は、晩年に至るまで作家人生のお手本だったのではないでしょうか。

また横道にそれましたが、もうしばらく話題のツヅキにお付き合いください。第二十一信で「わかりにくい」と評された都筑道夫のパズラー史観、そのカギとなる黄金時代と新本格派の区分について、私なりの考えを述べておきましょう。

「黄色い部屋はいかに改装されたか?」の連載に先立って発表された「加田伶太郎全集・解説」(一九七〇年一月、桃源社)には、次のような記述があります。「千九百二十年代から三十年代へかけてのいわゆる黄金時代のパズラーと、四十年代以降の江戸川乱歩が新本格派と名づけたニコラス・ブレイク、エドマンド・クリスピン、ジュリアン・シモンズ、アンドリュウ・ガーヴらのパズラーと、パトリシア・モイズ、ジョイス・ポーター、キャサリン・エアドらの現代のパズラーとでは、おのずからなる違いがある」。新本格派の一人として名前を挙げているので、「未紹介に終わった重要なイギリス作品」というのはクリスピンが念頭にあったわけではないでしょう。

新本格派にジュリアン・シモンズが入っているのが目を引きますが、宮脇孝雄『書斎の旅人イギリス・ミステリ歴史散歩』によれば、一九四五年に発表されたミステリ作家シモンズのデビュー作『非実体主義殺人事件』は、「イネスやクリスピンに似たスタイルのスラップスティックな謎解き小説」で、「シモンズがこの処女作の路線をそのまま続ければ、イギリスの探偵小説界にもうひとりのクリスピンが誕生したはず」だといいます。しかし、新保さんもよくご存じのように「社会問題の論客としても有名だった」シモンズは、五〇年代以降「探偵小説から犯罪小説へ」というスローガンを掲げ、「オックスフォード派」のマイケル・イネスやクリスピンに代表される「ファルス派」の謎解きから離れていきます。もちろんここで言う「ファルス派」というのは、本稿の冒頭で触れた青崎作品のタイトルと同じ「笑劇」という意味ですね。

その宮脇氏は『書斎の旅人』を締めくくる最後の章「喜劇の伝統」に、「イギリスの探偵小説の歴史を振り返ってみると、やはり一九三〇年代に一種の転換期が訪れたことがわかる」と記しています。話が行ったり来たりして恐縮ですが、都筑道夫が「未紹介に終わった重要なイギリス作品」というのは、この「転換期」に対応するものでしょう。具体的には宮脇氏が「オックスフォード派」「ファルス派」と呼んだ作家、あるいは『書斎の旅人』のコンセプトを取り入れた国書刊行会の〈世界探偵小説全集〉（一九九四年〜二〇〇七年）に収録された〝幻の〟イギリス本格のことではないか？　そう考えると、都筑が一九八九年から二〇〇二年まで「ミステリマガジン」に連載した読書日誌『読ホリデイ』で、〈世界探偵小説全集〉の新刊をほぼ黙殺していたのは、やはりそのラインナップに苦手意識があったからだと思います。

早川書房の編集者時代にも、たとえば『ハムレット復讐せよ』のポケミス版（成田《なりた》成寿《しげひさ》訳）解説「マイケル・イネスおぼえがき」では、「だいたいイギリスの探偵文壇には、翻訳者泣かせの作家が多い。たかが探偵小説だからなぞと、馬鹿にしてかかると、とんでもないことになる。あっちを調べ、こっちを調べ、苦労ばかり多い上に、凝った渋いものだから日本では一般受けしない」云々と愚痴をこぼしている。一方、C・H・B・キッチン『伯母の死』のポケミス版（宇野《うの》利泰《としやす》訳）解説「「伯母の死」の占める位置」には、イギリス新本格派の「代表選手たち」として、「ニコラス・ブレイク、マイケル・イネス、エドマンド・クリスピン、シリル・ヘア、アンドリュウ・ガーヴ、クリスチアナ・ブランドなど」の名を挙げているので、イネスの扱いに関しては、都筑自身の記憶にもかなりブレがあるようです。

そこらへんの齟齬《そご》には目をつぶるとして、「未紹介に終わった重要なイギリス作品」の有力候補を探るとすれば、やはりドロシー・L・セイヤーズとアントニイ・バークリーが筆頭に来るのではないか。まずセイヤーズといえば、親英派を貫いた平井呈一への反感は『ナイン・テイラーズ』（東京創元社〈世界推理小説全集〉）の翻訳と無関係ではなさそうですし、『忙しい蜜月旅行』のポケミス版（深井淳《ふかいじゆん》訳）解説「セイヤーズおぼえがき」にも、「作品ぜんたいが、遊びといってもいいくらいで、その遊びのおもしろさを理解するに難いことは、後輩マイケル・イネスを思わせるものがある。自分の作品を面白がらないものは、ついに無縁の衆生だ、というほどの自信が、女史にはあったのであろう」とか、身も蓋もないことを書いている。

セイヤーズの盟友で英ディテクション・クラブの中心人物だったバークリーも、都筑は敬して遠ざけていたようです。『黄色い部屋は〜』や『読ホリデイ』にはまったく言及がありませんし、『試行錯誤』のポケミス版（中桐雅夫《なかぎりまさお》訳）解説「バークリイ略伝」でも、書誌情報の多くがアメリカ版のタイトルと刊行年を引き写しただけになっている。「アントニイ・バークリイは、本格探偵小説を書きながら、同時にそれまでとかくなおざりにされがちだった、登場人物の性格を、初めて重視した作家として、作品は少いけれど、探偵小説史に大書される作家のひとりなのである」という締めの文章も妙に他人行儀で、あまり関心がなさそうに見えます。

ポケミスのセレクターとして、フランシス・アイルズ名義の新刊書評には目を通していたはずですが、あえて名前を出さないようにしていたのは、やはり植草甚一の〈クライム・クラブ〉への対抗意識があったせいかもしれません。

さて、都筑氏をめぐるトピックに手こずって、中絶した『復員殺人事件』について論じる余裕がなくなりそうですが、もう少し粘ってみましょう。あらためて振り返るとこの往復書簡自体、インタラクティブな合作みたいなもので、リドル・ストーリーや犯人あて企画、中絶作の完結編といった読者参加型の創作ジャンルが議論の的になるのは、まさに必然の流れという気がします。

それはそれとして、『復員殺人事件』の真相に関しても、都筑氏のように、「自分で考え出した謎よりも、よそから与えられた問題を解くほうが会心作になる率が高い」となれば上々なのですが、完結編を引き継いだ高木彬光があれほど苦戦した難問中の難問ですから、私ごときがない知恵を絞ったところで、一朝一夕に冴《さ》えた解決が出てくるとも思えない。今回は様子見ということにして、まず『樹のごときもの歩く』という題名の由来となった「マルコ伝第八章二十四という謎の一行」について、私見を記しておきましょう。

※以下、既読前提のネタバレ全開で行きます。『復員殺人事件』未読の方はご注意を。

安吾が三千代《みちよ》夫人に明かしたとされる意図（高木彬光『樹のごときもの歩く』あとがきより）のうち、「(2) 樹のごときものとは薪を背負った久七」は正しいものとします。ただし久七の単独犯行では筋が通らない。出征間際だったとはいえ、安彦がそれを黙っている理由がないからです。日記帳の包み紙に暗号めいたメッセージを残したのは、彼自身にも後ろ暗いことがあったせいでしょう。久七の犯行を目撃できたということは、安彦も犯行現場に居合わせたわけで、つまり公一・仁一親子の殺害に関与した可能性がある。久七と安彦の共犯ということです。

もっとも両方とも故意の殺人とは限らない。たまたま何らかの行き違いから、安彦が甥《おい》の仁一を死なせてしまい、その場に居合わせた久七が便乗して公一を殺害。死んだ二人の遺体を鉄道のレールに並べて轢死させることで、親子心中に偽装しようとする――どこかで聞いたような筋書きですが、警察の目は欺けなかった、というのが昭和十七年の事件の顚末《てんまつ》ではないか。ですから、安彦と久七はお互いの弱みを握り合っていたことになります。もっとも安彦は脅されて現場工作を手伝っただけで、本心では久七を告発したいと思っている。その二律背反が「マルコ伝第八章二十四」というメッセージに潜んでいるわけです。

というのも、実はマルコ伝のこの挿話には続きがあって、「二五 また御手《みて》をその目にあて給《たま》えば、視凝《みつ》めたるに、癒えて凡《すべ》てのもの明《あきら》かに見えたり。二六 斯《かく》て「村にも入るな」と言いて、その家に帰し給えり」というオチが付く。「村にも入るな」というイエスの台詞については、さまざまな解釈があるようですが、同じマルコ伝の第七章三十六節で、ろうあ者を治癒したイエスが「誰《だれ》にも告ぐなと人々を戒め」たにもかかわらず、「然《さ》れど戒むるほど反《かえ》って愈々《いよいよ》言い弘《ひろ》めたり」とあることから、奇蹟《きせき》の噂《うわさ》が広まらないよう、いっそう厳格に口止めをしたと考えるのが順当でしょう。したがって「マルコ伝第八章二十四という謎の一行」は、「犯人を目撃した」という証言をみだりに口外してはならない、という警告も同時に含んでいたのではないか。久七に脅されて、安彦が現場の偽装工作に協力したと推測するのはそのためです。

というところで、今回は時間切れとなりました。異形の傷痍《しょうい》軍人をめぐる疑惑と倉田家を襲った惨劇の真相は、次回までに考えておきますので、どうぞお楽しみに。

二〇二三年七月十七日

第二十三信

二〇二三年八月三日

新保博久→法月綸太郎

猿の眼は猿の手ほどに物を言い

法月綸太郎 さま

この号が出るころには涼しくなっていて、命に関わるといわれる今夏の暑さも大半の人には喉元を過ぎているでしょう。しかし暑さたけなわの現在は、三つの願いを叶えてくれる猿の手がそばにあれば、気軽にエアコンのスイッチを入れられる程度には裕福な環境になれることを願ったりしかねません。それがどのように叶えられるか、想像するだに恐ろしい。前回も引き合いに出した阿刀田高氏の『恐怖コレクション』から再度引かせてもらうと、「一番怖い小説は何か、と尋ねられたら、私はいくらかためらいながら（ウィリアム・W・）ジェーコブスの『猿の手』を挙げる」そうです。なぜためらうのか、阿刀田氏は直接には説明してくれませんが、そもそも「恐怖はもともと小説表現には乗りにくく、真実身の毛がよだつほど恐ろしい恐怖小説がなかなか存在しない」という断念があるのかもしれません。

「猿の手」（一九〇二年）には、三つ目の願いが何だったか明記されていませんが、これは読者によって解釈の分かれるオープン・エンドとは違うでしょう。ルイス・N・パーカーによる戯曲版（一九〇七年）は邦訳もされており、もちろん何と願ったのか口にしないわけにはいかなくて、【以下のセリフはネタバレ】「願わくは、彼を死なせ給え。彼をやすらかに死なせ給え！」（菅原卓《すがわらたかし》訳）となっていますが、原作者のジェイコブズ公認なのかと思うまでもなく、これ以外の解釈は考えられません。

一九四三年に死去したジェイコブズが、アンソロジー*Great Tales of Terror and the Supernatural*（1944）における削除改訂を承知していたか（あるいは著者の意向なのか）どうかは微妙なところと思われました（ハヤカワ・ミステリ版『幻想と怪奇』〔一九五六年〕に都筑道夫氏が編集部M名義で書いた解説で"The Great Tales of Horror and the Supernatural"と記しているのは誤りでしょう）。これは日本の怪談アンソロジーでも種本に重宝されたので、「猿の手」が最も人口に膾炙したであろう創元推理文庫版『怪奇小説傑作集1』（一九六九年）をはじめ邦訳は大半この削除版に拠っています。削除されたのは第一章の終わり、息子が暖炉の火に猿の顔を幻視する場面と、第三章における死体描写でした。「小説すばる」一九九九年七月号に倉阪鬼一郎《くらさかきいちろう》氏によるオリジナルからの新訳版を掲載するにあたって南條竹則《なんじょうたけのり》氏は、削除版の出た一九四四年は第二次大戦の末期であり、死体描写の手加減は「戦争で家族が惨死した人々などの心情を慮って、一種の〝自主規制〟が行われたのではないでしょうか？」と推測しています。

ところが菊池寛《きくちかん》による本邦初訳は一九二〇年、これを見ると削除版なのです。菊池寛が何をテクストに使ったか知りませんが、一九一〇年代にすでに削除版が出ていて、南條説に従うなら、第一次大戦（一九一八年終結）のほうの戦没者遺族に配慮したことになります。一方、たとえばD・L・セイヤーズ編の通称『犯罪オムニバス』ことGreat Short Stories of Detection, Mystery and Horror（１９２８）にはオリジナル版で収録されていて、両方の版が共存していたようです。どちらの大戦にせよ南條説の当否はともかく、私個人は省略された二箇所の前者、それまで客観描写だったのが「唐突に息子の視点に入って、怪談的効果をあおろうとするのは全く蛇足ではないか。後者についても、そこまであけすけに言わないほうが、かえって暗示的で怖いと思う」（『シンポ教授の生活とミステリー』）と、削除版に軍配を上げたものでした。オリジナルからの新訳があるのを承知で、宮部《みやべ》みゆき編『贈る物語　Terror』（二〇〇二年）でも削除版のほうを採っていますが、優劣はまあ好みの問題ですね。

しかし、富安陽子《とみやすようこ》氏が児童向けにリライトした『猿の手』が削除版のほうを基にしたらしいのはいいとして、小説の原文にない三つ目の願いをセリフにしてしまっているのは、どんなものでしょうか。前にも触れたように、小西マサテル氏の『名探偵のままでいて』の読者のなかには、リドル・ストーリーというもの自体が分からない人も多かったというのを知るにつけ、「猿の手」も三番目に何が願われたのか分からない読者もいるのかもしれません。ミステリ読者の底辺が広がってきたのは結構なことながら、寸止め効果というか、はっきり書かないことによって読者の内部で物語が完成するのを、年少読者にも期待してはいけないのでしょうか。

なんだか、シャレの通じにくい世の中になってきたような気がします。

「猿の手」とともに『怪奇小説傑作集1』に収録のW・F・ハーヴィー「炎天」（一九一〇年。別邦題「八月の炎暑」など）、本信を書いている現時点の気候にぴったりなこの作品も寸止めオチを使った掌編でした。七〇年代朝日放送の主婦向けラジオ番組「おはようパーソナリティ中村鋭一《なかむらえいいち》です」（ゲストに中島河太郎《なかじまかわたろう》氏が招《よ》ばれた回では天藤真《てんどうしん》『皆殺しパーティ』という作家と作品名を初めて知ったりもした）で「炎天」のストーリーが紹介されたとき、「つまり石屋の親方が主人公を＊＊んですね」と解説を加えていましたが、親切というかお節介だなあと思いながら私は聴いていました。ながら聴きも多いだろうラジオ聴取者には、それぐらい嚙《か》み砕いてやらないと通じないかもしれませんね。

　谷譲次《たにじょうじ》（牧逸馬《まきいつま》）がサキ原作の「恐怖の窓」（「開いた窓」）と抱き合わせて「真夜中の煙草・舶来百物語」（一九三三年）と題し、「炎天」を「或る殺人事件」（「開いた窓」ともども原作名を明記せず）として翻案した際には、帰ろうとする主人公を親方が仕事用の大きな鑿《のみ》を持ったまま送ってゆくという結末が書き加えられていました。二編ながらに前出セイヤーズ編の『犯罪オムニバス』第一集から採られたものらしいので、そんな別ヴァージョンがあるわけもなく、谷譲次が昭和初期の読者をまごつかせないように配慮したに違いありません。しかし現代の平均的読者は、そのころに比べてどれほど腕を上げているでしょうか。

　ところで、またいつも引き合いに出す北村薫氏は、ある方と話しているうちに面白いことに気づいた、「面白いというのは、(「猿の手」は広く知られた)こういう古典なのに、ラストシーンで描いていたイメージが、わたしとその方で、違っていたのです」(『ミステリ十二か月』二〇〇四年)という。第三の願いが何だったかは、さすがに解釈が異なるはずはない。別な点でした。「こういう風に、一つの物語でも、人によって違う場面を考えていたりするところが、読書の楽しさです」と結んで、両者の考え方に優劣は判定されていません。

ここで「ある方」と呼ばれているのは、有栖川有栖《ありすがわありす》氏にほかならないでしょう。この議論を出発点にして、〈火村英生《ひむらひでお》〉シリーズの中編に仕立てたのが「猿の左手」(二〇〇五年)でした。ちょっと困るのは、北村氏の解釈は一般大多数のものと同じでしょうが、有栖川氏の新解釈がオリジナル版から削除された箇所を伏線の一部に用いていて、そちらを参照しないと十全に味わえないことです。有栖川作品は森英俊・野村宏平《のむらこうへい》編『乱歩の選んだベスト・ホラー』に収められた倉阪鬼一郎訳に基づいていますが、この文庫版アンソロジーが品切れ状態で、現在流布している邦訳はいずれも削除版に拠《よ》っています。優劣は別として、こういう有名古典は複数ヴァージョンがあるなら共存していることが望ましい。

幸い、無削除版は倉阪訳以前にも邦訳があります。『吉野朝太平記』で第二回直木賞を受賞した鷲尾雨工《わしおうこう》が時代小説家となる以前、翻訳出版に意欲を燃やしていた一九三一年に、本名の鷲尾浩《ひろし》名義で「新青年」八月増刊に訳しているのです。これを収録した『新青年傑作選4・翻訳編』(一九七〇年、立風書房)を手にした私が、目次にジェイコブズ「猿の足」【付録Ⅸ】とあるのを見つけて、おお「猿の手」に姉妹編があったのか知らなかったと喜んだのも束の間、何のことはない、‘The Monkey’s Paw’を猿の前肢と訳しただけでしたが（笑）。

この「猿の足」が邦訳されたのと同じ一九三一年、ほとんど同時に、「猿の手」を翻案した長編戯曲も発表されています（上演はされていない由）。作者は岡本綺堂、その「青蛙神《せいあじん》」は連作怪談『青蛙堂鬼談』（一九二六年）の第一話「青蛙神」とは同題異作。だから綺堂が「猿の手」に関心を寄せていたのは確実ですが、その編訳になる『世界怪談名作集』（一九二九年）に選ばなかったのは、翻案する予定があったためでしょうか。

『世界怪談名作集』から西野辰吉《にしのたつきち》が抜粋リライトした『幽霊屋敷』（一九五五年、偕成社。種本があるのを伏せていることにさすがに気が引けたのか、綺堂が訳していないゴーゴリ「外套の恐怖」を加えていますが）は、児童向け西洋怪奇小説アンソロジーがほかになかった時代、現在アラカン以上の読者には入門書的役割を果たしましたが、もとの綺堂訳からして、「信号手（偕成社版では「魔のトンネル」）」「貸家（「幽霊屋敷」）」「北極星号の船長（「北海の白魔」）」など比較的ストレートな怪談が多く、「炎天」などテクニカルな作品は避けられていたようにも見えます。西野氏はリライトしませんでしたが、芥川龍之介と小泉八雲との絡みで法月さんが以前言及されたゴーティエ「クラリモンド」も綺堂は選んでいました。

綺堂はこの怪談集を編む以前から、「猿の手」に学ぶところがあったのではないでしょうか。『青蛙堂鬼談』の一編「猿の眼」がまず題名からして思い浮かびます。光文社文庫版（一九八八年）『影を踏まれた女』は、同じ題名の旺文社文庫版（一九七六年）が『青蛙堂鬼談』を半分にセレクトしたのと異なって全編を採ったように内容は異なりますが、解説はどちらも都筑道夫氏で、『青蛙堂鬼談』全編にノンシリーズから都筑氏好みの三編を添えたものです。旺文社版の解説のほうが詳しくて分かりやすいのですが、引用の便宜上、光文社版によりますと、「木彫りの面《めん》の目が光るという怪異が、「猿の眼」の狙いではない。そんなことで、怖がらせようとしている作品では、ないのである」というのをもじれば、「猿の手」について私も「暖炉の火に猿の顔が見えるという怪異で、読者を怖がらせようとしている作品ではない」と言ってみたくなります。猿の眼におびやかされた男が病死した辞世の句が「猿の眼に沁む秋の風」で、「上五文字をわすれました」として全体を示さない技巧も都筑氏は称揚して、ここは旺文社版の解説なのですが、「つまり、俳句として完成させてしまっても、へたな句であっても、いけない。一部分だけをしめすから、どんな狂った神経が、この句をつくったのだろう、と考えたくなる。想像力を刺激するテクニックなのである」。「猿の手」だけではないでしょうが、海外作品から綺堂はこうした一種の寸止め効果を学んだようにも思われるのです。

都筑氏が早川書房在社当時に紹介しそびれた、黄金時代から英国新本格派に変化するミッシングリンク的な作家作品とは何であったか、法月さんが考察してくださったのにもお礼申します。しかし私は、それがバークリー、セイヤーズといった、現在ほどでないまでも当時一応は何冊か邦訳のあった重要作家というより、初めて名前を聞くような存在だったような気がしてならないのですね。たとえば、「六年前、ハヤカワ・ミステリで出て、なんとなく読みはぐってしまったジョスリン・デイヴィの『花火と猫と提督』（新保註・一九五六年原刊）という作品を、二、三日前、ぼくは古本屋で買ってきて、大いに堪能した」（『死体を無事に消すまで』

所収「怒ったり悲しんだり」）と氏が言うような、これは重要な作家でも作品でもないのですが、マイナーポエットのような愛すべき書き手ではなかったかと。

もちろんご本人に訊ねることが無理な現在、いくら妄想しても詮ないことですけれども、『復員殺人事件』のように過剰なくらい材料が与えられていると、故人の意図を言い当てるのも不可能ではないかなと夢想したりします。問題の「マルコ伝第八章二四」というのに限定せず、同じ章の二五、二六へと検討対象を広げてゆくのも、「藪の中」について『今昔物語集』の直接的な原話だけでなく周辺の物語も視野に入れたのが思い出され、これが法月流なんだなと感服しました。しかし一九五七年、高木彬光氏が完結編の執筆を求められて坂口夫人から聞き出した故人の意図は、「（1）犯人は美津子の単独犯行（2）樹のごときものとは薪を背負った久七（3）最初電話をかけた女は美津子の変装（4）最初紛失したピストルの行方が、事件解決のきめ手となる」の四か条だったはずで、（2）を確実とする法月説の展開は（1）に抵触しており、立論に都合のよいヒントだけを採用して、それ以外は無視するなら、説得力を失うことになりはしないでしょうか。

私がいちばん気がかりな点を申しますと、連載第一回の終わり（第四章）に近いページの挿絵、電話で話している大矢《おおや》捜査主任らしい人物の横に、「マルコ傳第11章24」と大書されていることです（次頁の図版参照）。単に挿絵画家（東海林広《しょうじひろし》）が間違えただけかもしれません（なにしろいい加減な雑誌で、連載開始の「座談」一九四九年八月号は奥付では七月号になっている）が、ことさら福音書の章数を挿絵に描き込む必要のない局面なので、安吾が指定して書かせた可能性も捨てきれない。つまりこれは、安彦が日記帳を封じた包み紙の表には「11章」と書かれていたのを美津子が「八章」と誤読した、というヒント？　そこでマルコ伝十一章二四を見ると、山に向かって「海に入れ」と命じても、信じているなら実現する（以上二三）、「この故《ゆゑ》に汝《なんぢ》らに告ぐ、凡て祈りて願ふ事は、すでに得たりと信ぜよ、さらば得べし。」と、「樹の如き物の歩くが見ゆ」という以上に抽象的で、混迷を深めるのですが。

すでに紙数も尽きているのをもっけの幸い、とりあえず私もここで投げ出しますが、悪しからず。

二〇二三年八月三日

『復員殺人事件』、「座談」連載第１回
第四章の挿絵（東海林広）

第二十四信

二〇二三年八月十四日

法月綸太郎→新保博久

カチカチ山と鉄道自殺をめぐって

新保博久さま

残暑お見舞い申し上げます。という書き出しは昨年の第六信と同じですが、記録ずくめの今夏の暑さにはほとほと参りますね。ハワイのマウイ島で起きた山火事の惨状は目を疑うようなものですし、「地球温暖化の時代は終わり、地球沸騰化《グローバル・ボイリング》の時代が来た」という国連事務総長の警告も額面通りに受け取らないといけないようです。

そんな酷暑の中、ノロノロスピードの台風6号・7号の間隙《かんげき》をついて、数年ぶりに松江の実家に帰省、亡母の仏前に線香を上げてきました。お盆の移動疲れに夏バテも加わってすっかり頭の働きが鈍っておりますが、だからといって夏休みの宿題を放り出すわけにはいきません。まずは「猿の手」から。オリジナル版と削除版の異同をめぐる犀利《さいり》な考察とは別に、前から気になっていたことがあるのでこの機会に書き留めておきましょう。

新保さんが言及されたように、有栖川有栖氏が〈火村英生〉シリーズの中編「猿の左手」で示した新解釈には、私も「なるほど、そういう読みがあったか！」と思わず膝を打ったものです。けれども、それとほぼ同時に、「あれ？　最近どこかでこれと似た話を読んだ気がするぞ」と妙な既視感《デジャビュ》を覚えたことを書き漏らすわけにはいきません。

第十四信でも書きましたが、この歳になると「最近」といっても当てにならない。スパンが数年単位になるのは普通のことですし、「似た話」のイメージが及ぶ範囲もガバガバで、しばらく首をひねっても記憶の出所をたどれないのは日常茶飯事——それでも「猿の左手」に関して、すぐ「最近読んだ似た話」を特定することができたのは、その話を書いたのがネタ元に当たる北村薫氏だったからです。既視感の元になったのは、二〇〇六年刊の『紙魚家崩壊《しみけほうかい》』に収録された「新釈おとぎばなし」という短編で、「カチカチ山」のパロディ、本歌取りを目論《もくろ》んだエッセイと小説のハイブリッド的な作品ですね。「お伽草紙」の作者・太宰治《だざいおさむ》をして《まさに陰惨の極度》と言わしめた「狸という下手人による、『お婆さん殺人事件』」の真実を暴くという趣向で、「本格原理主義」を標榜する北村氏が「『カチカチ山』を本格として考え、おばあさん殺害を合理的に解釈すればこうなる」と大見得を切っているのが目を引きます。

ネタに触れるのでこれ以上詳しく書けませんが、有栖川作品と北村作品にはある共通点がある。実際に読みくらべたら、その共通点は一目瞭然《いちもくりょうぜん》でしょう。「猿の左手」を読んで既視感を覚えたということは、私は「新釈おとぎばなし」のほうを先に読んでいたということになります。奥付を確かめると『妃は船を沈める』の単行本が出たのが二〇〇八年、先述の通り『紙魚家崩壊』は二〇〇六年の刊行ですから、本になったのも「新釈おとぎばなし」のほうが早い。したがって「新釈おとぎばなし」に触発された有栖川氏が、北村氏の発想を怪奇小説に応用して「猿の左手」を書いた、と思い込んでいたわけです。ところが、どうやらこれは私の思い過ごしだったらしい。

「猿の左手」の初出は「ジャーロ№21」(二〇〇五年秋号)。「新釈おとぎばなし」は「メフィスト」小説現代二〇〇四年九月増刊号(第一回)から、二〇〇六年一月増刊号(最終回)まで全五回にわたって連載されたものです。北村氏の連載開始が一年早いのですが、もう一度『ミステリ十二か月』の記述を確認すると、そもそものきっかけとなった有栖川氏との議論は、同書の第一部にまとめられた読売新聞のミステリ紹介コーナー「北村薫のミステリーの小部屋」(二〇〇三年一月四日〜十二月二十七日)の連載中に行われていたらしい。ということは、有栖川氏から「猿の手」の新解釈を聞いたのが先で、「新釈おとぎばなし」がその議論から派生したもの、と見るのが筋でしょう。だとすれば、私が最初に感じたデジャビュの先後関係はまったくあべこべだったことになるわけです。ちなみに『ミステリ十二か月』は二〇〇四年の初刊時に目を通していたはずなのですが、新保さんが注目した「猿の手」に関する議論は度忘れしていたようです。

もっとも、これはすべて私が勝手に深読みしたことで、実際にそのようなアイデアのキャッチボールがあったのか、北村氏や有栖川氏に直接確かめたわけではありません。北村氏が完全に独立して「新釈おとぎばなし」の解決にたどり着いた可能性も捨てきれず、またそもそもこの二つの作品を「似た話」と受け取っているのは、私だけかもしれない。そういうフワッとした印象論なので、この話はうっちゃってもらってもかまいません。

「猿の手」の話はこれぐらいで切り上げて、本丸の『復員殺人事件』――に取りかかる前に、二の丸のほうへ寄り道しておきましょう。第二十三信で新保さんも首をかしげておられましたが、「都筑氏が早川書房在社当時に紹介しそびれた、黄金時代から英国新本格派に変化するミッシングリンク的な作家作品」として、バークリーとセイヤーズを筆頭に挙げたのはやや勇み足だったかもしれません。ちょうど今月末にバークリーの探偵小説デビュー作『レイトン・コートの謎』が創元推理文庫で復刊されることになり（巴妙子《ともえたえこ》氏による新訳です）、その巻末に「ロジャー・シェリンガムは何故おしゃべりなのか？」というエッセイを寄せたので、その執筆に引きずられた部分はあるでしょう。

それでも都筑道夫がこの二人の作家に対して冷淡だったこと、おそらくそのせいで戦後の海外ミステリ受容に歪みが生じてしまったことは否定できないと思います。もちろん彼一人にそうした歪みの全責任を負わせるのは不当でしょうし、この件については今後も粘り強く検証していくつもりですが、新保さんの仰るように「初めて名前を聞くような存在」「マイナーポエットのような愛すべき書き手」にまで範囲を狭めてしまうのも性急にすぎないでしょうか。

そこであらためて注意を向けたいのは「復員」――といっても、太平洋戦争から帰還した旧日本兵のことではなく、第一次世界大戦に出征した英国の元軍人たちのことです。第六信でちょっとだけ言及したマーティン・エドワーズの『探偵小説の黄金時代』には、セイヤーズの夫マック・フレミングの戦争体験や、バークリーが死ぬまでドイツ軍の毒ガスの後遺症に苦しんだことが記されていますが、戦場での負傷とパンデミックで命を落としたコナン・ドイルの家族も含めて（第二十信を参照）、彼らのようなケース（広義の戦争後遺症）はけっして稀なものではなかった。「元軍人は、日常生活と伝統的な探偵小説には不可欠な存在だった」と前置きしてから、エドワーズは従来の類型的な探偵小説史観に異論を唱えます。

ヘンリー・ウェイド、ジョン・ロード、ミルワード・ケネディ、クリストファー・ブッシュは、一九二〇年代に探偵作家に転身して成功した元軍人の四人組だ。聡明で勤勉な彼らは二百五十冊近い小説を発表し、大きな成功をおさめた。黄金時代の謎の一つは、彼らがなぜその歴史から完全に吹き消され、しばしば「犯罪小説の女王たち」だけの領域であるように見られているのかということだ。（「第十四章　戦争の残響」）

とりわけエドワーズはヘンリー・ウェイドを高く買っていて、彼の作品の質が過小評価されてきたのは、「一つはその多様さのせいで、もう一つはおそらくジュリアン・シモンズのせいだろう」と述べ、シモンズが「ウェイドを、フリーマン・ウィルス・クロフツやコール夫妻とともに「退屈派」に位置づけた」ことを名指しで批判しています。その尻馬に乗るようですが、日本で根強い人気のあったクロフツは別として、都筑氏が紹介を見送った「渋いイギリス作家」というのはこのへんの一派だったのかもしれません。思うに早川書房時代の都筑道夫は、本人が自覚している以上にシモンズの同時代批評の影響を受けていて、ポケミスのセレクトにもそうしたフィルターがかかっていたふしがある。さらにウェイドは、都筑氏の「警察官ぎらい」という資質に加えて、商売敵の植草甚一が当時出たばかりの『リトモア少年誘拐』（一九五七年）を〈クライム・クラブ〉叢書の第五巻に選んだせいで、余計に煙たい存在だったのではないでしょうか。

どうも話にまとまりがなくて申し訳ありません。なかなか本題に入らないのは暑気あたりのせいもありますが、実を言えば『復員殺人事件』の真相はいかに？　という謎が予想以上に手強《ごわ》くて、ニッチもサッチも行かなくなってきたからです。

恥を忍んで打ち明けますと、第二十三信のラストで、「立論に都合のよいヒントだけを採用して、それ以外は無視するなら、説得力を失う」と指摘されているのを読んだ時は、思わず狼狽《うろた》えてしまいました。というのも、なぜか私は坂口安吾が三千代夫人に託した「（1）犯人は美津子の単独犯行」というヒントを、昭和二十二年の事件のみに関わる条件と思い込んで、昭和十七年の倉田家長男親子の轢死事件は含まれないと決めつけていたのです。どうしてそう思い込んだのか？　今から考えると理由は明白で、出征した安彦が長男親子の殺害に関与していれば、戦死を免れてもおいそれと実家へは戻れない。平時には殺人犯として検挙される可能性があるからです。

妹の美津子が安彦の復員を切望しているなら、兄に司直の手が伸びないよう、替え玉を立てるぐらいのことはするでしょう。現代版丹下左膳《たんげさぜん》の傷痍軍人を兄と偽って殺すなり、あるいは殺人犯として絞首台に送るなりしたうえで、本物の安彦を迎え入れる。前者なら身元のすり替え、後者なら一事不再理で次兄の身は安泰《あんたい》です。そういう計画を目論んで、安彦の偽者を連れてきたつもりが、実は捨て駒の丹下左膳が本物の安彦であると判明、美津子はパニックに陥《おちい》って……というような筋立てを考えていたわけです。

まあ、さすがにこれが正解だとは口が裂けても申しません。むしろ「（1）犯人は美津子の単独犯行」という条件から逆算すると、倉田公一・仁一親子の轢死は事故ないし自殺の可能性が高い。惨劇の一カ月前から都合三回にわたって「倉田事件は単なる轢死や自殺ではなく、謀殺だから、犯人を探せ、という意味」の投書を送ったのは美津子の予備工作で、本来は無関係な五年前の鉄道事故を連続殺人の起点に見せかけ、犯行動機をミスリードするのが狙い、と解するのがセオリーでしょう。

『復員殺人事件』の轢死事件は、昭和二十四年七月に起きた下山事件《しもやま》（国鉄総裁・下山定則《さだのり》が出勤途中に消息を絶った後、轢死体となって発見された）を下敷きにしています。「座談」昭和二十四年九月号の次号予告欄にも、「★復員殺人事件（第三回）……坂口安吾／下山事件以上の謎?佳境に入る?」というアオリ文句がありますね。ちなみに「新潮」昭和二十五年九月特別号に発表された安吾の連載エッセイ「我が人生観（四）孤独と好色」には、「私は自殺説をとるわけではない。しかし下山氏の場合に、自殺も甚しく可能であったとは思っている」とあり、「私は自分の病気中の経験から判断して、人間は（私は、と云う必要はないように思う）最も激しい孤独感に襲われたとき、最も好色になることを知った」と書きつけています。そうすると『復員殺人事件』の轢死事件も自殺説を採りたくなりますが、それだけでは決め手に欠けるし、説得力も乏しいでしょう。

そんなこんなで、さっそく推理は行き詰まり、暗礁に乗り上げてしまったわけですが、新保さんが仰るように「直接的な原話だけでなく周辺の物語も視野に入れ」るのが「法月流」であることを思い出し（邪道ですけどね）、もう少し検討対象を広げてみようと考えた末に、戦後の世相を明治開化期の事件に重ねながら、勝海舟《かつかいしゅう》と結城新十郎《ゆうきしんじゅうろう》という二人の探偵が推理を競う『安吾捕物帖』がヒントになるのではないかと思いついたのです。

最初は朝鮮半島由来の「龍教」というカルト宗教に着目して、新興宗教がらみの「魔教の怪」「石の下」「狼大明神」といった作品をチェックしたのですが、もう一つ参考になりません。ようやく手応えを感じたのは十二話目の「愚妖」で、「小説新潮」昭和二十六年十・十一月号に掲載された作品です。『復員殺人事件』と同様、下山事件を念頭に置いた「鉄道自殺を偽装した殺人事件」を扱っているのですが、明治時代の話なので、「誰も鉄道自殺というような概念を持たない時代に、鉄道自殺を偽装した殺人事件が起った。ちょッと妙な話のようだが、調べてみれば、その必然性はあった」という思わせぶりな前書きが付いている。もっと興味深いのは、オタツという怪力女が山間のヒノキの自生地から無断で良質の材木を伐《き》り出《だ》し、かついで山を下りてくる場面が描かれているところで、まさに「樹のごときもの歩く」の再チャレンジみたいな印象を受けるのです。

事件の性格がまったく異なるので、単純に同一視はできませんが、何らかの事情で中絶した『復員殺人事件』のネタの一部を捕物帖に再利用したのでは？　と思わせるふしがある。興味深いのは、毎々《まいまい》七分通り失敗することになっている海舟先生の心眼が、珍しく真相を言い当ててしまうことでしょう。そういえば『復員殺人事件』にも、ヴァン・ダイン『甲虫殺人事件』の趣向をバラして、すれっからしの読者を煙に巻こうとするくだりがありました。『復員殺人事件』のトリックはアドルム（催眠薬）中毒で東大病院神経科に入院中に編み出したそうですから、この時期の安吾の関心は、こうした盤外戦術的なミスディレクションの危うさを合理的な解決の急所に組み入れて、真相の耐震強度を高めることに向けられていたのかもしれません。

というわけで、今回も中途半端なところで時間切れとなりました。この続きはまた次回に先送りですが、尻切れトンボの帳尻合わせに追伸を認《したた》めておきましょう——『復員殺人事件』が中絶を余儀なくされた理由については、横溝正史『犬神家の一族』（雑誌「キング」昭和二十五年一月号から二十六年五月号まで連載）の傷痍軍人と手型のネタがかぶってしまったせいではないか、と邪推（？）しているのですが、そういえば横溝自身、どこかで『八つ墓村』のプロットは『不連続殺人事件』のネタを換骨奪胎したもの、みたいな裏話を書いていた気がします。そうした背景事情については新保さんのほうが詳しいと思いますので、もし何か有益な情報をお持ちでしたら、こっそり教えていただけると幸いです。

二〇二三年八月十四日

第二十五信

二〇二三年九月十一日

新保博久→法月綸太郎

安吾と正史の〝不連続〟な関係

法月綸太郎さま

有栖川有栖氏の「猿の左手」を読んで、北村薫氏の「新釈おとぎばなし」を連想なさったこと（両作品の影響関係の有無はさておいて）、さすがに慧眼と感服しました。「猿の左手」に関しては、メインストーリーである火村英生の事件簿そのものより、作中で火村が開陳するW・W・ジェイコブズ「猿の手」の新解釈についてなのですが、それでも「新釈おとぎばなし」全体が、「カチカチ山」のパロディ、本歌取りを目論んだエッセイと小説のハイブリッド的な作品」という仕立てであるのとは肌合いが異なりすぎて、指摘されるまで相似に気づかなかったものです。言われてみれば、両者とも「＊＊＊と思われていた人物が実はそうではない」パターンで、しかもありがちな「＊＊即犯人」トリックではないところが共通している。体裁に目を奪われて、本質を見失ってはならないという教訓になりますね。

外見上はさほど似ていないといえば、坂口安吾『不連続殺人事件』と横溝正史『八つ墓村』の関係にも当てはまるでしょう。正史自身が「『八つ墓村』のプロットは『不連続殺人事件』のネタを換骨奪胎したもの、みたいな裏話を」明かしていたことについて、「もし何か有益な情報をお持ちでしたら、こっそり教えて」いただきたいとの仰せですが、ここに書いてしまっては全然「こっそり」にはなりませんね（笑）。しかし、読者のなかには初耳だという人もあるでしょうから、ネタバレしない範囲で「こっそり」申し上げておくとしましょう。

もったいぶるまでもない、『八つ墓村』の完結編を掲載した雑誌「宝石」（本来連載されていた「新青年」は作者の病気休載中に廃刊）で後に編集長を務めた大坪直行《おおつぼなおゆき》氏が、『八つ墓村』が最も読者人口に膾炙しただろう角川文庫旧版の解説で触れているのに、あまり付け加えることもないのですね。大坪氏によると、「今年の正月（昭和46年）、横溝正史は、私に『八つ墓村』を書くに当っての動機を」説明してくれて曰く、「あれ（『不連続殺人事件』）は、角田君（喜久雄）などに犯人を当てさせた（新保註・連載中に推理作家たちに犯人を当ててみろと誌上で挑発したことを指す）わけだが、ぼくにきていたらズバリ当てていたんだ。クリスティーの『＊＊＊＊＊』の殺人の複数化だよね」。「ぼくは前々から【…】という型をいつか取り入れてみようと思っていたんだ。ところが、坂口君が『不連続殺人事件』で使った。しかし、ぼくならもう少しうまく使用できると思った」ことが『八つ墓村』を書いた最大の動機だといいます。

この文庫が出た一九七一年ごろ、私はまだ上京していなくてミステリの話をする仲間も少なかったのですが、これら二作の関係については、法月さんもはっきり記憶しておられなかったぐらいなので、大して話題にもならなかったのではないでしょうか。そもそも坂口安吾は当時、現在ほどには評価されておらず、「ようやくに全集が企画され、その内容見本に三島由紀夫が、「何たる悪い世相だ。太宰治がもてはやされて、坂口安吾が忘れられるとは、石が浮かんで、木の葉が沈むようなものだ」と書いて、私たちに快哉を叫ばしたし、スローテンポながら刊行もすすんでいる」（都筑道夫『死体を無事に消すまで』）と、これは安吾にひきかえ久生十蘭は……という愚痴が主意なのですが、そのころ若輩が『不連続殺人事件』を読もうにも、二千円もした（高校生ぐらいのひと月ふた月分の小遣い全額。ちなみに『八つ墓村』は三百円）冬樹社版『定本坂口安吾全集10』（一九七〇年）以外、新刊では手に入らない状況だったのです。

前掲の大坪解説によれば、『八つ墓村』が『不連続』に挑戦したものであるとは、正史本人以外は「誰も知らないことだが」という由ながら、「思ひつくまゝ」（一九五一年）というエッセイには、大井廣介「犯人当て奨励」に返答するような形で、「大井氏は坂口安吾氏の友人だが、それにも拘《かかわ》らず『八つ墓村』を『不連続殺人事件』の焼直しだの、ヒヨーセツだのと、いやらしいことをいはないのはさすがだと思つた」とあるので、安吾や「現代文学」同人には知れ渡っていたのかもしれません。

「思ひつくまゝ」は角川文庫の横溝ブームが初めて興ったころ、正史の古希記念に刊行された初随筆集『探偵小説五十年』に収録、『不連続』をヒントにした件は『真説　金田一耕助』にも自己引用されて、秘密でも何でもなくなったようです。それはそれとして、「犯人当て奨励」のほうを見ると、「『八つ墓村』は『毒薬と老嬢』とシチュエーションがそっくり、あれにヒントを得て挑戦したのだろう」と言い、並行して連載されていた『犬神家の一族』(「キング」一九五〇年一月~五一年五月号)のほうは、「坂口の中絶した『復員殺人事件』を念頭に、似たシチュエーションで競作したつもりなのだろう」とも推測されています。

「思ひつくまゝ」ではアメリカ映画『毒薬と老嬢』と『八つ墓村』の類似がどうして生じたのか詳しく説明されているのに、『復員殺人事件』と『犬神家の一族』については正史が一言もコメントしていないのは気にかかるところです。『毒薬と老嬢』のことは大井説を鋭いと認めながら、『復員殺人事件』を引き合いに出されたのは正史にとっては心外だった、しかし紳士的に、あえて反論しなかったのではないでしょうか。

というのは、「復員殺人事件」(「座談」一九四九年八月、九月、五〇年一~三月号)に先んじて、正史は「読物春秋」一九四九年一月増刊に「車井戸は何故軋る」(金田一耕助の登場しない原型版)を発表しているからです。これは、眼球の特徴以外に見分けのつかない異母兄弟二人のうち、復員したほうが戦傷で両眼を失っていて、応召前に手形を捺《お》した絵馬が身元の決め手になるだろうというものでした。「読物春秋」は『不連続殺人事件』の単行本を出版したイヴニングスター社の発行であり、その縁で安吾が献呈を受けていたとすれば、贔屓作家である正史の新作を読み逃すはずがありません(一九五一年に安吾は税金滞納のため、蔵書を含む一切を差し押さえられていて、それ以前の蔵書は伝わっていない)。むしろ「復員殺人事件」が、「車井戸は何故軋る」に触発されたというほうがありそうなのです。探偵小説で定番的な〝顔のない死体〟のヴァリエーションとして、重傷の傷痍軍人を使えば〝顔のない生者〟を登場させることができるというのは、現代なら問題のある発想でしょうが、新しいトリックの創造に鵜《う》の目鷹《たか》の目だった当時の書き手にとっては恰好に映ったに違いありません。

正史作品を安吾は『本陣殺人事件』『蝶々殺人事件』『獄門島』についてしか語っていませんが、片や正史が「復員殺人事件」を論じているのもあまり見かけません。小林信彦《こばやしのぶひこ》との長尺対談『横溝正史読本』(一九七六年)で「あれが未完に終わったのが惜しいねえ」と言い、小林氏が「あれは、作者は『不連続』を凌ぐと称していらっしゃいましたね」と応じたのを受けて、「完結してたらそうなったと思うよ。いろんな伏線が張ってあるもの。朝鮮の密入国者が入ってきたり、あれはみんな終りに影響してくるんでしょうからね」というのしか、正史が「復員殺人事件」について述べたのを知りません。

ここで正史が作品名を「樹のごときもの歩く」と呼んでいるのは、「復員殺人事件」が「座談」廃刊のため中絶したきり安吾が亡くなったのを江戸川乱歩が惜しんで、自身「宝石」の編集に乗り出したさい再掲載した(一九五七年八月~十一月号)ときの改題名ですね。続きを高木彬光に書かせて完成品にしようとした、そのとき戦後十二年経って「復員」でもあるまいと、安吾の分を含めて全体を「樹のごときもの歩く」としたわけですが、冬樹社版全集以降、最新の河出文庫版に至るまで「復員殺人事件」に戻されて、安吾全集や文庫版でも彬光による続編

(「宝石」五七年十二月〜五八年二月、四月号)を併録するのが通例となり、「樹のごときもの歩く」とは現在この高木氏執筆部分のみを指すようになっています。

第二十三信に引用した、安吾意中の解決を記した坂口夫人のメモは、高木氏が質問した疑問点に答えたものなのでしょう。生前安吾に聞かされていた記憶を箇条書きにしたものと思われますが、安吾がすべて正直に述べていたとは限らず、また夫人の記憶違いもあり得るので、信憑性は七割程度と私は踏んでいます。それでも、法月さんが「(2)樹のごときものとは薪を背負った久七」は正しいと仮定したうえで考えを巡らせた手法に私も倣って、「(1)犯人は美津子の単独犯行」を前提として進めますね。そこで決定的な矛盾が出てくれば、背理法により、前提が誤っていたと証明されるわけです。

さて、この四か条に触れられていないところを見ると、高木氏は疑問に感じなかったのかもしれませんが、「倉田家の一族」ともいうべきこの物語で、当主・倉田由之と、長男・公一の嫁は血の繋がりがないはずなのに、由子という名前であることが私には不審でした。係累でもない者同士が同じ漢字を共有することは、現実にはままあるでしょうが、作中人物のネーミングとしては読者をいたずらに混乱させるばかりで親切な業ではない。ましてこれは懸賞つき犯人当て小説ですから、いっそうフェアであるべきところです。由子が由之の隠し子で、実の娘であるのを示すヒントなのではないでしょうか。もちろん、娘を息子に娶《めと》らせて近親相姦《そうかん》を容認するはずはありません。公一のほうは、亡き由之夫人の不倫の結果として生まれていて、由之の息子ではないのではないか。実の娘(由子)に事業と財産を継がせるために、戸籍上の息子（公一）と結婚させたとすれば、辻褄が合うのです。由子は由之の妾《めかけ》などではなく、単に娘だから可愛がっていたのですが、それを表向きにできない事情が何かあって（どうにでもこじつけられるでしょう）、世間には妾だと誤解させておいたと。

では、誰が公一とその息子・仁一を轢死させたのか。第二十四信で法月さんは、「「（1）犯人は美津子の単独犯行」という条件から逆算すると、倉田公一・仁一親子の轢死は事故ないし自殺の可能性が高い。惨劇の一カ月前から都合三回にわたって「倉田事件は単なる轢死や自殺ではなく、謀殺だから、犯人を探せ、という意味」の投書を送ったのは美津子の予備工作で、本来は無関係な五年前の鉄道事故を連続殺人の起点に見せかけ、犯行動機をミスリードするのが狙い、と解するのがセオリーでしょう」とお書きですが、後半は私もなるほどと思いました。こういう便乗殺人は、今や新しき古典と呼ぶべきかもしれない『ホ＊＊＊＊＊』でも使われていましたし、横溝正史もまた前出クリスティーの『＊＊＊＊＊＊』を人形佐七ものに応用するさい趣向につけ加えていたりします。

御説の前半に賛同しきれないのは、第二十一信に書きましたように、遺体の顔面に二人とも一撃をくらった跡があったのは、バレー選手だった美津子（第十五章）がバレーボールの球を強打したのだろうという自説に未練があるためですね。好きなスポーツとして、美津子が水泳とスキーを一緒に挙げているのも、いかにも作者の施した迷彩くさい。しかし当時十七歳の女学生であった美津子が、実兄を殺すのはまだしも、頑是《がんぜ》ない甥の仁一まで手にかける残虐性をもっていたかどうか……？

美津子のサーブの練習で一撃をくらって昏倒していた公一を見つけた犯人が、かねて殺意を抱いていた相手をこれ幸い、線路に寝かせた。それをやったのが由之だとすれば、仁一まで道連れにしたのが解《げ》せない。仁一は由子の息子でもあるので、由之の正真正銘の孫でもあるはずです。サーブで倒せるのは一人だけですから、犯人は落ちていたボールで仁一の顔を叩いて気絶させ、ボールは処分した。それをやらかした可能性は、前日、公一から追い立てを食らいかけた下男の重吉にも、その息子の久七にも、重吉一家をかばって公一に殴り倒された次男の安彦にもあるでしょう。しかし私は、由之の女婿で秘書でもある滝沢三次郎だと考えたい。公一を不義の子だとして憎しみを覚える由之の意を体して、公一を葬り去ると同時に、いずれ由之の事業を乗っ取りたい滝沢としては、相続権をもつ仁一をあらかじめ排除できる機会を逃さなかった……。なんだか、福田恆存《ふくだつねあり》の「藪の中」論を、勝手にデータを捏造《ねつぞう》しはじめる点において、芥川龍之介でなく福田恆存作「藪の中」だと非難した大岡昇平に、同様に責められそうな気がしてきましたが。

美津子の単独犯行説から、どんどん遠のいていきますね。昭和十七年の轢殺事件を別枠として、二十二年、安彦と称する傷痍軍人の登場から始まる惨劇のみ、美津子を犯人とする御説に私も傾いてきそうです。美津子が犯人であるなら、マルコ伝第八章二四という書き入れもすべて嘘かもしれず、謎でも何でもなくなるのは、かえってつまらないのですが。

傷痍軍人も、安彦を装ったニセ者に違いありません。重吉がデタラメを述べたのでない限り、出征前の安彦と傷痍軍人の身長差は決定的な証拠になります。人相が識別不能で、左手が残っているという好都合な傷痍軍人を見つけた美津子が、替え玉に仕立てたと考えるべきですね。それにしても、巨勢《こせ》博士が妙にこだわっているピストルの行方などより、犯人の動機が気になるところ。『不連続殺人事件』と同じにはしないでしょうし。

美津子を犯人だと決めつけても、なお解けない謎は多く残っています。待たれるのは法月探偵の登場――いや、これは作中人物のほうですね。法月さんの犀利な推理を期待させてください。

参考文献：ハンドルネームゆーた「『八つ墓村』に影響を与えた作品たち」

二〇二三年九月十一日　父の七回忌に

第二十五信
新保博久

第二十六信

二〇二三年九月二十五日

法月綸太郎↓新保博久

甲虫とドラゴンから、グリーン家の方へ

新保博久さま

『不連続殺人事件』と『八つ墓村』の関係について、周辺情報も含めた含蓄のあるお返事、ありがとうございます。うっかりというか、灯台もと暗しのことわざ通り、不覚にも角川文庫旧版の大坪直行氏の解説を失念しておりました。安吾と正史の〝不連続〟な関係は新保さんのレクチャーでほぼ言い尽くされた感がありますが、あえて屋上屋を架《おく》すなら、大坪解説の「坂口安吾の最も推奨するのはクリスティー、ヴァン・ダインだが、その彼が日本で世界のベスト・5にランクしうる才能の持主は横溝正史であると称揚している」と書いてあるところは、ヴァン・ダインをクイーンに置き換えたほうが無難でしょうね。『不連続殺人事件』の連載が始まる前、昭和二十二年六月刊の「宝石」盛夏号に発表した「私の探偵小説」では、ヴァン・ダイ

ンをクリスティーに次ぐ「最上級の作家」と評して『グリーン家殺人事件』を持ち上げているものの、その後の「探偵小説を截る」「推理小説論」といったエッセイでは、日本の推理作家に悪影響を及ぼした元凶としてこっぴどく批判しているからです。

安吾の評価に倣ってクリスティー、クイーン、横溝と並べると、『八つ墓村』の構造式みたいなものが見えてきます。この並びに、都筑道夫のモダーン・ディテクティヴ・ストーリイ論を重ねてもいいでしょう。横溝自身は「クリスティーの『＊＊＊＊＊』の殺人の複数化」を目論んだようですが、私はむしろクイーンに由来する「筋書き殺人」の影響（複数化）を強く感じました。落人伝説や津山《つやま》事件、鍾乳洞《しょうにゅうどう》の宝探しといった伝奇ホラー的なスタイルが目を引く一方、謎解き部分に注目すると「筋書き殺人」の危うさを逆手に取ることで「今日の本格」（都筑道夫）の条件をクリアしているからです。「黄色い部屋はいかに改装されたか？」に『八つ墓村』への言及はありませんが、八つ墓明神の祟りに見せかけた連続殺人は――濃茶の尼が果たす役割も含めて――犯行を重ねる必然性を重視したモダーン・ディテクティヴ・ストーリイたりえていますし、そのことと『不連続殺人事件』への挑戦という執筆動機は無縁ではないと思うのです。

そうした経緯も踏まえたうえで、『復員殺人事件』と『犬神家の一族』のネタかぶりについて自分なりに考えていたつもりだったのですが……。これまたうっかりというか、準備不足がもろに出て、「車井戸は何故軋る」が完全に頭から抜け落ちておりました。横溝ヒロインの中でも抜群の推理力を誇る薄幸のセブンティーン少女、本位田鶴代《ほんいでんつるよ》が登場する人気作品ですし、短編だからというのは言い訳になりません。「むしろ「復員殺人事件」が、「車井戸は何故軋る」に触発されたというほうがありそうなのです」という新保さんの指摘に思わず嘆息しながら、あらためて己の不明を恥じた次第です。

傷痍軍人と手型のネタは脇に置いて、一から仕切り直さないといけません。『復員殺人事件』が難問なのは、そもそも安吾の問題編が未完で、どこまでデータが提示されているか、見極められないからでしょう。「安吾意中の解決を記した坂口夫人のメモ」も、決定的な決め手になりえない。それでふと思い出したのは、かつて各務三郎《かがみさぶろう》氏が郷原宏《ごうはらひろし》氏・数藤康雄《すどうやすお》氏との鼎談「一九八〇年度翻訳ミステリーを語る」（「EQ」一九八一年五月号）で、「悶絶する名探偵」（©瀬戸川猛資）ことモース警部を生み出したコリン・デクスターの作風を評して、こう発言していたことです。

トリックについて言えば——詰め碁で発陽論というのがある。プロでなきゃ解けないような詰め碁のすごいの。なぜアマチュアには解けないかといえば——普通の詰め碁の型になっていないから。解き手に詰め碁をこしらえる力を要求してくる。詰め碁から石を一つはずしてやると——これ碁を知っている人はよくわかるんだけど、本当に幾何級数的にむずかしくなってくる。それに似て、もっと下手なことをデクスターはやってる。パズル小説愛好家にはっていうか、確かにそのほうが面白いかもしれない。しかし、こっちにしてみれば、それはとにかく石をはずす作業だけじゃないかという感じがする。

各務氏らしい辛口コメントですが、「普通の詰め碁の型になっていないから。解き手に詰め碁をこしらえる力を要求してくる」というのは、まさに『復員殺人事件』の真相を推理するのと同じで、論理的な操作を行うだけではとっちらかったストーリーを丸く収めることができない。高木彬光氏が安吾の意図から離れた解決編を書かざるをえなかったのも、むべなるかなという気がします。

※というわけで、今回も既読前提のネタバレ全開で行きます。『復員殺人事件』未読の方はご注意を。

さて、第二十五信で披露された新保さんの推理、中でも由之と由子の名前に関する着眼には敬服させられました。これも一局というやつですが、如何せん、安吾という作家は作中人物の命名にルーズなところがあるので、由子＝由之の実の娘説への判断は保留にしておきます。昭和十七年の長男親子の轢死事件に関してもいささか引っ張りすぎたようなので、そろそろ昭和二十二年の惨劇に取りかかりましょう。

事件の本丸を攻略するには、高木氏が躓《つまず》いた地点まで戻り、はずした石を復元する作業が欠かせない。そこで今回は四か条のヒントのうち、「(3) 最初電話をかけた女（後に米田とみ子という名前で私が登場させた人物）は美津子の変装」「(4) 最初紛失したピストルの行方が、事件解決のきめ手となる」の二点に推理の焦点を絞ることにしました。特に（3）の条件については、高木氏が「無理を通せば何とかならないことはないとしても、私の力では書きこなせそうにもなかったのである」と白旗を揚げ、解決を変更したところです。逆に考えれば、むしろこの点に安吾の着想の眼目がありそうですし、おそらく（3）と（4）は連動している——と仮定して、解決を逆算してみましょう。

小田原駅の自動電話ボックスと倉田家の位置関係がはっきりしないのですが、巨勢博士は第十二章の倉田定夫への訊問《じんもん》シーンで、「御婦人が当家へ見えられた時、ちょうど、ピストル事件が起った時刻なのです。捜査のキメテですから、新聞にも発表してありませんが、この御婦人は犯人を見ています」云々と鎌をかけている。高木氏の解決編（第二十四章）ではこれを受けて、倉田家へ足を運んだ米田とみ子が「ちょうど家の前までたどりついたとき、定夫さんが門から出るのが見えたんです」と証言しています。そこでとみ子に呼び止められた定夫は、「おれが家へ帰って見たところが、そこで殺人が起っていたんだよ。それも、おれに嫌疑がかかるように仕組まれていたんだ」と打ち明け、アリバイを立てるために熱海へ遁走《とんそう》するわけです。

小田原駅から電話をかけた女は、「洋装の、いかにもスラリとした、ダンサーとでもいうような感じ」（第三章）と描写されていました。一方、美津子への二度目の訊問で、巨勢博士は「お嬢さんは均斉のとれた美しいお姿ですね。何かスポーツをなさいましたか」とたずね、「ええ、バレーの選手でした。水泳と、スキーも好きです」という答えを得ています（第十五章）。

このやりとりを受け、高木氏の解決編には「ピストルの隠匿に時間をかける余裕がなかった」ため、「とにかく、バレーボールの要領で、飛び上って凶器をあそこへ投げこみ」云々の説明があり（第二十九章）、新保さんも負けじとばかりに、昭和十七年の事件でバレーボールの球が公一・仁一親子の顔面に当たったという説を唱えていますが、安吾の意図はもっとシンプルだったのではないか。電話をかけた女が美津子の変装だったことを示す伏線として、スラリとしたダンサーのようなスタイル＝バレーボールの選手、という直球の描写を行ったということです。

電話をかけた女が美津子の変装なら、最初の犯行があった夜、食後にココアを二杯飲んだという証言の意味も変わってきます。おそらく一杯目に催眠薬は入っていなかったのでしょう（もしくは薬物依存で、耐性が付いていた?）。美津子は九時にニセ安彦を絞殺してから、電話女に変装、自室にカギをかけて家から忍び出ると、その足で小田原駅へ向かう。九時半ごろ、あたかも東京から着いたように装って倉田家へ電話をかけ、巨勢博士と矢代に目撃された後、今度は自宅へ取って返し、十時十分ごろ起久子を射殺。その後自室へ戻ってネマキに着替え、催眠薬入りの二杯目のココアを飲んで今度こそ昏睡状態に陥った……という段取りです。二杯のココアを飲んだ時間差を利用して、アリバイ工作と電話女へのなりすましをまとめて実行したわけですね。連載第一回の「附記」に、アドルム中毒で東大病院神経科に入院中、「仕方なしに、第二回目の探偵小説のトリックを編みだした次第です」（「座談」一九四九年八月号）と書いているのも、安吾自身の薬物依存が着想のきっかけになったからでしょう。

そこで問題となるのが紛失したピストルの行方です。安吾の腹案通りなら、変装した美津子と定夫が犯行時刻に相次いで現場に来ていたことになりますが、「(1) 犯人は美津子の単独犯行」という条件を採用するなら、定夫の不自然な行動に関しては、高木氏が上書きした米田とみ子の供述が正解なのではないか。つまり美津子の策略によって、起久子の殺害直後に犯行現場へとおびき出されたということです。定夫は現場に残されたピストルを見つけて、何者かが自分を陥れようとしているのに気づく。嫌疑を免れるには、ピストルを回収してその場から逃げ去るほかありません。

巨勢博士は「遠いところへ、ピストルを隠して戻ってくることが出来るかどうか、まア、ひとつ、これを先生の宿題に、考えてみて下さいな」(第八章)と語り手の矢代に問いかける一方で、物理トリック的な「方法を用いてピストルを処理した場合はピストルの処理よりも、処理した道具の処理の方が、どれぐらいヤッカイだか知れませんや」(第十二章)とうそぶいています。作者の安吾にしてみれば、脳筋ボクサーの三男・定夫を「共犯ならざる道具」として操るトリックが「美津子の単独犯行」という条件のミソだったのではないでしょうか?　とはいえ、具体的にどうやって定夫の行動をコントロールしたのか、簡単に説明できないのがこの説の弱点なのですが。

まあ、そこは目をつぶるとして、高木氏がヴァン・ダインの『甲虫殺人事件』だけでなく、『グリーン家殺人事件』に注目したのは炯眼《けいがん》だったというべきでしょう。都筑道夫は「黄色い部屋はいかに改装されたか?」の中で、『グリーン家』の弱点(名探偵ファイロ・ヴァンスのふがいなさ）として「なにしろ、ヴァンスの目の前で、犯人が「わたしたちの秘密の郵便箱から、青い封筒を持ってきて」と、電話をかけているのに、そのアワ・プライヴェート・メイルボックスなるものを、突っこんで問題にしていないのです」と指摘していますが、『復員殺人事件』の紛失したピストルの処理法は、安吾流の『グリーン家』への挑戦だったように受け取れるからです。

誤算があったとすれば『甲虫』をちらつかせたせいで、裏の裏、裏の裏の裏、さらにその裏……と、疑心暗鬼の堂々巡りを招いてしまったことでしょう。『不連続殺人事件』では「心理の足跡」というクサビを打ち込んで水掛け論を封じたわけですが、はたして『復員殺人事件』にそのような起死回生の妙手が存在するでしょうか？

そんなこんなで、ピストルの行方は何とか突き止めましたが、犯人の動機についてはサッパリです。そういえば、第二十四信の追伸を書いた時点では、遠藤正敬《えんどうまさたか》氏の『犬神家の戸籍——「血」と「家」の近代日本』を参照するつもりでおりました。第七十五回日本推理作家協会賞評論・研究部門の候補作で、惜しくも受賞は逸したものの、『犬神家の一族』の複雑な人間関係×近代日本の家族制度史というマッチングの妙と、立法・行政に関するディープなトリビアが印象に残っていたのです。

同じ話を蒸し返すようですが、遠藤氏は『犬神家の一族』の時代設定をめぐって「一九四九年」説と「一九四七年」説を検討してから、次のように論を進めます（以下の引用は「第1章

「犬神家」とは誰か――家族制度の転換期の物語」の「3　事件が起きたのはいつか？――敗戦から民主化へ、という激動」より）。

仮に物語の舞台を一九四七年とするならば、法社会的な状況が相当に違ってくる。一九四七年といえば、五月三日に日本国憲法が施行された年である。この新憲法は国体観念や家父長制など明治憲法下で是認されてきた数々の秩序や価値観を放棄するものとなり、それまで国民生活をつかさどってきた諸々の法体制がたたみ掛けるように変革されていった。そのなかで家族法も例外なく大きな転換点を迎えたのであるが、ここが物語の展開に重要に関係してくる。というのも、本作における連続殺人事件の原因となったのは、犬神家の相続問題だからである。

高木氏の解決編がこれと同じ問題意識に沿って書かれていることは、あらためて指摘するまでもないでしょう。むろん「倉田家の財産に対する物質的な渇望」（第三十章）を主たる動機に据えるだけなら『不連続殺人事件』と同工異曲《どうこういきょく》なのですが、そこに新憲法施行と連動した切実な要因――前作の「心理の足跡」に匹敵するような――が存在していれば二番煎じとはいえません。半島由来の新興宗教「龍教」をめぐるあれこれも、犯行動機と関係しているのかもしれませんが……、私はここらへんでギブアップですね。

ところで、今回の返信を認めている間ずっと脳裏を占めていたのは、北村薫氏（またしても！）の『ニッポン硬貨の謎　エラリー・クイーン最後の事件』でした。一九七七年に来日したクイーン氏が〈五十円玉二十枚の謎〉に挑むという趣向のパスティーシュ長編ですけれども、作中に国名シリーズ第七作『シャム双子の謎』を論じたパートがある。「なぜ『シャム双子の謎』には、《読者への挑戦》がないのか？」という疑問に対する絵解きですね。作中人物の口を借りて、北村氏はこんなふうに述べています。「中途に《読者への挑戦》を入れることは、物語の根本精神に反してしまう」「『シャム双子』は、元々《読者への挑戦》を入れ得ない物語なのです」

　この結論に至る前提として、『シャム双子の謎』という作品の型ないし形式について、北村氏はサザランド・スコットの『現代推理小説の歩み』を引き合いに出しながら、作中人物にこんな発言をさせています。「今度はこれを使ってみようと考えた時、あなたの頭に浮かんだのは、当然のことながら、直接の先輩であるS・S・ヴァン・ダイン氏の『カブト虫殺人事件』でしょう。――というより、《ヴァン・ダイン氏は、あの型を最高の形で生かし切っていない》という闘志が、『シャム双子の謎』に向かわせたのでしょう」（引用文中の「あなた」は来日したクイーン氏を指す）

『復員殺人事件』が中絶したきり放置された理由はわかりませんが、安吾自身による《読者への挑戦》が行われなかったのは、彼の名にふさわしい「暗合《アンゴウ》」といえます。なぜかというと、安吾が『甲虫殺人事件』を懸賞つき犯人当ての作中に登場させたのは、《ヴァン・ダイン氏は、あの型を最高の形で生かし切っていない》と考えたからでしょうし、おそらくそうした闘志と『復員殺人事件』が未完に終わったことは無関係ではないと思います。『甲虫殺人事件』という物語には、《読者への挑戦》を無効化してしまうウイルスのようなものが仕込まれている、というのが今の私の考えなのですが……。

いやはや、また筆が滑ってしまったようです。根拠薄弱な妄想をこじらせないうちに、切り上げることにしましょう。九月も終わり近いのに、日中はまだしぶとい残暑が続いておりますが、それでも夜になると不意に肌寒さを感じる日が増えました。季節の変わり目で寒暖差から体調不良など起こされぬよう、どうかご自愛ください。

二〇二三年九月二十五日

第二十七信

二〇二三年十月九日

新保博久→法月綸太郎

電話女は催眠薬入りココアを飲まない

法月綸太郎　さま

寝苦しいばかりか、覚めているあいだも苦役のような夏がようやく終わりましたが、『復員殺人事件』についての論議も、そろそろ鳧《けり》をつけたいですね。

倉田家当主・由之の長男、故・公一の妻の由子が由之の隠し子ではないかとする妄説に、留保つきながら妥当性を認めていただけて安堵しています。図に乗って敷衍《ふえん》するなら、「この一家族は、女達と、腺病質な公一をのぞいて、いずれも体格のガッシリしたスポーツマン一家であった」（第二章。新保註・いずれもといっても公一以外の男たちは由之・安彦・定夫の三人しかいないのだが。娘たちのうちでも美津子はスポーツウーマンではある）というのは、公一が由之の子供ではない傍証になるかもしれません。また、「（蛸重こと重吉の妻である）モトの話によれば、公一の妻由子は元来安彦が熱愛していた女であったという。安彦を訪ねてくるうちに、公一とできて、安彦をすてたというのである」。安彦と由子のなれそめは書かれていませんが、二人が異母兄妹であるとすれば、結ばれるのを防ぐため、由之が本当は自分のタネではない公一を使嗾《しそう》して、安彦から由子を強奪させたと考えるのは理解しやすいでしょう。

　モトがこの証言をする第十一章の小見出しは、「宝石」再録版「樹のごときもの歩く」、東京創元社単行本・浪速書房再刊新書・東洋書院再刊単行本（以上は表題『樹のごときもの歩く』）、および冬樹社版『定本坂口安吾全集10』、角川文庫版、ちくま文庫版『坂口安吾全集11』、河出文庫版（以上は表題『復員殺人事件』）の諸版ではいずれも、日本聖書協会訳刊『新約聖書』に倣ったように、「樹のごときものの」と表記されていますが、初出の「座談」、筑摩書房版『坂口安吾全集08』及びそれに基づく青空文庫版『復員殺人事件』では「木の如きものの」となっています。木は木の葉の「木」なので「こ」とも読めますし、また「子」と字形も似ているではありませんか。「木の如きもの」とは「子（実子）の如きもの」、しかし子（実子）そのものではない（というのは私の仮定にすぎませんが）公一を指しているのではないでしょうか。

　これが正しいとしても、そのことをマルコ伝福音書第八章二四になぞらえたのは本当に安彦なのか。紛失した安彦の日記の包み紙にそう書いてあったと言っているのは美津子だけ、しかも坂口夫人のメモにより美津子は真犯人である蓋然性が高いので、なぞらえたのは美津子自身、あるいはマルコ伝うんぬんと書かれていたすべてが虚偽でないとも限りません。

　堂々めぐりになるので棚上げして、続いて、小田原へ最初に到着した巨勢博士らが遭遇した電話女について考えてみましょう。電話女、って電車男のパロディですか（笑）。「電車男」がドラマ化されたのが二十年近い昔なので若い読者は聞いたこともないでしょうね。しかし、いちいち「電話をかけた女」と記すのも面倒なので、私も電話女を遣わせてもらいましょう。「座談」連載第二回に登場人物表が掲げられ、巨勢博士や大矢警部ら探偵側を除いて、倉田家の人々が並べられたなかに「定夫に電話をかけた女」が立項され、「（後に名前も現れます）」とわざわざ註記されています（名前が現れないうちに連載は中絶してしまうのですが）。この表自体、坂口安吾の手になるものか、少なくとも安吾の指示が入っているでしょう。一覧のなかに電話女との二役を務めた人物がいるとすれば、女性陣は、公一の妻だった由子、二番目の被害者（五年前に轢死した公一父子を〇《ゼロ》番目として）になる由之の長女起久子、次女美津子、蛸重こと重吉の妻モトと娘スミと五人いるのを見渡せば、由子も起久子も電話女のようなダンサーもどきのスタイルなのかどうか何も描写されておりませんし、まあ美津子以外に考えられません。

御説と同様、美津子が電話女に化けたと仮定してみますが、仰せのように「小田原駅の自動電話ボックスと倉田家の位置関係がはっきりしない」のにまず躓きます。巨勢博士とともに小田原に着いた矢代が「箱根行きのタクシーをつかまえようと」した（第三章）のは、単に「箱根泊りとシャレ」込む（第一章）つもりだけだったかもしれません。定夫が姿を現したとき巨勢博士はハッタリで、「ピストル事件（起久子殺害）はまだ起らない時刻（九時三十分）です。その御婦人（電話女）は（定夫が留守だという）電話が信用できないのか、ひとりで当家の方へ歩き去られました」と言っている（第十二章）ので、歩いてでも行ける範囲でしょう（実際には第三章で倉田家ではなく、駅前の旅館のほうに去っている）。自称安彦の傷痍軍人は倉田邸へ来るとき「小田原、小峰、倉田由之」と書きつけた紙片をタクシー運転手に見せています（第十六章）。そして、「倉田家は小田原城外の野球場の山上に大きな邸宅が」あるという（第二章）。地図で確認すると、旧町名小峯というのが小田原駅から一キロほどにあり、タクシーを使ってもいいし徒歩でも済む感じです。

さて、美津子が電話女に化けるとして、足取りを追ってみましょう。

安彦と傷痍軍人の手型の同定鑑定を巨勢博士に依頼するため、東京へ定夫とともに行って美津子ひとりが帰宅したのは七時ごろ（第十章、滝沢の証言）。由子によると「私どもの夕食は、七時から八時半ごろまで、これは父の酒が長くかゝるせいなのです」（第六章）から、「美津子様が東京からお帰りになったのが、食事がはじまって間のない頃でした」（第九章）というモトの証言とも一致する。

さて、自称安彦の傷痍軍人の「死亡の時刻は九時前後と推定されていた」（第十四章）。いっぽう起久子が射殺されたのは、ただひとり銃声を聞いたモトが時刻を確認していませんが、娘スミの証言と併せて逆算すると十時十分ごろらしい。まあ推理小説においては、銃声らしい音が聞こえたときピストルが発射されたとは限らないのが常道ですが、のちに検屍《けんし》解剖されているはずなので、起久子の死亡推定時刻が十時過ぎというのは信用できるでしょう。

起久子が三歳児の子供を寝かしつけるために、夫の滝沢三次郎が社用で食堂を出たのと同時に退席したあと、帰ってきていない定夫、自室に追いやられている自称安彦を除く、由之・由子・美津子が、「食後に三人だけココアを飲みましたが、砂糖がいつもに比べて利かないように思いました。いつもに比べて余計いれて、それでも、いつもほど甘くはなかったようでした。美津子さんは甘くないと仰有って、ずいぶんお入れになりましたが、父も酒のみのくせに甘い物が好きですので、私が入れて差上げたものに、自分で一匙たしたように覚えております」と由子は証言しています（第六章）。この砂糖壺の中身の半量が催眠薬にすり替えられていて、まさに匙加減で各自のココアに入る量が違ってくるのですが、美津子は砂糖壺からほぼ全部、砂糖でなく催眠薬を引き当てたかのように四、五十グラムも摂取したらしい（第十八章の警察医の推測）。その通りだとすると全然甘くないはずで、そんなココアを食堂で一杯、自室へ持って行って計二杯、平気で飲んだという主張は明らかに嘘でしょう。

　唐突ながらここで私は、自分も原案に関わったことのあるテレビのクイズ番組、日本テレビ系列の「マジカル頭脳パワー!!」の放送開始当初、最終コーナーにあった「マジカルミステリー劇場」の一話を思い出しました。現在でも番組を懐かしんでくれるオールドファンがいるのですが、とりわけ印象深いエピソードとして異口同音に挙げられるのが、全五十四話のうち最終回に近い第五十二話「殺しでドン」（一九九二年三月二十一日放送）です。それきり再放送されておらず、個人的に録画されたものを見る機会でもない限り視聴不能なので、以下に種明かしします。映像で見るほうが効果的なトリックではあるのですが。

　番組ではフーダニットの形をとっていましたが、眼目は毒薬の投入方法を当てるハウダニットなので、犯人を明かして説明しましょう。犯人Aが自宅に招んだ二人の客と一緒にコーヒーを飲む。最初にAが備えつけの砂糖壺から自分のカップに砂糖を入れ、続いてBはブラック党だと言って砂糖を使わず、三人目のCがコーヒーに入っていた毒薬のために死亡します。砂糖壺に毒薬が混入していたと判明しますが、最初から毒薬が入っていたなら、Aはなぜ無事だったのでしょうか。隙を見てBが毒薬を入れたのではないかとも疑われますが、Aは準備として、砂糖だけを入れた無害な壺にシュガーレードルを底深くまで挿し込み、その上から毒の粉薬をたっぷり振りかけておいたのです。この状態でレードルを垂直に引き抜くと、匙は砂糖で満杯になっており、毒薬は一粒も混入しない。二人目以降には、もう毒の混じり込んだ砂糖壺が渡されるという寸法でした。

このトリックは、原案スタッフがネタ出しにそろそろ疲弊してきて、全話のシナリオを担当していた杉江《すぎえ》秋典《あきのり》氏がかつて名古屋ローカルの「マゴベエ探偵団」で考案して好評だったものを再使用したのだそうです。もとが地方局番組だったせいか誰も憶えておらず、もっぱら「マジカルミステリー劇場」の最高傑作として語られることが多いのには、ない知恵を絞って毎週オリジナル・トリックをひねり出そうとしていた一人としては忸怩《じくじ》たるものがありますね。

坂口安吾がこれに先んじて、同じトリックを考案していたとすれば（安吾らしくない小賢《こざか》しいトリックですが）、美津子が皆と同じ砂糖壺を使いながら、ココアにひと匙目には砂糖だけ入れて、催眠薬を免れることも可能なわけです。しかし、「美津子さんは甘くないと仰有って、ずいぶん」砂糖を足したようなので、ひと匙目は無害としても多少は摂取したはずで、ふだんから催眠薬を少量摂取して耐性をつけていたという法月さんの仮説に説得力が出てきますね。

倉田邸は平屋造りのはずなのに（第八章）、同じ連載第三回で美津子の部屋は二階にある（第九章）という矛盾した記述は、安吾の筆の滑りだろうと無視することにして（ほかにも日付の齟齬など一つならずあって、安吾先生あまり緻密ではありません）、とりあえず連載第二回に掲げられていた平面図（広間の形状が異様ですが）に頼るとしましょう。美津子の部屋は一階の裏口に近く、そばに配置されているのは、不在の定夫の部屋と、杉本久七とスミ兄妹のいる使用人部屋以外は台所、浴室、WCなど。それらは居室ではないだけに、美津子がこっそり抜け出すにはお誂《あつら》え向きです。二杯目のココアには口をつけず、催眠薬の影響をほとんど受けていない美津子が、九時に自称安彦の傷痍軍人を絞殺するのと、上京したときとは別な洋装に着替えて電話女に変装するのと、どちらを先にしたか、万一誰か家人に目撃された場合どちらが安全と考えたかは微妙なところです。

〝安彦〟殺害と変装を終えた美津子は、法月さんの推理どおり小田原駅にとって返す。時速四キロで歩くとして、小峯からは約十五分で行けるでしょう。ちょうど九時三十分、東京から着いたばかりの巨勢博士と矢代とに出会うわけですが、これは美津子の思う壺なのでしょうか？巨勢事務所にまだ定夫・美津子兄妹が帰らないうちに、博士が「どうでしょう、矢代先生、そのへんで一杯のんで、今夜はひとつ、箱根泊りとシャレませんか」と誘いかけている（第一章）ので、小田原を経由してくることは予想がつく。急行の到着時刻も調べておけるとはいえ、しかし前後の別な列車に乗る可能性も捨てきれません。有楽町界隈《かいわい》できこしめしているうちに面倒になって、二人とも都内で沈没するかもしれない。わざわざ変装して小田原駅に引き返してくる以上、誰かに目撃してもらわなければ意味がない。誰かしら降客はいそうなものですが、それが巨勢博士である必要はあったのか？

だまされやすい目撃者でなく、名探偵自身が証人に仕立てられる趣向を作者はやってみたかったのかもしれません。しかし美津子は巨勢博士とは、探偵事務所でかなり長時間話しているうえに、小田原駅で電話女としての対話も短くない。夕刻に事務所を訪ねてきたのと同一人だと博士に気づかれる危険は高いですよね。先に訪問したとき和装であれば、かなり印象を変えられたはずですが、そのときも洋装でした（そのため、邸内に残してきた腰紐《こしひも》を絞殺に使用できた）。電話女に化けるのに、洋服のほうが着替えやすかったからでしょうか。

そもそも、こんな綱渡りをやってのけて、美津子にどういうメリットがあるのでしょう？変装姿を見せつけるのでは、アリバイ・トリックにはなりません。ふつうは嫌疑をかけたい第三者に化けるものですが、電話女は誰も知らない架空の人物なのです。解決編を任された高木彬光氏も持て余し、結局美津子に変装させることは諦め、米田とみ子という正味のダンサーを創造しました。そのほうが自然ですが、とみ子は偶然その時刻に小田原駅に出現して、捜査を混乱させただけという御都合主義的な存在に終わっています。

とりあえず高木説も却下して、旅館のほうへ行くと見せかけた電話女＝美津子は倉田邸にバックホーム、十時十分に起久子を射殺したのち自室に戻ってネマキに着替え（電話女として着ていた衣装はどう隠したのでしょう。邸内で見つけられたら困るはずですが、処分する余裕はほとんどありません）、冷めたココアと、隠しておいた四十グラムほどの催眠薬を嚥下《えんげ》し、薬には耐性が出来ているのを頼みに、蘇生できるのを信じて昏睡……なるべく早く発見してもらうために、直前の殺人には銃声を発するピストルを用いる必要があったとは考えられませんか。

そのピストルはどう処分したか？　起久子の死も、狙撃されて後ろに倒れるのでなく、窓ガラスと蚊帳《かや》の間の幅一メートル弱の空間に沈み込むように事切れていた——というのが不自然きわまりない。窓外からガラス越しに撃たれたというのは見せかけで、ピストルを用いない手段で射殺死体に偽装された……と考えたいのですが、うまいトリックを思いつきません。

美津子が普通に撃ったとすれば、ピストルの不存在が彼女のアリバイ証明になるわけですが、定夫を生きた凶器移動装置に仕立てるという法月さんの発想は面白い。しかし、定夫は傷痍軍人と一つ屋根で過ごすことを忌避して、その日は東京へ出たきりサクラ拳闘倶楽部に泊まると宣言しているのに、彼が小田原に帰ってくるのを美津子は知っていたことになる。巨勢事務所を辞して有楽町駅へ行く道すがら、手型の一致が証明された以上、傷痍軍人が法定家督相続人になって邪魔だから、二人で排除してしまおうと談合するのは出来るでしょう。美津子が傷痍軍人を射殺した凶器を、定夫にリレーして隠させるという筋書きだった……しかし、実際には傷痍軍人は絞殺され、射殺されたのは起久子のほうでしたが、定夫は傷痍軍人が射殺されたと思い込み、筋書きどおり行動せざるを得なかったわけですね。

美津子は限りなくクロに近い灰色ですが、どうも意図がよく分かりません。安彦が遺《のこ》して征《い》った手型と、傷痍軍人に新たに捺させた手型をすり替え、傷痍軍人が安彦に間違いないと偽装したのは美津子でしょう。それを成し遂げるのは彼女以外には困難です。高木彬光氏の解決編最終章では、「本物の安彦氏はまだあの時は生死も不明だった。ということは、法定推定家督相続人たる身分を失ってはいないということになるのですが、これを一挙に抹殺するためには、安彦氏と確認される人物を殺してしまえばいいわけです」と巨勢博士に説明させていますが、「ビルマで戦死したという公報がはいっていた」（第三章）とすれば、安彦の死亡報告が役場に届いているはずで（というシステムであったことを遠藤正敬氏の『犬神家の戸籍』で教わりました）、わざわざニセ者を使って甦らせたうえで殺害する必要はないではありませんか。犯人にその知識がなかったのでしょうか。ニセ者を仕立てて殺さなければならないと考えていたとすれば、手型の一致により本人と証明されたからには、恐喝者に変じかねない傷痍軍人は一刻も早く息の根を止めたほうがいい。その夜のうちにも殺すことは初めから計画されていたように思われます。しかし、起久子までスピード殺害しなければならなかった理由が分かりません。

ともかく、連載中絶間際に定夫も殺されているので、あとは当主の由之さえ仕留めれば、遺産は美津子が独り占めすることになります。「犯人の動機についてはサッパリ」と法月さんは匙《さじ》を投げた格好ですが、高木氏が読者から解答を募った「『樹のごときもの』懸賞選評」（「宝石」一九五八年五月号）を見ると、高木氏が坂口夫人からもらったと言って要約したヒント四か条のほかに、「動機は財産の横領」というのがあるのに今ごろ気づきました。坂口夫人が再録連載の始まった号に寄せた「その頃の思い出」（「宝石」一九五七年八月号）によると、安吾が生前言っていた意見の一つに、犯人当てには「のつぴきならない証拠と云うものが要るのです。動機よりも先《ま》ず証拠です、どうしても彼乃至《ないし》彼女でなくては（犯行が）出来ないと云うのが、証拠と云うものです」そうな。しかし、このままでは最大利益を得る美津子に疑惑まっしぐらなので、何か予防線を張りそうなものです。謎の新興宗教・龍教が、ダミーの動機として美津子に利用される計画だったように思われるのですが……

安吾はなぜ晩年に本編を完結させなかったか。その考察にまで及ぶつもりでいたのに、枚数も締め切りもオーバーしてしまいました。そろそろ話柄を変えたいところですが、福永武彦「完全犯罪」から多重解決テーマに行く途もあったのに、それきりになってしまった続きなどはどんなものでしょう？

二〇二三年十月九日

第二十七信
新保博久

第二十八信

二〇二三年十一月六日

法月綸太郎→新保博久

『陸橋殺人事件』は多重解決ミステリの元祖なのか？

新保博久さま

電話女というのは、小林恭二《こばやしきょうじ》氏のデビュー小説『電話男』からの連想です。一九八四年の第三回「海燕新人文学賞」受賞作ですけれど、今ならエンターテインメントの賞を取ってもおかしくない作品でしょう。一九八七年の『ゼウスガーデン衰亡史』とか、世が世なら日本ファンタジーノベル大賞を取っていたかも。

「マジカルミステリー劇場」の「殺しでドン」は記憶にないのですが、「マゴベエ探偵団」は懐かしい。「走れ！ケー100」や「がんばれ!!ロボコン」の大野《おおの》しげひさ氏が司会を務める視聴者参加型のクイズ番組で、始まった最初の数回は視聴した覚えがあります。もっとも具体的な内容は遠い記憶の彼方《かなた》ですし、肝心の『復員殺人事件』の美津子単独犯説も疑問点が増すばかり……。新保さんの仰る通り、「どうも意図がよく分かりません」というのが正直なところです。そろそろ話柄を変えて多重解決テーマの続きでも、というお誘いに乗っかって、推理比べは水入りに、私からの返信も仕切り直しと参りましょう。

多重解決といえば、『安吾捕物帖』の勝海舟と結城新十郎の推理合戦にもそういう含みはありました。安吾は「読者への口上」の中で、「海舟は毎々七分通り失敗することになっていますす」と述べていますが、ワトソン役の泉山虎之介《いずみやまとらのすけ》は毎回海舟の「心眼」に敬服する習わしですし、第二十四信で触れた「愚妖」ではそのパターンを逆手に取っている。とはいえ、多重解決テーマの代表作といえば、やはり『毒チョコ』こと『毒入りチョコレート事件』を避けて通ることはできないでしょう。加田伶太郎「完全犯罪」の時に話がそれてしまったのは、福永武彦の『毒チョコ』評が見当たらなかったからですが、あらためて思い返すと相手が大物すぎて腰が引けたせいかもしれません。もちろん、サロン形式の安楽椅子探偵という設定から「ロナルド・ノックス『陸橋殺人事件』に触発されたのでしょうか?」（第十六信）と矛先を変えたからといって、ノックスが小物だというつもりは毛頭ありませんが。

私の記憶だと前世紀の末頃には、『陸橋』は『毒チョコ』に先駆けた多重解決ミステリの元祖である、という評価が定着していたように思います。そうした評価はたとえば、森英俊編著『世界ミステリ作家事典［本格派篇］』（一九九八年）のノックスの項で、「この推理の競演というアイディアは、バークリーの名作『毒入りチョコレート事件』（1929）やC・デイリー・キングの〈オベリストもの〉でもおなじみの、マニアの心をくすぐる趣向」と記されていたことからもうかがえるでしょう。

　そこで今回の返信を書くため、久しぶりに『陸橋殺人事件』を再読することにしたのです。初読の日付まではっきり記憶していませんが、一九八二年の創元推理文庫版（宇野利泰訳）が出た直後に読んだとすれば、当時はまだカトリックと英国国教会の区別も付かない高校生。今いちピンと来なかったというおぼろな記憶だけで、通読するのはほぼ四十年ぶり、ほとんど内容は覚えていません。長じてから保険調査員マイルズ・ブリードンが活躍するシリーズを読んだので、ノックスの実力はよくわかっているつもりでしたが、やはり『陸橋』だけは別物。おっかなびっくりという感じで、頁《ページ》を繰《く》り始めたわけです。

　創元版の扉の内容紹介には「だが、件《くだん》の四人は素人《しろうと》探偵よろしく独自の推理を競い合い、この平凡に見える事件に、四人四様の結論を下していく……」とありますが、四十年ぶりに通読した印象はずいぶん違いました。石上三登志《いしがみみつとし》氏が「創元推理21」↓「ミステリーズ！」に連載した『名探偵たちのユートピア　黄金期・探偵小説の役割』の「それぞれなりの「ホームズ」論」と題した章で、「だから、『陸橋殺人事件』とは、安易な「ホームズごっこ」としての探偵小説を戒めるための珍作業……だと思う。なにしろ「戒め」の専門家である司教なんだから、当然である。そして、だからこそこれまた見事な快「ホームズ」論でもあったのだ」と述べているように、作品の基調は素人探偵批判であって、解決の多重性は刺身のツマみたいなもの。そもそも「ホームズごっこ」ですから「名探偵の失敗」ですらないのです。

　主要キャラは元情報部員（自称）のリーヴズと親友のゴードン、教区牧師マリヤットと元大学教授カーマイクルの四人組で、大まかな役割分担はホームズ志願のリーヴズに、親友ゴードンがワトソン役。年長のカーマイクルは兄のマイクロフト、というより勝海舟に近いポジションでしょう。聖職者のマリヤットはホームズのライバル、ブラウン神父のパロディかというと、さにあらず。読み進めるにしたがって、ノックスの意地悪な狙いが見えてきます（カトリックの神父ではなく、英国国教会の牧師なのも意味深ですね）。

注目しておきたいのは、全編を通してワトソン役のゴードンが一番冷静で、客観・中立的な視点を失わないということです。その分キャラとしては目立たないのですが、ラス前の「24ゴードン、哲学談義で慰める」という章では別人のように能弁で、ノックスの批判精神が存分に発揮された裏クライマックスと言うべきでしょう。「読者へ――この小説が長すぎて退屈したときは、本章は省いてもよろしい」という原注が笑わせてくれますが、現代の水準から見てもこの章の記述は古びていない。特に古文献批判学について語っているところなんか、そのままフェイク・ニュースや陰謀論にまつわる昨今の議論に当てはめても、まったく違和感がありません。

『陸橋』には他にもいろいろ、持って回った工夫があります。たとえば警察の側から見ると、素人探偵リーヴズは犯人逮捕に最も貢献した有能な民間人で、その協力に感謝こそすれ、文句を言う筋合いなどこれっぽっちもないという皮肉な事実。「意外な犯人」に関しても同様の指摘ができるでしょう。ドロシー・セイヤーズが「負けるといっておいて勝つ賭博のやり方があるように、＊＊＊＊＊＊人物が結局真犯人だったという作品もある」（「探偵小説論」宮脇孝雄訳、伏せ字は法月）と評した作品ですが、ノックス自身の狙いは「意外な犯人」トリックとは少し隔たったところにあるようです。「実は、私自身、僧侶は非のうちどころなく潔白で、凶悪で邪悪そうな男が人殺しをやる、という設定の物語を書いたことがある。だが、これは時期尚早だったらしく、芸術的でないという評判をいただいた」（「探偵小説十戒」前田絢子《まえだあやこ》訳）

ノックスの自解でもどちらかというと重点は前半（僧侶）にあって、後半（人殺し）は付けたしにすぎません。「意外な犯人」トリックというより、素人探偵が築き上げた机上の空論を笑い飛ばすためのやっつけの真相であって、読者の裏をかく犯人の意外性よりも「泰山鳴動《たいざんめいどう》して鼠《ねずみ》一匹」みたいなトホホ感が上回っている気がします。要するにノックスは「最後に披露される推理が最高の解決」というピラミッド型の推理の序列化を最初から馬鹿にしているわけで、そういう視点に立つと、後発のバークリーよりはるかに底意地が悪い。ですから、むしろ「多重解決ミステリにはそろそろ食傷気味だよ」と愚痴るような逆張り上等のオールド・ミステリ者が、ニヤニヤしながら「これは最早部分的のユーモアでなくプロット全体のユーモアであって、しかも探偵小説の面白味とユーモアとが奇蹟のように融け合っている。面白いことには探偵小説の厳粛さがそのままここではユーモアになっている」（井上良夫《いのうえよしお》『陸橋殺人事件』序文、一九三六年三月）とうそぶくような小説ではないでしょうか。

……とここまで書いてから、やっと思い出したのがノックス『サイロの死体』の真田啓介《まだけいすけ》氏による解説「神経の鎮めとしてのパズル」（国書刊行会、二〇〇〇年七月）でした。二〇二〇年に荒蝦夷《あらえみし》から出版された『真田啓介ミステリ論集　古典探偵小説の愉しみⅠ　フェアプレイの文学』でも読めますね。この解説にはズバリ「『陸橋殺人事件』の読み方」と題した節があって、次のような辛辣《しんらつ》な文章があります。

さすがに今では『陸橋』を本格探偵小説として読む人はいないようだが、一部の技巧に着目する見方はなお行われている。たとえば、「意外な犯人」テーマの極北的事例として。あるいは、「多重解決」の先駆的事例として。前者については作者もそれを意識していたフシがあるが、ちょっと気の利いた冗談というレベルのもので、これあるがゆえに『陸橋』が評価されるというものではなかろう（逆につまらぬアイデアだとくさす人も少なくない）。後者は、はっきりいって誤りである。

こう書いてあるのを目にして、今さらながら自分の記憶力の衰えを痛感しました。『フェアプレイの文学』はついこの間、Ⅱ巻の『悪人たちの肖像』とともに通読していたはずなのに、この一節をすっかり忘れていたからです。だらだらと書きつらねた『陸橋』再読の感想も、真田解説にほとんど同じ内容（「意外な犯人」テーマや井上良夫氏の序文まで含めて）のことが書いてある。われながら汗顔《かんがん》の至りですが、恥の上塗りを承知で先を続けますと、真田氏が『陸橋』＝「多重解決」の先駆説を「誤りである」と断言するのは、以下の理由からです。「『陸橋』のテキストを虚心に読めば明らかなように、素人探偵きどりなのは一時軍の情報部に勤務していたことが自慢のリーヴズ一人で、【…】「四人四様」の解決などないのだが、リーヴズの推理の試行錯誤の中でさまざまな仮説が浮かんでは消えていくので、そのような印象が生まれるのかもしれない。しかし、一つ一つの解釈が真相であってもおかしくない程度のものでなければ多重解決とはいえないのであり、『陸橋』をその先駆とするのは無理だろう」

リーヴズの推理に対する採点が厳しすぎる点を除いて、総体的な評価としては頷くほかありません。あえて一つ付け加えるとしたら、私は日頃から多重「解決」ミステリより、多重「推理」ミステリという言葉を使うことが多いのですが、それは真田氏の言う「推理の試行錯誤」に興味があるからでしょう。ミステリ用語としては、多重解決(multiple solutions)のほうがオーソドックスな言い回しなので、TPOに応じて使い分けるように意識しておりますが。

とはいえ『陸橋』と『毒チョコ』の趣向がまったく無関係で、独立した作品同士であると断言すると、それはそれで取りこぼしてしまうものがあるのではないか? 一例を示しておきましょう。創元推理文庫の『毒入りチョコレート事件』は二〇〇九年に新版が出ており、旧版の中島河太郎氏に代わって杉江松恋氏が新しい解説を書いています。杉江氏は『毒チョコ』の先行作品として、ポーの「マリー・ロジェの謎」やイズレイル・ザングウィル『ビッグ・ボウの殺人』(一八九二年)を挙げていますが、『陸橋』への言及はありません。その一方で「多重解決」という小説のありようをめぐって、杉江氏はこんな見方を示しています。

『毒入りチョコレート事件』の優れた点は、この「多重解決」という小説のありようを読者に呈示したことにある。それまでのミステリにおいては、「犯人」は特権的な立場にあった。つまり、真相を推理することとは「犯人は何をしたのか（トリック）」「犯人は何を欲していたのか（動機）」といった具合に、黒幕として事態を支配する人間に関心が集中し、その結果「犯人」が物語を支配するという逆転の現象が生じていた。「犯人なかりせばミステリもまたなし」、である。ところがバークリーは、犯人を推理するという推理の工程自体を特権的なものとして採り上げた。実際の犯人が誰であろうと（極言すれば犯人なぞいなくとも）推理は可能であるという可能性を示したわけですね。これがミステリという小説ジャンルを、純粋な知的遊戯として解放するための第一歩となったのである。

またしても長々と引用してしまいましたが、最後の文章はその場限りのおべんちゃらではないでしょう。というのも、杉江氏は二〇一三年に刊行したガイドブック『読み出したら止まらない！　海外ミステリー　マストリード１００』の巻頭一冊目に『毒入りチョコレート事件』を選び、「本書は一つの事件に複数の推理が呈示される多重解決ものの嚆矢であり、名探偵キャラクターに与えられた特権について再検討する契機を生んだ作品でもある」と記しているからです。同書の「はじめに」には「マストリード１００は、原則として原書の刊行順に並べました」とあるものの、『毒チョコ』を必読書リストの起点に選んだのは単に刊行年のみが理由ではないでしょう。何事も最初が肝心と言いますし、百冊のリストを作成する際、前記解説の「純粋な知的遊戯として解放するための第一歩」という評言が、ある種の前提条件（叩き台）

としてフィードバックされた可能性だってあるわけです。
さらに見過ごせないのは、杉江氏が『毒チョコ』新版の解説に先立つ二〇〇七年に、「ノックスの王手無用」（「ミステリーズ！ Vol.25」二〇〇七年十月号）という文章を発表していることです。二〇一四年刊の『路地裏の迷宮踏査』に収録されたブックレビューですが、その中にこんな一節がありました。

ミステリにおいて犯人こそが作品を作る芸術家であり、探偵はそれを解説する批評家にすぎないとする言説がある。ノックス長篇は、それと真っ向から対立するものなのである。だって彼の作品では、推理する存在さえいれば謎はいくらでも作り出せるのだから（そういった意味で『陸橋殺人事件』とは、もっともノックスらしい作品だったといえますね）。王手をかけるべき「盤面の敵」は不在でも一向にかまわなかった。
こうした点に、ノックスが考える知的遊戯としての探偵小説のありようが見えてくると思うのだ。

先述したように『毒チョコ』新版の杉江解説に『陸橋』への言及はありませんが、「知的遊戯」という言葉の使い方は、あらためて両者の影響関係を示唆するものでしょう。真田啓介氏による一連のバークリー、ノックス論を踏まえたうえで、本格ミステリ史の再検討を目指した記述だと思われます。

ところで『陸橋殺人事件』と『毒入りチョコレート事件』には、もう一つ見逃せない共通点があります。『毒チョコ』に原型とされる短編「偶然の審判」（江戸川乱歩編『世界推理短編傑作集3』所収。同短編の初出年をめぐる議論については戸《と》川《がわ》安宣《やすのぶ》氏の解説、および真田啓介氏の前掲書『フェアプレイの文学』に収録された「The Avenging Chance の謎」を参照のこと）があることは有名ですが、実は『陸橋』にも別バージョン風の短編が存在する。乱歩が「意外な犯人」「異様な犯行動機」の極端な作例として紹介した一九三七年の「動機」がそれですね。手前味噌になりますが、二十年ほど前、できるだけ多くの読者の目に触れることを願って、深《ふか》町《まち》眞《ま》理《り》子《こ》氏による邦訳を『法月綸太郎の本格ミステリ・アンソロジー』に収録したことがあります。

その時はうっかり見落としていたのですが、「動機」は汽車の一等車室からの人間消失を扱った短編なのです。「汽車がフォース河鉄橋を渡っているあいだに、窓から投げ落とした」というくだりなど、どう見ても『陸橋殺人事件』前半の間違った推理の一つをふくらませ、別の事件として描いた作品ではありませんか。

さらに興味深いことに、後年ノックスは「一等車室からの人間消失」という謎をもう一度別の短編で取り上げている。シャーロッキアンとしても名高い作者が、本家「ストランド・マガジン」一九四七年二月号に発表したホームズ・パスティーシュ「一等車の秘密」（北原尚彦《きたはらなおひこ》編訳『シャーロック・ホームズの栄冠』所収）のことです。一つの事件（設定）を何度もこねくり回す手つきは『毒チョコ』と共通していますし、そもそも『陸橋』のプロット自体、ホームズの贋作・パロディ的な感性に根ざしていたと見ることもできるでしょう。そういう意味では、『陸橋』を多重解決ミステリのルーツの一つと呼んでも、百パーセント誤りとは言いきれないのではないか……。

多重解決（推理）テーマの話をするはずが、勢い余って『陸橋殺人事件』の感想ばかりになったうえに、例によって玉虫色の判定に落ち着いてしまいましたが、こういう堂々巡りこそ古典再読の醍醐味と言っていいでしょう。十月は都筑道夫氏の著作の復刊と書籍化が相次いで、余裕があればそちらの話題にも触れようと思っておりましたが、そろそろ紙数が尽きたようです。尽きない話のツヅキは、また次の機会に繰り越しましょう。

二〇二三年十一月六日

第二十九信

二〇二三年十一月二十一日

新保博久→法月綸太郎

リッキョウの皮をむく

法月綸太郎さま

過ぎし夏の猛暑が夢だったかと思われるほど、冷え込みが急な昨今ですが、話したいことが次々湧き上がってくるので、時候の挨拶は省略させてください。

「前世紀の末頃には、『陸橋殺人事件』は『毒入りチョコレート事件』に先駆けた多重解決ミステリの元祖である、という評価が定着していたよう」だとご記憶の由《よし》ながら、私の把握はちょっと異なります。第十五信でも申したように『毒チョコ』は一種の徒花《あだばな》みたいなもので、系譜的に位置づけるのは難しいと思っておりました。

いっぽう『陸橋』のほうは内容よりもまず、私が大学ミステリクラブに在籍していたころは、とにかく名のみ高く手に入らない作品の代表格でした。誰が言いだしたのやら『陸橋』と、

D・L・セイヤーズ『ナイン・テイラーズ』、マイケル・イネス『ハムレット復讐せよ』とが入手困難な三大名作のごとく神格化されていたものです（三大倒叙ミステリとか三大奇書とか推理小説に限らず、ひとは三大を選びたがる）。私よりやや後輩で古書マニアの野村宏平氏も『ミステリーファンのための古書店ガイド』（二〇〇五年）の前書きで、絶版翻訳ミステリの例としてまずその三冊、「そしてディクスン・カーの諸作」を挙げていました。野村氏と同学年で氏との共編書もある森英俊氏の『世界ミステリ作家事典［本格派篇］』で、『陸橋殺人事件』が『毒チョコ』などの先駆であると指摘されていたのは、第二十八信で教えられるまで読み過ごしておりました。『ナイン・テイラーズ』『ハムレット〜』は在学中は私も手に入れられず、読めたのは卒業後です。といっても『ナイン・テイラーズ』は平井呈一訳では挫折し、『ハムレット〜』にもひたすら退屈しましたが。唯一『陸橋』は、戦前の柳香書院版を再刊した（訳者の井上良夫氏は戦後すぐ亡くなっていました）ポケミス版をクラブ員の誰かから借覧でき、それなりの満足を得たものです（読めたこと自体に）。

推理小説を読みはじめた者が最初に読むべきは『アクロイド殺害事件』、最後が『陸橋殺人事件』だと、誰が言ったのか出典を調べようとして今度も果たせませんでしたが、『陸橋』にトリックだの意外な犯人だのを期待してはいけないという事前情報は当時もらっていたのでしょう。「昭和五十七年に創元推理文庫版が出てこれが普通に読めるようになると、一部の読者からはあからさまな不評が聞かれたことを記憶している。彼らはどうも、『陸橋』を本格探偵小説の埋もれた傑作としてイメージしていたらしい」と、『真田啓介ミステリ論集　古典探偵小説の愉しみⅠ　フェアプレイの文学』は伝えています。今回、井上良夫訳、宇野利泰訳と読んできて後者を再読しようとしたところ書架に見あたらず、古本を取り寄せたら一九八三年一月、文庫刊行からふた月半で三版を重ねていました。待ち焦がれて飛びついた読者が多かったようです。

一九八一年に私は最初の著書『3分間探偵ゲーム』という推理コント集を出しましたが、その一編で希少な古書を餌にしてマニアを殺すのに、架空の書名を「ラッキョウ殺人事件」としたものです。ただの語呂合わせですけれども、案外『陸橋殺人事件』の本質を突いていたのではないか。剝《む》けども剝けども皮ばかり、果てに何もなくなってしまう感じですね。一九六二年、中井英夫《なかいひでお》『虚無への供物』が前半だけで江戸川乱歩賞に応募されたとき、木々高太郎《きぎたかたろう》選考委員は「この作者は、もう一つ考えを回転して、余りもってまわり過ぎて何もなくなるという考え方を一度すてなければいけない。真の虚無となっては推理小説とはならない。虚無の一歩手前でとめるやり方を」覚えてもらいたいと評したものですが、『陸橋殺人事件』の真相も「平凡な事実」（最終章の小見出し）とあっては推理的興味は無に等しくなる。しかし、素人探偵四人組が「四人四様の結論を下していく」という内容紹介は勇み足気味でも、一番の探偵狂リーヴズの暴走する推理だけでなく、カーマイクル元教授も或る人物の一人二役説を唱えるし、一種の多重推理ものだと言えなくはないでしょう。

いま多重推理と表現しました。第二十七信の末尾で私も、一般に使われている多重解決という表現に追随してしまいましたが、法月さんの好まれる多重推理のほうがふさわしい気がします。途中の仮説がいくつ出てこようとも、真の解決（真相）は原則一つであるはずなのですから。多重推理の代表のように言われる『毒入りチョコレート事件』も、最後に提示される推理が真相だという保証はありません。それゆえ七番目以降の解答が後続作家によって書かれるわけながら、小説は六人目の推理で終わっているのですから、やはりその解答が作者の用意した真相だと考えるべきでしょう。そういう意味で、結末を読んでもなお真相が二つ以上考えられるものこそ真に多重解決の名に価するわけで、J・D・カー『火刑法廷』、それに挑戦した高木彬光『大東京四谷怪談』や、貫井徳郎《ぬくいとくろう》『プリズム』ぐらいしか実例はないのではないでしょうか（歌野晶午《うたのしょうご》『世界の終わり、あるいは始まり』もそうだったように憶うのですが、よく覚えていません）。海外の例はあまり思い浮かばず、一九八二年に角川文庫で邦訳されたピーター・イズレイエルという著者のハードボイルド小説『沈黙は金で買え』がたしか結末を三種類、用意していましたが、著者も版元も思いついた三つのどれを採用するか決めかねたあげく、趣向もどきにしてお茶を濁した印象で、多重解決と言えるような出来ではありませんでした。実験小説ならいざ知らず、推理小説の型に収まっている作品ではこんなところでしょうか。いま挙げたなかでも『大東京四谷怪談』は意図は壮としても失敗作だと思いますし、多重解決だから多重推理より優れているというものでもないですが。

用語の問題はさておき、『毒入りチョコレート事件』が近年日本で持て囃されるのを見るにつけ、いつからこんなに人気が高まってきたのか、気になってきました。高橋泰邦訳が東都書房〈世界推理小説大系〉の『アイルズ／バークリー』集（一九六二年。カップリング作品はもちろんアイルズ名義の『殺意』）から創元推理文庫版入りした一九七一年と言えば、前年には大阪で先の万国博覧会が開かれ、三島由紀夫が割腹している。そして七一年に横溝正史作品が初めて角川文庫入りした『八つ墓村』は、きたる横溝ブームの起点であるとともに、日本の推理小説やSFが一般文庫に大量収録される端緒ともなり、文庫媒体が古典的名著の恒久的提供という役割から、エンタテインメントの一大供給源へと変貌してゆく時代の開幕を告げてもいました。そんなころ、たった一件の殺人をめぐって、ああでもないこうでもないと議論に終始する『毒チョコ』は、いかにも地味に映ったかもしれません。初訳ではないので、年間ベストテンなどの対象になることもなかった。そもそもベストテンなど選んでいたのは当時、ファンクラブのSRの会ぐらいでしたでしょう。

かく言う私も、創刊されたばかりのハヤカワ文庫SF（ミステリ文庫が出来るのは五年後）でE・R・バロウズの地底世界ペルシダーやターザン・シリーズといった通俗ものに入れあげていて、『毒チョコ』は短編「偶然の審判」の長編版であるなら、あわてて読むまでもないかと冷ややかに見ていました。やがて上京して大学ミステリクラブに入り、三橋曉《みつはしあきら》氏（当時はそんなペンネームでなく、学生で本名だった）から「いや、ぜひ読むべき」と強く勧められ、あわてて買ったものです。七〇年代には、一般の推理小説ファンにそれほど注目される作品ではなかったでしょう。

週刊誌やミステリ専門誌が数百人規模のアンケート回答を集めてオールタイム・ベストを決める企画は、「週刊読売」一九七五年八月九日号に発表された「決定版・推理小説ベスト20」

バークリー作品、オールタイム・ベストのランキング

実施年	1985	1991	1999	2005	2006	2012
主催媒体	週刊文春	HMM	EQ	ジャーロ	HMM	週刊文春
毒入りチョコレート事件	46位	67位	13位	22位	15位	20位
第二の銃声			51位	47位		59位
殺意	198位	80位				
ジャンピング・ジェニイ						49位
試行錯誤	61位		24位	17位		31位

※ HMM ＝ハヤカワミステリマガジン

が最初ですが、三〇位までしか掲載されていないなかに『毒入りチョコレート事件』は見出せません。自由国民社の『世界の推理小説・総解説』（一九八二年）でも内外三百編に『殺意』とともに選ばれたバークリー作品は『試行錯誤（トライアル＆エラー）』であり、『毒入りチョコレート事件』は「代表作のひとつ」と解説文中で言及されるに留まりました。『毒チョコ』が登場したのは一九八五年夏の「週刊文春」の「海外ミステリー・ベスト１００」が最初で、四六位にランクインしています。そして二〇二三年現在まで六回を数えるその種の企画におけるバークリー作品の健闘ぶりを一覧表にしておきましょう。

『第二の銃声』が顔出しするようになったのは、『レイトン・コートの謎』創元推理文庫版の巻末エッセイで法月さんが推測された、「シェリンガム探偵が見直されるようになったきっかけは一九九四年、「世界探偵小説全集」（国書刊行会）の第一回配本として『第二の銃声』の完訳が出たこと」の一側面ですが、シェリンガム探偵

の再評価は同時にバークリー再評価にほかならず、『毒チョコ』の人気上昇もその余沢《よたく》でしょう。二〇〇〇年代ごろから二〇位前後が指定席となりました。ベストテンに入り得ないのは、上位十作は順序が入れ替わるぐらいで固定化していて、新陳代謝されないからですね。

といった諸々を確かめるのに資料をさらっていて、一九八五年時での中村真一郎《なかむらしんいちろう》氏の回答が、「本格物でユーモアのあるのが好き」として『陸橋殺人事件』を一位に挙げている（二位はクリスピン『消えた玩具屋』、三位はライス『スイート・ホーム殺人事件』、残り七作はユーモアを狙った作品ではない）のが目にとまりました。中村氏が得点十点を投じた（一位が十点、十位が一点）甲斐もあって、『陸橋殺人事件』は総合一二四位に踏みとどまっています。

中村氏がそれほど『陸橋』贔屓なら、親友の福永武彦氏も感化されていたかと思いきや、ちょうど福永氏が加田伶太郎の匿名で探偵小説連作を試みはじめた一九五六年ごろ、中村氏と対談した「しろうと探偵小説問答」を読み返してみると、そうでもなかったようです。中村氏が「探偵小説の方法そのもののパロディというのがある。方法そのものを小説化して書いているもの」を評価しており、その例として『陸橋殺人事件』を挙げた（もう一例として坂口安吾『不連続殺人事件』）のを受けて、「ぼくは全然古典派ですからね。だから好きなのはまっとうなやつだ」という福永氏は、『陸橋』を「ぼくはあまりおもしろくないな。君のいうのはわかるけど、裏の裏まで書いて駄ジャレになっている」と否定的でした。してみると、第十六信で法月さんが披瀝された、加田伶太郎「完全犯罪」のサロン型の多重推理形式は『毒チョコ』よりも『陸橋』に触発されたのかもしれないという仮説は分が悪くなります。

もちろん純粋に読者の立場で言うのと、書く側に回ってのとでは意見が変わっても不思議ではありません（実際、加田伶太郎作品も後期になるにつれ古典派的な作風から逸脱していきました）。嫌いな作品でも手法を参考にすることもなくはないでしょうし、連載エッセイ「深夜の散歩」において、「サンデー・タイムズ」に発表された傑作探偵小説九十九に感想を述べた回（一九五九年六月）では、洩れた作品のうち「客観的に見てもベスト一〇〇には数えられそう」な例の一つに『陸橋』を挙げています。

それはそれとして、「しろうと探偵小説問答」は改めて読むとまた興味深い。福永氏が「中学時代に探偵小説を書こうと思って考えた。題まできめていたんです。『カメレオン殺人事件』（笑）。」というのは、どういう内容なのかまったく不明ですが、くるくると様相が変化する「完全犯罪」の祖型がそこにあったのではないか。また、泉鏡花に私淑しているから「幽霊や妖怪趣味は好きなんだ」といってJ・D・カーは好きなのに、「『火刑法廷』というのは乱歩が激賞しているけど、あまりおもしろくない」のは少し意外ながら、江戸川氏は原書で読み、福永氏は西田政治《にしだまさじ》訳で読んだことの違いが出ているのかもしれません。余談ながら、好きな作品を列挙するのに「それにジョセフィン・テイの『時の娘』『フランチャイズ事件』はよくない」と、唐突にまとめて貶《けな》しているように見えるのは、二つの題名の間に句点があった（「（戦後で好きなのは）それにジョセフィン・テイの『時の娘』。『フランチャイズ事件』はよくない」）のが初出の「日本読書新聞」では脱落したのではないでしょうか。この対談は福永氏の生前には単行本に再録されず、著者校正の機会がなかったことに留意しなければなりません。

予定していた本題になかなか入れませんね。実は私、『オリエント急行殺人事件』や『デストラップ／死の罠』でミステリ・ファンに知られるシドニー・ルメット監督の銀幕デビュー作、同名の戯曲をヘンリー・フォンダ主演で映画化した『十二人の怒れる男』（一九五七年）の話をしたいと思っておりました。この映画を「問題編の存在しない、解決編だけで構成されたロジカルなパズル・ストーリー」だとする見方を以前に読んで、非常に感心した憶えがあって読み返したいと、小森収氏か瀬戸川猛資氏の文章ではなかったかと、いろいろ引っ張り出してみたものの見つかりません。その過程で、『夢想の研究』（一九九三年）において瀬戸川氏が、『十二人の怒れる男』は「わたしの直観によれば、原作のレジナルド・ローズのテレビドラマは、レイモンド・ポストゲートの小説『十二人の評決』とアントニイ・バークリーの二作から大きな影響を受けている」と述べているのを再読し、だから私は当往復書簡でこの映画を取り上げたくなっていたのかと気づいたのですが、求めていた文章はこれではない。

出典を見つけられない愚痴を、当往復書簡の原稿や校正をやり取りするメールの端に書きつけたところ、ほかならぬ法月さんがコリン・デクスター『オックスフォード運河の殺人』の文庫解説（一九九六年）に書き、『謎解きが終ったら　法月綸太郎ミステリー論集』（九八年）にも収めたものだと教えられました。あちゃ。

そこに書かれているように、「……殺人事件の裁判が結審し、評決を求められて控え室に退いた陪審員たちは、すでに映画が始まった時点で、解決に必要なあらゆるデータを手にしています。しかし、映画を見ている観客は、それらのデータを事前に知ることはできない。個々の手がかりは、常に論理的な推理とセットになって、そのつど小出しにされながら、観客の前に提出されていくわけです」。

デクスター本の解説でこんな指摘をなさったのは、デクスターの作風こそ、「問題編の存在しない、解決編だけで構成されたロジカルなパズル・ストーリー」を夢想するところから生じたのではないかという仮説を展開するための前振りでした。「デクスター小説の醍醐味は、三転四転する推理、仮説を組み立てては壊し、壊してはまた組み立てる、そうした雲をつかむような論理の迷宮をさまよう面白さにある」と一般に言われてきたのとは異なるアプローチによる、卓抜な意見だと思います。

私は『十二人の怒れる男』をまず、俳優座劇場の一九八八年の初演で舞台劇として観、レンタルビデオで映画に触れたのはだいぶ後です。そのどちらを観たときだったか忘れましたが、被告の少年の父親を殺したのは結局、誰だったんだ？　という疑問に襲われました。あの作品は、問題編だけでなく真相編もない物語だった。ヒッチコックの言う冷蔵庫のシーン——楽しく映画を観終わって帰宅し、さて冷たい飲み物でもと冷蔵庫を開けた瞬間、待てよ、不審を込めて思い返すシーンです。そのときは少年がやはり真犯人で、検察の立証が不充分なため無罪なのだと自分を納得させたのですが、すっきりしません。ニキータ・ミハルコフ監督がリメイクしたロシア映画『12人の怒れる男』（二〇〇七年）には真相編まであると聞いて、勇んで観に行ったものの、緊迫感においてルメット映画に及ばず、背景として新たに設定されたチェチェン紛争について無知なのが災いしたのか、またすっきりしないことになりました。

「探偵の推論の複数性／不確定性という問題は、それこそ『毒入りチョコレート事件』を挙げるまでもなく、二〇世紀本格ミステリ勃興期の当時から存在はした。しかし、今日においては、それがもはや探偵小説における個別の形式的な趣向ではなく、私たち一人ひとりが強いられるベタな時代的感性や社会的構造として瀰漫《びまん》している」（渡邉大輔《わたなべだいすけ》『謎解きはどこにある　現代日本ミステリの思想』より一部省略）という指摘は、近年『毒チョコ』の支持率が高まっていること、多重推理ミステリがはなはだ多く書かれてきている現象に示唆を与えるものでしょう。

しかし私は、あえて「探偵小説における個別の形式的な趣向」に限定してルーツまで遡ってみたい欲求に駆られます。『陸橋殺人事件』よりもっと古い或る有名作品、しかしそういう文脈では多分まだ語られていない短編に触れたかったのですが、前便同様、枚数も時間も足りません。ひとまずこの稿を閉じます。勿体《もったい》をつけるほどの答ではないんですけどね。

二〇二三年十一月二十一日

第三十信

二〇二三年十二月四日

法月綸太郎↓新保博久

推理はつづくよどこまでも

新保博久　さま

大学ミステリクラブ在籍時代のお話をうかがうと、この歳になってもやはり、ジェネレーションギャップというものを実感させられますね。「『陸橋』と、Ｄ・Ｌ・セイヤーズ『ナイン・テイラーズ』、マイケル・イネス『ハムレット復讐せよ』とが入手困難な三大名作のごとく神格化されていた」という伝説はよく耳にしましたが、一九八〇年代初頭まで山陰地方の一高校生にすぎなかった自分にとっては、最初から手の届かない世界でした。むしろ一九七八年創刊の海外ミステリ専門誌「ＥＱ」に連載されたＣ・Ｄ・キング『鉄路のオベリスト』（鮎川哲也訳）、Ｐ・ボアロー『三つの消失』（松村《まつむら》喜雄《よしお》訳）、Ｉ・Ｂ・マイヤーズ『殺人者はまだ来ない』（山村《やまむら》美紗《みさ》訳）、Ｔ・ナルスジャック『死者は旅行中』（松村喜雄訳）といったクラシック作品に夢中になっていたのです。いま振り返るとなかなかB級感あふれるラインナップ（訳者の意に非ず）で、本格読者としての性癖を歪められた面はあるかもしれません。

創元推理文庫版の『陸橋殺人事件』が出たのが一九八二年十月ですから、高三の秋ですね。その半年後、私は晴れて京大生となり、京都大学推理小説研究会に入会しました。今から四十年前、一九八三年四月のことです。R・オースチン・フリーマン『赤い拇指紋』を皮切りに、同文庫の〈探偵小説大全集〉が次々に刊行されていた時期で、フィリップ・マクドナルド『鑢──名探偵ゲスリン登場』とアントニイ・バークリー『ピカデリーの殺人』の巻末に付された小林晋《こばやしすすむ》氏の解説「〝幻の作家〟フィリップ・マクドナルド」「アントニイ・バークリー──比類なき批評精神」には、激しく心を揺さぶられました……。

思い出話はさておき、『陸橋』ならぬ「ラッキョウ殺人事件」とはまことに言い得て妙ですね。ただの語呂合わせどころか、剝けども剝けども皮ばかりという喩《たと》えが結論を先取りしているような気もするのですが、せっかくなのでもう少し『陸橋殺人事件』の位置付けにこだわってみましょう。というのも、先日刊行されたばかりのガイドブック『本格ミステリ・エターナル300』（探偵小説研究会編著）に、そのものズバリ《多重解決》と題したコラムがあり、その文中に「多重解決ミステリの早い時期の作例としては、ロナルド・ノックスの『陸橋殺人事件』、アントニイ・バークリーの『毒入りチョコレート事件』、つい最近邦訳されたミシェル・エルベール&ウジェーヌ・ヴィルの『禁じられた館』などがある（いずれも一九二〇～三〇年代）」という記述が存在するからです。

このコラムの執筆担当者は千街晶之氏なのですが、千街氏といえば今からちょうど二十年前に上梓されたテーマ別評論集『水面《みなも》の星座　水底《みなそこ》の宝石　ミステリの変容をふりかえる』にも「多重解決の眩惑」という章がありました。「バークリー以後、コリン・デクスターら多くの作家が多重解決ミステリを物しているが（複数の探偵役が仮説を戦わせる並列型と、ひとりの探偵が仮説を構築しては自ら覆してゆく直列型とがある）、推理の過程の面白さとラストの衝撃性とを恒常的に両立させ得た作家は、私見ではクリスチアナ・ブランドくらいしかいないように思われる」と一歩引いた視点から総括的な評価を記した後に、「ロバート・ムーア監督の抱腹絶倒のミステリ・パロディ映画『名探偵登場』（一九七六年）は、多重解決趣向によって、名探偵という存在やミステリのクリシェを嗤《わら》い飛ばした作品である」と書き添えているのが、映像ミステリに造詣《ぞうけい》の深い千街氏らしい着眼だと言えるでしょう。

興味深いのは、多重解決ミステリを物した多くの作家の代表として、千街氏もコリン・デクスターの名前を挙げていることです。新保さんは第二十九信で『十二人の怒れる男』（これも映像ミステリですね）に触れながら、瀬戸川猛資氏の『夢想の研究』に言及されましたが、私が真っ先に思い出したのは同じ瀬戸川氏の『夜明けの睡魔』のほうでした。デクスターの初期三長編『ウッドストック行最終バス』『キドリントンから消えた娘』『ニコラス・クインの静かな世界』を取り上げて、「これは十年に一度の名作である」云々という瀬戸川節をぶち込んだ「悶絶する名探偵について」の回（「ミステリマガジン」一九八〇年九月号）に、次のような記述があるからです。

どうしてこんなに提灯を持ちたくなるのかというと、この三作で用いられている手法が、ミステリ史上に前例のないものだからである。いや、ないことはない。アントニイ・バークリーに『毒入りチョコレート事件』という傑作がある。あるいは、ロナルド・ノックスの『陸橋殺人事件』。わが国の作品では、中井英夫の『虚無への供物』、山田風太郎の珍品『厨子家の悪霊』。説明すると長くなるので省略させてもらうが、以上の諸作は、デクスターのミステリと、ある意味でよく似たところがある。しかし、いずれも部分的な類似にすぎない。それらの作品に見られる要素をまとめ、手法として用いて小説を書いた人は、デクスター以外にはいないだろう。

あらためて当時の記憶を掘り返すと、「『陸橋』は『毒チョコ』に先駆けた多重解決ミステリの元祖である」(第二十八信)という評価をもたらしたきっかけは、この瀬戸川氏の宣伝文句だったのではないかという気がするのです。それだけではありません。ある時点から『毒チョコ』の再評価が急速に進んだのも、〈モース警部〉シリーズの人気と瀬戸川史観の相乗効果によるものだった可能性がある。

瀬戸川史観というのは、やや大げさな表現かもしれません。それでも一九八〇年代から九〇年代にかけて、海外の本格ミステリを読み始めた若い読者への影響力(刷り込み)は無視できないものだったと思います(私もその例外ではありません)。たとえば瀬戸川氏は、デクスターのミステリは「マリー・ロジェの謎」＝「謎解きの論理にはじまって、やがて論理のための論理、それ自体にポオが夢中になって出来てしまった小説」の嫡流ではないかと推察していますが、前記の千街本でも「『毒入りチョコレート事件』の源流のひとつと見なすことが可能な作品として、ポオの「マリー・ロジェの謎」が言及されているのです。『水面の星座　水底の宝石』の別の章では『夜明けの睡魔』の「最後の一撃」回を参照しているので、多かれ少なかれ、瀬戸川史観の影響は否定できないでしょう。

図らずもまたポーに話が戻ってきたわけですが、新保さんの仰る「『陸橋殺人事件』よりもっと古い或る有名作品、しかしそういう文脈では多分まだ語られていない短編」というのは、すでに『毒チョコ』の源流として語られている「マリー・ロジェの謎」のことではないはずです。G・K・チェスタトンのブラウン神父譚のどれかではないか、と当たりを付けてみたものの、どれも帯に短し襷《たすき》に長しで一つに絞りきれません。第三十一信への楽しみに取っておくことにしてもう一冊、興味深い参考文献を挙げておきましょう。

「成長しない時代を生きる」という副題が目を引く『時間ループ物語論』（二〇一二年）は、評論家の浅羽通明《あさばみちあき》氏が「二〇一〇年と二〇一一年の二回、早稲田大学教育学部国文科において「日本現代文化論」なるタイトルで行った講義の一部」をまとめた本です。タイトル通り、時間ループという特異な現象を扱ったさまざまな物語を論じた書物で、北村薫『ターン』（一九九七年）や西澤保彦《にしざわやすひこ》『七回死んだ男』（一九九五年）といった作品への言及もある。興味深いと書いたのは、後半の「第九講：ループものの起源をさかのぼる③／物語の迷宮と時間の近代化」と題された章で、「時間ループ物語の一ルーツ、ご先祖を求めようとしている今日の講義上、見逃せない作品」として『毒入りチョコレート事件』が紹介されているからです。

　同じ話を何度も蒸し返すようですが、浅羽氏は『毒チョコ』を本歌取りした例として、米澤穂信氏の〈古典部〉シリーズ第二作『愚者のエンドロール』（二〇〇二年）を紹介してから、次のように述べています。「「偶然の審判」と同じ年には、ロナルド・ノックスというイギリス国教会の偉いお坊さんが『陸橋殺人事件』というのを書いている。この人「ノックスの十戒」という謎解きミステリーがフェアであるための古典的ルールを提起した人でもあり、ルールを整備した人だからこそ、ミステリーが本質的にはらむおかしさにも気づいたのかもしれません」（法月註・「偶然の審判」の発表年には諸説あり。第二十八信を参照）。さらに同系列の作品として、中井英夫『虚無への供物』、山田風太郎「厨子家の悪霊」、もっと最近の作例として山口《やまぐち》雅《まさ》也《や》「解決ドミノ倒し」（『ミステリーズ』所収）や二〇〇七年に公開された映画『キサラギ』（佐《さ》藤《とう》祐《ゆう》市《いち》監督、古《こ》沢《さわ》良《りょう》太《た》脚本）が挙げられていました。

　中井英夫と山田風太郎を並べていることから、ある程度察しがつくでしょう。浅羽氏は「メタ・ミステリーを自分の作風として大成したミステリー作家」としてコリン・デクスターの〈モース警部〉シリーズに言及してから、「この作家と探偵の魅力は、瀬戸川猛資というたいへん優れたミステリーや映画の批評家だった方が、『夜明けの睡魔』という名著（創元推理文庫）で簡潔に紹介しています」とネタの出所を明かしています。さらに浅羽氏によれば「このように、同じ証拠、手がかりから、いくつもの異なる経過をたどった事件が語られるメタ・ミステリー。むろん、小説の結論では真実は一つであとは誤りなんですが、それがどうでもいいくらいに、いろんな名推理、論理の遊戯を楽しめる。／これまでのせっかくの名推理がリセットされて、また始めからやり直し。積み上げた石の塔を自分で突き崩して積み直すかのように。これは、時間ループとどこか通じていないでしょうか」（「物語創作とは時間ループ作業である」）と指摘するのです。

「日本現代文化論」の講義に『毒チョコ』や『陸橋』が出てくる時点でただごとではありませんが、米澤氏の〈古典部〉シリーズは二〇一二年にＴＶアニメ「氷菓」になっていますから（第八～十一話が「愚者のエンドロール編」）、若い世代の間で『毒チョコ』への関心が高まるのは当然でしょう。さらに『時間ループ物語論』では「ゼロ年代を代表するライトノベル、ジャパニメーションのヒット作『涼宮ハルヒの憂鬱』シリーズの有名な一篇」として、夏休みの最後の二週間が延々と繰り返される「エンドレスエイト」（原作短編は『涼宮ハルヒの暴走』所収、二〇〇四年）の分析に多くの頁が割かれています。注目に値するのは、同作で終わりなきループ現象を「観測」する情報生命体・長《なが》門《と》有《ゆ》希《き》の「おすすめの１００冊」（「ザ・スニーカー」二〇〇四年十二月号に掲載されたエンタメ・ブックガイドで、ゼロ年代ライトノベル読者の必読書リストとして広く共有された）に『陸橋殺人事件』が含まれていたことでしょう。ちなみにバークリー作品は『毒チョコ』ではなく、『最上階の殺人』とアイルズ名義の『殺意』が選ばれているのですが、「犯罪研究会」さながらの安楽椅子探偵形式を取り入れたシリーズ最新作『涼宮ハルヒの直観』（二〇二〇年）で、「バークリー作品のベストは？」と問われた長門は「……『毒入りチョコレート』」と答えています（「鶴屋さんの挑戦」）。

ですから、少なくともゼロ年代以降の『毒チョコ』人気の理由を考察するなら、ライトノベルやアニメなど周辺ジャンルの動向を無視するわけにはいきません。あるいは、選択肢によってストーリーが分岐するマルチエンディング方式のゲームとの関係についても再考する必要があるでしょう（周回プレイを繰り返してシナリオ分岐をコンプリートしないとトゥルーエンドに到達できないタイプのゲームは、浅羽氏も示唆していたように、バークリーやデクスターの小説とどこか通じているのではないか）。そういう意味では、以前この往復書簡でも話題になった特殊設定ミステリの流行と、多重解決（推理）ミステリのコモディティ化（汎用化）はパラレルな現象のような気もします。二〇一九年に翻訳刊行された英国産特殊設定ミステリで、「館ミステリ＋タイムループ＋人格転移」が売り文句のスチュアート・タートン『イヴリン嬢は七回殺される』のような作品を見ると、それはけっして国産ミステリに限った話とは言えないでしょう。とはいえ、寄る年波のせいか、この手の話題にはますますアンテナが働かなくなってきているのですが。

ところで、新保さんは「『毒チョコ』は一種の徒花みたいなもので、系譜的に位置づけるのは難しい」と書かれていましたが、私の考えは違います。なぜかというと、『毒チョコ』の趣向を引き継いだ作品が一九三〇年代に数多く発表されているからです。

真っ先に挙げるとしたら、バークリーの盟友だったドロシー・L・セイヤーズの『五匹の赤い鰊《にしん》』でしょう。『毒チョコ』の二年後、一九三一年の作品で、そういえば新保さんも「ミステリマガジン」一九九六年九月号の新刊レビュー欄で、「ピーター卿の真相解明に先立って五様の解決を示す五人の警察官（ロンドン探偵作家クラブの朋友バークリーが二九年に発表した『毒入りチョコレート事件』に挑戦したようでもある）」云々と評していましたね。冒頭に引いた千街氏のコラムに出てくる『禁じられた館』は一九三二年のフランス本格ですが、アメリカでも同じ三二年に、若き日の名探偵エラリーが間違った推理を繰り返すエラリー・クイーン『ギリシャ棺の秘密』、四人の心理学者が推理合戦を展開するC・デイリー・キング『海のオベリスト』が出ています。さらに下って一九三六年には、ピーター・ウィムジイ卿、エルキュール・ポアロ、ブラウン神父を思わせる名探偵が推理を競うレオ・ブルース『三人の名探偵のための事件』、三七年には「あらゆる探偵小説を葬り去る探偵小説」と評されたキャメロン・マケイブの問題作『編集室の床に落ちた顔』が出ています。

クイーンの場合は、第十五信で軽く触れられていたように、一九三四年の第一短編集『エラリー・クイーンの冒険』の巻頭を占める「アフリカ旅商人の冒険」（犯罪学の講師になったエラリーが、学生たちと推理を競う書き下ろし短編）のほうが『毒チョコ』の設定に近いかもしれません。またC・デイリー・キングは同じ三四年の〈オベリスト〉シリーズ第二作『鉄路のオベリスト』でも、四人の心理学者による推理合戦を繰り広げています。本家バークリーは『第二の銃声』のA・D・ピーターズに宛てた有名な序文で、「探偵小説は探偵的興味あるいは犯罪的興味を含んだ、そして読者を数学的であることによって惹きつける小説ではなく、心理学的であることによって惹きつける小説へと発展しつつある」（西崎憲《にしざきけん》訳）と宣言していますが、複数の心理学者がゲーム的な推理合戦を繰り広げる〈オベリスト〉シリーズの試みには、数学的であることと心理学的であることの両方をカバーしようという意図があったのではないでしょうか。

それはともかく、ざっと思い出しただけでもこれだけの作品が短期間に集中しているのですから、同時代の探偵小説家たちにとって『毒チョコ』のインパクトは相当なものだったと思われます。そうでなければ、五十の坂を越したエラリー・クイーンがデビュー当時（一九二九年のクリスマス）の回想をふんだんに盛り込んだ『最後の一撃』の作中で、わざわざ「『毒入りチョコレート事件』とバークリイ氏の巧みで細かい構成」（青田勝《あおたかつ》訳）について言及したりはしないでしょう。さらに、三六〜三七年の作品がパロディやメタフィクションの色合いを濃くしていることも見逃せません。「徒花」という評がふさわしいのはブルースやマケイブの作品であって、『毒チョコ』は大輪の花を咲かせただけでなく、しっかり実を結んで多くの種を播《ま》いた実り豊かな作品と見なすべきでしょう。

今回はこれまで以上に堂々巡りで、同じ話ばかりループしてしまったようです。多重解決（推理）がテーマなので仕方がないような気もしますが、せっかく新保さんが『十二人の怒れる男』と「問題編の存在しない、解決編だけで構成されたロジカルなパズル・ストーリー」の話題を振ってくださったのに、全然対応できなくて申し訳ありません。「『陸橋殺人事件』よりもっと古い或る有名作品、しかしそういう文脈では多分まだ語られていない短編」の答え合わせも含めて、年が改まってからお返事するつもりです。
それでは、よいお年を（ちょっと気が早いですけど）。

二〇二三年十二月四日

第三十一信

二〇二四年一月十七日

新保博久→法月綸太郎

オッターモール氏の手が招く

法月綸太郎 さま

この遣り取りが始まってから、二度目の春を迎えました。昨年は早々、北上次郎氏の急逝という悲報が届きましたが、いわば業界内・読書界に限ったコップの中の嵐だったのに、今年は元日から能登半島地震が列島全体を震撼《しんかん》させました。しかし我々は粛々《しゆくしゆく》と日常生活を営むほかなく、今年もよろしくお願いいたします。今回を含めて連載はあと六信二回しかないので、そろそろ手じまいを考えなくてはいけません。

連載開始前のリモートによる打ち合わせでは、ロス・マクドナルドの作風転換の結節点となった『ギャルトン事件』がもし新訳されたら、その話もしたいねとか言っていたものの、新訳は出ないし、結局ハードボイルドには触れられそうにありません。連載期間中に、北上氏が編集委員の一人を務め、最終巻のアンソロジーに寄せた解説が遺稿ともなった創元推理文庫版〈日本ハードボイルド全集〉（全七巻）が完結し、また原尞《はらりよう》氏が亡くなったりもしたのですが、ほとんど本格ミステリのことばかり語ってきたような気もします。

法月さんも私も、二人ながらにミステリ評論のある種の理想形と仰ぐのが都筑道夫氏の『黄色い部屋はいかに改装されたか？』なのですが、あれは一九六〇年代、国産推理小説が屏息《へいそく》気味に陥って、小栗虫太郎《おぐりむしたろう》・江戸川乱歩・夢野久作らのリバイバルされた戦前作品がかえって新鮮だと持て囃されたころ、一つの特効薬として名探偵復活論を提唱するというゴールがあらかじめ決められていたからこその完成度でしょう。その後、泡坂妻夫《あわさかつまお》・赤川次郎《あかがわじろう》・栗本薫《くりもとかおる》・島田荘司《しまだそうじ》・笠井潔《かさいきよし》ら諸氏、続く新本格ムーヴメントの作家たちによって名探偵は百花繚乱《ひやつかりようらん》の時代となるわけですが、必ずしも都筑理論の実践というわけではなかったようです。むしろ、大衆は結局、夢を仮託できるヒーローやアイドルを求めるという普遍的心性がたとえ忘れられかけても早晩、甦ってくるという歴史の必然がミステリ界にももたらされただけではないでしょうか。

都筑理論が半世紀後の現在、部分的にせよ、なお有効であるのは、結論である名探偵復活論よりも、そこに至るまでの各論のほうだと思います。とはいえ、それらの整然とした論理展開も、名探偵復活論を前提としていなければ望めなかった。対して、私どもの連載はそのとき任せ風任せ、迷走することを書き手も愉しみ、読み手にも愉しんでもらいたいと考えていたようです。着地するさい大転倒しなければよいのですが。

『黄色い部屋はいかに改装されたか?』に併録されている「私の推理小説作法」に、G・K・チェスタトンのシリーズ第一集『ブラウン神父の童心』収録の二編「イズレイル・ガウの誉れ」と「狂った形」とが雑誌発表とは順序をあとさきにした痕跡が前者の本文に残っていると、都筑氏が突き止めたエピソードが報告されています。シリーズの初出誌が判明している現在、この点に関しては氏の推理が当たっていて、その影響か、あるいはマーティン・ガードナーによる注釈書でも指摘されていたか、いまガードナー本が発掘できないので確かめられませんが【単行本注・ガードナーも指摘していた】、田口俊樹《たぐちとしき》氏による新訳版や、佐々木徹《ささきとおる》編訳『英国古典推理小説集』所収の同じ作品の新訳では、都筑氏のいう痕跡箇所に割注で断り書きが入ったものでした。逆順になっていることの手がかりは、チェスタトンが意図的に残したわけではなく、「強調したいときには、くどいくらいに押さなければいけないので、また逆にいえば、手がかりを大胆に出しておいても、なかなか読者は気がつかない」ことの例証に都筑氏が持ち出したのですが、この「イズレイル・ガウの誉れ」について、創元推理文庫旧版(一九五九年)の解説で中島河太郎氏は次のように述べています。

「これは神秘的な伯爵の生死いかんを調査する話だが、神父の到着以前に相棒のフランボウと警視庁の警部とが、伯爵の城中に散らばっていて説明のつかない物の目録をこしらえて待っている。第一に全部が何の細工もしてない非常におびただしいダイヤモンド類、第二に何の容器にも入れてない幾山ものばらの嗅ぎ煙草。第三にまるでおもちゃの機械をばらしたかと思われるこまかい金属片の妙な小山。第四に蠟燭、しかも蠟燭立ては見当らない。この四項目から神父はいろいろな解釈を引き出して二人を煙に巻いてみせる。【…】だが実際はブラウン神父の真相解明はまえに挙げられた三通りの思いつき的説明と五十歩百歩たりかねないものがある。ということはまえの解決のどれ一つをとってみても、神父なら容易に読者に有無をいわせない講釈を聞かせ得るからである」

こんな作品なので、いわゆる多重解決（≒多重推理）ものに構成しなおすことも可能でしょう。第二十九信の末尾で予告した、「『陸橋殺人事件』（ロナルド・ノックス）よりもっと古い或る有名作品、しかしそういう文脈では多分まだ語られていない」多重推理のルーツ的短編とは、はい、この「イズレイル・ガウの誉れ」でした。このあたりのことを言いたいのだろうとは、法月さんもとうに見当つけておいでだったらしいけれども。

前出『英国古典推理小説集』はディケンズ（しかし『バーナビー・ラッジ』は全体のわずか一％の抄録でしかない）と、大西洋を挟んで米国のＥ・Ａ・ポーとの鞘《さや》当てに始まり、クリスティー、クロフツが登場して長編ミステリ黄金時代が開幕するまでのあいだを古典期として年代順に数編サンプリングし、「推理小説という形式が洗練されていく過程がおのずと浮かび上がる」（「はじめに」）ように編纂されたといいます。

「イズリアル・ガウの名誉」（という邦題になっています）が採られているのは、多重ミステリの先駆だから、というわけではないようです。シャーロック・ホームズご本尊の活躍譚は斥けられ、そのライヴァルたちの功名噺から「特にユニークな二人」として、Ｃ・Ｌ・パーキスの女性探偵もの「引き抜かれた短剣」Drawn Daggers（平山雄一訳・刊のヒラヤマ探偵文庫『ラヴデイ・ブルックの事件簿』では「短剣の絵」）および、ブラウン神父ものの「独特なユーモアと推論のおもしろさが十二分に味わえる」（「訳者あとがき」）本編とが選ばれています。あとの短編は、ウィルキー・コリンズを除いてミステリ文学史の狭間に消えたような作家ばかりで、資料的価値はともかくも、現代読者を満足させる読み物とは言いにくい。

巻末におかれた長編、チャールズ・フィーリクスの『ノッティング・ヒルの謎』も同様ですが、これを邦訳刊行することこそ編訳者のねらいだったのでしょう。単品で出版できるとしたら、見込みがあるのは〈論創海外ミステリ〉くらいですかね。岩波文庫に入れるに当たって、長編の抄録や短編を加えて『英国古典推理小説集』の総題のもと首尾を整えたのは企画賞モノと言ってよい。

それにしても、『ノッティング・ヒルの謎』を除いて短編の部をトマス・バークの「オターモゥル氏の手」（という邦題になっています）に掉尾《ちょうび》を飾らせているのは、やはり奇異に見えます。「黄金時代に入ってからの作品（新保註・一九二九年発表）だが、かねてから評価の高い名品であるので、出版年代にこだわらずに採択した」由ながら、それでは何を収録しても構わないことになってしまう。ただ、この流れで読むと、アンソロジー全体に見え隠れする〝狂気〟が隠しテーマだったのかなとも思わせます。

「オッターモール氏の手」（創元推理文庫『世界（推理）短編傑作集4』に収録された、この表記が最もお馴染みですね）も、いずれ取り上げたかったので、これ幸いと触れておきましょう。「猿の手」から〝手つながり〟で俎上にとも思ったものの、The Monkey's Paw と The Hands of Mr. Ottermole をつなげるのも乱暴でしたから。文庫本で翻訳物に親しみはじめた中学時代、これが短編ミステリの歴代第一位に推されたこともあると聞きかじってたので（たぶん情報源は、立ち読みしていた『世界短編傑作集1』の序文）、いきなり第四巻を手に取ったものです。評価が高いだけに、「どんな作品だろうと胸をときめかせて読んだ中学生の私は、「は？」と当惑してしまった。華麗な推理も奇抜なトリックもなかったからだ」と、これは有栖川有栖氏が『ミステリ国の人々』（二〇一七年）の一項「オッターモール氏」で回想している体験談ですが、私の感想も似たり寄ったりでした。

　なお、この短編に添えられた前文を「乱歩のコメント」と有栖川氏は呼んでいるものの、これは江戸川乱歩の筆ではないと思われます。こうした各編解説は原則的に編者の手になるので乱歩が書いたと受け取るのも無理からぬところ、『真田啓介ミステリ論集　古典探偵小説の愉しみⅠ　フェアプレイの文学』でもバークリー「偶然の審判」の前文に触れた注釈で言及されているように、ロバート・バー「放心家組合」の前文で「いわゆる〝奇妙な味〟と云われる名作短編」、またロード・ダンセイニ「二壜のソース」について「いわゆる推理小説でいう「奇妙な味」の代表作」と、乱歩自身が発案した〝奇妙な味〟という表現を他人事《ひとごと》みたいに述べていることも乱歩筆でない根拠になりそうです。もっとも、「英米短篇ベスト集と「奇妙な味」」（『幻影城』所収）では「私の所謂「奇妙な味」」と一度言えば済んだと思ったのか、続いての小見出しは「所謂「奇妙な味」について」と「私の」を冠さずに遣っているので断定できないのですが、『世界短編傑作集』の各編解説は、おそらく編集部の厚木淳氏によるコメントでしょう。

さて、「オッターモール氏の手」がそれほど面白く感じられなかったのは中学生の読解力の限界のせいだけでないようで、間羊太郎《はざまようたろう》氏も『ミステリ百科事典』で、セイヤーズやカーの意見を尊重して「傑作短篇」と呼びながら、わざわざ「私にはそれほどとは思えないが」と注記しています。さらに松本清張《まつもとせいちょう》氏は、エラリー・クイーン（フレデリック・ダネイ）の訃報に接して、ともに香港に遊んだつれづれミステリ談義に興じた折、「クイーン氏がバークの「オッターモール氏の手」を欧米の探偵小説の秀作第一位に挙げたるは不審なり。【…】（結末で明かされる＊＊が犯人とは）探偵小説のルール違反、アンフェアなりと自分が云えば、クイーン氏は、犯人オッターモールの犯罪心理を強調して譲らず、議論スレ違いとなる」ことを『清張日記』の一九八二年九月五日の分に長々と書き記していて、よほど印象的だったようです。私としては、松本氏の意外にナイーブな一面のほうが印象に残るエピソードなのですが。

当連載でも、福永武彦氏が話題にしたのを一度ならず蒸し返した「サンデー・タイムズ」のベスト99にバークの短編集 *The Pleasantries of Old Quong* がランクインしているのも、「オッターモール氏の手」が収録されていればこそでしょう。それに先立つ短編集 *Limehouse Nights* から「シナ人と子供」を『クイーンの定員Ⅱ』で訳した大村美根子《おおむらみねこ》氏に生前、「オッターモール氏の手」は欧米でなぜ高評価なのか訊いてみたところ、非常に文章がうまいので、それも好評の理由ではないかとのことでした。しかしバーク作品のなかで「オッターモール氏の手」だけ飛び抜けて人気がある理由は分からない。彼我の評価に落差のある点、短編ミステリでは随一ではないでしょうか。

　その後サイコ・スリラーの流行を経て、日本でもそういう作品の受容力が高まったせいか、二〇〇六年「ミステリマガジン」の通算六〇〇号越えを記念して文筆家百余名のアンケートを集計した短篇部門で「オッターモール氏の手」は、コナン・ドイル「赤毛連盟」とフットレル「十三号独房の問題」と並んで十四位にあがってきました（長篇部門でバークリー『毒入りチョコレート事件』が十五位にランクインしていることは第二十九信で述べた通りです。短篇部門でもバークリー「偶然の審判」が第十八位）。もっとも長短篇部門どちらでもそれぞれ、合計得点20点未満でもベスト20に食い込めているので、ひとり三票限定で一位10点、二位7点、三位5点という配点だから、三票弱でも二位を得票できれば滑り込めました。実際「オッターモール氏の手」は宮脇孝雄氏が一位、小森《こもり》健《けん》太朗《たろう》・杉江松恋両氏が二位に推しての結果ゆえ、従前と劇的に評価が変わったとも言いきれないでしょう。有栖川氏も大人になってから再読して評価を上げたというように、国内での人気も全体的には上向きであるのは確かですが。

　多重推理ミステリの話を続けるつもりが、オッターモール氏の掌から出られなくなっておりました。とりあえず、前便で法月さんが引き合いに出された評論『水面の星座　水底の宝石』（二〇〇三年）における千街晶之氏の言説を引いておきましょう。

「【…】ここ数年に限っても、貫井徳郎『プリズム』（一九九九年）、恩田陸『木曜組曲』（一九九九年）、連城三紀彦『白光』（二〇〇二年）、西澤保彦『聯愁殺《れんしゅうさつ》』（二〇〇二年）、霞流一《かすみりゅういち》

『首断ち六地蔵』（二〇〇二年）等々、多かれ少なかれ『毒入りチョコレート事件』の後継者と言えそうな面を持つ多重解決ミステリの作例が少なくない。短期間に、これほど多くの作品が発表されているというのは、ミステリ史においてもかなり特異な現象ではないかと思われる」

それは一時的な現象に留まらず、記憶に新しい最近十年ほど、さらに増えてきています。思い浮かぶままですが、深水《ふかみ》黎一郎《れいいちろう》『ミステリー・アリーナ』（二〇一五年）、『犯人選挙』（二〇一九年）、井上《いのうえ》真偽《まぎ》『その可能性はすでに考えた』（二〇一五年）、『ぎんなみ商店街の事件簿（Sister編／Brother編）』（二〇二三年）、相沢沙呼『medium《メディウム》霊媒探偵城塚《じょうづか》翡翠《ひすい》』（二〇一九年）、白井智之『名探偵のはらわた』（二〇二〇年）、『名探偵のいけにえ』（二〇二二年）、『エレファントヘッド』（二〇二三年）、中村《なかむら》あき『好きです、死んでください』（二〇二三年）などがあり【単行本註・いま思い浮かんだ作品の刊行年月を調べていて、『ミステリー・アリーナ』が六月、『名探偵のはらわた』が八月である以外は揃って九月刊行であるのに驚いた。多重推理だからというより、年末ベストテン入りするのに有利な版元の推し作品になりやすい傾向が出てきたのかもしれない】、榊林銘の長編『毒入り火刑法廷』も本稿が掲載されるころには刊行されているでしょう。なおまだ見落としているというか、とりどりに料理法が工夫されているのに食傷気味に感じるほど多すぎて、多重ミステリだったかどうかも思い出せないこともあるかもしれません。

海外の新作ミステリにはそういう傾向が顕著に見えないのは、わが国でのみ遅れてきた〝チョコレート効果〟があらわれたのでしょうか。書き手側だけでなく、読み手側が多重推理というパターンのあることに気がついて、もっと欲しいという気分が醸成されてきたのに、送り手が反応しているようにも思われるのです。『犯人選挙』が文庫化に際して『マルチエンディング・ミステリー』と改題されたというのも、そういう側面を強調したい強調されたい時期に入っているのかなと。その読み手側の〝発見〟には第三十信で法月さんから指摘されたとおり、米澤穂信『氷菓』が原作で続編である『愚者のエンドロール』ともども二〇一二年にアニメ化されて、未完成の自主映画の結末をあれこれ推理するという設定が『毒入りチョコレート事件』に触発されたと知れ渡ったことも与っているでしょう。

米澤氏と言えば、法月さんと私と三人でミステリーズ！新人賞の選考委員を務めた四年間の最後になった二〇一六年、受賞作なしに終わった通算第十三回、翌年に『屍人荘の殺人』により鮎川哲也賞で栄誉を射止めた今村昌弘氏もノミネートされていましたが、最も高く評価されていたのが真門浩平氏の「サンタクロースのいる世界」でした（法月さんは僅差で別な応募作を推されましたが）。真門氏が「ルナティック・レトリーバー」で第十九回に捲土重来《けんどちょうらい》したのに加え、公募の新人発掘プロジェクト「カッパ・ツー」第三期で選に入ったことは「ジャーロ №86」（二〇二三年一月号）で報じられた通りです。石持浅海《いしもちあさみ》・東川篤哉《ひがしかわとくや》両選考委員のアドバイスを受けて改稿された入選作『バイバイ、サンタクロース　麻坂家の双子探偵』も昨年末に滑り込みで刊行されたのを読んでみると、六話から成る連作の第三話が、かつてミステリーズ！新人賞に応募されてきた短編を原型にしていました。懐かしむには最近に過ぎ、生々しく記憶を甦らせるには遠すぎる感じですが、内容が同じなだけに、七年ぶりにしっかりした足取りを見せてもらえて頼もしく思われます。こちらはあのころに比べても足腰がふらついてきているのですが。法月さんにもご感想を伺いたいところです。

二〇二四年一月十七日

第三十二信

二〇二四年一月二十九日

法月綸太郎→新保博久

かわうそともぐらに手を引かれて

新保博久さま

元日の地震から始まった二〇二四年も早一か月——激震に伴う液状化現象に留まらず、あちらでもこちらでも、争いごとや不正・不具合・不祥事の類いが泥沼化するばかりで、ますます先行き不透明な年になりそうです。冥土の旅の一里塚とは申しませんが、この往復書簡もそろそろ終わりが見えてきたせいでしょうか、「我々は粛々と日常生活を営むほかなく」という新保さんの言葉がいっそう身に沁みますね。

それとは別に、都筑理論に潜在するバグや「歴史の必然」がもたらす皮肉な作用、あるいは戦前作品のリバイバルといったイントロ部分の記述を読んで、あらためて考えさせられたことがあります。というのも、ちょうど前回のゲラ校正を終えた頃、画家・評論家の古谷利裕《ふるやとしひろ》氏の「偽日記@はてなブログ」(https://furuyatoshihiro.hatenablog.com)の二〇二三年十二月二十三日付の記事を目にしていろいろと思うところがあり、読んだ時期が近かったせいか、その記事と新保さんの文章がシンクロしてしまったようなのです。

古谷氏の記事は昨今巷《ちまた》を賑《にぎ》わせている人工知能に関するこぼれ話で、その要旨だけ強引にまとめると――最強の囲碁AI「アルファ碁」(AlphaGo)は自分自身との対戦を繰り返すことでバージョンアップして強くなっていくわけですが、それだけだと過剰な最適化による停滞や、大きな弱点が潜伏していることをチェックできない。なので、時々、他者としての「(今よりも弱いはずの)過去の自分」と対戦させる必要がある。そのために古いバージョンもすべて保存されている、というのです。

AIに関する私の理解はかなり怪しいものですが、それはそれとして、思うところがあったというのはほかでもありません。現在の多重解決(推理)ミステリ・ブームと『陸橋殺人事件』の関係が、「アルファ碁」の最新バージョンと古いバージョンの対戦に重なるような気がしたのです。それは単に、自分の脳がクラシック本格モードになって、目に入るものすべてがこの往復書簡に紐《ひも》づいてしまっただけかもしれません。それでも無理にこじつけるとしたら、令和の時代に古典作品を再読するのはけっして後ろ向きな逃避行動ではなく、現代ミステリが陥りがちな「過学習」や「盲点」を検知するために欠かせない営為なのではないか? 新保さんが取り上げた『英国古典推理小説集』の収録作品も、そうした検知器の役割を果たしてくれるに相違ありません。

さて、ここからが本題です。多重推理のルーツ的短編として「イズレイル・ガウの誉れ」を名指しされたのは、私にとっては完全に「盲点」でした（第二十九信には、ピーター・イズレイエル『沈黙は金で買え』というさりげないヒントも出ていたのに！）。第三十信で「ブラウン神父譚のどれかではないか、と当たりを付けてみたものの」云々と記したのは、「三つの凶器」とか「ムーン・クレサントの奇跡」あたりが念頭にあったからで――実際はいずれも多重推理とは言いがたいのですが、ブラウン神父譚では往々にして事件の関係者がめいめい勝手に自説を開陳する。それらを偏見や先入観による誤謬として神父が退けるまでがお決まりのセットになっていて、つまりダミーの解決を主張するのは通例ブラウン神父以外の人物です。「イズレイル・ガウの誉れ」を見落としたのは、普段とは逆に、神父自身が「グレンガイル城の謎をもっともらしく説明する誤った説」を披露していたせいでしょう。

第三十信で引用した千街晶之氏のコメントに従えば、「ひとりの探偵が仮説を構築しては自ら覆してゆく直列型」（『水面の星座　水底の宝石』）に相当することになりますし、新保さんが引用された中島河太郎氏の解説中にある「この四項目から神父はいろいろな解釈を引き出して二人を煙に巻いてみせる」というくだりなど、まさにコリン・デクスターのモース警部の師匠筋に当たると言ってもいい。瀬戸川猛資氏が「悶絶する名探偵について」を書いた時点でブラウン神父の存在を忘れていたのは、上手の手から水が漏れたと言うほかありません。とはいえ、『夜明けの睡魔』の書籍化（早川書房版）に当たってデクスター回に添えられた〈付記〉には、「『ジェリコ街の女』はチェスタトン顔負けのヌケヌケとしたトリックが楽しめる」とあるので、ブラウン神父からの影響を完全に見逃していたわけではなさそうです。

　瀬戸川氏の名前が出てきたところで、忘れないうちに前回の宿題を片づけておきましょう。『十二人の怒れる男』と「問題編の存在しない、解決編だけで構成されたロジカルなパズル・ストーリー」に関する考察についてです。第二十九信で新保さんが言及された通り、出典は〈モース警部〉シリーズの『オックスフォード運河の殺人』の文庫解説として書いたものですが、そこで例に挙げたのもブラウン神父譚の「折れた剣」でした。

「アルファ碁」の新旧バージョン対戦に倣って、二十八年前に書いた拙文を呼び出してみます。

「これ（法月註・「折れた剣」のこと）に限らず、チェスタトンの作品では、ひとつの逆説（＝ロジカルな解明）に先導される形で、事件の輪郭が徐々に明らかになっていくケースがよく見られます。／ブラウン神父は直観型推理を駆使する名探偵の代表格ですが、モースの妄想的推理もこの流派に属する（世俗化した）末裔《まつえい》の営みだといってよいでしょう」——新保説に従って「イズレイル・ガウの誉れ」を多重推理のルーツ的短編と見なせば、千街氏の言う「直列型」の系譜が立ち上がってくるわけです。

　同じ解説の中で、私はこんなことも書いている。「妙なたとえになりますが、それ（法月註・デクスターの作風）は挑戦型のフーダニットを真ん中にはさんで、倒叙ミステリと正反対の場所に位置するような小説形式だったりするのではないでしょうか？」

これだけでは何のことかわからないので、補助線を引いておきましょう。少しくどいかもしれませんが、第二十八信で引用した杉江松恋氏の「純粋な知的遊戯」に関する二つの論を抜粋して再掲します（以下、傍線は法月による）。

（1）「バークリーは、【…】実際の犯人が誰であろうと（極言すれば犯人なぞいなくとも）推理は可能であるという可能性を示したわけですね」（『毒入りチョコレート事件』創元推理文庫新版解説）

（2）「ミステリにおいて犯人こそが作品を作る芸術家であり、探偵はそれを解説する批評家にすぎないとする言説がある。ノックス長篇は、それと真っ向から対立するものなのである。だって彼の作品では、推理する存在さえいれば謎はいくらでも作り出せるのだから」（『路地裏の迷宮踏査』より「ノックスの王手無用」）

傍線を引いたところを敷衍すると、多重推理というスタイルには、探偵（＝推理する存在）を特権化し、犯人の存在を限りなく無に近づけていく作用があるらしい。だとすると『十二人の怒れる男』を鑑賞した新保さんが「被告の少年の父親を殺したのは結局、誰だったんだ？」（第二十九信）という疑問に苛まれたのも、これと共通の作用によるものでしょう。他方、バークリーがフランシス・アイルズ名義で発表した『殺意』には、刑事コロンボや古畑任三郎のような名探偵の出番はありませんでした。

そこで、今度はこの往復書簡の前半で議論された倒叙ミステリの二つの型を念頭に置きながら、さっきの「妙なたとえ」を言い換えてみましょう。「直列型の多重推理（＝犯人の不在）形式とアイルズ『殺意』のような犯罪小説（＝探偵の不在）が、探偵vs.犯人の対決型倒叙を真ん中にはさんで、正反対の場所を占めている」ということになりますね。対決型倒叙が占める場所に、「犯人と探偵とが、たがいに相手の手すじを読みあって、知能のたたかいをする」（都筑道夫『黄色い部屋はいかに改装されたか？』）タイプの作品を代入しても構いません。

　ちょっと性急になりすぎた気がするので、頭を冷やすために話題を変えましょう。『英国古典推理小説集』に「オッターモール氏の手」（※新保さんに倣って、私も慣れ親しんだ邦題を使います）が加えられた理由として、新保さんが「アンソロジー全体に見え隠れする〝狂気〟が隠しテーマだったのかなとも思わせます」と推理されたのは、わりと腑に落ちる意見でした。そう感じたのは「イズレイル・ガウの誉れ」（※同右）と続けて読んだせいもあるでしょう。チェスタトンの名言としてよく引用される「狂人とは理性を失った人ではない。狂人とは理性以外のあらゆる物を失った人である」（『正統とは何か』安西徹雄《あんざいてつお》訳）という逆説を体現するような作品なのですから。

　ただし、ここで言う〝狂気〟とは「イズレイル・ガウの誉れ」の作中で、「野蛮な生活論理」（佐々木徹訳）とか「未開人の生きた論理」（中村保男訳）と訳されている発想の母体となり、それ以降、〈ポジオリ教授〉シリーズ（T・S・ストリブリング）や〈亜愛一郎〉シリーズ（泡坂妻夫）といった作例を経て、「狂人の論理」「異世界ロジック」などと呼び慣らわされてきたものです。そうした「考え方」（シオドア・スタージョンの短編に同題のホラー・ミステリがあります。『一角獣・多角獣』所収）がホワイダニットという回路を経由して、ＳＦミステリの実験精神と合流し、現在の特殊設定ミステリの隆盛へとつながった、というのが大まかな道筋でしょう。

「イズレイル・ガウの誉れ」が多重推理のルーツであるだけでなく、特殊設定ミステリの可能性まで内包していたとすれば、チェスタトンへの畏敬の念を新たにせずにはいられません。さらにエピステモロジー（科学認識論）研究者の中村大介《なかむらだいすけ》氏のブログ"Superposition de la philosophie et de..."(https://daisuke-nakamura.hatenablog.com) の二〇二一年四月三十日付の記事「【補足記事】「隠す」とは何か、「見えない」とは何か：Ｇ・Ｋ・チェスタトン『ブラウン神父の無心』再び」には、次のような興味深い指摘があります。

このように『ブラウン神父の無心』は、「盗まれた手紙」における「隠すために全然隠さない」盲点原理を一方で直接継承し、他方でそれを認識論の水準で変奏した。加えて本作には、「そこに無いもの」を推理するという、上記二つのトリックのいわば「補集合」ともいうべき傑作、「イズレイル・ガウの信義」がある。そしてこの最後の傑作からは、クリスティーも用い、クイーンが多様に展開した「ネガティブ・クルー」の問題圏が開けるのである。

（※文中の『ブラウン神父の無心』と「イズレイル・ガウの信義」は南條竹則・坂本《さかもと》あおい訳

によるちくま文庫版の別タイトルで、「ネガティブ・クルー」というのはいわゆる「負の手がかり」のことですね。なお原文のアンダーラインを傍線に変更しています）

紙数に限りがあるので、ここでいったんチェスタトンから離れ、「オッターモール氏の手」に話題を移しましょう。これには忘れられない思い出がありまして、二〇〇七年にオフビート・ミステリの異才、ロバート・トゥーイのアンソロジー『物しか書けなかった物書き』を編んだ際、バークへのオマージュ短編を収録したのです。

トゥーイは一九五六年の第十二回ＥＱＭＭコンテストの処女作特別賞入選作「死を呼ぶトラブル」（同誌掲載は一九五七年六月号）でデビューした短編作家で、初代編集長クイーン（フレデリック・ダネイ）のお気に入りでした。一応ネタに触れないよう作品名は伏せておきますが、のっけからトマス・バーケルという刑事が出てくるので、勘のいい読者は先が読めてしまうかもしれません（オッターモールという人名はかわうそ《オッター》ともぐら《モール》の組み合わせ、という小ネタには意表を突かれましたが）。トゥーイの本が出てから十四年後の二〇二一年、小森収編『短編ミステリの二百年５』の解説「第十章　短編ミステリ黄金時代の諸侯」中、独立した節「４　ロバート・トゥーイ１９６９」が割かれているのを目にした時は誇らしいというより、何ともこそばゆい気持ちがしたものです。

トゥーイにからめて小森氏編のアンソロジーに言及したのは前振りで、本命はもちろん「オッターモール氏の手」です。『短編ミステリの二百年』の長文解説には、トマス・バークへの言及が（巻をまたいで）二度ありました。

（1）「切り裂きジャックを連想させる、無動機の連続殺人をあつかっていて、しかも、犯人の動機のなさというか、動機の不可知性を一人称で明言しています」（第1巻「序章『世界推理短編傑作集』の影の内閣《シャドウキャビネット》」より「7 ボーダー・ラインのケース」）

（2）「ここまで来ると、ある種のモダンホラーと、クライムストーリイとは、世紀末においてすでに近しかった【…】怪談とミステリとの近さ以上の、紙一重のところまで接近していたことに気づきます。【…】そして、そうした紙一重のところで、もっとも効果をあげ、ミステリとして高い評価を得たのが、トマス・バークの「オッターモール氏の手」ということになるでしょう」（第4巻「第八章 隣接ジャンルの研究（1）――幻想と怪奇」より「2 モダンホラーへの道」）

というロングパスを放ったようなくだりです。

クイーン（ダネイ）が「オッターモール氏の手」を絶賛していたことは、新保さんが第三十一信で紹介された松本清張氏のエピソードからもありありと伝わってきますが、私が興味を覚えたのは、この短編に姉妹編というべき作品が存在していることです。EQMMの二代目編集長エレノア・サリヴァンが編んだ一九九一年のアンソロジー『世界ベスト・ミステリー50選』の上巻に収録された「ブルームズベリーの惨劇」がそれで、その前はEQMMの一九四二年五月号に掲載（旧作の再録か）されていたようですね。

江戸川乱歩編『世界短編傑作集』の種本の一つとされるクイーン編の短編ミステリ・アンソ

ロジー『一〇一年のお楽しみ――探偵小説傑作選、一八四一―一九四一年』の刊行が一九四一年ですから、ダネイが「ブルームズベリーの惨劇」を翌年のEQMMに載せたのは「オッターモール氏の手」を補完する目的があったはずです。前者は後者のプロトタイプ的な作品で、動機のない一家惨殺事件を扱っている。T・Bと称する語り手は「いま、私は真相を知っている。しかし、その答えは、自分の頭で考えたものでもなければ、専門家の捜査に基づいて推理したものでもない」（宮脇孝雄訳）と前置きしてから、犯人から届いた手紙（告白）を全文引用して、物語を締め括《くく》っているのです。

二作を読みくらべると分かるように、両者ともある種の〝見えない人〟の犯行を扱っていて、その筆致にはポーのデュパン物の影響が見て取れます。ミステリとしては明らかに「オッターモール氏の手」のほうが洗練されていて、完成度も高い。「ブルームズベリーの惨劇」は投げっぱなしというか、作品として破綻寸前のような印象を受けます。

しかしながら、無動機殺人に至る〝狂気〟の分析としては「ブルームズベリーの惨劇」のほうが迫力がありますし（作者は「狂人」の犯行ではなく、「新しい動機」だと述べていますが）、物語としての構成がアンバランスで得体が知れない分、読後の薄気味悪さもサプライズ重視の「オッターモール氏の手」を上回っている。いずれも一九二九年の発表とあり、どちらが先に書かれたか、突き止める手立てがないのがもどかしいのですが、仮に「ブルームズベリーの惨劇」の発展型として「オッターモール氏の手」が書かれたとすると、「探偵の独断でしかない真相暴露の話が、【…】サスペンスに富んだクライムストーリイに化けたのです」（前掲『短編ミステリの二百年1』解説「序章」）という小森氏の要約は、むしろ方向が逆なのではないか、という気もします。具体的に言うと「モルグ街の殺人」「マリー・ロジェの謎」の混合液から、「盗まれた手紙」あるいは「おまえが犯人だ」が蒸留されてきたのと似たような感触があるからなのですが……。

牛の涎《よだれ》のごとくだらだらと引用ばかり続いて、申し訳ありません。そろそろ切り上げ時ですが、リクエストにお応えして、真門浩平氏のデビュー作『バイバイ、サンタクロース』を読んだ感想を駆け足で。

真門氏に関しては一年と少し前、第十二信でも軽く触れた覚えがあります。連作の第三話の原型となった第十三回ミステリーズ！新人賞候補作「サンタクロースのいる世界」を読んだ際、「パラレルワールドを意識した多重推理を繰り広げる」実験作という印象が深く刻まれていたせいでしょう。当時の選評を読み返すと、「麻耶雄嵩《まやゆたか》作品の影響を強く感じさせる設定で、サンタの実在を前提にした推理とそうでない推理の多重解決になっているのがポイント。異世界本格風味のロジックを容赦なく突き放す構成はよくできているし、ホワイダニットをあえて棚上げにする推理も悪くない」云々と書いていますね。

今回の連作版を通読して感じたのは、まず麻耶作品の影響がより明瞭になったということ。『神様ゲーム』と『さよなら神様』を一冊に詰め込んだような、ハイコンテクストな作風がさらに突き詰められていると言ったらよいでしょうか。個々の短編に注目すると、謎の一部をカッコに入れ、推理のモジュール性を高めていく趣向に並々ならぬ創意工夫があって、同じ麻耶作品でも『メルカトルかく語りき』の応用編みたいな読み味がある。ミステリーズ！新人賞への応募作からこのような地点までたどり着くとは、まさしく後生畏るべしと言うほかありません。

その一方で、今回の連作版でも双子探偵の小学生設定への違和感が拭いきれず、頭を抱えてしまったのも事実なのですが……。「ジャーロ№86」（二〇二三年一月号）に掲載された「カッパ・ツー」第三期・最終選考会（石持浅海・東川篤哉）の記事を今回あらためて読み直し、いろいろ得心したところがあります。特に印象に残ったのは、真門氏が「今回の応募作では、小学生たちの世界の中で、もしとんでもない推理力を持った小学生がいたら、という特殊設定のようなことがやりたかったんです」と答えるくだり。ミステリーズ！新人賞応募時の「サンタクロースのいる世界」単話では、題名に即した異世界ロジックを真面目に検討するところに特殊設定テイストを感じましたが、今回の連作版では小学生探偵のキャラクターそのものが特殊設定になっているわけですね。連作の後半に行くほど違和感が募《つの》ってゆき、最終話でそのギャップが最高潮に達するのも、どうやら作者の作戦通りだったようで、「Z世代による本格ミステリの新解釈！」という帯の触れ込み通り、あらためて自分の年齢を痛感させられる問題作でありました。

早くも三月には東京創元社から第二作『ぼくらは回収しない』が出るとのことで、真門氏からはますます目が離せない。最終コーナーを回りつつあるこの往復書簡でも、引き続き注視していく必要がありそうです。

二〇二四年一月二十九日

第三十三信

二〇二四年二月十四日

新保博久↓法月綸太郎

Z世代によろしく(お手柔らかに)

法月綸太郎 さま

トマス・バーク「ブルームズベリーの惨劇」、ロバート・トゥーイ「＊＊＊＊＊」(『物しか書けなかった物書き』所収)とも見逃しておりまして、あわてて一読しました。こんなふうに自身の無知を正してもらえるのも往復書簡の効用の一つですね。もっとも、「Otter にはカワウソ、mole にはモグラの意あり、つなぐと意味不明」であるのも怖いというのは、有栖川氏の『ミステリ国の人々』を通じて——氏もトゥーイ経由の知識なのかもしれませんが——これは知らされておりました。Ottermole は我が国の、猿の頭に虎の四肢、狸の胴体に蛇の尾を持つという鵺《ぬえ》にも似て、英語国民を気味悪がらせる語感なのでしょうか。

「ブルームズベリーの惨劇」と「オッターモール氏の手」が、「いずれも一九二九年の発表とあり、どちらが先に書かれたか、突き止める手立てがないのがもどかしい」と法月さんはお書きになっています。確かに「オッターモール氏の手」は、『世界推理短編傑作集4』の戸川安宣氏の解題によれば「イギリスの〈ストーリー・テラー〉誌一九二九年二月号に発表された」由ですが、「ブルームズベリーの惨劇」も同年発表というのは何か典拠があるのでしょうか。「ブルームズベリーの惨劇」が収録された『世界ベスト・ミステリー50選（上）』（何と、このアンソロジーが訳されてもう三十年になる！）の解説で、小鷹信光《こだかのぶみつ》氏は同編を「名作「オッターモール氏の手」を収めた短編集（一九二九年刊）に収録された作品」と称していますが、その短編集の題名が書いてない。表題作にもなった *The Bloomsbury Wonder*（1929）のことなんでしょうけれど、「オッターモール氏の手」が収録されたのは、その次の短編集 *The Pleasantries of Old Quong*（1931）のはずです。小鷹氏がメモを写し間違えたようにも思われますが、短編集に収録された順番からして、「ブルームズベリーの惨劇」のほうが先に発表されていそうです。もちろん、あとから書かれた短編のほうが、早く単行本に収められることもあるでしょう。いや、仮に「ブルームズベリーの惨劇」の雑誌発表年月が突き止められたところで、執筆順は「オッターモール氏の手」とどちらが先とも言いきれません。

話がそれますが、戸板康二《といたやすじ》氏の老優〈中村雅楽《なかむらがらく》〉シリーズの後期短編に「いつものボックス」「ふしぎな迷子」というのがある。後者を「劇場の迷子」と改題してタイトルロールにした短編集に、二編ながら収められたときもこの順番でした。前者が「オール讀物」一九八四年八月号、後者が「小説現代」同年九月号の発表なので、順番どおりです。ところが前者で、

「劇場で、観客の連れて来た小学生が幕間にいなくなったという事件」に言及されていて、それが後者の内容。後者のほうが書かれたのは先、と考えられます。案ずるに、迷子事件を書き上げて「小説現代」編集部に渡しておいたところ、何かの都合で一、二か月掲載が延びているうちに、あとから書かれた「いつものボックス」のほうが先に活字になってしまったのではないでしょうか。そして、うっかり掲載順のまま短編集にも入れたのではないか。都筑道夫氏が、ブラウン神父の「イズレイル・ガウの誉れ」と「狂った形」とが単行本の収録順は発表順と入れ替わっていたと推理したのほど、鮮やかな思考ではないですけれども。

「ブルームズベリーの惨劇」と「オッターモール氏の手」とでは、登場人物も共通しておらず、どちらが先に書かれたか直接示す手がかりは見出されませんが、「仮に「ブルームズベリーの惨劇」の発展型として「オッターモール氏の手」が書かれたとすると」という法月さんの仮定が、両者を読み比べる限り正しいのではないでしょうか。小森収氏の『短編ミステリの二百年1』解説は、法月さんの非常に切りつめた引用からは趣旨が読み取りにくいのですが、「ブルームズベリーの惨劇」に言及されているわけではなくて、「オッターモール氏の手」はアンソロジー編纂家クイーン（フレデリック・ダネイ）の手によって、全体がクオン老人の語りであるという前提をカットしたことで、「探偵の独断でしかない真相暴露の話」（『世界推理短編傑作集4』版）が「サスペンスに富んだクライムストーリイ」（『世界短編傑作集4』版）に変じたのを、怪我の功名として讃《たた》えているかのようです。

またまた横道にそれるようですが、『世界ベスト・ミステリー50選』はＥＱＭＭ誌の一九四一年の創刊から五十周年を記念して、四〇年代から八〇年代まで各十年間から十編ずつ（各年一編ずつではない）同誌掲載の優秀作を、「ブルームズベリーの惨劇」のような再録作品も含めて蒐《あつ》めたものですが、邦訳上巻の二十三編の一つにアンソニー・アームストロングの「一方通行」があるのが目に留まりました。アームストロングは戦前に推理劇『拾分間の不在証明《アリバイ》』（一九三三年原刊）が邦訳されているように劇作が本業で、六作家によるリレー長編『ホワイトストーンズ荘の怪事件』（一九三九年、一九八三年に「EQ」連載時は邦題「ダブル・デス」）にもセイヤーズ、クロフツらとともに参加しています。

「一方通行」では、タクシー内で相客を刺殺して先に下車、逃亡した犯人を突き止めかねたロンドン警視庁のペイントン警部補が、退職した父の元警視に相談したら安楽椅子推理で一撃解決される。そうです、都筑氏の〈退職刑事〉シリーズに先がけた設定ですね。これまた小鷹氏の解説に頼ると、「ペイントン父子は、EQMM一九五二年十一月号掲載の本編のほかにもいくつかの作品に顔を出しているシリーズ・キャラクター」だそうですが、登場作品がどれくらいあって、すべてこのパターンなのかどうか、私には調べられませんでした【単行本註・酔眼《すいがん》俊一郎《しゅんいちろう》氏にお教えいただいた情報により、確認できたシリーズ作品は'The Maggot'（一九五二年六月号）のみ。こちらが初登場に見えるが、他の資料では「一方通行」を一九四六年発表としているものが多く（掲載誌は不明）、EQMMは再録かもしれない。五二年六月号にはやはり安楽椅子探偵物で〈退職刑事〉のお手本の一つ、ジェイムズ・ヤッフェの「ママは何でも知っている」が掲載されている】。

だからといって、ひとさまの解説を鵜呑みにばかりしているのは危険なことでもあります。江戸川乱歩編の『世界推理短編傑作集』全五巻を補完すべく、戸川安宣氏の編・解説で第六巻が二〇二二年に編まれました。そのなかにオルダス・ハックスリーの「ジョコンダの微笑」がありますが、作中で主人公は、『青い鳥』で有名な「メーテルリンクの魂の配偶者だったジョルジェット・ルブラン」についての新聞記事を読んだという。ジョルジェットは女優で、アルセーヌ・ルパンの作者モーリス・ルブランの妹でもありますが、「一九四一年十月二十七日に癌で亡くなっている。新聞にメーテルリンクとの関連で記事が出たというのは、訃報である可能性が強い。ハックスリーはこの頃、本作品を執筆していたと思われる」と解題されています。しかるに、「ジョコンダの微笑」は「〈ザ・イングリッシュ・レヴュー〉誌一九二一年八月号に掲載された」という。それがジョルジェットが死去するより二十年も前に書かれたかもしれないとはどういうことなのか、狐につままれた気分になります。校閲方は問題にしなかったんですかね。戸川氏のこの解題は行き届いていて、一九二一年の現実の毒殺事件を下敷きにしていることはもとより、四五年のラジオドラマ化を手はじめに、映画に舞台にテレビドラマにと、まさにメディアミックスで持て囃されたとも教えてくれますが、話題になったせいで改訂版が刊行されてジョルジェット・ルブランの件が書き加えられたりしたのでしょうか。

それはそれとして、都筑氏は『退職刑事』第一集（一九七五年）トクマ・ノベルズ版のあとがきなどで安楽椅子探偵の先例をあれこれ挙げていますが、ペイントン父子のシリーズには触れられていないので、博識な氏もご存じなかったらしい。もし知っていたら、似すぎてしまうからと退職刑事を創造しなかったかもしれません。氏は最初のミステリ長編『やぶにらみの時計』（一九六一年）で、ヒッチコック劇場の「ペラム氏の事件」の原作となったアームストロングのＥＱＭＭに再録された短編（未訳）に言及しているので、関心がなかったとは考えにくいのですが。〈退職刑事〉シリーズが理詰めで展開されるため、あまり突飛な解決が示されることは少ないのに対し、「一方通行」は意外性充分ないっぽう、推理には雑な点が目につく。緻密な推理と、意外な真相とは二律背反だという気がしてきてなりません。たとえば「九マイルは遠すぎる」（ハリイ・ケメルマン）も、架空の論理思考遊戯から出発して、現実の犯罪をあばく結果に行き着く点に意外性はあっても、犯罪自体の実相は平凡なものでしたし。

　こんなことを考えたのも、真門浩平氏の『バイバイ、サンタクロース　麻坂家の双子探偵』を読んだせいでしょう。麻坂家の双子の弟である有人《あると》の推理がツヅキ退職刑事的、兄の圭司《けいじ》がペイントン父的と言えなくもありません。作品の出来とは関係ないことですが、現役の刑事である双子の父親が息子にケイジと名づけるのは、何となく不自然な気がしますね。細かいことながら、気になるのはそれだけではありません。

　真門作品、「カッパ・ツー」第三期に応募時には全五話構成で、双子を含む同級生四人が小学生探偵団を結成して、だんだん学年が上がってゆくその最初が一年生というのが元の設定だったみたいです。しかし探偵ごっこであるにせよ、あまりに低学年では苦しいと判断されたかのように、第一話が三年生から始まり、四年生と五年生が各二話に最終話が六年生という全六話構成に再編されました。気になるというのは、彼らが少なくとも五年生までは同級のまま持ち上がっているらしいことなのですが、双子を同じ学級に振り分けているのが疑問です。

　私はいわゆるベビービームに後れた世代ながら、中学校全体で同じ学年に三百人近くいたなか、四組もの双子が存在していたのは平均値を上回っているでしょう。（余計な話ですが、ひと組は姉妹で後年、芸能界に入ったと風の便りに聞きました。当初は姉妹デュオだったのが、片方がソロ歌手になって「愛のふれあい」というスマッシュヒットを放っています。そんな余談はともかく、）どの双子も揃って同じクラスに配されることは決してありませんでした。私のころとは時代が違うとしても、クラス替えの趣旨が一つには、多様な人間関係に触れさせて社会性を養うことにあるのは、いつの世も変わらないでしょう。そうでなくとも、同じクラスにそっくりな顔が二つ並んでいたら、教師にも同級生にも紛らわしくっていけません。圭司と有人とが同級であるのは小説上、必要なことだし、そもそも特殊設定ミステリだから、現実の学校ではどうあろうと齟齬していて構わないと言われれば、それまでなのですが。

　今回、連作第三話に組み込まれた「サンタクロースのいる世界」が八年前、ミステリーズ！新人賞に応募されてきたとき、選考時には応募者の年齢性別など一切の情報が秘匿されていましたが、受賞作なしと決まった選考会のあと、真門氏が当時十七歳だと編集部から教えてもらったかどうか。恐るべき早熟さだと驚きそうなものなのに記憶にないのですが、選評で「春秋に富む作者らしい」と書いている以上、聞いてはいたのでしょう。そして、「一人称の地の文、会話とも、これが小学三年生たちの語彙とは信じられず」と減点材料にしていますが、これは今回、三年生が四年生に改められても同じですよね。「カッパ・ツー」の選考で東川篤哉氏も

「どう考えても、これが小学生の正しい描き方だとは思えない」と言いつつ、「おそらく作者は意図的に「読者が変な感じがする」というのも含めて狙って書いているんだろうと思うので、それならそれもいいかなと。」(「ジャーロ№84」二〇二二年九月号)、逆に推す気持ちになったようです。

通読して法月さんも違和感を募らせたそうですが、私も読み進むにつれて戸惑いながらも、小学生らしい言葉遣いや振る舞いに描くつもりは作者にないらしいと得心していきました。描写技術が未熟なのではなく、確信犯的なのだなと。第一話で圭司のせりふに「ベン図」が出てきますが、これは高校数学で集合を習うまでは出てこない概念でしょう。圭司は天才少年だからいいとしても、圭司よりは凡人寄りの有人の語る地の文にもベン図という表現が見られます。要するに、これは擬人化された動物たちが活躍する物語を読んで、動物が人語で考えたり話したりするはずがないと野暮に難ずるのでなく、擬〝成人〟化されているのだなと割り切ることで、違和感を払拭《ふっしょく》して読むよう努めました。

昨秋刊行された今村昌弘氏の『でぃすぺる』がやはり小学六年生を探偵役にしていることに気づいて、あわてて読んでいるところですが、謎解き趣向以上に、語彙や行動が小学生として違和感なく描かれている点に感心しています。普通に児童文学に接する感覚で読めるほうが、安心なのは確かなのですね。

真門氏は「カッパ・ツー」に入選するに先立って、ミステリーズ!新人賞に捲土重来を期して臨み雪辱を果たしています。受賞作「ルナティック・レトリーバー」について、しかし「紙魚の手帖Vol.07」（二〇二二年十月号）に掲載された米澤穂信氏の評は、作者の力量は認めつつも今度も厳しい。犯人が、ある人物の行動を完璧に操作し得た方法を疑問視するのは私も同感ですが、密室トリックが先例から発展していなくて「独創性に欠ける」というのは点が辛すぎるように思われました。天城《あまぎ》一《はじめ》氏の言う＊＊＊密室に属するものですが、こうした原理自体に新機軸を編み出す余地は今日もう残っていないでしょう。

米澤氏はその選考では、「小さく愛らしいタイプの」別な候補作のほうに肩入れしていましたが、かつて「サンタクロースのいる世界」が俎上に挙げられた当時、「先人が営々と築き上げてきた、小さくも美しいミステリ世界で書かれています」としながら、「その世界を用いるなら、小説のこと（新保註・小説を豊かに書くこと？）はすっぱり諦めて謎解きに徹するか、でなければそこでしか描き得ない異様なものが出てこなければならない」（「ミステリーズ！No.79」二〇一六年十月号）のに、どちらにも振り切れていない点に批判的でした。「サンタクロースのいる世界」では、米澤氏の求める小さな美しさが足りなかったのかもしれません。私には『バイバイ、サンタクロース』では、良くも悪くも「異様なものが出て」きていると感じられましたが、米澤氏はどんな判定を下すでしょうか。

近年では、もう昔ほど読まれなくなったような気がするフレドリック・ブラウンの長編に、『火星人ゴーホーム』（ハヤカワ文庫SF）というのがあります。この本に出てくる火星人（特定の個体ではなく火星人全般）を、いけ好かない悪ガキそっくりだと誰だかが評していた【単行本註・筒井康隆氏の「BEM・私論」だったと後で思い当たった。「物見高くて軽薄でいたずら好きで、ちょうど「あどけなさを装った餓鬼」そっくりのいやらしさを持っている」とある】のを読んで、言い得て妙と感じたものでした。『バイバイ、サンタクロース』の麻坂圭司に等質の印象を抱いていたので、結末の展開にもそれほど衝撃を受けることはありませんでした。むしろ、こういう結末を迎えることがあると、八年前には夢にも思わなかったことを恥じるべきなのかも知れません。

選考委員自身もまた候補作によって審査されるとよく言われますが、米澤氏が真門作品によって試されていると言いたいわけではありません。一般論にすぎないのですが、私自身たまに選考役を拝命すると（本選に携わることは少なく、たいてい予選委員なので気が楽ですが）、毎度ながら痛感することでもあります。この連載も、取り上げてきた作品たちによって、こちらが審査されるのを覚悟しなければなりません。ね？

二〇二四年二月十四日

（バレンタインデーなのに毒入りチョコレートの話をしなかった）

第三十四信

二〇二四年三月十一日

法月綸太郎→新保博久

ルブランの妹からレドンダ島の王たちの方へ

新保博久さま

残り回数が少ないのを意識したせいでしょうか。どうもこのところ、枚数を節約しようとするあまり文章が舌足らずになって、後から説明に追われることが増えたような気がします。コスト削減の弊害というやつですね。今からでも遅くありません。竜頭蛇尾《りゅうとうだび》にならないよう、気を引き締めていかないと。

さて、第三十三信の文面とは順番が逆になりますが、トマス・バーク「ブルームズベリーの惨劇」の発表年を確認する前に、オルダス・ハックスリー「ジョコンダの微笑」の解題に関する疑問点を片づけておきましょう。私も新保さんの意見に賛成で（「重箱の隅の老人」健在なり！）、「ジョルジェットについての新聞記事」を一九四一年の訃報と解したのは、戸川安宣氏の勇み足だろうと思います。というのも、ジャック・ドゥルワール『いやいやながらルパンを生み出した作家——モーリス・ルブラン伝』の「訳者あとがき」（小林《こばやし》佐江子《さえこ》）に記されているように、「著者がルブランを理解するのにもっとも重要だと考えていたのは、妹のジョルジェットである。美しく才能に恵まれた女優だった彼女は、モーリス・メーテルランクの恋人であり、パリの文壇人や芸術家のあいだで崇拝されるスターだった」からで、そういえば杉江松恋氏の『路地裏の迷宮踏査』でも、「ルブランの妹」の華やかな経歴と逸話が紹介されていました。

以下、「人騒がせなルブラン」と題された杉江レビューの受け売りですが、ジョルジェットはモーリス・ルブランの九歳下の実妹で、一八九三年にパリのコミック・オペラ座で女優デビュー。「その二年後に彼女はメーテルリンクと出逢い、一九一八年まで続くパートナーシップを結んだのである（結婚した、というのは誤伝）」（カッコ内も杉江氏記）。メーテルリンクと破局した後、傷心のジョルジェットはアメリカへ渡り、一九二〇年頃には、ニューヨークの前衛文芸雑誌「リトル・レヴュー」の発行人だったマーガレット・アンダーソンと同性愛的な関係を結んでいたらしい。要は現役バリバリの「お騒がせ女優」だったわけで、「ジョコンダの微笑」に出てくる新聞記事というのも、芸能・社交欄を賑わせるゴシップの類いだったのではないでしょうか。

そう考える理由はほかにもあって、杉江氏も指摘しているように「ジョルジェットは、メーテルリンクのからんだ最大のスキャンダルの関係者でもある」——これはメーテルリンクの同名戯曲を原作とし、クロード・ドビュッシーが作曲した歌劇『ペレアスとメリザンド』が一九〇二年にコミック・オペラ座で初演された際の騒動で、主役にジョルジェットを起用するという原作者との約束をドビュッシーが反故《ほご》にして、イギリス人歌手メアリー・ガーデンに役を与えたため、メーテルリンクは激怒。上演中止を求める裁判を起こすなど、さまざまな妨害工作を行ったという、その筋では有名な話だそうです。

ところが、ジョルジェットと別れた後、メーテルリンクは考えを変えたらしい。荻野《おぎの》哉《はじめ》氏の論文「音楽との共食い──『ペレアスとメリザンド』をめぐるトライアングル」(大分県立芸術文化短期大学リポジトリ/https://geitan.repo.nii.ac.jp/records/1386)によれば、「メリザンド役をめぐる騒動で犬猿の仲となったドビュッシーの死の二年後に初めて歌劇を聴いた彼が、そのメリザンド役のメアリー・ガーデンに書き送った言葉は、「私は初めて自分自身の戯曲を完全に理解しました」である」というのですね。ドビュッシーが亡くなったのは一九一八年三月ですから、メーテルリンクの改悛《かいしゅん》は一九二〇年のことでしょう。「ジョコンダの微笑」が「〈ザ・イングリッシュ・レヴュー〉誌一九二一年八月号に掲載された」のであれば、フランスかぶれの英国人スノッブの下世話な興味が一番盛り上がっていた時期に執筆された可能性が高い。「かつてメーテルリンクの魂の配偶者だった」(宇野利泰訳)という文言は、ハックスリーの原文では〝the ex-soul mate of Maurice Maeterlinck〟となっており、このex-の使い方とか、訃報というよりも時事ネタの〝元カノ〟的なニュアンスを感じるのですが……。

軽いマクラのつもりで始めた話が、思いのほか長引いてしまいました。記憶があやふやになる前に、「ブルームズベリーの惨劇」の発表年についてお答えしておかないと。英語圏の古書サイトをいくつか見て回りましたが、同作が最初に活字になったのは、一九二九年にロンドンで創設された小出版社 Mandrake Press から同年に出た“*The Bloomsbury Wonder*”で間違いないようですね。Mandrake Booklets というポケットサイズ本シリーズの一冊で、収録作品は表題作のみ。同社は経営難から翌三〇年に解散したとあります。ちなみに『世界ベスト・ミステリー50選（上）』の解説で、小鷹信光氏が「名作「オッタ－モール氏の手」を収めた短編集」云々と書いているのは、バークの死から五年後、一九五〇年に出版された傑作集“*The Best Stories of Thomas Burke*”のことではないでしょうか？ 管見の限り、それ以前に二作を同時収録した短編集が見当たらないので、「一九二九年刊」とあるのは小鷹氏の誤記か、勘違いと思われます。

私のほうも本題からはずれてしまいますが、“The Internet Speculative Fiction Database”(https://www.isfdb.org) によれば、この傑作集の編者はジョン・ゴーズワースという人で、序文も執筆しているらしい。気になって調べてみたところ、このゴーズワースなる人物、「史上初の安楽椅子探偵」と称されるプリンス・ザレスキーを創造した作家M・P・シールの親友で、共作者でもあったというから驚きです。この返信の冒頭で「戸川安宣氏の勇み足だろう」と書いたばかりですが、その埋め合わせとして、同じ戸川氏による『プリンス・ザレスキーの事件簿』の解説「シャーロック・ホームズのライヴァルたち――プリンス・ザレスキーと生みの親シール」から、ゴーズワースに関する記述を抜粋しておきましょう。

彼は本名をテレンス・イアン・ファイトン・アームストロングといって、一九一二年、ケンジントンに生まれた。ロンドンのマーチャント・テイラーズ・スクールなどに学ぶ。〈イングリッシュ・ダイジェスト〉誌の最初の編集人。その他、諸々の職業を経て、シールと親交を結ぶようになり、その遺言によって遺著の管理人であり、著作権所有者となった。一九七〇年にロンドンで死去。一九三六年の十月に、ホーシャムのシール邸を訪れた際、レドンダ島の王位を継承され、同島二代目の王となった。その証書の証人を推理作家のエドガー・ジェプスンがつとめているのも奇縁である。詩人、小説家。晩年はアルコール中毒となり、悲惨な状態にあったという。

ゴーズワースは詩集の出版に携わる一方、ミステリやホラーのアンソロジーを何冊も編んでおり、その中にトマス・バークやM・P・シールの作品も含まれていたようです。戸川氏の解説によると、晩年のゴーズワースはクイーンに宛てて金を無心する手紙を出していたらしいので、EQMMやクイーン編のアンソロジーにも手を貸していたかもしれません。「推理の一問題」（謎解き自慢の「私」にクィンタス伯父が挑戦する犯人当て風の短編）を始めとするシールとの共作や「レドンダ島の王位」をめぐる逸話への興味は尽きませんし、南條竹則氏の『恐怖の黄金時代　英国怪奇小説の巨匠たち』とその増補改訂完全版『怪奇三昧　英国恐怖小説の世界』には、そのものズバリ「レドンダ島の王たち――M・P・シールとジョン・ゴーズワース」と題された章があるとのこと。南條氏といえば、「猿の手」削除版をめぐる議論（第二十三信）の中で名前が挙がっていましたし、私も第三十二信でブラウン神父譚の訳者として言及した覚えがありますが、本の存在に気づいたのが遅すぎて、今回の返信には入手が間に合いませんでした。

とはいえ、わざわざ「史上初の安楽椅子探偵」の生みの親に寄り道したのには理由があって、一口に言うと「クオン老人の語り」という外枠を持つ「探偵の独断でしかない真相暴露の話」（小森収）が、ある種の安楽椅子探偵譚に接近していることにあらためて思い至ったからなのです。そういう連想が働いたきっかけは、「オッターモール氏の手」に関する私の説明不足を新保さんが補足されたすぐ後に、アンソニー・アームストロング「一方通行」を都筑道夫氏の〈退職刑事〉シリーズに先がけた設定として再発見するパートが続いたせいでしょう。特に〈退職刑事〉シリーズと「一方通行」を比較して、後者の解決は「意外性充分ないっぽう、推理には雑な点が目につく」と断じたコメントから「探偵の独断でしかない真相暴露の話」との類似に気づいたわけですから、「横道にそれる」どころか、私にとってはストライクゾーンど真ん中の話題だったことになります。そうすると、たとえばコリン・デクスターのモース警部がひとりよがりな仮説論理に淫してしまうように、多重推理というスタイルには、ある種の安楽椅子探偵譚を介して「探偵の独断でしかない真相暴露の話」の遺伝子が受け継がれているのではないか？　いや、さすがにこれは飛躍のしすぎかもしれませんが……。

ともあれ、そんな考えが頭をよぎったのは、昨年十月に逝去された翻訳家・池央耿《いけひろあき》氏の『翻訳万華鏡』の河出文庫版を遅まきながら入手して、「連作推理短編」他のエッセイを読んだせいだと思います。周知のように、池氏は長年にわたってアイザック・アシモフによる安楽椅子探偵の二大シリーズ『黒後家蜘蛛の会1〜5』と『ユニオン・クラブ綺談』の訳者を務めてこられましたが、クイズ形式のショートショートを連ねた後者には、どうしても「一方通行」と同様の食い足りなさを覚えずにはいられない。ですからSFミステリ以外の代表作を選ぶなら、「月に一度の会食だけを枠組みに、特許弁護士、作家、画家、数学教師、生化学者、情報機関の暗号専門家という顔ぶれを揃えた【…】黒後家蜘蛛の面々が口角泡を飛ばして推理を競う」〈黒後家蜘蛛の会〉シリーズ（一九七二〜一九九一年）の一択となるでしょう。訳者による紹介文（引用は右記エッセイより）からもその片鱗がうかがえるように、安楽椅子探偵譚と多重推理形式のハイブリッドで、短編の枚数に「知の巨人」アシモフの博覧強記っぷりと雑学への愛がぎっしり詰まっています。最初期のミス・マープルが安楽椅子探偵を務める連作短編集『火曜クラブ』（創元推理文庫の新訳版では『ミス・マープルと13の謎』）の影響を指摘されることが多いシリーズですけれども、インテリ会員による侃々諤々のディスカッション形式といい、最後に真相を看破する老給仕ヘンリーのふるまいといい、『毒入りチョコレート事件』との共通性（新保さんの第十五信！）を忘れるわけにはいきません。

我田引水《がでんいんすい》を承知で続けますと、真門浩平氏の『バイバイ、サンタクロース』に登場する双子探偵の推理を、新保さんが〈退職刑事〉シリーズと「一方通行」の父親キャラになぞらえたのも偶然ではないでしょう。推理合戦の趣向が対話型のロジックに収斂《しゅうれん》していくプロセスを考えるうえでも、示唆的な見方だと思います。ただ、安楽椅子探偵譚と多重解決（推理）ミステリの間には、切れ味優先の短編（連作）と段取り重視の長編のギャップがあるせいか、実作を踏まえて両者を俯瞰的に論じた例は意外に少ない気がします。そこらへんの影響・継承関係について、きちんと整理した文献がなかったっけ、と本棚をかき回していたら、ありました！しかも「二度あることは三度ある」ということわざ通り、戸川安宣氏の再々登場です。新保さんならすでにお察しかと思いますが、有栖川有栖氏の『山伏地蔵坊の放浪』の解説として書かれた論考で（初出は一九九六年）、安楽椅子探偵論の決定版というべき重要文献――なのですけれど、これを駆け足で紹介するのはもったいない。まだこの後に『でぃすぺる』等の話題も控えておりますので、戸川氏の安楽椅子探偵論は次回まで持ち越して、この往復書簡の大トリを務めていただくことにしましょう。

さて、今村昌弘氏の『でぃすぺる』はTVドラマ脚本のノベライズ『ネメシスⅠ』を除けば、作者初のノンシリーズ長編なのですね。ジュブナイル風の仕立てが少々意外だったのですが、読んでいるうちに第十三回ミステリーズ！新人賞（受賞作なし）の最終候補に残った短編「ネバーランド」の断片的な記憶が徐々に甦ってきました。小学生の負傷事故をめぐるご近所ミステリで、新保さんも「これは比較的よく記憶に残っていて、特殊設定などとはうらはらに、学園内の盗難事件を扱って、日常の謎に近いものでした」（第十一信）と書かれていましたから、小学六年生が主人公の『でぃすぺる』はある面で原点回帰と言えなくもない。当時（二〇一六年）の選評ではわりと辛口のコメントをした覚えがありますが、最新作のページターナーぶりと安定した筆致を見るにつけ、やはりこの作者は長編が本領なのだな、と再認識した次第です。本格ミステリとホラーのいずれに重心がかかっているかは、言わぬが花でしょうけれども、児童向けミステリの問題作『神様ゲーム』の著者である麻耶雄嵩氏が「読み終えると、作者の高笑いが聞こえてきて、なんだか負けた気分。」という意味深長な推薦文を寄せているのも見逃せないところです。

新保さんと私、それに米澤穂信氏の三人でミステリーズ！新人賞の選考委員を務めた四年間（二〇一三〜一六年）については、特殊設定ミステリとの関連で、この往復書簡でも何度か話題に出ましたね。加齢現象による弊害というやつでしょうか、どうしても自分が当事者として関わっていた過去の一時期を切り取って特権化してしまいがちですが、そうしたバイアスを差し引いても、二〇一二年（第九回。米澤氏に交替する前、桜庭一樹氏が選考委員を務めていた）も含めた五年間の選考委員時代が、現在のミステリ・シーンを跡付けていくうえで、非常に有意義で中身の濃い経験になったという確信は揺るぎません。「ネバーランド」と同じ第十三回の候補作「サンタクロースのいる世界」（真門浩平）に対する米澤委員の逡巡が記憶に残っているのも、最後の回に受賞作を出さなかったので余計に印象が強いのでしょう。

その米澤氏ですが、『でぃすぺる』の舞台となる田舎町そのものが謎、という設定は『リカーシブル』を想起させます。さらに殺された従姉《いとこ》が残した七不思議の読解が推理の決め手、という作中作の趣向も、同じ米澤氏の『追想五断章』に通じるものでした。『折れた竜骨』が現在の特殊設定ブームの素地を作ったという証言（第十二信）も含めて、米澤作品の後続世代への影響力は令和時代に入っても衰えないようですが、他方、今村作品がよりポジティブなエンタテインメント志向を強めているように感じられるのは、作家性の違いか、それとも平成と令和の時代差によるものか？　いずれにせよ、真門浩平氏の第十九回ミステリーズ！新人賞受賞作「ルナティック・レトリーバー」に寄せられた米澤氏の選評（「紙魚の手帖Vol.07」二〇二二年十月号）は、後続世代への影響力と直木賞作家としての責任を自覚したうえで、文字通り身を切る覚悟で綴られたものでしょう。そういうことが言えるのも、自分が選考委員を退《ひ》いて何年も経っているからなのですが。

　ミステリーズ！新人賞といえば、二月末に出た『毒入り火刑法廷』の作者・榊林銘氏も同賞の出身ですね。やはり新保さんと私、米澤氏の三人で選考に当たった第十二回の佳作入選作「十五秒」を含むデビュー短編集『あと十五秒で死ぬ』に続く第二作。著者の初長編であり、『毒入りチョコレート事件』とジョン・ディクスン・カー『火刑法廷』をくっつけた挑発的なタイトルが示す通り、本物の魔女犯罪を裁く法廷という特殊設定に多重解決（推理）趣向を組み込んだ意欲作です。活字のミステリに限れば、円居挽『丸太町ルヴォワール』、城平京《しろだいらきょう》『虚構推理　鋼人七瀬』、井上真偽『その可能性はすでに考えた』などといった作例の最新バージョンに当たる一方、もっと視野を広げると、法廷バトルを軸にした巧舟《たくみしゅう》『逆転裁判』（カプコン）、魔女の存在が物語を左右する竜騎士《りゅうきし》07《ぜろなな》『うみねこのなく頃に』（07th Expansion）

といったゼロ年代のミステリゲームの影響も無視できません。ちなみに探偵小説研究会の浅木《あさぎ》原忍《はらしのぶ》氏に聞いた話だと、榊林氏の作風はZUN制作による人気同人ゲーム『東方Project』（上海アリス幻樂団）の二次創作と縁が深いそうですが、そちら方面はからきし不案内なので、同人関連のコメントは若い評者に委ねましょう。

魔女が実在するという設定はカーのオカルト好きに由来するとして、「ウィッチフォード村」や「ロジャー・トッドハンター」といったネーミングから、どちらかというとバークリーへのオマージュが目立つように感じました。法廷ミステリの部分に注目するなら、『ユダの試行錯誤』――カーター・ディクスン『ユダの窓』＋バークリー『試行錯誤』――という副題を付けてもよさそうですね。ただ帯のアオリに「次世代本格ミステリの最高峰」と銘打つだけあって、これまで論じてきたような「特殊設定＋多重解決（推理）」ミステリとは、だいぶ肌合いが異なる。大まかに言うと、従来の特殊設定ミステリがSF（ファンタジー）の文法に従っていたのに対して、『毒入り火刑法廷』はもっとホラーの領域に踏み込んでいるような印象を受けました。

いや、これは『毒入り火刑法廷』に限らず、近年の特殊設定ミステリ全般に同様の傾向が見られるのではないでしょうか。あくまでも印象論の域を出ませんが、かつてのSFミステリが推理の条件（ルール）を公理化することでロジック操作の明晰さを目指したのに対し、次世代本格ミステリの書き手たちはダークで理不尽な世界観を表現する道具として、特殊設定や多重推理のテクニックを用いているふしがある。もしくは同じ魔術ミステリであっても、以前新保さんが例に挙げたランドル・ギャレットの〈ダーシー卿〉シリーズ（第七信、第九信）のセールスポイントだった「魔術の体系化」志向が失調して、合理性や必然性を等閑視するブラックボックス的な領域が拡大しているように見えるのです。おっちょこちょいで乱暴な見方なのは承知のうえで、そうした傾向を「特殊設定ミステリのホラー化」と呼んでみたいのですが、新保さんのお考えはいかがでしょう？

二〇二四年三月十一日

ジョン・パグマイア氏の訃報に接し、哀悼の意を捧げながら

第三十五信

二〇二四年三月二十七日

新保博久→法月綸太郎

まぜるな危険か？　多重推理と特殊設定

法月綸太郎　さま

連日、七ツ下がりの雨（どういう意味だか分からない読者は検索を）が降り続く京都です。士気の上がらないことながら（といって陽気が良ければ良いで、浮かれて仕事どころでない）、最後の通信なので、語り残しを少しでも減らしていきましょう。

などと言いつつ寄り道しますが、実写版「十角館の殺人」の配信が三月二十二日から始まったそうですね。法月さんはひと足早くご覧になったらしいが、私はこの書簡を書く締め切りが迫っており、Huluチケットを一ヶ月ぶん買って、見ようと思っても暇がありません。このドラマ化を記念して「小説現代」二〇二四年四月号でも特集が組まれていて、そこに寄稿された若林踏氏の「幻影の城から異形の館へ受け継がれたもの」（「現代ビジネス」のサイトhttps://

gendai.media/articles/-/126070?imp=0 からも読める）によって思い出したのですが、法月さんに「「清張的なもの」へのルサンチマンの忘却」（二〇〇〇年）という短い論考がありました。「従来語られてきた「新本格」と「冒険小説」の対立が表面的なものにすぎず」、「「新本格」にせよ、「冒険小説・ハードボイルド」にせよ、長期的に見れば、いずれも「清張的なもの」に対するレジスタンスとして組織されていたという点で、まったく同根のものだったのではないか」という法月さんの警抜な示唆を踏まえて若林氏は、「実際に「清張的なもの」の息の根を止めたのは角川ホラー文庫の創刊や「日本ホラー小説大賞」の創設といった、ホラーにまつわる一連の動きだったのではないかと（法月は）指摘している」とまとめています（松本清張氏は一九九二年死去、ホラー文庫の創刊とホラー小説大賞の募集開始はともに九三年）。第三十四信の最後で示された、「次世代本格ミステリ」の書き手たちによって「特殊設定ミステリのホラー化」が始まっているのではないかとの仮説は、先の「九〇年代ミステリーの地殻変動」説を引き継いでいるようでもありますね。

ところで、人間は食欲・性欲・睡眠欲といった本能的な欲求がとりあえず満たされたあと、次に求めるのは「泣きたい・笑いたい」、続いて「驚きたい・怖がりたい」という感情ではないでしょうか。一九八九年、元号が昭和から平成に変わったばかりのころ「一杯のかけそば」なる、お涙頂戴でツッコミどころも多い創作童話が一過性の爆発的ブームを呼んだことがありましたが、そのとき国民を挙げて「泣きたい」気持ちが高まっていたようです。そんな特需がなくとも「泣きたい・笑いたい」欲求のほうは、ＴＶのメロドラマやお笑い番組で比較的簡便に満たせますし（ユーモア小説というものが少数の個々の作家には支えられていても、ジャンルとしては死滅したようなのは、簡便さでTVに及ばないからでしょう）、「驚きたい・怖がりたい」欲求に応えるには、まさにミステリやホラーがお誂え向きでした。

「ひとは驚かされることを好む、あまり手ひどくはなく」と言ったのは、出典が見つからないものの、たしかクリスティーだったと憶えます。小説を読んでどれほど驚かされたとしても実害はありません。せいぜい、夢野久作の『ドグラ・マグラ』を読んだら気が狂ってしまうぐらいのことでしょう。クリスティーの推理小説が「手ひどくはなく」適度に驚かせてくれ、さらに都筑道夫氏が指摘するようにメロドラマ性も強いとあれば「泣きたい」ほうも少し満足させてくれるのですから、聖書に次ぐ世界的なベストセラーになっているのも不思議はありません。特にクリスティーに関しては、SNSで『アクロイド殺し』や『オリエント急行の殺人』に関してネタバレ厳禁とか、それを食らって大迷惑といった投稿を見かけることが多いのですが、驚く楽しみの大きな一つを損しかねないと被害意識・防災意識が強くなっているのでしょう。ひと言ではバラしにくい『そして誰もいなくなった』の人気が安泰なのは、そのせいもあるのかもしれません。

ここ十余年、SNSの普及によって、ミステリの読書人口がかつてなく増加したような気がします。かつては、推理小説ファンのサークルか大学のミステリクラブにでも所属しなければ、おおぜいと感想を述べ合ったり情報を得たりするのも困難だったのですが、かなり自由に送受信が可能になった結果、読者の質も変わってきています。数十年昔はたいてい古典から入門したというか、それしか文庫本などで普及していなかったのですが、今や入り口は多様をきわめる。もともとオーソドックスな作風をひとしきり漁ったあとに、クローズド・サークルも多重推理も叙述トリックも一種の珍味として〝発見〟されたものなのに、そこから参入してくる読者もあるわけで、その周辺から出たくないという我が儘も貫き通せなくはない。ロートル読者は立ちすくむばかりです。

江戸川乱歩が先取的読者だった時代すでに、「……（長篇探偵小説前半の）退屈感は、大部分の本格探偵小説に免れ難い所であって、その小説の優劣は一つに掛って、前半の記事が後半に至って生々《いきいき》と甦って来るかどうか、後半の面白さが前半の退屈を十分取返して猶余りあるかどうかにあるのだと思う」（一九三五年「「赤毛のレドメイン一家」」、『鬼の言葉』）と達観されていました。前半は我慢、というのは中坊のころ、エラリー・クイーンの国名シリーズやヴァン・ダインの諸作などを読んでいて自身でも痛感しましたが、多重推理が近年、日本の若い読者に歓迎されているようなのも、一回の我慢で何度も解決編が味わえて、お徳用と思われているせいかもしれません。コスパが良い、ということなのでしょうね。コスパが良いと言えば、若者が見たい作品をファスト映画で済ませたり、オーディオドラマを早送りで聴いてしまう（あまつさえ、朗読者にそういう聴き方にも対応できるよう朗読せよと要望を送る）というのも驚きです。

そのように効率第一で考えていると、解決編の直前に読者への挑戦状が入っていても、立ち止まって考えたりはしそうにありません。特殊設定も、新たな謎解きのステージを用意するというより、冒頭から鬼面《きめん》人を驚かせる趣向を用いて、読者に退屈する暇を与えないためなのではないでしょうか。退屈なのはごめんだという現代の読者のニーズに合ったものだとは言えるでしょう。ホラー風味を利かせるのも有効なはずで、「特殊設定ミステリのホラー化」と法月さんがおっしゃったのは即興的なようでも、けっこう的確な要約だと思います。

そういう昨今であるところ、芦辺拓《あしべたく》氏の最新作『乱歩殺人事件――「悪霊」ふたたび』を読んでいると、古雅な趣に寛《くつろ》ぐものがありました。「悪霊」は一九三三年、鳴り物入りで開始されながら、作者の乱歩が行き詰まって三回で放擲《ほうてき》した未完作品ですが、書簡体で「第一信」「第二信」と付けるやり方を、この「死体置場で待ち合わせ」が学んでいた（「悪霊」は往復書簡の片側だけで、第一信も第二信も同じ発信者ですが）ことを思うと、当方の完結間際に同書が刊行されたのに奇縁を感じます。乱歩の未完稿を書き継いで結末をつけるのはキワモノと言えばキワモノですが、同作の完成は芦辺氏がかねてより意欲を示していたもので、ついに成し遂げたなあと感慨深い。

原典は竜頭蛇尾どころか尻尾も胴体もなく、ただ竜頭だけがゴロンと転がっている印象ですが、乱歩の遺した連載第一回は特にテンションが高く（さすがに第二回・第三回はパワーダウンしているものの）、未完ながら（あるいは、それゆえに）乱歩の全作中でも有数の異彩を放っております。冒頭から提示される密室殺人、暗号じみた遺留品のカード、流血が一定方向でない不思議な傷跡――これは致命傷でないとしても殺し方の謎、凶器の謎の変形と受け取ってもいいでしょう。密室・暗号・凶器とくると、渡辺剣次《わたなべけんじ》氏が一九七六年に急逝する直前、精力的に編纂した国産推理短編アンソロジー「13シリーズ」が、『13の密室』『13の暗号』『13の凶器』だったことが想起されますね。さらに、半身不随の物乞いの外見を執拗に描写するフリークス趣味、殺された女性を含む心霊学会の面々が容疑者という怪奇ムード高まるなか、降霊会で次なる殺人が予言される。まさに探偵小説らしさ、乱歩らしさの全部のせラーメンさながらで、期待はいやが上にも高まります。

乱歩没後六年を経た梶山季之《かじやまとしゆき》責任編集の「月刊　噂」創刊二号（一九七一年九月）の「知られざる江戸川乱歩」特集のうち座談会「男色まで実験した常識人」で、掲載誌「新青年」の往時の編集長・水谷準《みずたにじゅん》が述べている、「あのときは、ほんとうに（案は）何にもなかったらしいですな。出だしのふんいきだけ」というのが事実だとすれば、密室・暗号・凶器の謎すべてに解答が用意されていたわけではなさそうです。すべて、連載しながら考えるつもりだったのでしょうか。いよいよ思案がつかなければ、手紙の書き手である祖父江進一《そぶえしんいち》が、探偵好きの友人岩井坦《いわいたん》の歓心を得るための虚構であったと切り抜ける手が残されていますが、何もかも嘘というのでは読者が承知しますまい。連載を中絶させて、それどころでない顰蹙《ひんしゅく》を買ってしまうわけですけれども。

中絶御免と謝ってしまって、追いつめられることがなくなると、なおさら火事場の馬鹿力も出ないものでしょう。戦後になるともはや、たとえ解決案を思いついたとしても、連載当初の勢いは取り戻せないと断念したに違いありません。生前の乱歩に横溝正史が聞き出していた真犯人の設定が独り歩きして知れ渡ったことも、続稿執筆に挑戦する者を萎《な》えさせる一因になったようです。乱歩の構想に従うにせよ逆らうにせよ、事情通の読者の期待を裏切ることになります。このジレンマを解決するために芦辺氏が採った手法は、まさにコペルニクス的転回と言ってよい。

ふつう他人の中絶作の跡を引き受けるなら、遺稿の途絶えた箇所から書き継ぐものでしょう。これは翻訳の例ですが、清水俊二《しみずしゅんじ》氏がレイモンド・チャンドラーの『高い窓』（ハヤカワ・ミステリ文庫）を新訳する途上に亡くなったとき、たぶん「彼」と書くつもりで「イ」だけが原稿用紙に記された最後のひとマスに残されていたとか。新訳は戸田奈津子《とだなつこ》氏に引き継がれましたが、いわば「イ」に「皮」を書き加えて「彼」にするところから始まったとも言えるでしょう。芦辺流完結法はそういうオーソドックスな継投でなく、遺稿三話分を自身の創作のなかに作中作のように包み込んでいて、意表を突くものです。ほかの点でも芦辺氏の芸は冴え渡り、乱歩が夢想していた完成版とは似もつかないはずとはいえ、これをしのぐ続編を今後書くのは絶望的に思われるほど。

「悪霊」を何度となく読み返す機会が私にはありましたし、〈江戸川乱歩全集〉で第8巻『目羅博士の不思議な犯罪』（二〇〇四年）に収録のさい校訂にも当たったので、乱歩の書いた部分は十二分に承知していると自惚《うぬぼ》れていて、『乱歩殺人事件――「悪霊」ふたたび』は早く全体を知りたさに、乱歩の自筆パートは適当に読み流したものです。しかし原典に、同書で言えば二十六ページ十二行目からのような記述（未読の場合は先に確かめないこと！）があったことをまったく失念していたのですね。一読してから改めてもう一度、精読しなければいけないと思ってきました。

密室を作るメカニズムはよく理解できていたものの、読後に思い返してみて、密室にする理由は何だっけという戸惑いもあったのです。最終的に密室を完成させる方法の説明は芦辺氏も、「千番に一番の兼ね合い、何とかなった」と、強引で曖昧にしています。蔵の鍵が手元にあるのですから、普通に蔵に入って工作を終えればいいだけではありませんか。もちろん、最後に「蔵の鍵を死体の下敷きにしておく工作も忘れてはならない」のは同じですけれども。この点は、再読しても納得がいきませんでした。私が読み違えしていないとしても、氏の離れ業《わざ》に対して、毛を吹いて疵を求めているも同然でしょう。なにしろ、中絶作品を完結させるだけでなく、中絶に至った理由を乱歩自身いう〝構想の未熟〟に帰させず、のっぴきならない作者の事情まで〝創作〟してしまっているのですから。

『乱歩殺人事件――「悪霊」ふたたび』に刺戟されたわけでもありませんが、坂口安吾が五年の余命のあるうちに、掲載誌の休刊で途絶した『復員殺人事件』の後半を書き下ろして出版しなかったのはなぜか、改めて考えてみたくなりました。これについては芦辺作品の刊行を知る前、第二十七信の最後でちょっと触れております。『復員殺人事件』より後年のことですが、鮎川哲也『死者を笞打て』、栗本薫『絃《いと》の聖域』など、雑誌が消滅したため連載できなかった部分を書き下ろして完成させた長編ミステリはいくつもあります。刊行を前提に安吾に再開を依頼する出版社も少なくはなかったでしょうから、事件の真相がいかにというだけでなく、作品そのものが放棄されたことも謎というしかありません。

おさらいしておくと、『復員殺人事件』は雑誌「座談」一九四九年八月・九月号に二回（第一章〜第七章）掲載されてすぐ十月・十一月・十二月号は休載、翌年一月号から再開（第八章〜第十九章）されたものの三か月で雑誌そのものが蹉跌、前後で計五回きりになりました。休載が三か月、再開後に発表されたのも三回分、この一致は単なる暗合でしょうか。

三か月の病気休載は口実で、その間も安吾は連載相当分を執筆していたのではないかと私は妄想します。第二十七信にも記したように、遠藤正敬著『犬神家の戸籍』を参考にすると、倉田家の法定推定家督相続人である次男の安彦は、戦場で遺体が未発見でも、「すでにビルマで戦死したという公報がはいっていた」（第三章）ので、わざわざ人相が識別不能なまでに損傷した傷痍軍人を安彦に仕立てて、改めて殺害して死亡を確定させる必要はないことになるでしょう。この点を安吾は誤解していて、誰かに指摘されたか自分で気づくかして、作品が成立しないことに思い至った？　犯人もまた同じ誤解をしていたことにすれば乗りきれないことはありませんが、犯人当ての懸賞小説である以上、これはよろしくない。

想像を重ねることになりますが、「座談」がまもなく休刊されるという情報を安吾は入手していたのかもしれません。乱歩「悪霊」が中絶したときの騒ぎを、あるいは安吾がリアルで見ていたとすれば、同じ轍《てつ》は踏みたくない。『不連続殺人事件』と同じく、連載各回の附記で読者を挑発し、大口を叩いてきた身としては、自らの失策によって中絶するという醜態《しゅうたい》はさらすわけにもいかない。そこへ掲載誌の休刊予定を知って、雑誌が終わるから自分の連載もやむなく終了するという体裁をつくろうことにしたのではないでしょうか。正確に何月号で休刊するかが分かったので、カウントダウンに合わせて、かねて書き溜めていた原稿を放出しはじめた。こう考えると、後半を書き下ろして完成させなかったことにも説明がつくのです。芦辺氏が構築した「悪霊」中断の理由ほどスマートではありませんが。

安吾というひとの性格をよく知らないのですが、どうも見栄っ張りであると同時に、そそっかしい一面があったように見受けられます。「推理小説論」（一九五〇年）では横溝正史『蝶々殺人事件』を高く評価しながら、「一つ難を言えば、犯人の＊＊が大阪ホテルにおいて第二の殺人を犯したとき、アリバイをつくるために【…】妙に手のこんだ仕掛をするだけ、発見される危険が多いのである」と指摘してみせました。『蝶々殺人事件』に批判的な都筑氏が、「この作品のトリックのひとつ、窓から被害者をつき落として、犯人が消えてしまうそれには、私も敬意を表しますが」（『黄色い部屋はいかに改装されたか？』）というものでもあるところ、これは安吾の意見のほうが妥当でしょう。

しかし困ったことに、安吾がこの見解を述べるには「犯人」という属性を言えば済み、名前を明かす必要はない。しかも、その犯人名が＊＊だと間違っているのですね。トリックの方法は「【…】」の部分で説明しているので、未読の読者に犯人名を教えないためにわざと間違えたのではないでしょう。

だいたい、同じエッセイの前のほうでは、密室物の古典『黄色い部屋の秘密』のトリックを間違えて紹介している。ここで安吾が説明しているのは、作品の大半が不可能犯罪物というある作家の長編（一九三八年）のトリックで、初訳は一九五七年で当時まだ訳されていませんが、安吾は原書で読んだか、読んだ人に話を聞いたか、あるいは別な作家も使っていたのを知ったか、ともかくそれと混同したのでしょう。

『黄色い部屋の秘密』の密室トリックはひと口で説明しにくいというか、無理に要約すると「なにを馬鹿らしい」と思われかねないせいか、ほかにも思い違いしている現代作家がありました。ギルバート・アデアの『ロジャー・マーガトロイドのしわざ』がそれで、登場人物の一人が「解決法を覚えていた密室の話は、まったく同じトリックを用いているイズレイル・ザングウィルの『ビッグ・ボウの殺人』とガストン・ルルーの『黄色い部屋の秘密』のふたつだけ」（松本依子《まつもとよりこ》訳）と言って明かしていますが、この両作品は別な点で似ているところもないではありませんが、正しく説明されているのは『ビッグ・ボウの殺人』についてだけです。題名のロジャー・マーガトロイドから、読者は別な有名ミステリを連想しそうですが、むしろ似ているのは同じく英国作家の『死の……』、いや、よしましょう。

ネーミングなどで先人へのリスペクトを示すのは、榊林銘『毒入り火刑法廷』も同じですね。法月さんも指摘なさったように、バークリー『試行錯誤《トライアル・アンド・エラー》』の主人公名トッドハンターを拉《らち》してきたりしているほか、「ジャーロ」連載時にあった、終盤である人物が哄笑を響かせるのは、これもバークリーの『最上階の殺人』を連想せずはいられません。残念ながら、その場面は単行本ではカットされ、かなり長い加筆が挿《はさ》まれています。読み比べてじっくり検討すべきなんでしょうけれど、あいにく時間も紙数もありません。火刑法廷は分かるが、どこが毒入りなんだと（弁護人が毒羊を自称したりするとはいえ名前だけです）訝《いぶか》る向きもあるかもしれませんが、仮説を構築しては崩すのが確かに『毒入りチョコレート事件』を思わせますし、何より強烈な〝毒後感〟が……これもよしましょう。
まだまだ話し足りない気がしますが、とりあえず私は店じまいです。戸締まりと掃除をよろしく。では再見！

二〇二四年三月二十七日
発つ鳥、跡を汚しまくり

第三十六信

二〇二四年四月八日

法月綸太郎↓新保博久

さようなら、わたしたちの秘密の郵便箱よ！

新保博久さま

M・P・シールとジョン・ゴーズワースの件、さっそく南條竹則氏の『怪奇三昧』当該章のコピーを届けていただき、ありがとうございます。ゴーズワースの業績については、「アメリカでオーガスト・ダーレスが果たした役割を英国に於いて引き受けた、と評価されるのももっともである」という記述が一番しっくり来ました。それにしても、二代目レドンダ国王を引き継いだ彼が、クイーンのほかにもイーデン・フィルポッツやドロシー・L・セイヤーズ、ジュリアン・シモンズにまで爵位を奮発していたとは！　いくつになっても、勉強の種は尽きないものですね。

それはさておき、二〇二二年のゴールデンウィーク明けに新保さんの第一信を受け取ってから早いもので二年が過ぎ、「死体置場で待ち合わせ」の連載もこの返信をもって千秋楽と相成りました。これまでに書き送ったものを読み返すと、あれもスルー、これも先送りの連発で、書きそびれたり語り残したことのほうが多かったような気がします。せめて最終回ぐらいは脇目も振らず、積み残しの宿題を片づけていくつもりだったのですが、第三十五信の冒頭に引用された若林踏氏のテキストを読んで、またムズムズと脱線の虫が騒ぎ始めました。何度も同じ話をムシ返すようですけれども（虫だけに）、新保さんとミステリーズ！新人賞の選考委員を務めた五年間のことがどうしても頭を離れない。というのも、私が加わった最初の年は桜庭一樹氏、二年目以降は米澤穂信氏との三名で選考に当たっていたからです。

これだけだと何のことかわからないので、駆け足で補足しましょう。旧稿の焼き直しになりますが、ホラーにまつわる角川書店の一連の動きが「清張的なもの」の息の根を止めたのではないか、という仮説は、ライトノベルにまつわるKADOKAWAの一連の動きにも拡張できそうな気がするのです。共通点は「角川的なもの」の浸透と拡散で、桜庭・米澤の両氏は当時、角川傘下のライトノベル・レーベルから東京創元社の〈ミステリ・フロンティア〉に〝越境〟してきた作家の代表（雑な表現ですみません）と見なされていたように記憶しています。桜庭氏は富士見ミステリー文庫で〈GOSICK〉シリーズや『砂糖菓子の弾丸は撃ちぬけない』をヒットさせ、米澤氏の〈古典部〉シリーズもスニーカー文庫のサブレーベル、〈スニーカー・ミステリ倶楽部〉がホームグラウンドでした。したがってホラーだけでなく、少女小説やライトノベルの領域まで視野を広げると、学園ミステリやお仕事ミステリといった日常の謎系の派生ジャンルから、特殊設定ミステリの流行に至るまで、「角川的なもの」の影響力が東京創元社のミステリ新人賞を拠点に、その版図を拡大していったのがこの十年あまりの本格ミステリの主流だったのではないか？　だいぶ手前味噌ではありますが、二〇一二〜一六年の選考委員経験が何度もフラッシュバックするのは、そういうトレンドみたいなものを現在進行形で追体験させられているからでしょう。こうしたねじれというか、タイムラグの感覚は「特殊設定ミステリのホラー化」のみに留まらない。その逆もまた真なりで、この往復書簡ではあまり触れられませんでしたが、たとえば「実話怪談」やホラー小説の送り手たちも、本格ミステリの「語り＝騙《かた》り」の技法を貪欲に吸収して、新たな沃野を開拓しつつあるように見えます。

いや、これは勢い余って、別々に論じるべき内容が混ざってしまったようです。最終回だからといってあれもこれも詰め込もうとすると、まとまる話もまとまらない。「「清張的なもの」へのルサンチマンの忘却」に話を戻しますと、あれは四半世紀ほど前に書いた文章なのですが、今あらためて因縁を感じるのは、実写版「十角館の殺人」の配信がスタートした翌週に、ＮＨＫスペシャル「未解決事件　File.10　下山事件」が地上波で放映されたことでしょう。私も『復員殺人事件』の父子轢死事件に関連して同事件に言及した覚えがありますが（第二十四信）、第一部のドラマパートでは、昨年放映された「未解決事件　File.09　松本清張と帝銀事件」に続いて、大沢《おおさわ》たかおが松本清張を演じている。そうしてみると「清張的なもの」の息の根は止められたどころか、令和の時代になっても仮想敵としての「社会派」イメージがリピートされている、と言ったらさすがに牽強付会にすぎるでしょうか。

そういえば、もう一つ書き留めておきたいことがありました。実写版「十角館の殺人」は、何よりも原作に忠実な映像化が功を奏したケースだと思いますが、松本清張原作・野村芳太郎《のむらよしたろう》監督の松竹映画『砂の器』（一九七四年、橋本《はしもと》プロ）はそれとは対照的に、原作からかけ離れた脚色（父子の旅）がヒットの要因になったとされている。脚本を担当した橋本忍《しのぶ》の評伝『鬼の筆――戦後最大の脚本家・橋本忍の栄光と挫折』（春日太一《かすがたいち》）によれば、生前の橋本氏は『砂の器』の脚本について「僕は原作を半分ほどしか読んでないんだ。清張さんの書いた本でもつまらない部類に属するからね。僕の知り合いでも単行本を持ってきて「全く違うじゃないか！」と文句を言うわけ。「そんなこと知らないよ」としか言いようがないよね」（「七　血の章」）と述べていたそうです。著者の春日氏は「橋本の原作に向かう作業は、「脚色」というより「再・創作」と呼ぶ方がふさわしいかもしれない。『砂の器』に限らず、橋本は原作を大胆に脚色し、ほぼオリジナルといっていい人物像や物語展開を作り上げてきた」と書き添えていました。

『鬼の筆』の「二　藪の章」には黒澤明監督『羅生門』（第十三信を参照）に関する興味深い記述があるのですが、この調子で脱線を続けていくと、終わる話も終わりませんね。「七ツ下がりの雨（午後四時過ぎに降り出した雨）と四十過ぎの道楽は止まぬ」というのは、なかなか終わらないことのたとえだそうで（恥ずかしながら検索して調べました）、往復書簡というスタイル自体、切り上げるタイミングを見計らうのがむずかしい。お互いの手紙を読まずに食べ

て無限ループに陥ってしまう「やぎさんゆうびん」（まど・みちお）の白黒ヤギさんではない

ですけれども、この手の悩みごとはアナログもデジタルも関係ないようで、「就活メールのあれ信はどこまで？」「無駄なメールラリーをやめるには？」といったビジネスマナー指南のあれこれは、令和時代になっても一向に廃れる気配がなさそうです。

それにしても、芦辺拓氏の『乱歩殺人事件――「悪霊」ふたたび』が、新保さんのフィナーレを飾るタイミングで発表されたのは、まさに奇縁と言うしかありません。シンポ教授といえば、十年以上にわたって西池袋の旧・乱歩邸に通い詰め、『幻影の蔵―江戸川乱歩探偵小説蔵書目録―』（新保博久・山前譲《やままえゆずる》編著）を編んだ当事者なのですから。ただし私が奇縁と感じたのは、それだけではないのです。『復員殺人事件』の真相の考察を通じてイヤと言うほど思い知らされたのは、中絶作の完結という課題は年月を経れば経るほどハードルが上がって、ただ単に作者の考えた解決をなぞるだけでは足りない。所与の正解を上回るプラスαの解答を提出しなければ、目の肥えた読者を満足させることはできないということでした。そんな高いハードルをクリアした芦辺氏の離れ業には脱帽するほかありませんが、返す刀で坂口安吾が『復員殺人事件』を未完で放置した理由を絞り込んでいく新保さんの〝メタ推理〟こそ、この往復書簡のクライマックスにふさわしい名人芸だったと声を大にして申し上げたい。というのも、第二十二信で「あらためて振り返るとこの往復書簡自体、インタラクティブな合作みたいなもので、リドル・ストーリーや犯人あて企画、中絶作の完結編といった読者参加型の創作ジャンルが議論の的になるのは、まさに必然の流れという気がします」と書きましたが、同じことは

『毒入りチョコレート事件』以後の多重解決（推理）ミステリにも当てはまる。こういう双方向的な議論の積み重ねが、推理の多重化の原動力になっているのが明らかだからです——クリスチアナ・ブランドを手始めに、『毒チョコ』の「n番目の解決」が連綿と書き継がれているように。あるいは連城三紀彦氏の長編『明日という過去に』が書簡体形式を存分に利用して、究極の連続どんでん返しミステリになっているように、水掛け論や多重推理というスタイル自体がキリのない書簡のやりとりとなじみやすいものです。

とはいえ、芦辺氏から新保さんへの華麗なバトンタッチを見せつけられると、今さら私ごときが何か付け加えたところで、蛇足にしかならないでしょう。蛇足に蛇足を連ねて、蛇に百足《むかで》を接《つ》いだようなものになったら目も当てられません。ですから、私は自分で広げた風呂敷を畳むことに専心したほうがよさそうです。第三十四信で披露した、多重推理というスタイルには、ある種の安楽椅子探偵譚を介して「探偵の独断でしかない真相暴露の話」（小森収）の遺伝子が受け継がれているのではないか？　という思いつきのことですね。あらためて考えると、中絶した『復員殺人事件』と入れ替わるようにスタートした『安吾捕物帖』で前座を務める勝海舟こそ、その遺伝子の受け渡し役にふさわしいような気がしてきます。海舟前座・結城新十郎真打ちというパターンが〈期せずして〉鮎川哲也氏の〈三番館〉シリーズの逆になっているのも気になるところですが、その話はまた別の機会に譲るとして——先信で予告した通り、戸川安宣氏の『山伏地蔵坊の放浪』解説を紹介しておきましょう（以下の引用は、一九九六年刊の〈創元クライム・クラブ〉版ではなく、加筆訂正された二〇〇二年刊の創元推理文庫版「解説」

による。文中『ミス・マープルと十三の謎』とあるのは、高見沢潤子《たかみざわじゅんこ》訳の創元推理文庫旧訳版の題名)。

戸川氏は安楽椅子探偵の元祖として、M・P・シールのプリンス・ザレスキーとバロネス・オルツィ(実写版「十角館の殺人」で再注目された作家名ですね)の〈隅の老人〉シリーズを並べてから、後者のうさん臭さを強調します(「重箱の隅の老人」氏のことではありません、為念)。「事件は全て隅の老人自身の口から語られ、しかも老人は時として検死法廷などに出向いているのである。話をしているときこそ、一歩も《ABCショップ》を動いてはいないが、これはどうも正規の安楽椅子探偵とは言えそうもない。そればかりか、結局この老人は真相を思いついた事件だけを採り上げてポリー相手に話をしているのではないか、いやもっと言えば老人の話はまったくの作り話だ、と意地悪く考えたくなるような構成なのである」

戸川解説のポイントは、『物語の迷宮――ミステリーの詩学』に収められた松島征《まつしまただし》氏の物語分析《ナラトロジー》を踏まえて、物語の語り手の役割に注目していることでしょう。「本格ものにおいては語り手=ワトスン役、即ち、真相に全く気づいていない探偵助手のリポーターという例が多い」。ところが、二大元祖以降の安楽椅子探偵の代表として「ポワロと並ぶクリスティの名探偵ミス・マープルが初登場した連作短編集」を読み直すと、「この『ミス・マープルと十三の謎』では、面白いことに語り手はほとんどの場合、真相を知っているのだ」。そうでなければ、ミス・マープルの推理が正解であるのかどうか、「その場限りの座談の席では確かめようがない」から当然の設定なのですが、「これが黒後家蜘蛛の会の連作になると、事件の概要説明と名探偵による解明の間に複数のワトスン役によるディスカッション・シーンが挟まるのである。『ミス・マープルと十三の謎』にディスカッション・シーンの萌芽はなくもない。が、『十三の謎』では明らかにミス・マープルの解明に比重が置かれているのに対し、黒後家蜘蛛の会では会員たちのディスカッションに置かれている」。さらに戸川氏は「こういうディスカッション形式を推理小説に採り入れた異色中の異色とも言うべき長編が、アントニイ・バークリーの『毒入りチョコレート事件』(二九)である。これは同時に、安楽椅子探偵小説の、長編における特異な成功例とも言えるのではないか」と指摘しています。短編(連作)が主流の安楽椅子探偵と、長編を主流とする多重推理スタイルの結節点を確認した重要な記述であることは言うまでもないでしょう。ちなみに『ミス・マープルと十三の謎』(別題『火曜クラブ』)が本になったのは一九三二年ですが、前半の六編(マープルの甥レイモンドが彼女の家を借りて主催する火曜クラブが舞台)は『毒チョコ』刊行前の一九二七〜二八年に発表されており、この形式においてもクリスティーとバークリーの間で熾烈《しれつ》な先陣争いが繰り広げられていたことがうかがえます。

せっかくなので、もう少し続きを読んでいきましょう。「全ての条件を厳密に守るならば、安楽椅子探偵ものの作品は完璧なフェア・プレイ精神に則った本格ものとなるだろう」と記してから、戸川氏はあらためて「事件を報告するリポーター」が誰であるかに注目します。「肝心なのは物語の報告者で、リポーターが存在し、探偵に語って聞かせる場合(プリンス・ザレスキー、ミス・マープル、黒後家蜘蛛の会等)と、探偵自身がリポーターを兼ねる場合とがある」。前者は多士済々なのに、「後者の例というと、わずかに隅の老人しか思いつかなかった。この点からも、隅の老人譚が他の安楽椅子探偵ものと一線を画すものであることが明瞭になってくる」というわけです。戸川氏はオルツィがそうした構成を選んだ理由を説得的に分析していますが、シリーズ総体の仕掛けを明かすことになるので、ここでは触れないでおきましょう。「ところが、隅の老人以来、実に七十年ぶりにこの類稀な叙述形態の謎解きミステリが誕生した。それが、本書『山伏地蔵坊の放浪』なのである」というのが戸川解説の結論なのですが、終わりのほうにこんなことが書いてある。「なんとなれば、山伏地蔵坊は隅の老人直系の探偵なのだから。／いや、そういう目で、ここに収録されている一編一編を読み直してみよう。すると、いくつかの作品では、山伏が語ったのとは別の解答が考えられないこともないのである」。さんざん遠回りしましたが、安楽椅子探偵譚を通じて「探偵の独断でしかない真相暴露の話」が多重推理というスタイルの源流になっている、というのはこうした機序によるものです。

　ところで、第三十五信ではコスパと退屈さをめぐる考察に目を引かれました。私もコスパとかタイパ重視の風潮には抵抗があるのですが（タイム・パフォーマンスという言い回しは、ものすごく和製英語っぽいですよね）、来し方を振り返れば、藤原宰《ふじわらさい》太郎《たろう》氏や山村正夫氏の推理クイズ本にはずいぶんお世話になった口で、ネタバレの弊害に目をつぶるなら、あれこそコスパ志向の極みでしょう。乱歩の「類別トリック集成」や中島河太郎『推理小説の読み方』なんかも、自分がローティーンの頃は一種のアンチョコ（虎の巻）として読みふけっていたわけで、コスパ云々以前に現代の若い読者にとっての不幸は、二十一世紀にふさわしいバランスの取れたミステリの入門書が存在しないことかもしれません。またそれとは別の意味で、コスパ志向を極めた結果、前人未踏の異次元に突き抜けてしまった『天城一の密室犯罪学教程』のような例もありますから、もう少し気長に見守りたいという思いもなきにしもあらず……。いずれにせよ、コスパやタイパに特化して、冗長性を切り捨てたシステムの脆《もろ》さが次々と露呈している現在、エンターテインメントの世界でも〝退屈さの効用〟が見直されるのは時間の問題ではないでしょうか。

というのは前振りで、実は安楽椅子探偵という形式にも、効率至上主義的なところがあります。新保さんには釈迦に説法でしょうけれども、都筑道夫氏と佐野洋氏の「名探偵論争」（『推理日記Ⅱ』、『黄色い部屋はいかに改装されたか？ 増補版』所収）の中で、「ジャケット背広スーツ」（『退職刑事1』所収）の捨て推理が「探偵役の独断という印象」を持たれないよう、「弁護士を主人公にして、洋服屋やクリーニング屋に電話して聞いてみる」という形にしたらどうか、という佐野氏の提案に対して、都筑氏が「そういう描写は、私はまったく無駄だと思うのです」と応じたうえで、「省力時代、むだな描写はやめましょう」と結んでいる回があります（「再び佐野洋氏に答える」）。結びの一文だけ切り取れば効率第一、コスパ重視と受け取れなくもない。もちろん、都筑氏の意図は別のところにあるはずですが、〈退職刑事〉シリーズの設定そのものが無駄を排した純粋ロジックの結晶化を目指していることは言うまでもありません。

こうしたスタイルが効率至上主義に傾きがちなのも事実で、新保さんが第三十三信で言及したアンソニー・アームストロング「一方通行」の食い足りなさも、そこらへんと関係がありそうです。シリーズ名探偵のマンネリズムが推理クイズ的なダイジェストに陥りやすいのは、都筑理論が抱える弱点と言ってもいいかもしれません。そういえば、小森収編『短編ミステリの二百年2』解説の「第三章　英米ディテクティヴストーリイの展開」には、こうしたマンネリズムの発生源に遡るような興味深い指摘がありました。小森氏は推理クイズ的な短編（ショートショート）が主に英国で量産された理由として、送り手側のリソースの制約に着目、「イギリスのパズルストーリイに、新聞掲載の短かい作品が見られる」のは「適当な雑誌媒体がないため、そういうことになったもの」だろうと推察したうえで、「このあたりの制約が、イギリス流の名探偵＋ワトスン役という流儀と結びつくことで、推理問題ふうの短編が書かれることになり、ひいては、アームチェア・ディテクティヴの短編を量産することになりました」と述べています（「7　ブリティッシュ・ディテクティヴストーリイの停滞」）。

さらに小森氏はエドマンド・クリスピンの第一短編集『列車に御用心』に賛辞を送りながら、「たとえば、都筑道夫は『黄色い部屋はいかに改装されたか？』において、フィリップ・マクドナルドより、エドマンド・クリスピンに、より紙数をさいて、モダーン・ディテクティヴ・ストーリイ論を展開すべきではなかったか？」と問うている。それでも「クリスピンの様々な試みや工夫にもかかわらず、アームチェア・ディテクティヴが短かい紙数しか与えられないとき、それは避けがたい制約になっているようです。それが証拠に、この形式が完成形を見たジェイムズ・ヤッフェのママ・シリーズを思い出してください。長めの短編もしくは中編といったヴォリュームを、それは必要としていたのです」（同右）と付け加えずにいられないのが、小森氏らしいところですが。

もう少しだけ、小森氏のアームチェア・ディテクティヴ論を追ってみましょう。見逃せないのは『短編ミステリの二百年5』の解説「第十四章　パズルストーリイの命脈」で露払い的な役割を果たす、ハリイ・ケメルマン『九マイルは遠すぎる』についてのコメントです。戦後本格ミステリの里程標となった同書の表題作で、ニッキイ・ウェルト教授は「一連の推理が理にかなったものであっても、かならずしもそれが事実とは一致しないということ」を証明するため、机上の論理を積み上げていくものの、その結論は彼自身の主張を裏切ってしまう。「このアイロニーがあってこそ、**「九マイルは遠すぎる」**は、パズルストーリイのひとつの本質的な側面を、作品自体が体現した端正な結晶体となったのでした」（「2　九マイルは遠すぎる――モダン・アームチェアディテクティヴの狼煙」）。こうした「純粋なロジック」をめぐるアイロニカルな視点が、現在の多重解決（推理）ミステリの隠れた源泉になっていることを忘れるわけにはいきません。

先の「名探偵論争」で議論の的になった「ジャケット背広スーツ」には「九マイルは遠すぎる」の推論の糸をほぐして編み直したような趣がありますし、後に都筑氏は〈退職刑事〉シリーズ中期の「乾いた死体」でケメルマンの趣向を本歌取りしている。そのへんの事情は「乾いた死体」を収録した『退職刑事3』の創元推理文庫版解説（「前集のツヅキです」で始まる連続講義の後編ですね）を担当されたシンポ教授のほうが詳しいはずですが、同時に「九マイル」方式は殺人事件の起こらない日常の謎タイプの物語と相性がよく、平成時代を通じて学園ミステリやお仕事ミステリの定番となった感があります。米澤穂信氏が初めて日本推理作家協会賞にノミネートされた〈古典部〉シリーズの短編「心あたりのある者は」（『遠まわりする雛』所収）は「九マイル」へのオマージュ作品でしたし、記憶に新しいところでは阿津川辰海氏の『午後のチャイムが鳴るまでは』の第4話「占いの館へおいで」もその流れを汲むものです。もっと若い書き手だと、第十九回ミステリーズ！新人賞受賞作「ルナティック・レトリーバー」を収録した真門浩平氏の第二短編集『ぼくらは回収しない』の巻頭作「街頭インタビュー」にも「九マイル」への言及があるので、謎解きミステリのエッセンスは令和のZ世代まで連綿と継承されていると見るべきでしょう。

例によって最後のほうは引用過多になってしまいましたが、多重解決（推理）ミステリについて論じる前に、安楽椅子探偵形式について考えておくべきだった、というのが最大の心残りです。そういえば『黄色い部屋はいかに改装されたか？』の中で、「完全にフェアなパズル」を目論んだ作例として紹介されたフィリップ・マクドナルド『迷路』（米題『正体不明の人物』"*Persons Unknown*"）も、往復書簡に組み込まれた犯人当て小説でした。検死法廷の速記を静養先のスペインに送り付けられた名探偵アントニー・ゲスリンが、ロンドン警視庁の副総監に推理を書き送るという古風なスタイルが、純粋な安楽椅子探偵形式を実現していたわけです。そう考えるとポーから始まった新保さんとのやりとりも、都筑道夫というお釈迦様の掌《てのひら》の上で踊らされながら、「黄色い部屋」の外周をぐるりと回って、最初の入り口まで戻ってきたようなものでしょうか。

もとより新保さんとの往復書簡ですから、都筑氏の話題になるのは必然の流れで、毎回さまざまな形でセンセーの名前を出してきたはずが、逆に意識しすぎて腰が引けてしまったところもあるでしょう。第二十八信のラストで都筑道夫氏の著作の復刊と書籍化が相次いで云々、と記しておきながら、フリースタイルから出た『二十世紀のツヅキです』全二巻の頭から尻尾までぎっしり詰まった風俗ネタに恐れ戦いて、すごすごと引き下がってしまったように……。新保さんのキリのよさと較べると、こちらは相も変わらぬ千鳥足、くどくどとわかりきったことばかり書きつらねて、ちっとも締まらない幕引きになってしまいましたが、三十六信目は逃げるに如かず。二年続いたやりとりもこのへんでお開きにして、死体置場に隠しておいた〝アワ・プライヴェート・メイルボックス〟を片づけることにいたしましょう。

二〇二四年四月八日　――灌仏会《かんぶつえ》に

新保博久×法月綸太郎 感想戦対談

二〇二四年五月三十日、京都「東華菜館 本店」にて収録　撮影／迫田真実

――この「往復書簡」の連載は、「ジャーロ」誌上で全12回、三十六信、丸二年となりました。長丁場の連載、ありがとうございます。まず連載が終わっての感想を伺いますが、そもそもお二人は往復書簡のご経験はあったのでしょうか。

新保　一度やってみたかったんですが、今まで機会がありませんでした。

法月　私は1回限りの往復書簡は経験がありますが、これだけ長い連載はやはり初めてです。

――対談や座談会と違う、往復書簡ならではの面白さ、難しさや、発見などはありましたか。

新保　談話ではなく原稿で書きますので、責任があるな、ごまかしが利かないと思いました。それと、法月さんには説明不要でも、一般読者にも通じないといけないぞと、どうしても口数が多くな

ってしまいましたね。

法月　私は、実際に新保さんへ手紙を書く時間、その裏で打ち合わせをする時間、そして誌面に掲載される時間と、三層の時系列が同時に進行して、途中からわけが分からなくなりました（笑）。それと紙数の関係から、「これはまた次回で」と積み残したテーマが増えていって、しかも一つの手紙で三つぐらいのテーマを同時に書いていた。その両方ですごく目が回るような二年間でしたね。

新保　次回で、と言いつつ結局扱えなかったものも多かったですね。

――相手の手紙を読んでから次の手紙を書くので、「ジャーロ」掲載1回分の三信でもかなり時間が必要でしたからね。

法月　この企画を始めるときイメージとして頭にあったのが都筑道夫さんと佐野洋さんの「名探偵論争」（「小説推理」掲載）でした。交互にほぼ毎月書かれていて、短期間に集中して議論していたような印象がありましたが、実際はこれぐらいのペースだったのかなと感じました。

新保　「名探偵論争」は打ち合わせなしのぶっつけ本番だったのですが、こちらは一応、展開を予測しての準備も出来たわけで。とはいえ、話が思わぬ方向に転がってあわてることも多々ありました。

法月　調べものに関しては、外に出なくてもネット上で大学の研究論文が読めたり、国会図書館のデジタルコレクションも使えるようになって、かなり助かりましたが。

新保　毎回なにか新しいネタを入れなければと思って探していて、驚くような先行研究に出会えましたね。

ポー、クリスティーと、推理合戦の連続

——その「ネタ」を通して流れを振り返ってみますと、まず新保さんが第一信で〈ポーの「モルグ街の殺人」は「マリー・ロジェの謎」のための捨て石だった〉説を提唱されました。

新保 あれは封切りネタのつもりでしたが、二〇〇二年「ミステリマガジン」でとっくに書いていたのを忘れていました（笑）。ただ、「世界最初の推理小説」といわれる「モルグ街」を最初に扱おうとは決めていましたね。

法月 ポーに関しては河合祥一郎さんによる新訳『ポー傑作選2』の、「おまえが犯人だ」を読んで、まだこんな新解釈が可能なのかと驚きました。「マリー・ロジェ」は十代で最初に読んで、純粋推理形式だと思っていたんですよ。いま読むと、現在進行形のジャーナリスティックな読み物だと再認識しました。

新保 いまでいうと「文春砲」みたいなものですよね（笑）。

法月 あ、ここは読者受けを狙って書いているな、論争っぽく書いているなというのは、年齢を重ね

法月綸太郎氏

て再読しないと分からない。ポーは「メルツェルの将棋指し」でも「マリー・ロジェ」でも、いいところまでいくのに推理の核心は外していて、やはり文学者だったんだなと思いました。

新保　山っ気の多い文学者ですけどね。ジャーナリスティックな感覚をもった文学者なのか、文学の才をもったジャーナリストなのか、どっちとも言えない人です、ポーは。

　そもそも「モルグ街」が世界最初の推理小説だという評価は誰が言い出したのか分からない。今では当然のことのように受け入れられているのですが、そういう「定説」を疑ってみるのはやりたかったことです。

――ポーに続く第二のネタとして新保さんが打ち出したのが「クリスティー失踪の謎」でした。

新保　あれこそ「文春砲」でしたね（笑）。

法月　最近ハヤカワ・ミステリから『ポケミス読者よ信ずるなかれ』というメタミステリが出たんですが、そこでもクリスティーの失踪について一章設けられていました。結局みんなこういう話が好きなんですね。

――「疑似殺人行為で、夫の愛人へのおのが殺意を昇華させようとした」という解答は納得できました。

新保　正解を出すことが大事なのではなく、いかに面白い誤解を提示するかが大事だと思って書いていますか

新保博久氏

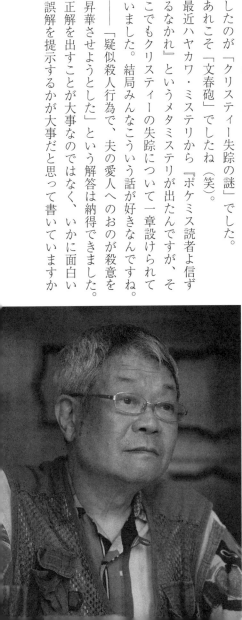

ら（笑）。

法月　失踪当時から諸説あって、それから百年近くずっと議論している。やっていることは代わり映えしないんですけどね。

新保　クリスティー本人は「正解」を知っているけれど、口を割らなかったからずっと謎のままになってしまった。

――新保さんの説に対して、法月さんが返信した、失踪は「マリー・ロジェ」の二番煎じだったのでは、という推理も面白かったです。

法月　あの推理は、この往復書簡でなければ出てこなかったです。まるでポーがクリスティーの失踪を予言したかのようですから。

新保　クリスティーがポーをなぞったと考えたほうが辻褄は合いますよね。ポーが生きていたら失踪の謎に挑戦したかもしれない。

法月　ただポーは、いいところまでいっても、結局最後は間違ってしまうのでは（笑）。

新保　いやいや、ポーはディケンズの『バーナビー・ラッジ』の結末を予想したように、犯罪者でなく小説家の手筋なら読めたかもしれません。私も今回、及ばずながらクリスティーの手を読んでみようと思ったわけです。

芥川「藪の中」も多角的に掘り下げる

新保　――その二つに続いてさらに大きなネタが飛び出しました。芥川龍之介「藪の中」の真相の推理合戦が、第十三信から第十八信まで続きました。

これも常になにかいいネタはないかと鵜の目鷹の目していたことからですね。連載前のリモート打ち合わせで列挙したテーマにリドル・ストーリーがあって、普通は「女か虎か」（F・R・ストックトン）なのでしょうけれど、宮脇孝雄さんのエッセイで「藪の中」はリドル・ストーリーではなく芥川はちゃんと結末を明示しているんだという説を読んだことから、そちらに舵を切ったのです。私は「藪の中」はリドル・ストーリーだとずっと思っていたので、考え直さないといけないなと。

宮脇さんは答えは作中に書いてあると仰ってますが、最後の死霊の言葉が真相だとしても、それぞれの陳述が食い違う理由は分からない。そこを考えてみようと思ったわけです。

法月　「藪の中」の解釈はいろいろな人が試みていますが、小説家がやりたがるネタですね。学究系の人はあまりやらない。

国文学の人は、『今昔物語集』の原話がどう料理されたかを詮索したがるので。

新保　謎解きに励む人間は芥川文学が分かっていないということですね（笑）。

法月　最近の研究では、芥川が翻訳ものというか、海外文学から受けた影響をどんどん遡っているようですが……。

新保 近年ではそうでも、それまでは『今昔物語集』で止まってしまっていたんです。

法月 芥川の天才が『今昔物語集』から深遠なストーリーを編み出した、というところで止まってしまう。今回のやりとりを通じて、芥川の設定の妙や語り口は割と海外にアイデアの元があるんだということが見えてきました。

その元ネタに「茶碗の中」をはじめ、小泉八雲＝ラフカディオ・ハーンの作品がからんでいるということも知らなかったですから。

私は松江の出身なので、小泉八雲は郷土の偉人として接してきましたが、松江を離れたあとの八雲のことはよく知らなかった。たとえば東京の帝大でどういう講義をしていたのか知らなくて、今回調べたら思っていたよりはるかに奥の深い人だった。

新保 小泉八雲は日本の小説家なのか、それともイギリスの小説家なのか、立ち位置が自身も曖昧なのです。

法月 そういう蝙蝠のようなところがある人で、『怪談』も奥さんからの聞き書きを英訳しただけだと思っていたんです。ところが「茶碗の中」を読んでみると、八雲の創作や取捨選択が作品の魅力の源泉になっているのに気がつき、認識を改めたところがあります。

新保 赤江瀑の「八雲が殺した」でも、主人公が八雲を「トンチキ」と罵っていますが、あれは実は赤江さんが八雲を褒めていて、わざとああいう表現にしているんですね。

法月 あれはものすごくテクニカルな小説ですね。今回、赤江さんに対するイメージもずいぶん変わりました。ひたすら情念の人みたいに思っていたのですが、その前提としてテキストと向き合う研究者目線も備えていた人なんだと痛感させられて。

――先ほど、新保さんが「藪の中」の解釈は小説家がやりたがると仰っていましたが、小説家である法月さんはやってみたかったですか？

法月 実は難しいから避けていたんですよね。福永武彦が『今昔物語集』を元に『風のかたみ』を書いていますが、『今昔』を読み込むなかで余白の部分が想像力を刺激したのだと思います。たとえば多襄丸のモデルではないかとされる原話には欠落があって、どういう話なのか全然分からない。のちの小説家がその余白を埋めるために、新たな物語を作ってしまう気持ちは、とてもよく分かります。一方で研究者の人たちも抜けていると気になるだろうし、謎解き興味に近い欲望を喚起されるのでしょうね。

新保 それがミステリ者の性ですね。謎があれば解かずにはいられない、自分が解けなくても、誰か解いた人がいるなら教えてもらいたいと思う。ただ、芥川文学の研究者はそういうところは捨ててしまって、芥川神社の氏子になって、神様がお書きくださったものは玩具にするものではないと考えている（笑）。我々にはそういう信仰はないですからね。

いちばん気になっていたのは「藪の中」で芥川は真相を書いていないけど決めていたのか、それともああいう形のみ提供してみんなが騒ぐのを楽しんでいただけなのか、という点。そこが分からないんです。

法月 「藪の中」は、芥川が同時期に複数の作品の発表が重なっていて余裕がなく、見切り発車で発表してしまったという説もありましたね。

新保　それは宮脇さんが書いてましたね。そのころは雑誌の新年号に何編小説を発表するかを作家が競っていた時代でしたから。

法月　そうです、その説です。私は割とその説に説得力を感じるんです。

新保　芥川はそのときほかに三編書いていたはずです。各誌の新年号に自分の名前を載せたいから、どんどん引き受けたんです。やっぱり芥川も山っ気の多い人なんですね。

法月　矢の本数の問題とか、本当は細部まで仕上げて発表すべきだったのに、間に合わなかった。身も蓋もない結論ですが、実作者からするといちばん納得感があります。

新保　ポーが連載中に結末を言い当てたディケンズの小説は、待っていれば必ず正解が書かれて分かったのですが、芥川の場合、正解が本当にあるのかどうか分からない。判定してくれる芥川はいないわけですから。

　そのうえで「武弘の死霊」の多襄丸追撃説はまだ誰も言っていないだろうと思って、今回提示したんです。

法月　矢の本数の食い違いを説明するのには、追撃説がもっとも腑に落ちました。

新保　あの説も法月さんとやりとりしているうちに出てきたので、往復書簡でなければ成し遂げられなかったでしょうね。

法月　『復員殺人事件』もそうですが、未完の作品やリドル・ストーリーに対する答えを考えていくのは、往復書簡というフォーマットにうまくはまったと思います。

新保　「藪の中」の最初の暫定的結論は厳しいものでしたが、ああいう段階を経ていかないと、「武弘の死霊（生霊）」説にまではなかなか辿り着かなかったと思います。

法月　叩き台の仮説がないと、どの矛盾点にフォーカスすべきか分からないんですよ。

『復員殺人事件』解決編へも挑戦

——そして坂口安吾の中絶小説『復員殺人事件』の「解決編」にも挑んでいただきました。この作品は高木彬光が解決編を書き足したものも刊行されていますが。

新保　高木さんの解決は、ご本人も違うと仰っているくらいで、不満が残りますね。この作品は、書き始めた時点では安吾は真相をきちんと考えていたはずです。だからポーなら解けるパターンですね（笑）。

法月　あとは『不連続殺人事件』を書いた安吾に対する我々の信頼度です。完成形は歪なものかもしれないけれど、『不連続』の作者なら本格の勘所は外していないはずだという信頼、確信があった。高木彬光さんの答えはそういう期待に応えてはくれませんでしたが、一方で安吾が書いた部分に謎を解くすべてのデータが出ているとも思えない。そこは挑みにくいところでした。

新保　安吾はまだすべてを書き切っていない？

法月　そう思います。安吾自身は倉田家の三男の定夫が死ぬところまで書いてる。ただ、そのへんは書き方がバタバタしていて、推理の核心は既に出尽くして定夫の死は付け足しなのか、それとも彼の死が重要な転機になるのか分からないまま、高木彬光の解決編になだれ込んでしまった感があるんですよ。

新保 密入国者たちの話がどう繋がっていくのか、全然分からないままですね。高木彬光も辻褄を合わせるために自分で手札を足しているのですが、その部分が安吾的ではない。

法月 『不連続』の解決では安吾の切れのいい手筋がものすごく明瞭に見えた。そういうものが高木解決からは立ち上ってきませんでした。安吾はミステリのプロパー作家への挑戦の気持ちで書いたはずなのに、あまりそういうものになっていない。

ただ一方で『復員』中絶の八か月後に『安吾捕物帖』の連載が始まって、こちらはもう読者に挑戦するようなミステリとは別物ですし、『復員』に着手した時点で既に安吾はそういうモードになっていたのかもしれない。『復員』で塩漬けになったネタを再利用した可能性も考えて『捕物帖』を再読したら、鉄道による轢死の話があって、そこは連動しているのではないかと思いました。

新保 話は少し戻りますが「藪の中」の真相のとき最も悩んだのは、武弘が死ぬ前に誰かの泣く声を聴く、ひょっとすると泣いていたのは自分自身かもしれないと思う、では本当に泣いていたのは誰だろうということ。このとき幽体離脱をしているのではないか？　それから最後に胸に刺さっていた小刀を抜いたのは誰かと考えているうちに、「武弘の死霊（生霊）」説に辿り着いたのですね。でもそれを思いつくと、矢の数の問題を含め、すべての謎がドミノ倒しのようにパタパタパタッと解けていって、すごい快感があった。その味をしめて、『復員』でももう一度できるのではないかと思ってしまって。

『復員』では戦中の線路での轢死事件の謎に、バレーボール選手だった妹の美津子がボールを顔面に当てて倒したのではないか、という説を会心のつもりで提示したら、法月さんに軽くいなされてしまいました（笑）。

法月 実は、新保さんのその説を読んだとき某作家の作品で（ネタバレなので名は伏せますが）、ボウリングの球をサッカーボールと誤認させ、被害者が自らヘディングするように仕向けて殺すという珍トリックがあって、それを思い出してしまって……（笑）。

新保 それは気がつきませんでした（笑）。『復員』には妹の特技がバレーボールだと唐突に出てくるところがあって、これは何かの伏線だと思ったんですけどねえ。

法月 あと新保さんが、挿絵に入っていた福音書の章数についてこだわっていらっしゃいましたが、あれは単なる画家のミスだったと思うんですが……。あのネタはちょっと拾いきれずに頭を抱えました（笑）。

新保 スルーされちゃいましたね。藪の中にドジョウは二匹はいませんでした（笑）。

法月 ただ、『復員』の戦後の事件で、高木彬光さんが『グリーン家殺人事件』に注目しているのは正解なのではと思います。安吾としても『不連続』の手はもう使えないという前提があって、そのパターンの裏をかくぎりぎりの線を狙った結果、ああいうフワッとした人物相関図に行き着いたような気がするのですが。

――同じ未完の小説ということでは江戸川乱歩の「悪霊」もありますね。

新保　「悪霊」は、書かれた部分は非常にテンションの高い作品になっていますし、乱歩自身、全集に入れています。気を入れて書いたのにもったいないぞ、という想いが本人にあったのでは。

法月　「悪霊」の解決編ということでは、芦辺拓さんが『乱歩殺人事件――「悪霊」ふたたび』で挑戦されましたが、〝江戸川乱歩＋芦辺拓合作〟という看板に偽りのないものでした。

新保　『乱歩殺人事件』は素晴らしい作品でしたね。ただ、乱歩が考えていた解決とは別のものでしょう。でもそれを言ったら、高木彬光の『復員』の解決も安吾が考えていた解決とは絶対違う。違ったとしても、納得させられるだけの強さがあればよかったのですが、『復員』の解決は、そこまではいっていない。

法月　芦辺さんが「あとがき」で書かれていますが、そもそもマニアの間では〝「悪霊」の解決編には定説がある〟ということが前提になっているところに業の深さを感じました。

都筑道夫という作家の存在と影響

――法月さんが先ほど、この企画を始めるにあたって都筑さんと佐野さんの「名探偵論争」が念頭にあったと仰いましたし、お二人は連載で都筑さんの長編評論『黄色い部屋はいかに改装されたか？』に何度か言及されていました。ミステリを語るとき、都筑道夫はいまだ存在感があるのでしょうか。

新保　はい、隠然たる影響力をもっていますし、そもそも影響を受けた私どもがこれを書いたわけですし。だから芥川神社の氏子を嗤《わら》えない、都筑神社の氏子になっているのかもしれません（笑）。

法月 今回痛感したのが、『黄色い部屋は～』の単行本版が出てから半世紀経っているということです。特殊設定ミステリとSFミステリを論じるときも、日本で最初にSFミステリに向き合ったのが都筑さんの『魔術師が多すぎる』（ランドル・ギャレット）の解説だったということを忘れるわけにはいかない。当時のSFミステリの定義がいま現在進行形で書き換えられつつあるだけに、いっそう感慨深いです。

新保 『黄色い部屋は～』のなかで、『Yの悲劇』は『グリーン家殺人事件』の「盗作」であると言っていて、都筑さんはあえて暴論のような言い方をしているのですが、それが今や定説になってしまっている。いまだに影響は残っているんですね。江戸川乱歩と都筑道夫は、ミステリを語るうえで、受け売りをするにしても批判するにしても避けて通れないと思います。

法月 『黄色い部屋は～』にしろ、正面から論じると自分のミステリ観の底まで潜って考えなくてはならないので、今回の往復書簡ではあまり深入りしないつもりだったのですけれど、結局最後には、なぜか都筑さんの安楽椅子探偵論に辿り着いてしまって、なんだか塀越しに「黄色い部屋」のなかを覗きながらぐるっと回っているような感じでした。

マイベスト論と心残りのテーマ

——今回の企画を通して、ご自身で「これは新しい視点を発見できた」「新たな論を構築できた」と思われるマイベスト論はありましたでしょうか。

新保　マイベストは「藪の中」の真相ですね。ある有名な探偵小説の原型が「藪の中」にあるのではないかということを、ネタバレになってしまうので曖昧にしか書けなかったのは残念ですが。ドミノが倒れるように謎が解けていく感覚を特権的に味わえたのは無二の体験でした。

法月　個人的に面白い視点が出せたなと思うのは、クリスティーの失踪がポーの「マリー・ロジェの謎」をなぞっているのではないかという思いつきですね。その符合には、自分でびっくりしましたから。

でも話は少しそれますが、ポーを始めとしてミステリにありがちなことで、後の時代の人間ほど、古典作品を後年に発展するパターンや形式に直結するルーツと見なす傾向があります。型が定まる前の混沌の時代に書かれた作品なのに、まるで最初から現在の形態が既定路線だったかのように受け取ってしまう。あるいは『毒入りチョコレート』も『陸橋殺人事件』も、多重解決ミステリという枠には収まらない皮肉とか、探偵小説批判という毒をたっぷり含んでいる。そういう〝毒を以て毒を制す〟みたいな作品が連なって、いつのまにか定型になり、後から入った読者には〝守らなければならないルール〟として捉えられる。でも時代を遡って、書かれた時代から見ると、そういうもんじゃないんだぞと思いますね。「ノックスの十戒」は半分ギャグなのに、SNSなどで広まると〝決して破ってはいけない不文律〟となったりしますが（笑）、古典を読むことの大きなメリットは、古典を書いた作家はそういうつもりで書いていないことがストレートに分かることですね。

――ではその一方で、このポイントを積み残してしまったと思う、心残りのテーマはありますか？

法月　心残りとは少し違いますが、特殊設定ミステリの話をしたときアルフレッド・ベスターの『破壊された男』を取り上げて、今の特殊設定ミステリの文脈では語られることがないと書きました。でも後から気がついたのですが、方丈《ほうじょう》貴恵《きえ》さんの『時空旅行者の砂時計』の単行本の煽り文句に「令和のアルフレッド・ベスター」と書かれていたんです。これは見落としていました。

新保　あと、「ポーがミステリのほとんどすべての原型を作った」という乱歩見解が定説になっていますが、むしろ、ポーが書いたものから発展したものから、逆算しているだけではないか。限られた容疑者の中から犯人を指名するパターンは考案していなくて、それを〝名指し式〟と名付けて誰がこれを発明したのか考えようとしたのですが、このテーマも途中で消えてしまいました。

法月　そうでしたね、私もうまく対応できなくて、アメリカの通俗ミステリで一種の定型になっていたことは書きましたが、それ以上は手に負えなかった。エラリー・クイーンのラジオドラマとか、アメリカの大衆メディアと相性はよかったみたいですけどね。

新保 その点を語りたかったのですが、確かに新聞に載るミステリ・クイズのようなところから発展したのかもしれません。この形式だと犯人を含む容疑者を全員提示しなくてはなりませんから。

法月 ヴァン・ダインが爆売れしたころのアメリカでは、ブルジョアの遊びとして犯人当てがかなり流行っていたようですし、今の日本の脱出ゲームやマーダーミステリーのように、それ用のシナリオやテキストがたくさんあったのではと思いますね。

でも〝名指し式〟の元祖は何なのか掘り下げるのは難しいですね。一九世紀末から二〇世紀初頭に書かれた、翻訳されているかどうかも分からないマイナーな作家の作品なのかもしれない。元祖を見つけたと思っても、他からもっと古い作品が出てきたりする（笑）。

SNS世代のミステリ読書について

——この企画を始めた動機として「SNS世代に向けてベテランのミステリ読みが語ることがあるのでは」というものがありました。往復書簡を終えてSNS世代のミステリへの接し方で気づかれたことはありますか？

法月 ミステリにはまだすごい宝物が眠っている、これを読んだら面白いよと勧めたいけれど、いま手に入らないんだよなと嘆息することが連載中、何度もありました。一方で、いま復刊などで手に入れやすくなった作品も増えてきたので、悲観ばかりでなく、明るい面も伝えていかなければと思います。

あと、ミステリーズ！新人賞の話をかなりしましたが、一緒に選考委員を務めた米澤穂信さんが言うことは若い人にダイレクトに通じているなという感触があります。

ミステリを話すとき世代論になりがちで、それはバイアスがかかるから避けなくてはならないのですが、一方でリアルタイムで何を読んできたかはミステリ観に直結してしまうので仕方ないことでもある。

江戸川乱歩や横溝正史は世代を超えて百年通じる名前になりました。でも都筑道夫という名前がそうなっていくかはこれからが勝負だと思います。戦後の翻訳ミステリをいち早く理解し取り込んだのが都筑道夫ですが、その時代の英米ミステリへの「憧れ」に、令和の読者がリアルな共感をもてるかがポイントになるでしょう。古典か新作かより、その問題のほうが大きい。

新保 古いミステリ読みと今のＳＮＳ世代との間に共有言語が喪失していることを、ずっと感じていましたし、ではお互いが理解できる言語はないかと始めたのがこの企画でしたからね。

法月 ただ自分たちの昔のミステリ観もかなり歪んでいたなと思います（笑）。昔のサークルでは男子マニアの悪習で、クイーンやカーばかり持ち上げてクリスティーをなめていましたし。自分も含めて、最近ようやくクリスティーのすごさを認められるようになった。

新保 そう、昔のマニアは斜に構えていましたしね。それを振りかざし続けるのは老害でしかないですね（笑）。

法月 最初に話したことに戻ってしまいますが、この連載では一度考えて書いて、二週間おいてまたそれまでの話とすり合わせつつ返事を書くからこそ出てくるものが多かったです。これは対談ではできないし、タイムラグがある往復書簡という形式だからこそですね。ＳＮＳやデジタルツールが当たり前になった時代に、手間と暇を惜しまないやりとりができたのは得がたい体験でした。

新保　長考ができるということの大きさを感じましたね。

新保博久×法月綸太郎
感想戦対談

末期のメッセージ（都筑道夫ふうに）

法月綸太郎

新保さんの胸を借りるつもりで始めたこの往復書簡ですが、二年間のやりとりを振り返って真っ先に浮かぶのは「自転車操業」の五文字でしょうか。もともと筆不精なのは脇に置いても、自分の手紙を読み返すと「宿題を片づける」、もしくは「同じ話を蒸し返す」という言い回しばかりで、返信を認《したた》めるのに年中ずっと、尻に火がついたような心持ちだったのだな、とつくづく思い出されます。ところがようやく連載が終了して、ネタ探しのノルマから解放されたとたん、今度は本を読んだり、面白い話を見たり聞いたりするたびに、ああ、これは往復書簡にうってつけの材料なのになあ、と嘆息することが増えたのですから、物書きというのは因果な商売です。

例を挙げると、六月に訳が出たエドマンド・クリスピンの第七長編『列をなす棺』の中盤がロイ・ヴィカーズの〈迷宮課〉シリーズっぽい語り口だったので、クリスピンが一九五九年に編んだ探偵小説アンソロジー"*Best Detective Stories*"の収録作品を確認したら、しっかり〈迷宮課〉の第一作「ゴムのラッパ」が入っていたり。華文ミステリの俊英・陸秋槎《りくしゅうさ》氏の新作長編『喪服の似合う少女』を読み終えたら、「あとがき」に『ギャルトン事件』への言及があったり。あるいは、中公文庫の坂口安吾『不連続殺人事件　附・安吾探偵とそのライヴァルたち』に再録された荒正人・江戸川乱歩・大井廣介による「座談会・評論家の目」（「宝石」一九五七年十一月号）に『復員殺人事件』への乱歩のコメントがあったり……。中でも極めつけは、二〇二五年秋にスタートするＮＨＫ朝の連続テレビ小説が、ラフカディオ・ハーンの妻・小泉セツが主人公の「ばけばけ」に決まったことでしょう。そんなこんなで、まるで世間がこぞって『死体置場で待ち合わせ』の後を追い始めたように感じるのは、私だけでしょうか？

という妄想じみた駄弁はさておき、「古典再読」と銘打ってポーの読み直しから始まったこの往復書簡ですが、議論の内容はけっして老マニア同士のカビ臭い懐旧談に留まらなかったように思います。むしろ〝令和ミステリの現在〟に併走しながら、活況を呈する本格シーンの盲点を串刺しにするような視点を持ちえたことを誇っていいでしょう。返す返すも残念なのは、新保さんから投じられたさまざまな問いを処理しきれず、スルーしてしまった話題が山ほどあって、しかも連載中は目先の締め切りに気を取られ、じっくり腰を据えて取り組むべきテーマを先送りにしがちだったことです。そのツケが溜まって、後のほうの回に行くほど、窮屈で余裕のない書き方になってしまった感が否めない。

中でも一番もったいなかったのが、横溝正史「車井戸は何故軋る」をめぐる話題で、せっかく第二十五信で新保さんからパスを出してもらったのに、シュートに繫げられなかったのはトンチキと言われても仕方がありません。手型の話もそうですが、もう一つの急所はこの作品の大半が薄幸のヒロイン・本位田鶴代から兄の慎吉に送られた手紙で構成されていることでしょう。おまけにこの「一方通行」的な構成は、犯人と探偵役のメタな関係性において、未完に終わった乱歩「悪霊」の設定をひっくり返した格好になっている。もし新保さんとの往復書簡がもう少し続いていたら――「江戸川乱歩や横溝正史に関心を懐いて誰かと話をしたいという若者」(「読者への公開状」)――が目を瞠るような、書簡体ミステリをめぐる「乱歩と正史の〝不往復〟な関係」が浮かび上がっていたかもしれないのです……。

というのもまあ、例によって例のごとく、半分妄想じみた思い込みかもしれません。これに限らず、その場の思いつき頼みで見切り発車しがちな弱輩の私に釘を刺し、そのつど軌道修正してくれたのは、シンポ教授のご指南でした。「重箱の隅の老人」の異名は伊達でなく、こんなご時世だからこそ、地道に活字の資料に当たって裏を取ることの大切さを幾度も思い知らされたものです。そうした作業のノウハウを後進に伝えていくと同時に、コスパ・タイパ志向に象徴される効率至上主義に抗うため、ミステリの世界でも〝退屈さの効用〟について粘り強く考えていかなければならない。この往復書簡を通じて、そんな思いを新たにしました。

ですが、こんなふうにあらたまって感謝の言葉を並べようとすると、お葬式の弔辞みたいでよくないですね。「末期のメッセージ」というタイトルだって、お世辞にも縁起がいいとは言いがたい。『死体置場で待ち合わせ』をしていた当人たちが、読者からの応答を待ちきれずに棺桶に入ってしまったら元も子もありません。せめて湿っぽくならないように、最後は落語で締めることにして、「あくび指南」でスタートしたやりとりですから、〝退屈さの効用〟を示すにはオチもそれで行くのがふさわしいでしょう。

「習うほうも習うほうだが、教えるヤツにも呆れたもんだ。こっちで見ている俺のほうが、退屈で退屈で、あーあ……ならねえ」

「おや、お連れさんのほうがお上手だ」

おあとがよろしいようで。

付録Ⅰ

「盗まれた一萬円」　坂口安吾

佐分の話

　私はその頃一週間に三回づゝ島浦家へ診察に出むいた。診察といつても、五兵衛老人の顔を見、ちよつと脈でも調べれば済むことで、とりわけ怎《ど》うといふこともないのだが、老人動脈硬化といふ奴の例の唐突な襲撃がなんとなく怖かつたので、医者の顔さへ見れば兎も角安心できたのだらう。

　五兵衛老の伜は君も御存知の美学者、島浦海彦だが、私とは高等学校からの友達だから、私としては親父の診察に行くといふより伜と無駄話に行くといふ方が本当のところだ。幸子さんに会ひにといふ……君もさういふ失敬な憶測を逞うするとは、呆れたもんだね。幸子さんが好きではあつたが、それはつまり路傍の麗人に心を惹かれると同じ程度の軽いもので自慢のできる心掛ではなかつたのさ。その当時はさうだつた。それに、君も記憶してゐるだらうが、あの頃我々友達の間では、幸子といふ人は二重人格だとか、えてしてあゝいふ型の麗人には悪魔的な残虐性が隠されてゐるとか――火元は君ではなかつたかね。とにかく相当、うるさいものだつた。

　笑顔を見たことがないといふ、突然あらゆる秘密を蔵すやうな、突然あらゆる秘密を見抜くやうな陰と鋭さがあるといふ、ところが、それほどでもなかつたのだ。私は現にあの頃もあの人の笑顔をちよい〳〵見た。私は泳げません、私は海へはいつたことがないからと言つて笑つたことがあつたよ。暗い笑ひぢやない、極めて普通の笑ひであつたが、こんな笑ひ方をするだけでも、あの境遇のなかでは寧ろ可憐の極みのもので、それに気付かずにやれ二重人格だ悪魔的だと怪しげなさぐりを入れる君なぞは、所詮ろくでもない病的な小説家さ。

◇

君も御承知のやうに、あの家庭では、親父は親父の金と政治の生活をしてゐる、倅は倅で書斎にくすぼつて埃まみれの本ばかり漁つてゐるし、つまり一家の生活が各々バラ〳〵に独立しあつて進行してゐる。家族が一堂に顔を合はすことも稀であり、稀にそのことがあつても滅多に口もきかないやうなものだ。人の生活に差出がましいことを極度に怖れ慎むといふ風で、人に笑顔を見せることさへ窖《あなぐら》へ光を落すやうに怖ぢためらふのだ。現に五兵衛老にはお松さんといふ奥女中、三十二三の美しい女人だが、これが妾とも奥様ともいふ歴然たる立場にあるのだが、温和しく教養もある人で、海彦にも幸子さんにも決して権力をふるふといふこともなく慎んでゐる。いはゞ外見は奥女中と若様お嬢様といふまゝなのだ。ところが海彦にしろ幸子さんにしろ決して厭がつてゐない。父の妾お松さんを、もつと進んで奥様といふ格になつても其れは其れでいゝことだと考へてゐるらしい。そのくせ、さういふことをわざと口にもしなければ色にも見せやしないのだ。他人の生活は他人のまゝにそつと有るがまゝに置いておくといふのが、牢固としたあの家の慣性なのだ。親父〔一文字空白〕親父で、かくべつに其れを公然と強ひもしない、お松さんも願ひはしないだらう、時々不満不平もあるだらうが慣性がその上にあるから不満不平の形にもならない。各々が黙りこくつて与へられたものを受け、自分一人を守りつゞけてゐるのであらう。私も下らない三文文士を友達にもつたおかげで、一家を包む此の沈黙には何か曰くがありさうに思ひ、一人々々の独立した孤立の底には本人さへ気付かない激しい憎悪や呪ひの歴史が潜在してゐるかと思つてみたが、悪魔に食はるべき不潔な好奇心であつたのさ。愛と言ひ、憎しみと言ひ、有ると言へば誰にも何処にも有るものだ、大きな生活の流れの中では君の三文小説とは事違ひ、それが特別に働らかずとも生活は寛々として流れてゆくものだ。

◇

あれは爽快な秋だつた。暑からず冷やかならず、くつきりと澄み渡つた秋空を被つてゐると、格別善いことも悪いことも考へずに、すつきりした透明を感じるものだよ。その日は午後一時頃島浦の門をくゞつた。ところが其の日は五兵衛老いさゝか神経を起してゐたものと見えて、私の訪れをきくと取るものも取りあへずといふ急ぎの体で現れてきた。その実大した変調はないのだ。私は馴てゐるから落付いたもので、もう言ひ古した気休めの文句だが、いかにも初めて言ふやうに新鮮な語気で諄々と言ひ綴る。理財と政治では大した人物だが、病人となると他愛ないもので、耳に胼胝《たこ》のできるほど聞きふるした一つ文句が結構しみ〴〵と嬉しいのだね。すつかり神経を収めて書斎へひきとつていつたよ。そこで私は海彦の部屋を訪れて、いつものでんで無駄話をやりだした。――むろん、幸子さんも居たには居たさ。厭な奴だな。

◇

ところへ事件が起つたのだ。それも私が五兵衛老を診察してゐるまさにその三十分間に行はれた。一萬円盗まれてしまつたのだ。

一萬円と言つたつて自分の金ではなし、島浦の家にしてみれば大した金額でもないと思ふから、私はビクともしなかつたよ。ところが海彦の奴もあゝいふ奴のことだから何処を風が吹くといふ落付きやうをしてゐる。多少急き込んできた五兵衛老も並ゐる面々の面魂に圧倒されて、成程そんなものかなと落付を戻したらしい。その実やはり一列一体に腹の底ではギクンと来てゐたのも事実だつた。何と言つても犯人は内にゐるのだ。さういふことは我身のやうに病的な不安と不快を感じるからね。

その一萬円は当日中に用のある金で、私が訪れる一寸前に三太夫の石丸といふのが五兵衛老の手へ渡した。そいつを、老人は私の訪れる瞬間まで、机の前で数へてゐたといふのだ。私の訪れをきく、机上へ置いて書斎を出る、卅分、戻つてみたら、無いといふのさ。ところが書斎は庭に面してゐて、すぐとその鼻先の庭を下男の藤七おやぢ――この人はお松さんの父親だよ――が掃いてゐたが、無論怪しい奴の侵入した形跡［一文字空白］認めなかつたといふ。藤七おやぢが庭先に頑張つてゐなかつたとしても、白昼に外部からの怪盗は考へられないことだからね。無論犯人は内部にゐるに極つてゐるのさ。

警察へ届けようといふことになつて、最初に反対した人はお松さんだつた。犯人は内部にあるのだから、家の不名誉を表向きにせずとも、自分らで穏便に探し出せないこともないといふ、尤もな話だね。ところが石丸三太夫が反対した。一萬円といへば大金だからと斯うくど〳〵と言ふのだが、一つには自分の潔白を證したかつたせゐだらうが、とにかく此の三太夫は金槌頭なんだね。そこで私は三太夫をやりこめたよ、穏便にやつてやれないことはないから、一応穏便に手をつくしてみようといふのだ。五兵衛老も頷いた、さういふわけで、病気なみに萬事の探索は私に一任されることゝなつたのだが、こゝから愈々名探偵の活躍となるのだ。

◇

まづ第一に注意しなければならないのは、邸内の全ての人が、一萬円の存在を知つてゐたことである。順《したが》つて、全ての人が犯人となりうる可能性をもつてゐる。

次には、一時から一時三十分までの間に、誰々が書斎へ這入つたか？

海彦、幸子さん、お松さん、石丸三太夫、この四人は誰にも怪しまれず咎められず書斎に出入する権利をもつてゐると見ていゝ。現にお松さんと石丸三太夫は書斎へ這入つたと述べてゐるが、その時一萬円は全く机上には無いやうだつたと言つてゐる。それから千代と呼ぶ十九歳の女中、これが私の訪れを五兵衛老に通じたのだが、この女ばかりは明らかに机上の一萬円を見たといふ、彼女が取次に這入つた時、老人は無心に百円札百枚の束を数へてゐたといふのだ。ところが、それから二十分ほど後に、千代はお松さんに命じられて散らかつた書斎を取り片付けに再び這入つていつたといふが、その時札束は已に机上には見当らなかつたと述べてゐる。

すると驚いたことには海彦が、幸子さんもだが、書斎へ這入つてゐるのだね。何のためかといふと、兄弟が兄弟で親父にお金を貰ひにさ、と斯ういふのだ。私は友達甲斐もなく先づ海彦をてつきり犯人だなと疑つたよ。彼奴のことだから、うん、こら都合のいゝものがあるなといふので洒蛙《しやあ》々々とポケツトへねぢこむ。別に何とも気付かずに埃まみれの書庫へ戻つてきて、これで当分旅ができるなといふやうなことをニコリともせずに考へながら煙草をふかしてゐる、有りさうなことぢやないか。私は遠慮せずに真つ向から訊いたよ。すると海彦の奴呆れ返つた顔付で私を見凝めてゐたが、莫迦も休み〳〵言へと言ふのだ。さう言はれてみれば成程さうかと思ふ節もあるので――なに？　うるさいな、偉さうなこと言ふな。君は黙つて聴いてゐたまへ。

◇

ところが海彦の奴、暫らく黙りこくつて、なんでもマドロスパイプかなんぞをコツ〳〵磨いてゐたやうだつたが、ちよつとばかし眼上をあげて、妹の奴が盗んだんぢやないかね、と落付払つて呟いたなり余念もなくパイプを覗きこんでゐる。どういふわけで――と、私も突嗟に落付払つて問ひ返したよ。

「別にどうといふこともないが――」と、海彦の言ふことは例の通り凡そ縹渺としたものだね。「金がそこにある［一文字空白］ちよつと手が出るといふことはあるぢやないか」。「そりや、さうだ。だがその理窟なら敢て幸子さん一人の問題ぢやない」「だからさ、幸子の場合にも当てはまるといふのさ」「それだけぢや話にならないが、何か金のいる必要でもあるのかね？」「金は誰にでも必要なものさ」「特別に、さしあたつて金が入用《にふよう》だといふ筋はないのか？」「本人でないから其れは分らんが、斯ういふしめつぽい家でクサ〳〵暮してゐたんぢや、無性に退屈でね、ちよいと一萬円ぐらゐ盗みたくなるだらうな」彼奴の言ふことはザツと斯ういつた塩梅なんだね。すると彼奴は首をもたげてね、「だからさ――」と落付払つて言ひだすのさ、「だから彼奴も結婚するのがいゝといつたのだよ。どうだい、君、彼奴と結婚しないかね？」と、はゝん、ま、さういつた話もあつたのさ。

◇

私はどういふ風に探偵の歩を進めたかといふと、尾籠な話だが、数名の女が容疑者の中にあるとすると、月経といふことだね、そこで私は凡ゆる便所を覗いてみたよ。生憎と此奴がみんな水洗式の装置で、折角の名案も龍頭蛇尾に終つたが、ちよつと芸の細かいところを披露したのだ。

私は綿密に書斎の内外を点検したよ。生憎と物的手掛かりは完全にない。すると妙な手掛りが思ひがけない所からボツ〳〵現れてきた。千代といふ十九になる小間使ひのことを話したね。どうもその小娘の様子が曰くありげに見えるのさ。そこで私は密々にその娘と話してみようと思つたのだが、私を見ると急に空々しい顔をして、内心の怖れを良くも完全に圧し殺せると思ふのだが、娘といふものは良くも生得あの美事な手際を心得たものだね。私はあゝいふ手際のいゝやうな不手際な表情だけでも、娘といふものが大変好きなんだが——やれ〳〵、斯ういふ話になると、君の顔付といふ奴は甚だとりとめもなく散漫を極めるやうだが、見てゐて薄気味が悪くなるがね。

千代はモヂ〳〵してゐたが、私は人を怖ぢさせない患者用のテクニツクを充分心得てゐるから千代も結局思ひきつて語りだしたよ。話といふのは斯うだ。

一時から一時半までの間だね、なんでもその中間に当る頃合だつたといふのだが、書斎の入口のところで、幸子さんとお松さんが頻りに言ひ争つてゐたといふのだ。それも、ある物品を中にして——その物品は小さな包物様の物であつたといふのだが、千代は特に気をつけて調べもしなかつたのでハツキリしたことは言へないが、札束を包みにしたら凡そ其れ程の大きさになるだらうと思はれる形であつたと述べてゐる。二人は三四分言ひ争つてゐたさうだが、やがて分れ〳〵に書斎から出て行つてしまつた。ところが、千代は注意を怠つてゐたので、二人のどちらが其の包みを持つて出たか分らない。それにしても、一方が持つて出たのは確であつて、二人は書斎の入口で言ひ争つてゐて、そのまゝ中へ戻らずに立ち去つたのだから、あれが札束とすれば二人のどちらかゞ犯人であり、一方は共犯者乃至は犯行を目撃したが事情によつて沈黙を守つてゐると見るべきだらう——と、千代からきいた大体の話は、斯ういふ結論になるのだ。

◇

ところが、こゝで注意しなければならないのは、此の二人が犯行の現場で、しかも品物を手にしながら三四分も言ひ争つてゐたといふ事だね。普通の犯人なら、さういふことはしないだらうし、第一出来ないと見るのが至当だ。もし此の二人が犯人とすれば、動機は少くとも変則的なもので、盗むといふ事柄が二人にとつては道徳的悪の意識をそれほど伴はない条件乃至動機のもとに行はれてゐると考へていゝ。こいつがさしづめ三文文士の手にかゝつたら、だからその女が変態なんだぜと云ふところだよ。

ところで私がそんなことを思ひ耽つてゐたところへ、例の金槌頭の三太夫が胡乱《うろん》な目付をしてもつそり忍んできたね。先生何かと自家独特の法則によつて秘かに探偵を試みてゐたらしいのだ。「目星はつきましたか?」と小声で言ふのだ。「まづ、多少な」と、大きな声で答へたさ。すると先生、すいと私にすり寄つて——まるで水中に於て軟体動物に吸寄られたやうな、冷めたい煽りを感じて、思はずひやりと薄気味の悪い悪感を感じたぐあひだがね、先生殆ど必死なんだね、すいと私にすり寄つて、どうもお松が怪しい、お松の親父の藤七が臭いと囁くのだ。殆ど命懸けの面持だよ。なぜ、と私は問ひたゞしたよ。するとね、今も庭先で二人はひそ〳〵話をしてゐるから、なんなら行つてごらんなさいと、斯う言ふのだ。息をつめてね、眼を開いて、それへ青光りのする不思議な情熱をこめて、今にも内懐へ吸つくやうな身構へで斯う言はれると、私も幾分ぞつとしたよ。ちよつと守宮《やもり》とか蜥蜴といふ生ぬるい感じなのさ。

◇

私は斯ういふ薄気味の悪い爬虫類に祟られてはあたら一生涯が大変な悲劇になりさうだと痛感したので、言はれる通り庭先の方へ廻つてみたよ。ところが、ゐたね。確にゐた。親娘は身振りで話をしてゐたよ。その割合に声を殺してゐるといふ證拠だね。私は別に隠れずに、もつそり突つ立つて眺めてゐたよ。すると二人は気付いたのだ。狼狽てるかと思ふと、ちつとも狼狽てない。お松さんは何でもない用談が一くさり済んだやうにすいと藤七ぢいさんの傍を離れて、すた〳〵私の方へ歩いてきた。さうして、極めて丁重にお辞儀をし、全く裏腹のない無邪気な笑ひを浮べて――それが美貌の年増だと、たくまずして、否々、たくまざるが故に相当エロチックなものだね。だから私は年増といふものがすきなんだよ。――はゝん君は相当に不愉快な奴だな。

「今日はどうぞお泊り下さいませ探偵長様」と斯う言ふのさ。「あとで、ゆつくり申し上げたいことがございます」とね。さうして眼には同じ微笑を浮べたなり、さつさと向ふへ行つてしまつた、あゝいふ場合の身のこなしは実に颯爽として感じのいゝ後味を残して行くものだね、婦人といふものは。はゝん、厭な奴だよ、君は。

◇

すると、再び奇妙な事件が起つたね。

私は何のこともなしに五兵衛老人の書斎へ這入つて行つたのさ。ところが老人一つの小筥を机上に置いてね、一顆の宝石を瞶《みつ》めてゐる最中だつた。

「ねえ、君」と、私を見ると此の剛直な老人は、この人独特の単純極まる訝しさを全身に浮べて言ふのだ。

「昨日まで此の宝石は筥の中から紛失してゐたのだが、どうして戻つてきたのだらう」とね。老人は呆れ返つてゐるのだよ。

その金剛石は時価四萬円のものだといふ。そも〳〵数十年前、亡妻のために五兵衛老が購めたもので、妻女の死後は、老人の机の中に収めてあつたものだといふが、老人も此頃は何物よりもお松さんを愛するやうになつたし、されぱとて、ほかに此の温和な貞淑な婦人を犒《ねぎら》ふといふ方法もないので、心からの感謝の印に此の宝石を贈ることにしたのだといふ。さういふ話があつて間もなく、一週間ほども前だが、その宝石が筥の中から姿を消した。いつたい老人、宝石なぞにこだはらない性質の人で机の中へ放り込んでおいたまゝ筥を取り上げてみるさへ稀な人なんだが、ふとしたハズミで石の紛失を知つたのだね。まさか盗難だとも思へない。石なぞに趣味の少い老人だから、訝りながら一人思案に暮すうちに、今日の盗難に気付いて、改めて小筥を取出して見たところが、今度は逆に元の場所へ金剛石が舞戻つてゐたといふわけなのだ。

私もその宝石を掌へ乗つけて、しみ〴〵と打ち見たがね、これが四萬円かと思ふと——欲しくないこともなかつたよ。併し私は考へた。成程この出来事は奇妙だ。そして一見複雑に見える、それだから事件は一層単純になつたのだ、とね。つまり、宝石事件は必ず何等かの関係に於て一萬円と結ばれてゐるに相違ない、してみれば、関係が複雑になつたゞけ解決の鍵も多くなつたと私は鑑定を下したのだ。が、失はれた一萬円と舞戻つた金剛石と、どういふ具合に関係つけられてゐるかといふ問題になると、私もハタと当惑したよ。或ひは全然無関係かも知れたものではないしね。併しね、斯ういふことが言へると思つたのだ。即ち幸子さんとお松さんは二つのどちらかに必ず関係を持つてゐると。しかも其の関係の様式は相当朗らかなものであつて、犯罪的なものではないだらうといふことなのだ。この考へは私をかなりホッとさせたね、一面がつかりもしたさ。むろんだよ。麗人に変態的な方面を探りだすことも異情な興趣があるだらうからさ。いやに愉しさうぢやないか、この男は、苦々しい奴だよ。

◇

「貴方は此の金剛石をどう解きますか?」と五兵衛老は筋違ひの話になると少年のやうに単純にして純粋な物の言ひ方をする男だね。

「さうですね。気付かれなかつたら、そつと自分の物にする心算《つもり》の奴を、一萬円事件でうるさくなつたところから、怖れをなして返却したといふ風にもとれますね」

五兵衛は頷いたきり、黙つてゐたよ。が、「私も長い間、子供のことを考へなかつたが……」と、ふいと斯う呟いたんだね。それから何を感じたか、呼鈴を押して海彦を呼んだんだよ。そこで親子の話といふ奴が、凡そ又珍妙極まる奴なんだ。

「お前は一萬円が必要ぢやなかつたのかね?」「必要なら、黙つて失敬しますがね」「それで失敬したのかい」「生憎、その一萬円は気がつきませんでした」「はゝんお前はお母さんの金剛石を知つてゐるかね?」「知つてゐます」「幸子はあの金剛石が欲しいだらうか?」「其れは人のことだから分りませんが、女は宝石のために殺人をも辞さないと言ひますよ。恐らく欲しいのが当然でせうな」「すると、親父の机の中からでも黙つて持つてくだらうかな?……」「親父のものは子供のものだから」海彦の奴はニコリともせずに実にはや落付払つてさう答へたんだよ。さうして、殆ど欠伸まじりの物憂さで、づけ〳〵と斯う附けたしたもんだね。「宝石なんぞを、色気の失せた親父が、なんだつて又、人にもやらずに蔵つておいたんです」「やるところだつたんだぜ、本当だよ」と、親父は親父で子供のやうにむきになつて伜に返答してゐたぜ。

◇

その夜のことだ。

夕食を終つてぶらりと便所へ立つたところが私は再び怖るべき蛞蝓《なめくぢ》にとりつかれたよ。先生例の如く眼に青光りの情熱を泛べてね、一人ぢやないのさ、藤七ぢいさんを遮二無二ひきずるやうにして、私の内懐へすいと吸ひ寄つてきたんだね。亢奮のためだらうが、パク〳〵とね、暫しの間といふものは唇だけが蠢めいてゐるが音声が掠れて出てこないのだ。

「こいつが怪しい奴です。先生に申上げることがあるといふのですが……」と、藤七ぢいさんを抱くやうにして私の前へ据ゑたよ。私は噴き出したかつたんだが、蛞蝓の祟りが怖ろしかつたんで、紳士らしく——厭な奴だな、会釈をしたと思ひたまへ。

「此奴は、自分の娘のお松の挙動が怪しいと言つて、せんから不審を懐いてゐたんですよ。みんな申し上げてしまへ」とね、先生相当芝居がゝりの大童《おほわらは》で何かとやつてゐたよ。

するとね、廊下の蔭から、当のお松さんがヒラリと現れてきたのだ。顔に微笑を泛べてね、例の如く自由豁達な出現だつたよ。いつたい此の人は学歴とか、その方面の教養はないのだが、静寂な人の世の波に正しく鍛へあげられたといふのだらうね。温和しく淑やかで、そのくせ犯しがたい人格といふものを確《しつか》り持つてゐるのさ。苦労の中から磨かれた一種の壮厳を具へてゐるから、ちよつとした軽い動作も延び〳〵と、かつ広々として、優艶に又自由だね。さうして、たくまずして最も高雅なエロチシズムといふものを、馥郁と発散するといふわけなのさ。と、いつたやうなものだよ。どうも、君の表情は気にかゝるな。

お松さんは現れるなり悪意のない微笑を泛べて、舞ひ降りるやうに近づいてきてね、私に軽く会釈して斯う言つた。

「私がお話いたしますわ。お父さんは何も御存知ないのです」と先づ斯う言つたのだ。つゞいて、

「あちらのお部屋へ参りませう」と私をうながしたのだ。むろん、言はれる通りにした。そこで別室に二人きりとなつた私達が、どういふ話を交したかといふと、まづ心を鎮めてきゝたまへ。

◇

「貴方はお嬢様をお好きなんでせう?」といゝかね、お松さんの最初の言葉といふのは、まさしく此の一言であつたよ。しかも彼女は世の女に甚だ多いかの年齢の優越をもつて、愚生を嘲る如く慈しむ如く静謐にしてちらくらと燃える其の微笑を泛べてゐたよ。

小生は何と答へたか？　はゝん小生は嘯いたゞけで、答へなかつた。それだけでいゝのだ。物足りのいゝ婦人といふものは、言葉よりも無言の方が良く了解がつくらしいよ。

「お嬢様も貴方をおしたひしてゐらつしやいますし――（まさしく此の如き言葉であつたね）お兄様もそれを望んでゐられますし、旦那様も決して反対はなさいません――」と、お松さんは地球の真理を指す如く論断したよ。だから、「結婚の申込みをなさいませ！」と断ういふのだ。而《しか》も、――而もだね、「今夜」と彼女は依然として微笑をつゞけながら言ふたのだ。君の顔色がよろしくないぜ。なんなら、私は医者だから。はゝん、遠慮せずとも宜しいのだがね。

彼女は尚も多くの言葉を費してすゝめたよ。そこで私も乗りかゝつた舟だ、とは言ふものゝ、実は内心決然たる一大決意が動いたものだ。お断りするが、私はそのとたんに、幸子さんこそ世界一の麗人であると堅く〳〵信じたよ。と、ま、さう言つたやうな次第なのさ。

「では、ほんとに今夜、申込みをなさいますことね」

「さうです」

「この部屋を出たら、すぐに」

「それでも、かまひません」

「ぢや、貴方にお祝ひの贈り物をしますわ」

いゝかね、お松さんは断ういつて、私を瞶めて不動の微笑をこらしたのだ。さうして、何物を取り出したか？

小さな筥だよ。

それが四萬円の金剛石なのだ。

私はいさゝか呑み込めない表情をしたらうと思ふ。

「この宝石は先刻五兵衛老の書斎でも見せてもらひましたよ」

「いつのまにやら舞ひ戻つてきたといふのでせう」

「その通りです」

「あれは贋物よ。これが本物なんですの」

「はゝあ……」

「でも、このダイヤは私が頂く筈のものですから、私の物ですわ。貴方に差上げても、ちつともをかしくないでせう。私はあとで、あの贋物を旦那様から頂戴すれば、いゝんですわ。お分りになりまして?」

「どうも、よく分りませんな。いつたいどういふ訳なんです」

「訳はいづれ折を見て話しますけど、貴方は結婚なさるまで、この宝石は誰にも内密にしておいて下さい。お嬢様は御存知ですから構ひませんけれど。さうして、結婚のあとで、改めてお嬢様に記念のしるしに差上げて下さいませね。お分りになりまして?」

「貴女の仰有ることだけは分りました」と、私は答へたね。

だが、いゝ年をした男が、有耶無耶の中で満足してゐるわけにはいかないだらうぢやないか。ましてや私は当日の探偵長でもあるしこゝで一番、法廷の威厳が必要なのだ、此の如く自らに命じたよ。ところが、君はその道の深遠な造詣をもつてゐるから、手もなく了解してくれると思ふが、麗人の前では、私も君同様に丹田の力といふものが巧く籠らないものだね。さうかうしてゐるうちに、お松さんは私を全くうまく〳〵とまるめ込んでしまつたのさ。

「さ、早く〳〵」と彼女は私をせきたてるのだ。

「宝石をポケットへ入れなさい。それから、広間へいつたら早速結婚の申込みをなさるのですよ」

私はついふら〳〵と、正しく命ぜられるがまゝに行動したね。而して如何に相成つたか？　お松さんの言ふ通りさ。

◇

広間は一瞬にして婚約祝賀の饗宴の如く輝いたのだ。五兵衛老人はにや〳〵して呟いたね「やれ〳〵、診察費が助かるな」とね。萬事、さういつた塩梅なのだ。

お松さんは、まるで初めて聞く話のやうに「まあ、ほんとに、お目出たうございます」なぞと、甚だ丁重に挨拶にきたがね、ふゝむ阿呆らしいと言ふよりも、甚だしく愉快、また和やかなものであつたね。——君、腹痛の薬を調合してやらうかね？　はゝあ、併し、顔色がよくないよ。

海彦は例の通り、いつものでんで欠伸でもしたいやうな顔付で、パイプかなんぞ磨きながら、言つてゐたよ。「君、印度には縄がスル〳〵とのびて棒となる魔術が行はれてゐるさうだがね、やつぱりヨーギンとか乃至は婆羅門といふ手合の苦行から生まれた摩訶不思議かね？」といふやうなことをね。はゝん、阿呆らしくつて聞いちやゐられないのさ。私はその夜、爽やかな秋の夜だぜ、幸子さんとこんな話をしたがね。ふむ。

私は学生時代にぶら〳〵と呑気な旅をしたことがあるといふのさ。場所は神戸だがね。住吉といふところだ。独探ヘルマンの廃屋といふ豪壮な半ば朽ち果てたシヤトオがあるのだよ。六甲のつゞきの高い山嶺にあつて、高楼には探照燈が据ゑつけてある。往昔城に主人のゐた頃は、夜毎に城へ登る自動車は此彼で照してゐたのだといふよ。つまり山麓から山嶺のシヤトオまで、自動車はサーチライトの円い光の中を移動して登つてくるのだね。ところが私がねシヤトオの番人の絵描きの奥さんに案内されて朽ち果てた廃屋の中へ彷徨ひ込んだところがね、広間の壁にね、黒い喪章をつけた、確にあれはクロバアの花輪であつたがね、已に十数年の年月に色あせながらも尚悄然とその壁にかゝつてゐたのを見出したのさ。その日は、春の海のよく晴れた明るい日であつたがね、といふやうな静かな話をしたよ。

それから、私の友達に下らない小説を書く三文文士がゐるのですが、そいつが貴女を二重人格で悪魔的な傾向があると言つてゐましたよ。所詮、とるに足らない、愚劣な男ですけれどね、といふやうな話もしたね。すると幸子さんは、君を最も素朴なファンテジストだと批判してゐたよ。

それからね、さうかと思ふと医学上の話もしたよ。心理作用の利用による疾病の療治、ならびにその限界に就てといふやうなことだね。そも〳〵フロイドによる精神分析学は性慾の根拠を明らかにした程度のもので、文学の方では已に常識的に慣用されてゐる程度の事柄を系統的に羅列したにすぎない。ところが最近の精神分析学は甚だしく進歩してね、実験心理学の領域へまではみ出してゆくやうになつてから、医学の方面でも立派に利用のきくものとなつて……

◇

「まあ、莫迦々々しい！　止さないか！」

と聞き手の小説家は歯痛に苦しむやうな声をあげた。そのくせ此の男は不思議な気取りを持つ男で癇癪を起したとか、悲しみ喜びといふものを他人に悟られることさへ妙に白々しく厭がるといふ不可解な習性をもつてゐるのだ。そこで明らかにそれと分る癇癪の中《うち》にぢり〳〵としながら、この男は栄養不良の顔を歯痛の程度に惨めに歪めて暗い不透明な表情の奥からモゾ〳〵と口を動かすのである。

「もう止しとくれ。莫迦々々しい。俺は地球の廻転のやうに忙しいんだよ。いつたい――

一萬円はどうなつたのか

「それがね――」

と、佐分は格別驚きもせずに、ニヤ〳〵と煙草をふかした。

「あの金剛石だがね。実は斯ういふ話さ。幸子さんはね、あのダイヤが欲しかつたんだよ。母親の愛玩した品物だし、何しろダイヤときてゐるからね。もと〳〵幸子さんといふ人はダイヤモンドのやうな人なんだね。はゝあ。はゝあ。精神的な血族だから無理もないのさ。時々親父の抽出から彼奴を出して眺めてゐることがあつたといふのだ。お松さんは其れを知つてゐたのだよ。何とかしてダイヤを幸子さんの手へ渡したいと思つたが、五兵衛老人の至高な厚意を弱い女が断られるものぢやないからね。そこで贋物を拵へるといふ名案を生みだしたわけだつたのだ。そこで、一萬円の話だがね――」

と、佐分は煙草をふかした。

「あの一萬円は、誰も盗みやしないのさ。強ひて言へば犯人は五兵衛老人その人のやうなものだよ。いゝかね、私の訪れる瞬間まで、老人は札束を数へてゐたといふのさ。ところが其の札束を受け取るまでは、老人静かに百科大辞典を読み耽つてゐたのだね。私が訪れてゆく、老人その日は多少容体に不安があつたから大いに喜んでその札束を百科辞典に挟んだのさ。パタンと閉ぢる。而して私の前へ現れたのだ。老人の胴忘れといふ奴なんだよ。五兵衛老人は百科辞典へ札束をはさんだことはスツカリ忘れてしまつたのだ。生憎と誰かゞ――或ひは老人自身かも知れたものではないが、百科辞典は何時のまにやら本棚へ収められてゐたものだ。再び百科辞典が入用になるまでは、一萬円は陽の目を拝まなかつたといふ次第さ。――そこで私の問題だがね、私はそれ以来毎日老人の診察に出向いてゐるよ。時として幸子さんと話をすることもあるし、時には話をしない日もないではないやうなものだが、話といへば、私達は先日自然科学に関する話なぞもしたのだが、たとへば女にして偉大なる科学者キユリー夫人だね、彼女はピッチブレンドと称する鉱物の中から顕著な放射能を有する二つの元素を発見するに至つたのだが、その一つが即ち有名なラヂウムなんだね。而してラヂウムの放射能は、A線としてヘリウム原子を、B線として電子を……」

「たくさんだ！　止しとくれ！　おしやべり！　あめんぼう！　おたんちん！　みそさゞい！　食用蛙！　山くぢら！」

小説家は耳をおさへて両足をバタ〳〵やりながら叫んだ。

「俺は地球の廻転のやうに忙しいんだ！　忙しい〳〵〳〵！」

そして、突然発狂したかのやうに抽出を掻き廻して有り合せの小銭を摑むと――恐らく酒場へ――物静かな客人を置き残して嵐のやうに叫び去つたといふのである。


（一九三二・九・一八）

「家常茶飯」

佐藤春夫

朝田《あさだ》が或日《あるひ》訪ねて来た。

書斎へ通すとイキナリ、『「理想的マッチ」を君は持っていないか』と言う。

『何、「理想的マッチ」て何だい』と、僕は聞いた。

『お伽話《とぎばなし》なんだが、僕は其《そ》のテキストを無くして弱っているんだ。年越しの金を工面する為に受け合った例の拙速《せっそく》な翻訳仕事の一つなんだが、本屋が出版を馬鹿に急いでいるのでね。外国に注文して取り寄せるにしても、時日がもう間に合わないのだ。クリスマスの贈答用をアテコミなんだからね。

君のところには色んな本が沢山あるから、ヒョットしたら持っていないかと思って来たんだが、珍らしい本でもないのにあまり見かけない――アッサージの初期の作なんだ』

『うん、聞いた事は有る様にもあるが、あいにく僕は持っていないよ。何《ど》うして又無くしたんだい』

『それがね、翻訳はもう出来上っているんだ。原稿は印刷所に廻してあるんだがね。只大人に読ませるんならあのまゝで好《い》いが、子供の為には、挿絵を入れないと解りが悪るいだろうと本屋が言うのだ。全く、そのテキストには古拙《こせつ》な初版の木版をうつした挿絵があって、文字に書けないような点までちゃんと説明している。一度それを見たものにとっては、この挿絵なしには、この話は成り立たないと思える程なのだ。だから、そいつをそっくり挿入する考えで、本屋が僕の家へ原本を取りに来たんだ。その日、本屋は店員と二人連れでやって来たんだが、僕はたしかに本屋に渡した積《つも》りなんだよ。

所《ところ》が翌日使いをよこして、その渡した筈の本をとりに来たのだ。

そんな筈はない。たしかに君のうちの主人が持って帰ったよと僕が言うとね。使《つかい》は帰って行ったが、二三日して今度は主人自身がやって来て、

『イエ、お宅を出てから、あなたが出して下さった本を、編み上げの紐《ひも》を結んでいる間、上《あが》りかまちへ置いたきり、つい、オーバのポケットに入れる事を忘れて来た事に気が付いて、引き返して取りに来ようと思ったんですけれど、余程歩るいて来ていたものですから面倒臭くなっちまって』

と言うんだ。

本屋の主人は酒を飲むのでね。其の日も僕は晩めしでも食って帰るようにすゝめた時刻だった。だから、帰り途《みち》に一杯やっている間に、酔っ払って原本を遺失したんじゃないかと思うんだ。

それでそう言うと、決して其んな事はありませんと本屋は言い張るのだ。

実はカフェーに寄って、一杯飲んだには飲んだんですが、そこであの連れて来ていた店員が私に、『本を上りかまちへ忘れて来ましたね』と言ったので思い出したような訳なんでして、きっとあなたの家にありますから、探して下さいと言うのでね。

僕も本屋の主人一人がそう言うのでなく、連れの男もそう言ったと言うなら、二人を否認する事は出来ないと思ったので家の者を督励して、家中探してみたんだ。

所が無い。どうしても見付からないんだ。

癪《しやく》に触ってね、画家に頼んで別に挿絵を描かせても好いんだけれど、それも気が利かない事だし。困ったよ』と朝田が言った。

僕は朝田に少しばかり同情したけれど、どうしようもなかった。それで次のような話を僕は朝田にしたのだ。

僕は或一人の男を知っている。それは僕の友人なんだが君は知るまい。――少し変人で世間の狭い男だから。書生を一人置いて、今でも独身で暮らしているんだが、妙な奴だ。

あの男に探偵をさせて見たいと僕は時々思うのだ。探しものなどもきっとうまいよ。

それでね。書生を置き初めて、間もない頃の話なんだが、偶然彼のところへ遊びに行くと、彼は、
『うちの書生はどうも男色漢のようだ』
と言うのでね。『どうしてそんな事が君にわかるのだ』と尋ねると、
『此《こ》の間、夕方、書生と一緒に省線の目黒駅から電車に乗った。切符を二枚買って書生に渡して、恰度《ちょうど》込む時刻だったので一列にならんで立っているんだ。僕は浴衣《ゆかた》一枚で羽織を着ていなかった。僕の肩にそおっと触るものがあるのでね。ふり返って見るとそれがうちの書生なんだ。

開札口の前で押し合ってる折だし、僕の背後《うしろ》にいた書生が、僕の肩に手をのせたところで、それは何かの拍子に好《よ》くある事で、不思議でも何でもないが、其の触感がだ。我々ならば若い女にでもさわるときのような仕方なんだ。決して同性同士にはああは触れない。前にのめりそうになったとしても、それなら尚の事、どんともすこし元気好く突き当りそうなものなんだ。蓋《けだ》し異様な、正《まさ》しく性慾的な

ものだったので、僕も少々薄気味悪るくなって、擽《くすぐ》ったく思って辟易《へきえき》したんだよ。

それから家に帰ってから、二三日注意して好く観察すると、怪しい点がどうもあるんだ。だからね、僕は一見して男色家だとは見抜いたものゝ、一度直接書生の口から白状させて見ようと思うんだ』

斯《こ》う言って彼は書生を呼びつけたものなのだ。書生を僕の前に坐らせて、僕を指しながら彼は言うのだ。

『此の先生は名高い人相見で、その方の隠れた学者なんだ。君の人相骨格を一見して、君は衆道《しゅうどう》を嗜《たしな》んでいると言われるんだが、どうだい――』

すると書生が真赤な顔をして、うつむいて了《しま》ったんだよ。

如何《いか》にもそれまでは、豪快なタイプの青年だったんだが、流石《さすが》に耻《はずか》しくなったんだろう。気の毒だったよ。

それからずっと此の書生が、僕に親しみを持つようになってね。段々近しくなり、ちょいちょい僕の家へも遊びに来るようになったんだ。来ては主人の噂をコボシて行くんだよ。

それで僕も、あとになって書生に打ち開けてやった。

『実は君の衆道一件を見破ったのも、僕ではない。茶本《さもと》だよ、君のうちの主人なんだよ』

そう言うと、『道理で。全くうちの先生にはかなわない。恐ろしく直感的で、緻密《ちみつ》で、推理力が強いんですからね』と書生が崇拝するような口調で言うのだ。

これも書生の話なのだが、茶本は、百五十位に小さく裂いた葉書でも読む。そんな手つだいまでさされるのじゃ書生が困るとコボスのも無理はない――

何でも近所に親切なおかみさんがいて、洗濯物や炊事の手伝いなども時々してくれる。そのおかみさんが来て、或時茶本に頼んだのだ。

『やどは此の頃変なんですよ。夜遅く出歩いてばかりいて、其の癖朝など郵便屋が来ると、あわてゝ二階から降りて来て、郵便物をヒッタくるようにして、又二階へ上って了うんです。

おとゝいの晩も此んな事があったんですよ。それは葉書だったんですが。葉書なものですから妾《わたし》もそんなに気を付けて読まないで、只郵便屋が渡してくれたのを手に持っていたんです。差出人はたしかに同じ社の人なのです。近頃の遊び仲間なのですよ。所が主人《やど》が二階から降りて来て、葉書を私の手から奪いとるようにして二階へ駈け上ったかと思うと、じきに主人は外出しました。あとでわたしが二階へ行って見ると、其の葉書を粉々に引き裂いて、反古籠《ほごかご》に放ったらしいんです。

私も口惜《くや》しくてたまらないものですから、主人が居ない留守にと思って、其の裂かれたはがきを拾い集めて見たんですよ。

でも百にも二百にも小さく千断《ちぎ》られてあるので、どうしてもよめないんです。どうかして読みたいんですが。』

それで茶本が答えた。

『奥さん。そんな事位、わけはありませんよ。工夫も何にも要らない。持って来て御覧なさい。』

するとおかみさんが、其の千断られたはがきを持って来た。書生こそ好い災難さ。半日それに掛かってしまったというのだ。

茶本が何うしたかと言うと、先ず本の包装に使ってある薄い蠟紙《パラピンペーパー》を一枚書生に拡げて敷かせたんだ。そこで別にはがきを一枚持ってこさせて、蠟紙《ろうし》の上へ、はがき大の輪廓を描かせたのだ。

而《そ》してその蠟紙の上へ、百片《きれ》にも二百片《きん》にも細く千断られたはがきを、一個々々並べろと言うんだ。

それには順序があるんだ。

その順序が茶本の即案の工夫なのだが。まず原則として、はがきの表ばかりを見るんだ。うらは決して見ない。そうして第一に、一銭五厘《りん》の切手の青いところを拾う。それから、郵――便――は――が――き、の印刷文字の付いているのを探す、それから消印のスタンプのついている破片をさがす。それらの破片を蠟紙の上の輪廓線に沿うて、新らしいはがきを参考しながら、一つずつの順々にならべて貼りつけるんだ。

それから所書《ところがき》の部分を、次には宛名の部分を、次には日づけの部分を、探し出しては貼る。あとに残ったのは白い部分ばかりになる。そのなかから又、はがきの四辺《へん》をなす直線をふくんでいる部分を択《よ》ってはつなぐ。もっとも、この部分はそう大切な事ではなかった。何故かというのに端に近いぐるりにはあまり文字は書いてないらしい。そこで始めて、蠟紙を一々裏返しにして見ては、残った紙片を字のつながりやら、破片の形やらに従って貼ってゆく。蠟紙の面の輪廓線はいつの間にか次第にはがきの破片で埋《うずま》っていた。決してむつかしい事ではなかったが、中々手間がかゝるのには書生も参ったそうだ。それはそうだろう。

そこで、茶本がおかみさんを呼んで言った。

『奥さん読んで御覧なさい。何でもありませんよ』

はがきの文面が蠟紙をとおしてホヾ完全に読めたのだ。

茶本はおかみさんの亭主とも知り合いなのだ。はがきには別に異《い》な文句も書いてはなかったそうだが、どうも女がよこしたのらしい。暗合《あんごう》めいた文面だと、茶本は、あとでこっそり書生に言ったそうだ。

でもおかみさんのヒステリイを嵩《こう》じさせては不可《いけ》ないと思ったので、安心させる様に、そこまでは茶本も教えてはやらなかったのだろう。――こういう点にかけちゃ、君、やはり男は男同士のなさけがあるからね。ハ、ハ、ハ。

これもやっぱり書生の話なのだが、ついこの間の或る朝のこと、井戸端で顔を洗っていると、いきなり彼は寝室にいる茶本に呶鳴《どな》りつけられたのだ。

『なぜ玄関を開けっ放して置くんだ！』

『いゝえ、閉めてあります』

『閉ってない。ドンが這入《はい》っているよ』

——ドンというのは西班牙《スペイン》種の小犬なのだ。

『そんなことはありませんよ。先生！』

『何でもいゝ。早くドンを追い出したまえ。僕の靴がめちゃめちゃになるじゃないか！』

問答しているよりも、行ってみた方が早いと思ったので書生は玄関にまわってみると、果して玄関の格子戸は五寸ほど開いていて、その間からドンがくゞり込み、茶本が前夜穿いて出た新調の靴にじゃれていた。啣《くわ》えて持出そうと企てながらそれが出来ないので、土間の三和土《たたき》の上へ啣えては落し、啣えては落ししていた。

『シイ、シイ』

彼がドンを追っていると、

『それ見ろ！』と茶本がもう一ぺん寝室から呶鳴《どな》った。何もかも、まるで見ているようなのだ。

書生は全く、『いやになってしまいましたよ』というのだ。

茶本が夢でも見たのだろうぐらいに思っていた書生は、実際びっくりしたそうだ。しかし、書生はいつもやかましく言われる事ではあり、自分で玄関をあけて置いた覚えはないのだから、朝めしの時になって茶本に言った。

『先生、私は玄関を開けて置いた覚えはないのです。ドンは自分で這入り込んだらしいのです。五寸ほど戸が開いていました』

茶本はその朝はひどく不機嫌だった。朝早く起きると彼はいつもそうなのだが。それで書生の言葉に対して茶本は言った。

『ドンが自分で開けた！　馬鹿を言いたまえ、靴を啣え上げることも出来ないほどの小犬に、自分で格子戸を開けるほどの智慧も力もあるものか。いゝかげんな事を言ってはいけないよ』

『でも私はいつも先生がそう仰言《おつしや》るから、ぴしゃっと閉めて置いたのです』

『君はあそこから井戸端へ出たのか』

『へ？　そうです』

『それなら君は、なるほどピシャリと閉めたらしい。あまりピシャリとやり過ぎたのだ。ゆるい格子戸はその拍子にはね返って四五寸も開くし、僕はまた、その物音で目が覚めたのだ』

――書生は私に白状して、『そう言われて見ると、全くそうらしいのだ』と言った。そこで書生は、茶本に
『先生は、寝呆《ねぼ》けていながら、よくもそんな音まで聞えますね。驚いた耳ですねえ』

『何をいうのだ。驚くことはない。耳を畳へつけているのだ。起きていて聞くよりはっきりわかるさ。寝呆けてなんて、誰だって眼が覚めた時ほど頭のはっきりしている時はない。俺は昔から寝呆けたなんて事はないよ』

書生は私に向っていうのだ。『全く、あの日にはさんざんやられましたよ。――先生に女房の居つかないのは無理がないや』

『全く、人間はもっと間が抜けた方がいゝね』私はそう答えた。

『朝田君。私が君に行って相談してみたまえというのは、こういう男なのだが、茶本は多分、「理想的マッチ」を探し出してくれるだろう――君の家にありさえするならね』

私は紹介状に茶本の所番地を書いて、簡短《かんたん》な地図もつけて朝田にやった。


それから四五日経った。茶本がヒョックリ僕を訪ねて来たのだ。

『やあ珍らしい。この間、朝田という男は行かない』

『あ、実は今朝田氏からのかえり路だ。久しぶりだからちょっと寄ってみたよ』

『で「理想的マッチ」は見付かったのかね』

『有ったよ』

『どうして発見されたんだ』

『わけもなかった。家中隈《くま》なく探したと言う。あとは探さないところだけ探せばいゝ。だからまだ探してないところを探したんだよ。だから訳は無いんだ』

『やっぱり家の中にあったんだね』

『どんな本だときくと、青白いようなクロスの薄い大型の本だと言うんだろう。大型の薄いものなら平面的に置かれていれば直ぐ目につく。立体的に置かれると場所を取らないで目につきにくい。――そう思いながら朝田氏の家へ行って見ると、壁がみんな青白いんだよ。

この壁と何か関係があるな、と僕は思ったんだ。

だからね、壁に沿うた光線の当らないような薄暗いところを、二三ヶ所探したんだ。』

『で、どんなところを』

『先ず便所だね。ところが其処《そこ》にはないんだ。それから二階があって、段梯子《だんばしご》があるね。君、朝田氏の家を知ってるだろう。あの段梯子を三段ばかり上ってから、ふりかえると手のとゞくところに鴨居があるね。段梯子の上り口の真上さ。あそこの段梯子はまあ、何とうす暗い事だ。本は壁にぴたりとくっついて鴨居の上に乗っていたよ。うす暗いところへ持って来て、壁の色と本の色とが殆んど同じなのだ。ちょっと目にはつかない。でも手をのばしてさぐるとすぐ落ちて来た。――バサッと音を立ててね。――地震でも一度あってくれたらわざ〳〵僕などが出張する必要はなかったのだ』

『「理想的マッチ」がそこから落っこちたのかね。どうして又そんなところから落っこちたんだ』

『其処は薄暗いんだよ。今もいうとおり。だから何がのっかっていてもわからないんだよ』

『だって、何故、本がそんなところに在ったのだ』

『本がひとりで二階へ上ったのならロマンチックなのだが。僕の解釈によるとだね。言うまでもなくやっぱし朝田氏自身がやった事なんだよ。

朝田氏が最初僕を訪ねて来た時に一時間ばかりの対談中、二三回も便所に立ったので、僕は彼が何かその方の病気ではないかと思った程だよ。少くとも小便の近い人だと言う事だけはわかったんだ。』

『初対面で君が、其の頻繁なのに気付いたのは感服の外ない。実は先生以前から糖尿病だよ。』

『そこで肝腎な事は、僕が思うのにね。朝田氏が本屋を送り出す時に、小便がつまっていたんだろうと言う事なんだ。

本屋は二人連れで帰って行ったんだ。

玄関口を見るとね。「理想的マッチ」の原本が置き忘れてあるんだよ。

それで朝田氏は、忘れて行ったな、仕方がない、二階の書斎へ持って行って置こうと思ってね。階段を二三段上りかけたんだ。

ところが、今まで我慢していた小便なのだ。性急《せいきゅう》に放尿を要求して来るので、階段の中途で我慢しきれなくなって、其の「理想的マッチ」を、何げなく手のとゞくところの先刻《さっき》言った、鴨居の空間《くうかん》へのっけたんだね。

そして便所へ駈け込んだんだ。

よくある事だよ。とにかく小便のつまった時は物事を胴忘《どうわす》れするものさ。

それで朝田氏は、「理想的マッチ」をそんなところへのっけた事も、本屋が置き忘れて行った事すらも思い出せない程、一切を放尿と共に忘却の壺のなかへ流し込んでしまったんだよ。いや〳〵、便所の扉《ドア》から出た時には或は、まだ念頭にその影ぐらいはとどめていたかも知れない。しかし夕餉《ゆうげ》の時間だったというから、きっと二階へ上る前に細君に呼ばれて茶の間で食事をしたね。乃《すなわ》ち鴨居の大切な「理想的マッチ」はここに到って完全に、朝田氏の頭からは消失したのだ。――そうだと思う。一たん忘却したとなると、置いた場所が場所なところへ、本も壁も同じような色だし、わけても、あそこは昼間でも電灯か瓦斯《がす》か、それこそ「理想的マッチ」でも灯さなきゃ目がとゞかないと来ているんだ。階段の上り降りにも決して気が付かない。梯子を下りる時には、いつも目の前に現われる場所なのだから、つい却って誰も特別の注意をおこたる。――ちっとも見てもいないくせに、いつも見ているような気持がする場所なのだ。そこがうす暗い事さえ家人は忘れてしまっていて、気が付くのも来客だけぐらいなものだろう………』

『ふむ。君の想像通りかも知れないね。恐らくそうだろう。なる程。

ところでだ。それはまあそれでよかったが。僕も一つ序《ついで》に君にお願いしたい事があるんだ。

僕も困っているんだ。外ではないが、どうも訪問客が多いんだ。

面会日を火曜に決めていても、面会日はまあ二十人位が平均なんだがね。平日でも今日など、君で三人目だが、この分では夕刻までに六人は確かだ。こう毎日沢山では全くやりきれないんだよ。頭も体も疲れて了う。自分の仕事が何にも手に付かないんだ。

何か好い策は無いものだろうか。

君の智慧が借りたいんだがね』

『そんな工夫なら造作もないよ。先ず御本人の口をミシンか何かで縫うんだ。すべて君の饒舌《じようぜつ》が然《しか》らしむるところなんだからね。何事も根本を極めなけや。ハ、ハ、ハ、ハ』

『ハ、ハ』

茶本の名案には、僕も苦笑せざるを得なかったのである。

付録Ⅲ

「藪の中」

芥川龍之介

検非違使《けびいし》に問われたる木樵《きこ》りの物語

さようでございます。あの死骸《しがい》を見つけたのは、わたしに違いございません。わたしは今朝《けさ》いつもの通り、裏山の杉を伐《き》りに参りました。すると山陰《やまかげ》の藪《やぶ》の中に、あの死骸があったのでございます。あった処でございますか？　それは山科《やましな》の駅路からは、四五町ほど隔たって居りましょう。竹の中に痩《や》せ杉の交《まじ》った、人気《ひとけ》のない所でございます。

死骸は縹《はなだ》の水干《すいかん》に、都風《みやこふう》のさび烏帽子をかぶったまま、仰向《あおむ》けに倒れて居りました。何しろ一《ひと》刀《かたな》とは申すものの、胸もとの突き傷でございますから、死骸のまわりの竹の落葉は、蘇芳《すほう》に滲《し》みたようでございます。いえ、血はもう流れては居りません。傷口も乾《かわ》いて居ったようでございます。おまけにそこには、馬蠅《うまばえ》が一匹、わたしの足音も聞えないように、べったり食いついて居りましたっけ。

太刀《たち》か何かは見えなかったか？　いえ、何もございません。ただその側の杉の根がたに、縄《なわ》が一筋落ちて居りました。それから、――そうそう、縄のほかにも櫛《くし》が一つございました。死骸のまわりにあったものは、この二つぎりでございます。が、草や竹の落葉は、一面に踏み荒されて居りましたから、きっとあの男は殺される前に、よほど手痛い働きでも致したのに違いございません。何、馬はいなかったか？　あそこは一体馬なぞには、はいれない所でございます。何しろ馬の通《かよ》う路とは、藪一つ隔たって居りますから。

検非違使に問われたる旅法師《たびほうし》の物語

あの死骸の男には、確かに昨日遇《きのうあ》って居ります。昨日の、――さあ、午頃《ひるごろ》でございましょう。場所は関山《せきやま》から山科《やましな》へ、参ろうと云う途中でございます。あの男は馬に乗った女と一しょに、関山の方へ歩いて参りました。女は牟子《むし》を垂れて居りましたから、顔はわたしにはわかりません。見えたのはただ萩重《はぎがさ》ねらしい、衣《きぬ》の色ばかりでございます。馬は月毛《つきげ》の、――確か法師髪《ほうしがみ》の馬のようでございました。丈《たけ》でございますか？　丈は四寸《よき》もございましたか？　――何しろ沙門《しゃもん》の事でございますから、その辺ははっきり存じません。男は、――いえ、太刀《たち》も帯びて居《お》れば、弓矢も携《たずさ》えて居りました。殊に黒い塗《ぬ》り箙《えびら》へ、二十あまり征矢《そや》をさしたのは、ただ今でもはっきり覚えて居ります。

あの男がかようになろうとは、夢にも思わずに居りましたが、真《まこと》に人間の命なぞは、如露亦如電《にょろやくにょでん》に違いございません。やれやれ、何とも申しようのない、気の毒な事を致しました。

検非違使に問われたる放免《ほうめん》の物語

わたしが搦《から》め取った男でございますか？　これは確かに多襄丸《たじょうまる》と云う、名高い盗人《ぬすびと》でございます。もっともわたしが搦《から》め取った時には、馬から落ちたのでございましょう、粟田口《あわだぐち》の石橋《いしばし》の上に、うんうん呻《うな》って居りました。時刻でございますか？　時刻は昨夜《さくや》の初更頃《しょこう》でございます。いつぞやわたしが捉《とら》え損じた時にも、やはりこの紺《こん》の水干《すいかん》に、打出《うちだ》しの太刀《たち》を佩《は》いて居りました。ただ今はそのほかにも御覧の通り、弓矢の類さえ携《たずさ》えて居ります。さようでございますか？　あの死骸の男が持っていたのも、――では人殺しを働いたのは、この多襄丸に違いございません。革《かわ》を巻いた弓、黒塗りの箙《えびら》、鷹《たか》の羽の征矢《そや》が十七本、――これは皆、あの男が持っていたものでございましょう。はい。馬もおっしゃる通り、法師髪《ほうしがみ》の月毛《つきげ》でございます。その畜生《ちくしょう》に落されるとは、何かの因縁《いんねん》に違いございません。それは石橋の少し先に、長い端綱《はづな》を引いたまま、路ばたの青芒《あおすすき》を食って居りました。

この多襄丸《たじょうまる》と云うやつは、洛中《らくちゅう》に徘徊する盗人の中でも、女好きのやつでございます。昨年の秋鳥部寺《とりべでら》の賓頭盧《びんずる》の後《うしろ》の山に、物詣《ものもう》でに来たらしい女房が一人、女の童《めわらわ》と一しょに殺されていたのは、こいつの仕業《しわざ》だとか申して居りました。その月毛に乗っていた女も、こいつがあの男を殺したとなれば、どこへどうしたかわかりません。差出《さしで》がましゅうございますが、それも御詮議《ごせんぎ》下さいまし。

検非違使に問われたる媼《おうな》の物語

はい、あの死骸は手前の娘が、片附《かたづ》いた男でございます。が、都のものではございません。若狭《わかさ》の国府《こくふ》の侍でございます。名は金沢《かなざわ》の武弘、年は二十六歳でございました。いえ、優しい気立《きだて》でございますから、遺恨《いこん》なぞ受ける筈はございません。

娘でございますか？　娘の名は真砂《まさご》、年は十九歳でございます。これは男にも劣らぬくらい、勝気の女でございますが、まだ一度も武弘のほかには、男を持った事はございません。顔は色の浅黒い、左の眼尻《めじり》に黒子《ほくろ》のある、小さい瓜実顔《うりざねがお》でございます。

武弘は昨日《きのう》娘と一しょに、若狭へ立ったのでございますが、こんな事になりますとは、何と云う因果でございましょう。しかし娘はどうなりましたやら、壻《むこ》の事はあきらめましても、これだけは心配でなりません。どうかこの姥《うば》が一生のお願いでございますから、たとい草木《くさき》を分けましても、娘の行方《ゆくえ》をお尋ね下さいまし。何に致せ憎いのは、その多襄丸《たじょうまる》とか何とか申す、盗人《ぬすびと》のやつでございま

す。婿《むこ》ばかりか、娘までも………(跡は泣き入りて言葉なし)

多襄丸《たじようまる》の白状

あの男を殺したのはわたしです。しかし女は殺しはしません。ではどこへ行ったのか? それはわたしにもわからないのです。まあ、お待ちなさい。いくら拷問《ごうもん》にかけられても、知らない事は申されますまい。その上わたしもこうなれば、卑怯《ひきよう》な隠し立てはしないつもりです。

わたしは昨日《きのう》の午《ひる》少し過ぎ、あの夫婦に出会いました。その時風の吹いた拍子《ひようし》に、牟子《むし》の垂絹《たれぎぬ》が上ったものですから、ちらりと女の顔が見えたのです。ちらりと、——見えたと思う瞬間には、もう見えなくなったのですが、一つにはそのためもあったのでしょう、わたしにはあの女の顔が、女菩薩《によぼさつ》のように見えたのです。わたしはその咄嗟《とつさ》の間《あいだ》に、たとい男は殺しても、女は奪おうと決心しました。

何、男を殺すなぞは、あなた方の思っているように、大した事ではありません。どうせ女を奪《うば》うとなれば、必ず、男は殺されるのです。ただわたしは殺す時に、腰の太刀《たち》を使うのですが、あなた方は太刀は使わない、ただ権力で殺す、金で殺す、どうかするとおためごかしの言葉だけでも殺すでしょう。なるほど血は流れない、男は立派《りつぱ》に生きている、——しかしそれでも殺したのです。罪の深さを考えて見れば、あなた方が悪いか、わたしが悪いか、どちらが悪いかわかりません。(皮肉なる微笑)

しかし男を殺さずとも、女を奪う事が出来れば、別に不足はない訳です。いや、その時の心もちでは、出来るだけ男を殺さずに、女を奪おうと決心したのです。が、あの山科《やましな》の駅路では、とてもそんな事は出来ません。そこでわたしは山の中へ、あの夫婦をつれこむ工夫《くふう》をしました。

これも造作《ぞうさ》はありません。わたしはあの夫婦と途《みち》づれになると、向うの山には古塚《ふるづか》がある、この古塚を発《あば》いて見たら、鏡や太刀《たち》が沢山出た、わたしは誰も知らないように、山の陰の藪《やぶ》の中へ、そう云う物を埋《うず》めてある、もし望み手があるならば、どれでも安い値に売り渡したい、――と云う話をしたのです。男はいつかわたしの話に、だんだん心を動かし始めました。それから、――どうです。欲と云うものは恐しいではありませんか？　それから半時《はんとき》もたたない内に、あの夫婦はわたしと一しょに、山路《やまみち》へ馬を向けていたのです。

わたしは藪《やぶ》の前へ来ると、宝はこの中に埋めてある、見に来てくれと云いました。男は欲に渇《かわ》いていますから、異存《いぞん》のある筈はありません。が、女は馬も下りずに、待っていると云うのです。またあの藪の茂っているのを見ては、そう云うのも無理はありますまい。わたしはこれも実を云えば、思う壺《つぼ》にはまったのですから、女一人を残したまま、男と藪の中へはいりました。

藪はしばらくの間《あいだ》は竹ばかりです。が、半町《はんちょう》ほど行った処に、やや開いた杉むらがある、――わたしの仕事を仕遂げるのには、これほど都合《つごう》の好《い》い場所はありません。わたしは藪を押し分けながら、宝は杉の下に埋めてあると、もっともらしい嘘をつきました。男はわたしにそう云われると、もう痩《や》せ杉が透いて見える方へ、一生懸命に進んで行きます。その内に竹が疎《まば》らになると、何本も杉が並んでいる、――わたしはそこへ来るが早いか、いきなり相手を組み伏せました。男も太刀を佩《は》いているだけに、力は相当にあったようですが、不意を打たれてはたまりません。たちまち一本の杉の根がたへ、括《くく》りつけられてしまいました。縄《なわ》ですか？　縄は盗人《ぬすびと》の有難さに、いつ塀を越えるかわかりませんから、ちゃんと腰につけていたのです。勿論声を出させないためにも、竹の落葉を頬張《ほおば》らせれば、ほかに面倒はありません。

わたしは男を片附けてしまうと、今度はまた女の所へ、男が急病を起したらしいから、見に来てくれと云いに行きました。これも図星《ずぼし》に当ったのは、申し上げるまでもありますまい。女は市女笠《いちめがさ》を脱いだまま、わたしに手をとられながら、藪の奥へはいって来ました。ところがそこへ来て見ると、男は杉の根に縛《しば》られている、――女はそれを一目見るなり、いつのまに懐《ふところ》から出していたか、きらりと小刀《さすが》を引き抜きました。わたしはまだ今までに、あのくらい気性の烈《はげ》しい女は、一人も見た事がありません。もしその時でも油断していたらば、一突きに脾腹《ひばら》を突かれたでしょう。いや、それは身を躱《かわ》したところが、無二無三《むにむざん》に斬り立てられる内には、どんな怪我《けが》も仕兼ねなかったのです。が、わたしも多襄丸《たじようまる》ですから、どうにかこうにか太刀も抜かずに、とうとう小刀《さすが》を打ち落しました。いくら気の勝った女でも、得物がなければ仕方がありません。わたしはとうとう思い通り、男の命は取らずとも、女を手に入れる事は出来たのです。

　男の命は取らずとも、――そうです。わたしはその上にも、男を殺すつもりはなかったのです。所が泣き伏した女を後《あと》に、藪の外へ逃げようとすると、女は突然わたしの腕へ、気違いのように縋《すが》りつきました。しかも切れ切れに叫ぶのを聞けば、あなたが死ぬか夫が死ぬか、どちらか一人死んでくれ、二人の男に恥《はじ》を見せるのは、死ぬよりもつらいと云うのです。いや、その内どちらにしろ、生き残った男につれ添いたい、――そうも喘《あえ》ぎ喘ぎ云うのです。わたしはその時猛然と、男を殺したい気になりました。（陰鬱なる興奮）

　こんな事を申し上げると、きっとわたしはあなた方より残酷《ざんこく》な人間に見えるでしょう。しかしそれはあなた方が、あの女の顔を見ないからです。殊にその一瞬間の、燃えるような瞳《ひとみ》を見ないからです。わたしは女と眼を合せた時、たとい神鳴《かみなり》に打ち殺されても、この女を妻にしたいと思いました。妻にしたい、――わたしの念頭《ねんとう》にあったのは、ただこう云う一事だけです。これはあなた方の思うように、卑《いや》しい色欲ではありません。もしその時色欲のほかに、何も望みがなかったとすれば、わたしは女を蹴倒《けたお》しても、きっと逃げてしまったでしょう。男もそうすればわたしの太刀《たち》に、血を塗る事にはならなかったのです。が、薄暗い藪の中に、じっと女の顔を見た刹那《せつな》、わたしは男を殺さない限り、ここは去るまいと覚悟しました。

しかし男を殺すにしても、卑怯《ひきよう》な殺し方はしたくありません。わたしは男の縄を解いた上、太刀打ちをしろと云いました。（杉の根がたに落ちていたのは、その時捨て忘れた縄なのです。）男は血相《けつそう》を変えたまま、太い太刀を引き抜きました。と思うと口も利《き》かずに、憤然とわたしへ飛びかかりました。――その太刀打ちがどうなったかは、申し上げるまでもありますまい。わたしの太刀は二十三合《ごう》目《め》に、相手の胸を貫きました。二十三合目に、――どうかそれを忘れずに下さい。わたしは今でもこの事だけは、感心だと思っているのです。わたしと二十合斬り結んだものは、天下にあの男一人だけですから。（快活なる微笑）

わたしは男が倒れると同時に、血に染まった刀を下げたなり、女の方を振り返りました。すると、――どうです、あの女はどこにもいないではありませんか？　わたしは女がどちらへ逃げたか、杉むらの間を探して見ました。が、竹の落葉の上には、それらしい跡《あと》も残っていません。また耳を澄ませて見ても、聞えるのはただ男の喉《のど》に、断末魔《だんまつま》の音がするだけです。

事によるとあの女は、わたしが太刀打を始めるが早いか、人の助けでも呼ぶために、藪をくぐって逃げたのかも知れない。――わたしはそう考えると、今度はわたしの命ですから、太刀や弓矢を奪ったなり、すぐにまたもとの山路《やまみち》へ出ました。そこにはまだ女の馬が、静かに草を食っています。その後《ご》の事は申し上げるだけ、無用の口数《くちかず》に過ぎますまい。ただ、都《みやこ》へはいる前に、太刀だけはもう手放していました。――わたしの白状はこれだけです。どうせ一度は樗《おうち》の梢《こずえ》に、懸ける首と思っていますから、どうか極刑《ごつけい》に遇わせて下さい。（昂然《こうぜん》たる態度）

清水寺に来れる女の懺悔《ざんげ》

——その紺《こん》の水干《すいかん》を着た男は、わたしを手ごめにしてしまうと、縛られた夫を眺めながら、嘲《あざけ》るように笑いました。夫はどんなに無念だったでしょう。が、いくら身悶《みもだ》えをしても、体中《からだじゅう》にかかった縄目《なわめ》は、一層ひしひしと食い入るだけです。わたしは思わず夫の側へ、転《ころ》ぶように走り寄りました。いいえ、走り寄ろうとしたのです。しかし男は咄嗟《とっさ》の間《あいだ》に、わたしをそこへ蹴倒しました。ちょうどその途端《とたん》です。わたしは夫の眼の中に、何とも云いようのない輝きが、宿っているのを覚《さと》りました。何とも云いようのない、——わたしはあの眼を思い出すと、今でも身震《みぶる》いが出ずにはいられません。口さえ一言《いちごん》も利《き》けない夫は、その刹那《せつな》の眼の中に、一切の心を伝えたのです。しかしそこに閃《ひらめ》いていたのは、怒りでもなければ悲しみでもない、——ただわたしを蔑《さげす》んだ、冷たい光だったではありませんか？　わたしは男に蹴られたよりも、その眼の色に打たれたように、我知らず何か叫んだぎり、とうとう気を失ってしまいました。

その内にやっと気がついて見ると、あの紺《こん》の水干《すいかん》の男は、もうどこかへ行っていました。跡にはただ杉の根がたに、夫が縛《しば》られているだけです。わたしは竹の落葉の上に、やっと体を起したなり、夫の顔を見守りました。が、夫の眼の色は、少しもさっきと変りません。やはり冷たい蔑《さげす》みの底に、憎しみの色を見せているのです。恥しさ、悲しさ、腹立たしさ、——その時のわたしの心の中《うち》は、何と云えば好《よ》いかわかりません。わたしはよろよろ立ち上りながら、夫の側へ近寄りました。

「あなた。もうこうなった上は、あなたと御一しょには居られません。わたしは一思いに死ぬ覚悟です。しかし、——しかしあなたもお死になすって下さい。あなたはわたしの恥《はじ》を御覧になりました。わたしはこのままあなた一人、お残し申す訳には参りません。」

わたしは一生懸命に、これだけの事を云いました。それでも夫は忌《いま》わしそうに、わたしを見つめているばかりなのです。わたしは裂《さ》けそうな胸を抑えながら、夫の太刀《たち》を探しました。が、あの盗人《ぬすびと》に奪われたのでしょう、太刀は勿論弓矢さえも、藪の中には見当りません。しかし幸い小刀《さすが》だけは、わたしの足もとに落ちているのです。わたしはその小刀を振り上げると、もう一度夫にこう云いました。

「ではお命を頂かせて下さい。わたしもすぐにお供します。」

夫はこの言葉を聞いた時、やっと唇《くちびる》を動かしました。勿論口には笹の落葉が、一ぱいにつまっていますから、声は少しも聞えません。が、わたしはそれを見ると、たちまちその言葉を覚りました。夫はわたしを蔑んだまま、「殺せ。」と一言《ひとこと》云ったのです。わたしはほとんど、夢うつつの内に、夫の縹《はなだ》の水干の胸へ、ずぶりと小刀《さすが》を刺し通しました。

わたしはまたこの時も、気を失ってしまったのでしょう。やっとあたりを見まわした時には、夫はもう縛られたまま、とうに息が絶えていました。その蒼ざめた顔の上には、竹に交《まじ》った杉むらの空から、西日が一すじ落ちているのです。わたしは泣き声を呑みながら、死骸《しがい》の縄を解き捨てました。そうして、――そうしてわたしがどうなったか？　それだけはもうわたしには、申し上げる力もありません。とにかくわたしはどうしても、死に切る力がなかったのです。小刀《さすが》を喉《のど》に突き立てたり、山の裾の池へ身を投げたり、いろいろな事もして見ましたが、死に切れずにこうしている限り、これも自慢《じまん》にはなりますまい。（寂しき微笑）わたしのように腑甲斐《ふがい》ないものは、大慈大悲の観世音菩薩《かんぜおんぼさつ》も、お見放しなすったものかも知れません。しかし夫を殺したわたしは、盗人《ぬすびと》の手ごめに遇ったわたしは、一体どうすれば好《よ》いのでしょう？　一体わたしは、――わたしは、――（突然烈しき歔欷《すすりなき》）

巫女《みこ》の口を借りたる死霊の物語

――盗人《ぬすびと》は妻を手ごめにすると、そこへ腰を下したまま、いろいろ妻を慰め出した。おれは勿論口は利《き》けない。体も杉の根に縛《しば》られている。が、おれはその間《あいだ》に、何度も妻へ目くばせをした。この男の云う事を真《ま》に受けるな、何を云っても嘘と思え、――おれはそんな意味を伝えたいと思った。しかし妻は悄然《しょうぜん》と笹の落葉に坐ったなり、じっと膝へ目をやっている。それがどうも盗人の言葉に、聞き入っているように見えるではないか？　おれは妬《ねた》しさに身悶《みもだ》えをした。が、盗人はそれからそれへと、巧妙に話を進めている。一度でも肌身を汚したとなれば、夫との仲も折り合うまい。そんな夫に連れ添っているより、自分の妻になる気はないか？　自分はいとしいと思えばこそ、大それた真似も働いたのだ、――盗人はとうとう大胆《だいたん》にも、そう云う話さえ持ち出した。

　盗人にこう云われると、妻はうっとりと顔を擡《もた》げた。おれはまだあの時ほど、美しい妻を見た事がない。しかしその美しい妻は、現在縛られたおれを前に、何と盗人に返事をしたか？　おれは中有《ちゅうう》に迷っていても、妻の返事を思い出すごとに、嗔恚《しんい》に燃えなかったためしはない。妻は確かにこう云った、――「ではどこへでもつれて行って下さい。」（長き沈黙）

　妻の罪はそれだけではない。それだけならばこの闇《やみ》の中に、いまほどおれも苦しみはしまい。しかし妻は夢のように、盗人に手をとられながら、藪の外へ行こうとすると、たちまち顔色《がんしょく》を失ったなり、杉の根のおれを指さした。「あの人を殺して下さい。わたしはあの人が生きていては、あなたと一しょにはいられません。」――妻は気が狂ったように、何度もこう叫び立てた。「あの人を殺して下さい。」――この言葉は嵐のように、今でも遠い闇の底へ、まっ逆様《さかさま》におれを吹き落そうとする。一度でもこのくらい憎むべき言葉が、人間の口を出た事があろうか？　一度でもこのくらい呪《のろ》わしい言葉が、人間の耳に触れた事があろうか？　一度でもこのくらい、――（突然迸《ほとばし》るごとき嘲笑《ちょうしょう》）その言葉を聞いた時は、盗人さえ色を失ってしまった。「あの人を殺して下さい。」――妻はそう叫びながら、盗人の腕に縋《すが》っている。盗人はじっと妻を見たまま、殺すとも殺さぬとも返事をしない。――

と思うか思わない内に、妻は竹の落葉の上へ、ただ一蹴りに蹴倒《けたお》された、（再《ふたた》び迸るごとき嘲笑）盗人は静かに両腕を組むと、おれの姿へ眼をやった。「あの女はどうするつもりだ？　殺すか、それとも助けてやるか？　返事はただ頷《うなず》けば好《よ》い。殺すか？」――おれはこの言葉だけでも、盗人の罪は赦《ゆる》してやりたい。（再び、長き沈黙）

妻はおれがためらう内に、何か一声《ひとこえ》叫ぶが早いか、たちまち藪の奥へ走り出した。盗人も咄嗟《とっさ》に飛びかかったが、これは袖《そで》さえ捉《とら》えなかったらしい。おれはただ幻のように、そう云う景色を眺めていた。

盗人は妻が逃げ去った後《のち》、太刀《たち》や弓矢を取り上げると、一箇所だけおれの縄《なわ》を切った。「今度はおれの身の上だ。」――おれは盗人が藪の外へ、姿を隠してしまう時に、こう呟《つぶや》いたのを覚えている。その跡はどこも静かだった。いや、まだ誰かの泣く声がする。おれは縄を解きながら、じっと耳を澄ませて見た。が、その声も気がついて見れば、おれ自身の泣いている声だったではないか？　（三度《みたび》、長き沈黙）

おれはやっと杉の根から、疲れ果てた体を起した。おれの前には妻が落した、小刀《さすが》が一つ光っている。おれはそれを手にとると、一突きにおれの胸へ刺《さ》した。何か腥《なまぐさ》い塊《かたまり》がおれの口へこみ上げて来る。が、苦しみは少しもない。ただ胸が冷たくなると、一層あたりがしんとしてしまった。ああ、何と云う静かさだろう。この山陰《やまかげ》の藪の空には、小鳥一羽囀《さえず》りに来ない。ただ杉や竹の杪《うら》に、寂しい日影が漂《ただよ》っている。日影が、――それも次第に薄れて来る。――もう杉や竹も見えない。おれはそこに倒れたまま、深い静かさに包まれている。

その時誰か忍び足に、おれの側へ来たものがある。おれはそちらを見ようとした。が、おれのまわりには、いつか薄闇《うすやみ》が立ちこめている。誰か、――その誰かは見えない手に、そっと胸の小刀《さすが》を抜いた。同時におれの口の中には、もう一度血潮が溢《あふ》れて来る。おれはそれぎり永久に、中有《ちゅうう》の闇へ沈んでしまった。………

（大正十年十二月）

付録Ⅳ

『今昔物語集』巻二十九第二

「多衰丸調伏丸二人盗人語《たすいまろちょうぶくまろふたりのぬすびとのこと》」

今昔《いまはむかし》、世に二人の盗人有《ぬすびとあり》けり。多衰丸《たすいまろ》、調伏丸《ちょうぶくまろ》とぞ云《いい》ける。

多衰丸は、顕《あらわ》れて人に被知《しられ》たる盗人にて有ければ、常に蔵穿《うが》つ事をぞ役《やく》としける。度々《どど》被捕《とらえられ》て獄《ひとや》に被禁《いましめられ》けり。調伏丸は、何也《いかなり》ける事にか有らむ、誰《たれ》とも不被知《しられ》ぬ盗人にてなん有ける。多衰丸も□似たり。其の時になん多衰丸怪《あやし》び思いける。調伏丸、名をば聞けども、遂《つい》に誰と云《い》う事をも不被知《しられ》で止《やみ》にけり。世にも人皆《ひとみな》極《いみじ》く怪びけり。

此《こ》れを思うに、調伏丸極《きわめ》て賢き奴也《やつなり》かし。「多衰丸と具《ぐ》して盗し行《ありき》けんに、誰とも不被知《しられ》で止にけり。極て難有《ありがた》き事也」とぞ世の人云いける、となん語り伝えたるとや。

付録V

『今昔物語集』巻二十九第二十二

「詣鳥部寺女値盗人語《とりべでらにもうずるおんなぬすびとにあうこと》」

今昔《いまはむかし》、物詣《ものもうで》破無《わりな》く好《この》ける、人《ひと》の妻有《めあり》けり。其《そ》の人の妻とは故《ことさら》に不云《いわ》ず。年三十許《ばかり》にて、形《かた》ち有様も美《うつくし》かりけり。其れが、「鳥部寺《とりべでら》の賓頭盧《びんずる》こそ極《いみじ》く験《しるし》は御《おわ》すなれ」とて、共に女《め》の童《わらわ》一人許《ばかり》を具《ぐ》して、十月《かんなづき》の二十日《はつか》比《のころおい》の午時《うまのとき》許《ばかり》に、微妙《めでた》く装《しょう》ぞき立《たて》て参《まいり》けるに、既に参着《まいりつき》て居たる程に、少し送れて鑭《きら》らかなる雑色男《ぞうしきおのこ》一人亦《また》詣でたり。

此の雑色男、寺の内にて此の共に有る女の童を引手触《ひきてふ》る。女の童慴《おびえ》て泣く。隣《となり》も無き野中なれば、主《あるじ》此れを見るに怖しき事限《かぎり》無し。男、女の童を捕えて、「然《さ》らば突殺してむ」と云《いい》て、刀を抜《ぬき》て押《おし》宛《あて》たり。女の童音《こゑ》も不為《せ》で、衣《きぬ》を只脱《ただぬぎ》に脱て棄てつ。

男其れを取て、亦《また》主を引手触《ふ》る。主実《まこと》に奇異《あさまし》く怖しく思《おぼ》ゆれども、更に術《じゅつ》無し。男、主を仏の御後《おおむうしろ》の方《かた》に引将行《ひきいてゆき》て、二人臥《ふし》ぬ。主、可辞得《いなびゆうべ》き様無ければ、男の云う事に随いぬ。其の後、男起て、主の衣を引剝《ひきはぎ》て、「糸惜《おし》ければ袴《はかま》は許す」と云て、主従二人が着物を提《ひさげ》て、東《ひんがし》の山に走り入にけり。

然《しか》れば主も女の童も泣居たれども、更に甲斐無し。此《かく》て可有《あるべ》き事に非《あら》ねば、女の童、清水《きよみず》の師の僧の許《もと》に行て、「然々《しかしか》、鳥部寺《とりべでら》に詣給《もうでたま》えりつる程に、引剝《ひきはぎ》に値《あい》て裸にてなん其の寺に御《おわ》する」と云て、僧の鈍色《にびいろ》の衣《ころも》一つを借て、女の童は僧の紬《つむぎ》の衣を借着て、法師一人を副《そ》えたりければ、其れを具して鳥部寺に返り行て、主に其の衣を着せてなん京へ返ける程に、川原に迎《むかえ》の車など来会《きあい》たりければ、其れに乗《のり》てなん家には返りたりける。

然れば心幼き女の行《あり》きは可止《とどむべ》き也《なり》。此く怖しき事有り。其の男、主と親く成《なり》なば、衣をば不取《とら》で去《さり》ねかし。奇異《あさまし》かりける心かな。其の男、本《もと》は侍にて有けるが、盗《ぬすみ》して獄《ひとや》に居て、後放免《のちほうめん》に成にける者也けり。

此の事隠すとすれども世に広く聞《きこ》えにけるにや、此《かく》なん語り伝えたるとや。

『今昔物語集』巻二十九第二十三

「具妻行丹波国男於大江山被縛語《めをぐしてたんばのくににゆくおとこおおえやまにしてしばらるること》」

今昔《いまはむかし》、京に有《あり》ける男の、妻《め》は丹波《たんば》の国の者にて有ければ、男其《そ》の妻を具《ぐ》して、丹波の国へ行《ゆき》けるに、妻をば馬に乗せて、夫《おうと》は竹蚕簿《たけえびら》の箭《や》十許《とおばかり》差《さし》たるを掻負《かきおい》て、弓打持《ゆみうちもち》て後《うしろ》に立《たち》て行ける程に、大《おお》江山《えやま》の辺《ほとり》に、若き男の大刀《たち》許《ばかり》を帯たるが糸強気《いとつよげ》なる、行烈《ゆきつれ》ぬ。

然《しか》れば相具《あいぐ》して行くに、互《たがい》に物語などして、「主《ぬし》は何《いど》へぞ」など、語い行く程に、此の今行烈たる大刀帯たる男の云《いわ》く、「己《おのれ》が此の帯たる大刀は陸奥《みちのおく》の国《くに》より伝え得たる高名《こうみよう》の大刀也。此れ見給え」とて抜て見すれば、実《まこと》に微妙《めでた》き大刀にて有り。本《もと》の男此れを見て欲《ほし》き事無限《かぎりな》し。今の男、其の気色《けしき》を見て、「此の大刀要《よう》に御《おわ》せば、其の持給える弓に被替《かえられ》よ」と云《いい》ければ、此の弓持たる男、持たる弓は然《さ》までの物にも非ず、彼《か》の大刀は実《まこと》に吉《よ》き大刀にて有ければ、大刀の欲かりけるに合せて、「極《きわめ》たる所得してむず」と思《おもい》て、左右《さう》無く差替えてけり。然《さ》て行く程に、此の今の男の云《いわ》く、「己が弓の限り持たるに、人目も可咲《おか》し。山の間其《そこ》の箭二筋《やふたすじ》被借《かされ》よ。其の御為《おおんため》にも此《か》く御共《おおんとも》に行けば、同事《おなじこと》には非ずや」と。本の男此れを聞くに、「現《げ》に」と思うに合せて、吉き大刀を弊《つたな》き弓に替つるが喜《うれし》さに、云ままに箭二筋を抜て取《とら》せつ。然れば弓打持《ゆみうちもち》て箭二筋を手箭《てや》に持て、後《し》りに立て行く。本の男は竹蚕簿の限《かぎり》を掻負て大刀引帯《ひきおび》てぞ行ける。

而《しか》る間、昼の養《やしない》せんとて、藪の中に入るを、今の男、「人近《ひとぢか》には見苦し。今少し入てこそ」と云ければ深く入にけり。然《さ》て、女《おんな》を馬より抱き下《いだ》しなど為《す》る程に、此の弓持の男、俄《にわか》に弓に箭を番《つがい》て、本の男に差宛《さしあて》て強く引て、「己動かば射殺してむ」と云へば、本の男、更に此は不思懸《おもいかけ》ざりつる程に、此《か》くすれば、物も不思《おぼ》えで只向い居《お》り。其の時に、「山の奥へ罷入《まかりい》れ、入れ」と恐《おど》せば、命の惜《おし》きままに、妻をも具して、七八町許《しちはっちょうばかり》山の奥へ入ぬ。然《さ》て、「大刀刀《たちかたな》投よ」と、制命《せいしめい》ずれば、皆投て居るを、寄《より》て取《とり》て打伏せて、馬の指縄《さしなわ》を以《もっ》て木に強く縛り付けてつ。

然て、女の許に寄来て見るに、年二十余許《はたちあまりばかり》の女の、下衆なれども愛敬付《づき》て糸清気也《いときよげなり》。男此れを見るに心移《うつり》にければ、更《さら》に他の事不思《おぼ》えで、女の衣《きぬ》を解けば、女不辞得《いなびうべ》き様《よう》無ければ、云うに随《したがい》て衣を解《とき》つ。然れば男も着物を脱《ぬぎ》て、女を掻臥《かいふ》せて二人臥《ふし》ぬ。女云う甲斐無く男の云うに随て、本の男被縛付《しばりつけられ》て見けんに、何許思《いかばかりおもい》けん。

其の後《のち》、男起上《おきあがり》て、本の如《ごと》く物打着て、竹蚕簿掻負て、大刀を取て引帯て、弓打持て、其の馬に這乗《はいのり》て、女に云く、「糸惜とは思えども、可為《すべ》き様《よう》無き事なれば、去ぬる也。亦其《またそこ》に男をば免《ゆる》して不殺《ころさず》なりぬるぞ。馬をば、疾《と》く逃なんが為に乗て行ぬるぞ」と云て、馳散《はせちら》して行にければ、行にけん方を不知《しら》ざりけり。

其の後、女寄て男をば解免《ときゆる》してければ、男我れにも非ぬ顔つきして有ければ、女、「汝が心云う甲斐無し。今日より後も此の心にては更に墓々《はかばか》しき事不有《あら》じ」と云ければ、夫《おうと》更に云う事無くして、其《そこ》よりなん具して丹波に行にける。

今の男の心糸恥《いとはず》かし。男、女の着物を不奪《ばい》取《とら》ざりける。本の男の心糸墓無《いとはかな》し。山中《やまのなか》にて一日も不知《しら》ぬ男に弓箭《きゅうぜん》を取《とら》せけん事、実に愚也《おろかなり》。

其の男遂に不聞《きこ》えで止《やみ》にけり、となん語り伝えたるとや。

付録VII

「茶碗の中」

小泉八雲

田部隆次・訳

読者はどこか古い塔の階段を上って、真黒の中をまったてに上って行って、さてその真黒の真中に、蜘蛛の巣のかかった処が終りで外には何もないことを見出したことがありませんか。あるいは絶壁に沿うて切り開いてある海ぞいの道をたどって行って、結局一つ曲るとすぐごつごつした断崖になっていることを見出したことはありませんか。こういう経験の感情的価値は――文学上から見れば――その時起された感覚の強さと、その感覚の記憶の鮮かさによってきまる。

ところで日本の古い話し本に、今云った事と殆《ほと》んど同じ感情的経験を起させる小説の断片が、不思議にも残っている。……多分、作者は無精だったのであろう、あるいは出版書肆と喧嘩したのであろう、いや事によれば作者はその小さな机から不意に呼ばれて、かえって来なかったのであろう、あるいはまたその文章の丁度真中で死の神が筆を止めさせたのであろう。とにかく何故この話が結末をつけないで、そのままになっているのか、誰にも分らない。……私は一つ代表的なのを選ぶ。

*

天和四年一月一日――即ち今から二百二十年前――中川佐渡守が年始の廻礼に出かけて、江戸本郷、白山の茶店に一行とともに立寄った。一同休んでいる間に、家来の一人――關内と云う若党が余りに渇きを覚えたので、自分で大きな茶碗に茶を汲んだ。飲もうとする時、不意にその透明な黄色の茶のうちに、自分のでない顔の映っているのを認めた。びっくりしてあたりを見廻したが誰もいない。茶の中に映じた顔は髪恰好から見ると若い侍の顔らしかった、不思議にはっきりして、中々の好男子で、女の顔のようにやさしかった。それからそれが生きている人の顔である証拠には眼や唇は動いていた。この不思議なものが現れたのに当惑して、關内は茶を捨てて仔細に茶碗を改めてみた。それは何の模様もない安物の茶碗であった。關内は別の茶碗を取ってまた茶を汲んだ、また顔が映った。關内は新しい茶を命じて茶碗に入れると、――今度は嘲りの微笑をたたえて――もう一度、不思議な顔が現れた。しかし關内は驚かなかった。『何者だか知らないが、もうそんなものに迷わされはしない』とつぶやきながら――彼は顔も何も一呑みに茶を飲んで出かけた。自分ではなんだか幽霊を一つ呑み込んだような気もしないではなかった。

同じ日の夕方おそく佐渡守の邸内で当番をしている時、その部屋へ見知らぬ人が、音もさせずに入って来たので、關内は驚いた。この見知らぬ人は立派な身装《みなり》の侍であったが、關内の真正面に坐って、この若党に軽く一礼をして、云った。

『式部平内でござる――今日始めてお会い申した……貴殿は某を見覚えならぬようでござるな』

甚《はなは》だ低いが、鋭い声で云った。關内は茶碗の中で見て、呑み込んでしまった気味の悪い、美しい顔、――例の妖怪を今眼の前に見て驚いた。あの怪異が微笑した通り、この顔も微笑している、しかし微笑している唇の上の眼の不動の凝視は挑戦であり、同時にまた侮辱でもあった。

『いや見覚え申さぬ』闖内は怒って、しかし冷やかに答えた、――『それにしても、どうしてこの邸へ御入りになったかお聞かせを願いたい』
〔封建時代には、諸侯の屋敷は夜昼ともに厳重にまもられていた、それで、警護の武士の方に赦すべからざる怠慢でもない以上、無案内で入る事はできなかった〕
『ああ、某に見覚えなしと仰せられるのですな』その客は皮肉な調子で、少し近よりながら、叫んだ。『いや某を見覚えがないとは聞えぬ。今朝某に非道な害を御加えになったではござらぬか……』
闖内は帯の短刀を取ってその男の喉を烈しくついた。しかし少しも手答がない。同時に音もさせずその闖入者は壁の方へ横に飛んで、そこをぬけて行った。……壁には退出の何の跡をも残さなかった。丁度蠟燭の光が行燈の紙を透るようにそこを通り過ぎた。

闖内がこの事件を報告した時、その話は侍達を驚かし、また当惑させた。その時刻には邸内では入ったものも出たものも見られなかった、それから佐渡守に仕えているもので『式部平内』の名を聞いているものもなかった。

その翌晩、闖内は非番であったので、両親とともに家にいた。余程おそくなってから、暫時の面談をもとめる来客のある事を、取次がれた。刀を取って玄関に出た、そこには三人の武装した人々――明かに侍達――が式台の前に立っていた。三人は恭しく闖内に敬礼してから、そのうちの一人が云った。
『某等は松岡文吾、土橋久藏、岡村平六と申す式部平内殿の侍でござる。主人が昨夜御訪問いたした節、貴殿は刀で主人をお打ちになった。怪我が重いから疵の養生に湯治に行かねばならぬ。しかし来月十六日にはお帰りになる、その時にはこの恨みを必ず晴らし申す……』

それ以上聞くまでもなく、關内は刀をとってとび出し、客を目がけて前後左右に斬りまくった。しかし三人は隣りの建物の壁の方へとび、影のようにその上へ飛び去って、それから……

＊

ここで古い物語は切れている、話のあとは何人かの頭の中に存在していたのだが、それは百年このかた塵に帰している。

私は色々それらしい結末を想像することができるが、西洋の読者の想像に満足を与えるようなのは一つもない。魂を飲んだあとの、もっともらしい結果は、自分で考えてみられるままに任せておく。

『新著聞集』巻五第十奇怪篇

「茶店《ちやてん》の水椀《すいわん》若年《じやくねん》の面《おもて》を現《げん》ず」

天和四年正月四日に、中川佐渡守年礼におはせし供に、堀田小三郎といふ人まいり、本郷の白山の茶店に立より休らひしに、召仕の関内といふ者水を飲けるが、茶碗の中に最麗《いと》しき若年の顔うつりしかば、いぶせくおもひ、水をすてて又汲むに、顔の見えしかば、是非なく飲みてし。其夜関内が部屋へ若衆来り、昼は初めて逢ひまゐらせつ。式部平内といふ者也。関内おどろき、全く我は覚え侍らず。扨《さて》表の門をば何として通り来れるぞや。不審《いぶかし》きものなり。人にはあらじとおもひ、抜きうちに切りければ、逃げ出たりしを厳く追かくるに、隣の境まで行きて見うしなひし。人々出合ひ其由を問ひ、心得が足しとて扨《さて》やみぬ。翌晩関内に逢はんとて人来る。誰と問ば、式部平内が使ひ松岡平蔵、岡村平六、土橋文蔵といふ者なり。思ひよりてまゐりしものを、いたはるまでこそなくとも、手を負はせるはいかがぞや。疵《きず》の養生に湯治したり。来る十六日には帰りなん。其時恨をなすべしといふを見れば、中々あらけなき形なり。関内心得たりとて、脇指をぬききりかかれば、逃げて件《くだん》の境まで行き、隣の壁に飛びあがりて失ひ侍りし。後又も来らず。

「猿の足」ジャコブス

鷲尾浩・訳

戸外は、暗澹《あんたん》として冷湿な——夜だった。けれども鎧戸《よろいど》がすっかり閉められたラバアナム・ヴィラの小さい居間《パアラア》には、赤々と炉《ろ》の火が燃えていた。父親と息子とは将棋に夢中だった。変り目の早いこの遊戯にかけては、いわゆる笊《ざる》の横好き気味がないではないが、とにかくいろんな趣向を持ちあわせている父親だったので、彼のキングをわざわざ窮地に導いて、曝《さら》さずにもすむ危険に曝すようなことが幾遍か重なった。そのたびごとに、炉傍《ろばた》で静かに編物をしていた白髪《しらが》まじりの老婦人の口からさえ、揶揄《やゆ》の批評が洩れた。

「おい聴きな、あの風の音を。」とホワイト君は言った。もう取りかえしのつかない致命的な大失策、しまったッと心に叫んだが後の祭、せめては将棋盤への息子の注視をそらしたい！　こう思ったので彼は、父親ホワイト君は突拍子もなく風の音を持ち出したのである。

「聴いてますよ。」と、盤上を睨《にら》んで息子は言った。そして手をぐいと伸ばした。

「王手。」

「こんなに荒れちゃ今夜は来そうもないな、あの男も。」

父親は将棋盤を手で蔽いかくすようにして言った。

「王手。」と息子は答えた。

「こうやけに懸け離れた処に住むのが第一いけないんだ。」

ホワイト君はだしぬけにひどく荒っぽい声で怒鳴《どな》った。

「辺鄙《へんぴ》で不便で、泥だらけで、人間の住む場所じゃないってことが、そもそも一等悪いんだ。廻り路をすれば泥沼だし、まっすぐに来ればまるで瀑《たき》みたいな流れだ。世間の奴等はどう思ってるか知らないけれど、あの辺にゃたった二軒きり家がないんだから、かまうもんかってなことだろうさ。」

「あなた、そうぷりぷりなさるものじゃないわ。」と、ホワイト君の老妻は慰め顔で言った。「この次はきっとあなたの勝よ。」

ホワイト君は鋭い視線を投げて、ちょうどその時に息子と母親との間に目配せが交わされているのを遮断した。言葉が彼の唇頭から消え、刺《とげ》を含んだ啀《いが》みがその薄い灰色の髭《ひげ》の中へ隠れた。

「おお、来たぞ。」門の開閉した響が聞えて、玄関の戸口へ近づく重い足音がした時、ハアバート・ホワイトは言った。

父親は急に愛想のよい顔つきになって、そそくさと立ちあがって扉《ドア》を開けた。そして来客にむかって路が悪くて困ったろうと言った。来客の方でも実に弱ったと答えた。そこで「ちえッ、ちえッ！」と舌打したのはホワイト夫人だった。小粒ながら妙に輝く眼と赭《あか》ら顔とを持った長身の逞《たくま》しい体格の男が、夫に導かれて室へはいって来た時、彼女は軽く咳《せき》入ってばつを合わせた。

「特務曹長モーリス。」と、ホワイト君は紹介した。

特務曹長は握手して、炉傍《ろばた》の、すすめられた座についた。そしてこの家の主《あるじ》がウイスキーを大コップに注いで出し、小さな銅の湯沸《ゆわかし》を火にかけたりしている間、満足げな様子で室内を眺めまわした。

三杯目のコップを飲み干した彼は、更に一段と眼を光らせて話しはじめた。この家の親子三人は、彼が幅広な肩を椅子に張って物語るいろいろな冒険談や手柄話、戦争や怖ろしい疫病や、別の大陸の民族についてのいろんな物珍しい話などにじっと耳を傾けた。

「二十一の歳《とし》だったよ。」と、ホワイト君は妻と息子とを顧みながら言った、「――モーリス君が国を出たのは。あの頃は問屋勤めの小僧っ子なんだったがな。どうだい今は。なかなか立派なものじゃないか。」

「遠い熱帯国へ行っておいでたようには見えませんわね。ちっともお窶《やつ》れになった様子がありませんもの。」

と、ホワイト夫人はていねいに言った。

「わしも印度《インド》へいきたくなったよ。」とホワイト君が話を客に向けた、「そんな変った場所を一廻《ひとまわ》りしたら面白かろうてな。」

客は首を横に振った。

「いや、なんと云ったって英国がようがすな。殊に御老体じゃねえ。」

彼は空になったコップを下においた。そして軽い溜息《ためいき》をつきながらそれを揺すぶった。

「でもそんなに古い寺院《てら》だの、行者だの、魔法使だのって――まるで違った世界だからね、わしにだって興味があろうじゃないか。」と、老人は云った。「あ、そう云えば君、先だって猿の足――とかなんとか云ってたね、モーリス？」

「いえなあに。」と、特務曹長はなぜかあわてて拒むように言った、「ありゃあお話するだけの値打のある話じゃないでさあ。」

「猿の足ですって？」

と、ホワイト夫人は輿を繋いだ。

「ええ、猿の足ですがね。まあ、なんですな、魔法といえば魔法でしょうよ。つまり魔法の種なんですな。だけど気味がわるいったって、いっこうつまんないものなんです。」

と、特務曹長はむしろぶっきら棒に答えた。

三人の聴き手は、だが、おのずと膝の進むのを覚えた。来訪者は空コップを唇のところへ持って行って押しつけた。そして初めて気づいたかのようにコップを卓上におろした。老主人は客のために酒をついだ。

客は自分のポケットを捜って言った。「なんなら御覧に入れましょうか。干して木乃伊《ミイラ》にしちゃった小《ちっ》ぽけな至極当り前な足ですよ。」

と、特務曹長は隠しから取出したものを提示した。ホワイト夫人は眉を顰《しか》めて少し身を引いたが、息子はそれを受けとって、好奇の眼でまじまじ眺めた。

「特別に変ったとこでもあるのかい？」と父親は訊ねた。

ホワイト君は彼の息子から手渡しされた猿の足を、ちょいと検《しら》べてみて、卓《テーブル》の上にのせた。すると特務曹長が言った。

「その通り見かけはなんでもありませんがね、でもそれにゃあ霊験のあらたかな、不思議な魔力が籠《こも》ってるんです。実は素敵に行いすました修験者《しゅげんじゃ》がありましてな、人間ってものはすべて運命に支配される、いくら悶躁《もが》いたって駄目だ、運命に逆らったら最後きっと悲しい目に会う、ってことを教えてやりたいと、その修験者が考えたんです。そこでこの猿の足に一種玄妙な力をこめたっていう訳ですな。つまり、三人の人間がそれぞれ三通りずつの願掛けが出来るようになってるんです。」

彼の声音《こわね》といい、彼の態度《ものごし》といい、いかにも印象的だったので、聴き手は三人とも軽く笑いはしたものの、その笑い声は妙に顫《ふる》いを帯びていたことに気づかずにはいられなかった。

「そんならあなただって、三つの願掛けをなすったらいいじゃありませんか？」と、息子のハアバート・ホワイトは利発ぶるように言った。

特務曹長は、小生意気な青年に対する中年者の眼で、ハアバートを眺めやって、

「そりゃあ掛けましたよ願を、僕だっても。」

と、静かに答えた彼の疱顔《あばたがお》はなぜか蒼白く見えた。

「では三つとも、お掛けなすった願は叶《かな》いましたの？」と、老夫人は訊ねた。

「叶いましたとも。」

こう特務曹長は言った。ウイスキーのコップが彼の頑丈そうな歯にぶつかる音がした。

「誰か、あなたのほかにも願掛けをした人がありまして？」と、老夫人は重ねて問うた。

「第一の男もやっぱり三つ願を掛けましたね。」これが答だった。「前の二つがどんな願掛けだったか、そりゃあ知りませんがね、三番目に願ったことは往生ってことでしたよ。つまり死を願ったんですな。この猿の足が僕の手に入ったのもそのためですよ。」

その調子には冗談めいた気味合いが鵜《う》の毛で突いたほどもなかったので、聴き手たちは思わず深い沈黙へと引きいれられた。

だがついに老ホワイトは言った。「モーリス君、願掛けを三つともすましちゃったとすれば、もう君には用のないものだね。それともまだ何か役に立つのかい？」

特務曹長は首を振った。「実はこうなんですよ――」と、彼は徐《おもむろ》に言った、「売りたいと思いましてね、それを。だけど買い手が見つかりもしないんです。何しろ持ち主を一人殺してますからね、死ぬことが願だったとは謂《い》いながら――ですな。おまけに、よしんば物好きな人が出てきても、僕の話

を真《ま》に受けるかどうかが疑問ですなあ。お伽噺《とぎばなし》だと思えば誰しも、まあ効験《ききめ》を検《み》てから代価《だい》は後でってことになりましょうからな。」

「もし君に、更にもう三つ願掛けが出来るとしたら。」と、老人は鋭く彼を見つめながら訊いた。「やって見るかね、君は？」

「さあ、そりゃあ解りませんな。」と、客は答えた。「絶対に不可能な場合のことですから、なんとも言えませんね。」

彼は猿の足を拇指《おやゆび》と人差指とで撮《つま》みあげて、ぶらぶらさせたかと思うといきなりそれを、炉の火のなかへ投げ込んだ。小さい叫び声がその咄嗟《とつさ》に老ホワイトから洩れた。

老人はあわてて身をかがめて呪符《おまもり》を拾いあげた。

「燃しちゃいましょうよ、そんなもの。」

特務曹長は生真面目に言った。

「君が要《い》らないんなら、モーリス。」と、老人は言った、「僕にくれたまえ、ね。」

「要りませんとも。」と、特務曹長は頑固に言いきった。「要るものを火にくべるもんですか！　しかしたとえどんなことになったって、僕をお責めになるのはまっぴらですよ。あなたのものになさるのは、無論ご勝手ですがね。」彼は付け足した。「だけど、どんなものでしょう、もう一度火におくべになっちあ。その方がよござんすよ。」

老ホワイトは頭を横に振った。そして彼の新所有物を縦横から詳しく眺めた。

「願い事は一体どんな工合にしてやるのかな？」

「右手で握って、差し上げ格好《かっこう》にして、声を出して願い事を云えばいいんです。」と、特務曹長は教えた。「しかし今も言いましたように、僕、結果には責任が持てませんよ、何事が起ろうともです。」

そしてふたたび付加した、「だからそこで燃しちゃう方が、あなたとしては賢明なやり方だと思いますがな。」

「まるでアラビヤン・ナイトみたいね。」と、晩食の支度に立ちかけてホワイト夫人は言った。「わたしに手が八本あったらいいなんてお思いにはならない？ わが妻のために四対の手を授けたまえ——なんて、ちょいと面白いわね。」

彼女の夫は一度納った呪符《おまもり》をポケットから取り出した。すると驚惧の色をさっと顔に漲《みなぎ》らせた特務曹長は、いそいで老ホワイトの腕を捉《と》らまえて支え止めた。父親も母親も息子も声を合せて笑った。

「あなたが強《た》って願掛けをそれでなさろうというんなら。」と、客はやや音調を荒げて言った、「よほど考えた上でなすって下さい。とんでもない事が起らないとも限りませんからね。」

ホワイト君は取り出した猿の足を、ポケットへおさめた。そして椅子の位置をなおして客を卓へ招いた。晩食がはじまると呪符《おまもり》のことは大概《あらかた》忘れられた形になり、親子三人は客の語りだした印度奇談の別な題目に、つい惹き入れられて聞き惚《ほ》れたのだった。

終列車の時間が迫ったので客は帰ることになった。玄関の扉がいそいで出て行った特務曹長の背後《うしろ》で閉まった時、息子のハアバートは言った。

「あの猿の足の話がですね、もし第二第三の話なんかに比べて特に信ずべきものならとにかくだけれど、そうでない限り格別期待は出来そうにないな。」

「お父さんは、なにかお礼をなすったかしら？」

ホワイト夫人はこう言いながら夫の方を注視した。

「礼はほんのしるしだけさ。」すこし顔を赤らめて父親は言った。「そんな礼なんかは要らないというんだ。でも無理に押しつけてはおいたがね。それにあの男は幾度も言ったよ、捨てた方が宜かろうってな。」

「そりゃあその方がいいかもしれませんね。」と、わざと薄気味悪さを装《よそお》って云ったのが息子だった。

「しかし、金持になろうと偉《えら》い者になろうと、有名、幸福、なんなりと思いのままになれようって僕たちなんですからね、どうですお父さん、まず手初めにどこかの王様かなんかにおなんなすっちゃ。そうすりゃあ牝鶏《めんどり》に時をつくらせずにもすみますよ。」

彼はこう言いすてて卓の向う側へ逃げるように移動した。油除けの上っぱりを着たホワイト夫人も、一種の反感を懐《いだ》いて息子のそばへ寄った。

ホワイト君は件《くだん》の猿の足をポケットから取り出して、やや心もとなそうに眺めた。

「どんな願掛けをしたらいいものかな。わしは、どうも迷うよ。これって——欲しいものも今のぶんじゃないからね。」と彼は緩《ゆるや》かに言った。「そうさ、それは本当だよ。」

「でもお父さん、この家の建築費の清算が出来たら、なおさら結構じゃないですか?」と、息子は手を頸《くび》に当てながら、父親の言葉を訂正した。「つまり二百ポンドほど願ってみることですね。それだけありゃあ充分間に合うでしょう。」

父親はいく分羞《はずか》しそうな顔を見せて微笑した。自分自身の軽はずみな信じ方に少し気がさしたのだった。だが、呪符《おまもり》は引っこませなかった、のみならず彼はそれを掲げさえした。その時、息子のハアバートは、ひどくまじめくさった顔でピアノに向った。母親が目をぱちぱちして合図を送ってよこしたので、一瞬間そのつくり顔は崩れたが、すぐとまた渋面にかえって、印象的な短曲を二つ三つ弾いた。

「わしは二百ポンドほしい。」

と、明瞭に老ホワイト君は言った。

この言葉に応じたのは喨爽《りようそう》なピアノの響だった。が、それは突如老人の口から洩れた鋭い叫び声によって妨げられた。彼の妻女と息子とは、びっくりして駈けよった。

「動いた！　動いたよ！」と、彼は床敷の上に投げ出した件《くだん》の呪符へ、嫌悪の眼をおとして叫んだ、「わしが欲しいと言うとな、うねうねッとこの手のなかで蠢《うごめ》いたよ、まるで蛇かなんぞのようにさ！」

「それにしても、金はどうしたんです？　いっこうその辺に目っからんじゃありませんか。」

こう言って息子は、猿の足を床から拾い上げて卓上にのせた。

「金なんか出っこありませんよ、僕あ、賭けてもいい。」

「あなた、」と、母親は彼女の夫に言った、「気のせいよ、あなたの、動くものですか！」

彼女はいくらか不安げに老人を見入った。

老人は頭を横に振った。

「だけど——心配せんでもいい。ただ動いただけで——どうなったというんじゃないからな。しかし、とにかくおったまげたことは事実だ。」

親子三人はふたたび炉辺《ろばた》に坐《ざ》した。父親と息子とは無言で煙草を吸った。戸外は、風がますます吹きつのって来た。二階で、どの扇かが、ばたり閉った音がした。老人の腰は神経的に椅子から押立った。たしかに尋常ではない沈黙、なにかに圧迫されるような妙な静寂、それが三人を支配した。そしてこの無言は、老夫婦が就寝のために寝室へ退くまで続いたのであった。

「あなたの寝台《ベッド》のまん中に大きな袋が置いてあって、その中に紙幣束《さつ》がはいっていますよ、きっと。」と、ハアバートはお寝みを言った後でこう付けたした。「ねえ、お父さん、その不当利得をポケットに入れるあなたを、そっと窺《うかが》ってるものがあるかもしれませんぜ、衣裳箪笥の上かなんぞに蹲《うずくま》って――なにかしら怖ろしいものが！」

彼はひとり暗くなった室に居残って炉の消えかかる火を何気なしにふと見つめた。と、火の中に現れたのは、疑いもなく顔だ――なにかの顔だった。続けざまに幾つかの顔が現滅したのだったが、その最後に現れたのは、紛れもない猿の面《つら》、しかも怖しげな猿面！　で、彼は思わず眼を瞠《みは》っていすくんだ。

すると、その面はだんだん瞭然《はっきり》うき上って来た。ハアバートの驚愕はたちまち細くかすれた不安な笑いに変った。彼は闇のなかで卓上のコップを探った。その中にはいっている水を、現われてる猿の面にぶっかけるつもりだったのだ。ところが彼の手が摑《つか》んだのは、コップではなくて、ほかならぬ件《くだん》の猿の足だったのである。

戦慄《せんりつ》が彼の体を走った。

わななく手を彼は上衣で拭《ぬぐ》うた。そして寝に就いた。


朗かな冬の晴れた朝の陽ざしが、食卓を照らした時、昨夜の恐怖や戦慄がまったく馬鹿げきったものだったと感じたのはハアバートだった。同じ室でありながら前夜とは似ても似つかぬ平板陳腐な健全みが充ち満ちていた。薄汚い、干枯《ひから》びた、小さな猿の足は、ちょこなんと炉棚に載っけられて、どう見ても魔力や霊験などがありそうになかった。

「退役下士さんなんてものは、みなあんなふうだと思いますわ。」と、ホワイト夫人は言った、「とんだナンセンスを謹聴しちゃいましたのね！　考えてみれば、きょう日、願掛けが叶うなんてはずはありませんもの！　願い通りになるものなら、あなただって二百ポンドで苦労はなさらないわね？」

「だけど今に天からお父さんの頭の上へ金が降って来るかもしれませんよ。」と、口のわるいハアバートは揶揄《やゆ》した。

「まったく、自然にごく無理がなく事柄が運ぶとモーリスが言ったよ。」こう父親は答えた。「つまり、なんだな、お前なんぞにいわせりゃ暗合とでもいうのかな。まあ、そんなふうに現れたんだな結果が、いままでだって。」

「なるほどね。しかし僕の帰るまでは、その金には手をつけずにいて下さい。」と、息子は食卓を離れる時いった。「でないと意地のきたない、強欲張りだなんていわれて、ほうり出されますよ、お父さん。」

母親は笑った。そして息子について扉口《と》までいって、道路へ出て行くその後姿を見送っていたが、やがて朝食の卓《テエブル》へ戻って、至極上機嫌に夫の迷信をなぶるような気持を味わったのだった。だがそのことは、郵便配達のノックを聞いて入口へ小走りに出て行き、配達された郵便物が洋服屋の勘定書だと知って、退職特務曹長の酒好きなことについて一くさりしゃべる彼女を、無論妨げはしなかった。

「ハアバートが帰って来ると、また皮肉な冗談口を叩くでしょうよ。」

こう彼女が言ったのは、老夫婦が昼飯に坐った時だった。

「わしは言うがね。」とホワイト君は手酌で麦酒《ビール》を注いだ。

「ほかのことはとにかく、あの足がわしの手のなかで蠢《うごめ》いたのは事実だ。それは誓ってもいいよ。」

「動いたと、あなたがお思いなすっただけなんでしょう。」と、老妻はむしろ慰め顔で註釈した。

「たしかに動いたといってるじゃないか。」と、夫は註釈を否認した。「断じて気のせいじゃない。わしはちょうど――だけど一体どうした訳かな?」

彼の妻は答えなかった。彼女は戸外に一人の男が不審な挙動をしているのに気をとられていたのである。なんとなく落着かぬ様子で家の内部をうかがいながら、思い切ってはいって来る決心がどうもつきかねるといったふうに見えた。二百ポンドという妙な心的連想が頭に閃いた瞬間に、彼女はその不思議な男の服装《なり》が立派なことと、被った帽子が真新しい絹製のものだということを認めた。三度その男は門の外で躊躇した。だが四度目にはついに片手を門扉《ドア》にかけて立った。そしていよいよ腹を決めたのであろう、それを押し開けて玄関路へ入って来た。ホワイト夫人は、門扉《ドア》の開いたのと呼応するかのように両手を背後へ廻してエプロンの結び紐《ひも》をとき、彼女の椅子の座褥《クッション》の下へその必須品を丸めこんだ。

彼女は訪客を室内へ導き入れた。初見の客は遠慮勝ちな格好で、時々そっと偸《ぬす》むように主婦の方をながめた。彼女は部屋の見苦しく取り散らかしてあること、夫の着物が粗末なのは庭いじりする時の服をちょうど着ていたからであることなどを、口早に陳謝した。客はそれを聞いている間もなにか心にかかることがあるといったような顔つきだったが、老主婦が言いわけをすましてからややしばらく、随分辛抱づよく来訪の用件が告げられるのを待ったにもかかわらず、なぜか堅く噤《つぐ》んだ客の唇は動かなかった。

だが客はついにきり出した。

「わたしは、実は——使いの者なんですが、」と、彼は言った。そして上体をかがめてズボンについてた小さな綿屑《わたくず》をつまみとった。「モオ・エンド・メギンス会社から参ったのです。」

老夫人はぎくりとして跳び上った。「え？　なにかあったんですの？」と、彼女は息を詰めて訊ねた。「家《うち》のハアバートがどうしたんですか？　え？　ど、どうしたんですの？」

夫《おっと》ホワイト君は妻を制した。

「おい、おい、まあ坐れ。」と、彼ははや口に言った。「そうお前みたいに早合点をしちゃあいけない。——どうです、悪い報知《しらせ》を持って来てくだすった訳じゃないでしょう？」と、口には言ってもやはり心配そうに彼は来訪者を見やった。

「いや、それが誠にお気の毒なんでしてね――」と、言っただけで客の言葉はとぎれた。

「負傷《けが》ですか？」母親は声音《こわね》あらく訊《き》いた。

来訪者は頷《うなず》いた。「非常な重傷です。」と、彼は緩《ゆるや》かに言った。

「しかし今はもう苦痛は全然ないんです。」

「まあ、よかった！」ひしと両手を組み合せて母親は叫んだ。

「神様のお慈悲だ、な、なんとお礼を――」

と、言いかけて突如、彼女は相手の言葉のひどく不吉な真意に想いあたった。そして彼女の恐怖がまざまざと確証されてるのを、そむけられた相手の顔に見てとった。で、彼女は息を呑んで、自分から見れば遥かに遅鈍な夫を顧みて、ぶるぶる震える老いた手を夫の手に重ねた。長い沈黙が来た。

「御子息は機械におはまんなすったんです。」

ついに来訪者はこう低い声で云った。

「おお機械にはまったんだ。」と、ほとんど譫言《うわごと》のようにホワイト君は、客の言葉を繰りかえした。

「そうだ、はまっちゃったんだ。」

彼は身じろぎもせずに坐ったまま、窓へ空虚な目を据えた。そして双手《もろて》の間へ妻の片方の手を挟んで、およそ四十年前のむかし、彼が彼女に恋の睦《むつ》ごとを囁いた若き日によくやったように、ただ訳もなくしっかりと締めつけた。

「あの子は、わしら夫婦の間の一粒種なんです。生れた子供たちのうちで無事息災に育ったのはあれだけなんですからな。」と、彼は客の方へ静かに向き直って言った。「察して下さい。お話のほかです。」

来訪者は咳入った。彼は座を立った、そろそろと窓際へ歩いて行った。

「会社でも、このお宅の御不幸に対して深い哀悼の意を表するようにわたしに申付けました。会社の上下一統が大変御同情いたしている次第でして。」と、彼は傍目《わきめ》もふらずに述べた。

「しかし、わたしは単なる一使用人で、ただ命令のままにこうして伺ったようなわけですから、その辺はどうぞお含みを願います。」

これに対しての受け答えはなかった。老妻の顔は蒼白、瞳はひらき、呼吸はやんだかのように聞えなかった。また老夫の顔貌《かおつき》には、彼の友人特務曹長の最初にいったことがあるいは箴《しん》をなしたのではないか、という彼の考えが穂に出ていた。

「なおわたしからお伝えしなくちゃならないのは、モオ・エンド・メギンス会社には今回のことについては何らの責任がないって事です。」と、来訪者は続けた。「実際、会社として負うべき責任は皆無なわけです。しかしですね、お宅の御子息の日頃のお勤め振りを特に考慮に置きましてですな、賠償金としてよりは慰弔金として若干の金額を会社があなたに差し上げることになったんです。」

ホワイト君はわれ識らずに彼の妻の手を振り棄てるように手放して、椅子から立った。そして恐怖の面持で来訪者へ凝視を送った。彼の乾いた唇は、辛うじて次の語を洩らした。

「そ、その金額は？」

「二百ポンド。」それが答だった。

妻は叫んだ。だがその叫び声も夫には聞えなかった。仄《ほの》かな、微笑に似たものが、夫の顔の上を匐《は》った。

たちまち老ホワイト君は、まるで盲人のように両手を前方へかざした。かと思う間に、へたへたと床にくずおれて喪心してしまった。

大きな新墓地――二哩《マイル》ばかり離れた――へ彼等の一人息子の遺骸を埋めた老夫婦は、深い憂愁と沈黙に浸《ひた》されて家に帰った。あまりに唐突に経過した凶事だったので、当初のうちは物に憑《つ》かれたような気持ばかりして、本当にあった事実とは思えないくらいだった。彼等の心には、だから、続いて何か別な事が――つまり老いたる夫婦が背負うにはあまりにも重過ぎる悲しみの荷を、軽くするだけの何らかの事が――起るかもしれないという一種の期待が残ったなりで、なかなかそれが消えなかった。

しかし日が経つにつれてその期待さえが、諦めと入れ代らねばならなかった。それはたしかにお先真暗な諦めだった。ある時は罵《ののし》り合った。またある時は気脱《ぬ》けしたように滅入《めい》り込んだ。時にはほとんど一語も交さなかった、というのは今は早、彼等が語り合うべき事柄が一つもなかったからだ。明ける日も明ける日も長くて、ただ侘《わび》しいばかりだった。

一週間ほど過ぎたある夜更《よふけ》、老ホワイト君はふと目が覚めたので手を伸ばして傍を探ると、妻はいなかった。寝室は真暗だった。と、低い忍び泣きが窓の方から聞えた。彼は枕から首をあげてその泣声を聞きすました。

「もう床《ベッド》へ戻る方がいいよ。」と、彼はやさしく言った、「冷えるといけないから。」

「あの子の身になって御覧なさい！　どんなに寒いかしれませんわ。」

老夫人はこういってまたも啜《すす》りあげた。

彼女の泣声は続いた。だがその響きがだんだん彼の耳から遠ざかった。寝床は温かだった。彼の眼瞼《まぶた》は睡気のために重くなった。幾度か、引き入れられるようにうとうととした後、彼は眠りにおちたのだった。

それからどれだけ時間が経ったか彼には無論わからなかったが、劇《はげ》しい叫びごえ——妻の叫声が突如彼の耳底を衝《つ》いたので、ホワイト君は、はっと目覚めるとともに床のなかで頭をもたげた。

「あ、あの足！」と、妻は喚《わめ》いた、「猿の足が！」

驚いた彼はむっくり上体を起した。

「ど、どこに？　それが、それがどうした？」

彼女はよろけながら部屋を過《よぎ》って夫に近づいた。

「わたし、要《い》るのよ、あの足が。」こう彼女は打って変ったように静かな声音《こわね》で言った、「焼くとか棄てるとかまだなさらなかったでしょう？」

「居間《パーラー》にあるよ、棚へのっけたままだ。だけど、」と、彼は腑に落ちかねる声で言った、「なぜさ？　どうしようってんだい？」

彼女は叫び声と笑い声とを一緒くたに爆発させた。とほとんど同時に身をかがめて、夫の頬に接吻した。

「つい今しがた、やっと気がついたんですの。」と、彼女はヒステリカルに言った。「どうしてもっと早く気づかなかったでしょう？　あなたもあなたよ。なぜうっかりしてらしたんですか？」

「一体なにをさ？」

皆目《かいもく》のみ込めずにホワイト君は訊いた。

「もう二つ願掛けが出来るじゃありませんか。」と、あわただしく彼女は答えた。「たった一つきり願ってみただけでしょう。」

「馬鹿ッ、あれで懲《こ》りないのか？」

荒い語気でこう彼は詰《なじ》った。

「ちがいますわ。」と、妻は意気昂然と応じた。「早く願掛けをもう一つなさいよう。さ、降りてらして、ね、持って来て下さい、あの足を。そしてあの子が生き返るように願ってちょうだい。」

ホワイト君は寝台《ベッド》の上に起き直って、わなわな震える手足からベッドクロースを剝《は》いだ。「おい、おい、しっかりしてくれ。気が狂ったんじゃないかい？」と、不安そうに彼は叫んだ。

「持って来て下さい。」と、彼女は喘《あえ》ぎながらせがんだ。「よう、早く。早く願って――おお、ハアバートや、ハアバートや！」

彼女の夫はマッチを擦って蠟燭《ろうそく》に火を点けた。

「まあ寝台へ戻ったらどうだ。」胸をどきつかせて彼は言った。「お前、夢中なんだろう、今何を言ったか。」

「第一の願が叶ったんですもの。」と老夫人は一心不乱のていですすめた。「第二の願だって、叶わないことがあるものですか！」

「ありゃあお前、暗合だよ、偶然の。」

とは答えたものの、すこしホワイト君は吃《ども》った。

「持って来て願掛けをなさいといったら！」全身を興奮にふるわせてこう彼女は叫んだ。

それに答える夫の声もまたふるえた。

「あれが死んでからもう十日たつよ。それにあの子は――こんなことは、わしも言いたかあないよ――だけど、着物でようやく見分けがついたほどだったからな。実際無残以上だったよ。あの時でさえ、怖くてお前は顔を蔽うたじゃないか。それから十日後の今は、どんなだと思う？」

「あの子を、生き返らせて下さい。」老夫人はふたたび喚《わめ》いた。「さあ。」と、彼女は夫を寝台から曳きおろして戸口の方へ押しこくった。「自分で産んで育てた子を怖がる親があるもんですか？」

老ホワイトは闇のなかを階下へ降りて行った。彼は手探りで居間へ入って炉棚へ達した。件《くだん》の呪符《おまもり》はその場所にあった。だが彼は忽然と猛烈な恐怖におそわれた。たとい口にはまだ出さぬまでも、心にそれを欲したとなれば、今にもすぐ、彼自身がこの室から逃げ出すことの出来る前に、ずたずたにちぎられて目も当てられぬ死態《しにざま》をしたハアバートが、現われ出はせぬか、もし出たら、という恐怖がそれだった。怯《おび》えた彼は喉《のど》をつまらせた。と、彼には戸口がどちらだったか見当がつかなくなってしまった。額から冷い汗がだらだら流れた。彼は卓《テーブル》にしがみついた。それから壁へ辿《たど》り着き、その面《おもて》を平手《ひらて》で撫でながら隅を巡《めぐ》り伝ってやっと廊下へ出た――ただし、片手には無気味きわまる呪符を握りしめて。

寝室へ戻ったとき、彼の妻の顔すらが別な顔に見えた。いやに蒼白くて、この世の顔らしくなく、どうしても自然とは謂《い》えない何かがそこに蠢動《しゅんどう》しかけてるように思われて、彼は妻そのものさえが怖しくなった。

「願って下さい、すぐに。」と、強い声で彼女は叫んだ。

「あんまり――馬鹿げ――てるじゃないか。」と、彼はへどもどして言った。

「願って下さい！」彼の妻は繰り返した。

彼は呪符を掴んだ手をあげた。「どうぞ、わしの息子が生き返りますように！」

呪符は床に落ちた。彼は恐しげにそれを眺めた。燃えるような眼で老妻は窓へ行って、鎧戸《よろいど》をあげた。ホワイト君は戦慄する軀《からだ》を椅子にまかせた。

彼は止めどなく胴顫《どうぶる》いのでる腰を座褥《クッション》に埋めて、寒さに総身が冷めたくなるまでそこを動かずにいた。窓から戸外の闇を覗きこんでいる彼の妻のうしろ姿へ時々視線を送りながら――。陶器の燭台の縁の下で、蠟燭がとぼれ尽きようとして天井と壁とへ、大きくゆらぐ影を投げていたが、やがて灯の光が今までよりは一際《ひときわ》ぱっと明るくなり、まさに消えなんとする炎の閃揺を見せたかと思うと、たちまち灯は消えて闇が残った。呪符の魔力はついに働かなかった！　ああ、助かった！　ちょっと譬《たと》えようもない釈放感を得て老ホワイト君は、彼の寝床へともぐり込んだ。それから一分か二分か後だった、彼の妻も、また彼のそばへ戻った——黙々と、あくまで冷淡な、態度で。

老夫婦はどちらも口を利かなかった。刻む時計の音を聞きながらじっと横《よこ》たわっていたのだ。と、階段が軋《きし》んだ。チューッと鳴いて鼠が一しきり騒々しくあばれ廻った。濃い闇はいかにも重苦しかった。しばらくすると、その圧迫がどうにも堪えがたくなってきたので、彼はマッチの箱を捜しあてて一本擦った。勇を鼓して階下まで蠟燭をとりに行くためだった。

階段をおりきった処でそのマッチは消えた。で、もう一本擦ろうとして彼はためらった。というのは、ちょうど第二のマッチの棒を摑んだ時、窃《ひそ》やかな、ほとんど聞きとれぬほどの静かなノックが、玄関の扉に——響いたからだった。

マッチは彼の手から廊下の床へ落ちた。彼は全身を硬《こわ》ばらせて立ちすくんだ。彼の息は一時とまった。と、ノックはまた響いた。あッと出掛かった声さえが逆に戻るのを覚えた彼は身を翻《ひるがえ》して階段を逃げあがり、寝室へ突込むが早いか、ばたり後ろ扉《ど》を引いた。その時、三度目のノックが、こんどは高く、階上の室内まで響いた。

「あれ、なんでしょう？」と、彼の妻は撥《は》ね起きざまに言った。

「ねず、鼠だ。」老ホワイト君はおろおろ声で答えた。「——鼠だよ。今階段ッとこへいたんだ。」

立膝《たてひざ》になって彼の妻は耳をそばだてた。と、またも強いノックの音が響いた。

「おおハアバート！」と、彼女は叫んだ、

「ハアバートです！」

彼女は寝台からとび出して部屋の出口へ走った。だが彼女の夫はその正面に立ちふさがった。そして彼女の腕を扼《やく》してしっかりと抱《かか》え止めた。

「ど、どうしようってんだ？」低く声をかすらせて彼は叱咤《しった》した。

「わたしの子ですよ、ハアバートですよ！」と叫びながら彼女は身をもがいた。

「二哩《マイル》先から来るのだってことを、わたしは忘れていた。なぜ邪魔をなさるんです？　放してください。扇をあけなくちゃ、あけなくちゃなりません。」

「いけない、いけない、入れちゃいかん。」顫《ふる》えながら彼は叫んだ。

「自分の子が怖いんですか！」

彼女は把握から脱れようと力闘した。

「は、はなして、今いくからねハアバート。わたしが行ったげるからね！」

後《あと》、後とノックは続いた。老夫人は渾身の力で夫の手を振りほどいて室内へ駈け出た。あとを追ってホワイト君は階段の踊り場へとびだしたが、すでに夫人は階下の廊下に達していた。

彼は訴えるような声で呼んでみたが無駄だった。

彼は鎖の戻る音と、底　門《ボットン・ボルト》が承孔《ソケット》から徐々に牽《ひ》きだされる音とを聞いた。と、喘《あえ》ぎながら振り搾《しぼ》った妻の声がした。

「あなた、降りてください。」彼女は怒《ど》鳴《な》った。「閂《かぎ》へ届かないんですから。」

しかし彼女の夫は、階段を降りるかわりに寝室の床に四つん這いになった。呪符を、猿の足を、懸命の努力にかけて模索したのが彼だった。玄関外の者が内の内部《なか》へ入りこむ前に探り当てさえすれば！　彼は両手両膝であがき廻るのだった。だが続けざまのノックは家じゅうに響きわたった。そして彼は、椅子が引摺られる音を耳にした。彼の妻がその椅子を廊下へ持ち出して、扇の際《きわ》に据えた気配を聞きとった。もはや彼はギーイという閂《かぎ》の、だんだんにはずれる軋みを聞かないわけにはいかなかった。しかしその輾音《てんおん》が鼓膜を打ったとほとんど同じ瞬間に、彼は件《くだん》の猿の足を探り当てることが出来た。狂熱をこめて第三次の、そして最後の願事を彼は祈願した。

たちまちにしてノックがやんだ。――その余韻はなお屋内に残りはしたが。彼は椅子が退《ど》けられて扉が開いた音を聞いた。一陣の寒風が階段を舞いあがって来た。そして長い、高い、絶望落胆の慟哭《どうこく》が彼の妻から迸《ほとばし》って出た。この泣き声に力を得て彼は階下《した》へ駈けおり、妻のそばを、玄関をよぎりぬけて門のところまで出た。街燈はただ寂寞たる道路をのみ照していた。

叙集」(TVドラマ、2022)…100
相沢沙呼原作（日本テレビ系）
『列車に御用心』(1953)…367
エドマンド・クリスピン（論創社〈論創海外ミステリ〉103）
『列をなす棺』(1950)…392
エドマンド・クリスピン（論創社〈論創海外ミステリ〉318）
『聯愁殺』(2002)…306
西澤保彦（中公文庫）

ろ

『ロジャー・マーガトロイドのしわざ』(2006)…355
ギルバート・アデア（ハヤカワ・ポケット・ミステリ）
¶『路地裏の迷宮踏査』(2014)…99、274、314、334
杉江松恋（東京創元社）
「六人の熱狂する日本人」(2018)…76、83
阿津川辰海（光文社文庫『透明人間は密室に潜む』）
〈論創海外ミステリ〉(論創社)…303

わ

『Yの悲劇』(1932)…72、107、133、191、385
エラリー・クイーン（創元推理文庫／角川文庫）
『わが目の悪魔』(1976)…43
ルース・レンデル（角川文庫）
『私が見たと蠅は言う』(1945)…163
エリザベス・フェラーズ（ハヤカワ・ミステリ文庫）

小泉八雲著、平川祐弘編（講談社学術文庫『小泉八雲名作選集1　怪談・奇談』）
『雪女のキス　異形コレクション綺賓館Ⅱ』(2000)…179
井上雅彦監修（光文社カッパ・ノベルス〈異形コレクション綺賓館〉2）
『ユダの窓』(1938)…343
カーター・ディクスン（創元推理文庫）
『ユニオン・クラブ綺談』(1983)…339
アイザック・アシモフ（創元推理文庫）
『指差す標識の事例（上・下）』(1997)…114
イーアン・ペアーズ（創元推理文庫）
『指輪と本』(1868-1869)…169、172
ロバート・ブラウニング（研究社出版）

よ

¶『夜明けの睡魔　海外ミステリの新しい波』(1987)…290、292-293、313
瀬戸川猛資（早川書房／東京創元社〈創元ライブラリ〉）
『夜明けのロボット（上・下）』(1983)…72
アイザック・アシモフ（ハヤカワ文庫SF）
『酔いどれ探偵』（別題『酔いどれひとり街を行く』）(1975)…209
都筑道夫（創元推理文庫〈日本ハードボイルド全集〉6）
『妖怪・妖精譚　小泉八雲コレクション』(2004)…187
小泉八雲（池田雅之編訳、ちくま文庫）
『容疑者Xの献身』(2005)…105
東野圭吾（文春文庫）
¶「『容疑者Xの献身』は本格か否か」(2006)…105
二階堂黎人。（『ミステリマガジン』2006年3月号）
『（地球）幼年期の終わり』(1953)…72
アーサー・C・クラーク（光文社古典新訳文庫／創元SF文庫／ハヤカワ文庫SF）
「妖婦の宿」(1949)…197
高木彬光（光文社電子書籍『神津恭介、密室に挑む』）
『横溝正史読本』(1976)…239
小林信彦編（角川書店／日下三蔵編、柏書房〈横溝正史エッセイコレクション〉2）
『吉野朝太平記』(1990-1991)…220
鷲尾雨工（富士見書房〈時代小説文庫〉1～5）
『四人の女』(1950)…99
パット・マガー（創元推理文庫）
¶『読み出したら止まらない！　海外ミステリーマストリード100』(2013)…273
杉江松恋（日本経済新聞出版社〈日経文芸文庫〉）
『夜歩く』(1930)…200
ジョン・ディクスン・カー（創元推理文庫）
『夜の三部作』(1969)…131-132
福永武彦（小学館〈P＋D Books〉）

ら

『ラヴデイ・ブルックの事件簿』(1894)…303
キャサリン・ルイーザ・パーキス（平山雄一私家版〈ヒラヤマ探偵文庫〉31）
「羅生門」(1915)…121
芥川龍之介（角川文庫『羅生門・鼻・芋粥』）
『羅生門』（映画、1950）…121-122、360
芥川龍之介原作（「藪の中」）、黒澤明監督
『楽園とは探偵の不在なり』(2020)…63
斜線堂有紀（ハヤカワ文庫）
¶「ラフカヂオ・ハーンの飜訳」(1926)…163
小酒井不木（春陽堂『犯罪文学研究』／国書刊行会〈クライム・ブックス〉『同』）
¶「ラフカディオ・ハーン『茶碗の中』について」(1988)…160、170
牧野陽子（「成城大學經濟研究」1988年12月）
¶『乱視読者の帰還』(2001)…66
若島　正（みすず書房）
『乱歩殺人事件　「悪霊」ふたたび』(2024)…349、351-352、361、384
芦辺　拓（KADOKAWA）
『乱歩の選んだベスト・ホラー』(2000)…220
森英俊・野村宏平編（ちくま文庫）

り

『リーヴェンワース事件』(1878)…40
アンナ・カサリン・グリーン（東都書房〈世界推理小説大系〉6『グリーン／ウッド』）
『陸橋殺人事件』(1925)…147、266-272、274-279、283-284、287-289、291-294、298、302、311、386
ロナルド・A・ノックス（創元推理文庫）
〈リンカーン・ライム〉シリーズ(1997-)…36
ジェフリー・ディーヴァー
『リトモア少年誘拐』(1957)…230
ヘンリー・ウェイド（創元推理文庫／同『リトモア誘拐事件』）

る

¶「類別トリック集成」(1953)…365
江戸川乱歩（光文社文庫〈江戸川乱歩全集〉27『続・幻影城』／中公文庫『江戸川乱歩トリック論集』）
「ルナティック・レトリーバー」(2022)…102、308、330、342、369
真門浩平（東京創元社〈ミステリ・フロンティア〉119『ぼくらは回収しない』）

れ

『レイトン・コートの謎』(1925)…128、228、282
アントニイ・バークリー（創元推理文庫）
「霊媒探偵・城塚翡翠／invert 城塚翡翠 倒

『medium 霊媒探偵城塚翡翠』(2019)…307
相沢沙呼（講談社文庫）
『目羅博士の不思議な犯罪』(2004)…351
江戸川乱歩（光文社文庫〈江戸川乱歩全集〉8）
『メルカトルかく語りき』(2011)…321
麻耶雄嵩（講談社文庫）
「メルツェルの将棋指し」(1836)…22、28、375
エドガー・アラン・ポオ（創元推理文庫『ポオ小説全集 1』）
『メルトン先生の犯罪学演習』(1948)…201
ヘンリ・セシル（創元推理文庫）
「妻行丹波国男於大江山被縛語」…120、149-150、442（付録Ⅵ）
（『今昔物語集』巻 29 第 23）

も

〈モース警部〉シリーズ(1975-1999)…246、291、293、312-313、338
コリン・デクスター（ハヤカワ・ポケット・ミステリ／ハヤカワ・ミステリ文庫）
『木曜組曲』(1999)…306
恩田 陸（徳間文庫）
『木曜日だった男』(1908)…77
G・K・チェスタトン（光文社古典新訳文庫／創元推理文庫『木曜の男』）
¶『物語の迷宮 ミステリーの詩学』(1986)…363
山路龍天・松島征・原田邦夫（有斐閣／東京創元社〈創元ライブラリ〉）
『物しか書けなかった物書き』(2007)…317、323
ロバート・トゥーイ著、法月綸太郎編（河出書房新社〈Kawade Mystery〉）
『喪服の似合う少女』(2024)…392
陸 秋槎（ハヤカワ・ポケット・ミステリ）
「モルグ街の殺人」(1841)…11-15、18、22、28、39-40、48、66、98、319、374-375
エドガー・アラン・ポー（角川文庫『ポー傑作選 2 怪奇ミステリー編 モルグ街の殺人』）
「モルモン奇譚」(1901)…78
森 皚峰（コナン・ドイル『緋色の研究』の翻案。大空社〈明治翻訳文学全集〉『森皚峰・佐藤紅緑集』所収）

や

「柳生連也斎」(1955)…116
五味康祐（小学館〈P + D Books〉『喪神・柳生連也斎』）
「八雲が殺した」(1981)…155、159、160-161、165、378
赤江 瀑（文春文庫『八雲が殺した』所収）
『野獣死すべし』(1938)…96、98-99、106-107、196
ニコラス・ブレイク（ハヤカワ・ミステリ文庫）
『鑢 名探偵ゲスリン登場』(1924)…289
フィリップ・マクドナルド（創元推理文庫）
『八つ墓村』(1951)…233、236-238、243-245、281
横溝正史（角川文庫）
¶「『八つ墓村』に影響を与えた作品たち」(2016)…243
ゆーた（神保町横溝倶楽部「金田一耕助自由研究」Vol.4）
「屋根裏の散歩者」(1925)…51、59
江戸川乱歩（光文社文庫〈江戸川乱歩全集〉1『屋根裏の散歩者』所収）
『やぶにらみの時計』(1961)…174、199、328
都筑道夫（徳間文庫〈トクマの特選!〉）
「藪の中」(1922)…113-114、116-123、125、129-137、139-141、143、146、148-153、156-159、168-172、186、223、242、377、379、381-382、386、427（付録Ⅲ）
芥川龍之介（角川文庫『藪の中・将軍』）
¶「「藪の中」――英訳という読み・アメリカの学生の読み――」…140
平岡敏夫（大修館書店『芥川龍之介と現代』／翰林書房〈芥川龍之介作品論集成〉2『地獄変―歴史・王朝物の世界』）
『藪の中・将軍』(1969)…157
芥川龍之介（角川文庫）
¶『「藪の中」の死体』(2005)…119
上野正彦（新潮社／新潮文庫『「死体」を読む』）
¶「「『藪の中』の真相」についての一考察」(2010)…119
恩田 陸（ちくま文庫『土曜日は灰色の馬』所収）
¶「『藪の中』の比較文学的考察」(1979)…169
渡辺義愛（「上智大学仏語・仏文学論集」第 13 号）
¶「「藪の中」は藪の中か?」(2002)…114
宮脇孝雄（「フリースタイル」2002 年春号）
『山伏地蔵坊の放浪』(1996)…340、362、365
有栖川有栖（創元推理文庫）

ゆ

『誘拐』(1961)…99
高木彬光（光文社電子書籍）
『誘拐作戦』(1962)…31、195
都筑道夫（徳間文庫〈トクマの特選!〉）
『郵便配達は二度ベルを鳴らす』(1934)…43-44、60
ジェイムズ・M・ケイン（光文社古典新訳文庫／新潮文庫）
「幽霊瀧」(1901)…180
平垣霜月（講談社学術文庫『小泉八雲名作選集 1 怪談・奇談』所収）
『幽霊屋敷』(1955)…221
西野辰吉編訳（偕成社〈世界名作文庫〉／同〈少年少女世界の名作〉）
「雪女」「雪おんな」(1904)…161、179、182

…188、190-191
A・ブラックウッド・他（創元推理文庫）
「真夜中の煙草・舶来百物語」(1933)…219
谷　譲次（論創社〈論創ミステリ叢書〉30『牧逸馬探偵小説選』）
「マリー・ロジェの謎」(1842)…13、15、18-22、25、28-29、33-34、40、170、272、292、319、374-376、386
エドガー・アラン・ポー（中公文庫『ポー名作集』／創元推理文庫『ポオ小説全集 3』）
『丸太町ルヴォワール』(2009)…342
円居　挽（講談社文庫）

み

「蜜柑」(1919)…157
芥川龍之介（岩波文庫『蜜柑・尾生の信　他十八篇』）
『ミステリー・アリーナ』(2015)…307
深水黎一郎（講談社文庫）
¶『ミステリ国の人々』(2017)…304、323
有栖川有栖（日本経済新聞出版社）
¶『ミステリ十二か月』(2004)…220、227
北村　薫（中公文庫）
¶『ミステリ百科事典』(1981)…305
間羊太郎（現代教養文庫／文春文庫、増補版）
¶「ミステリーファンに贈るドキュメンタリー入門」…104
稲田豊史（「ジャーロ」2022年1月号～2023年9月号／光文社『このドキュメンタリーはフィクションです』）
¶『ミステリーファンのための古書店ガイド』(2005)…278
野村宏平（光文社文庫）
〈ミステリ・フロンティア〉…358
（東京創元社）
『密室の魔術師　ナイン・タイムズ・ナインの呪い』(1940)…73
アントニイ・バウチャー（扶桑社ミステリー）
「三つの凶器」(1911)…312
G・K・チェスタトン（創元推理文庫『ブラウン神父の童心』所収）
『三つの消失』(1938)…288
ピエール・ボアロー（晶文社『大密室　幻の探偵小説コレクション』所収）
¶『水面の星座　水底の宝石：ミステリの変容をふりかえる』(2003)…290、292、306、312
千街晶之（光文社）
「耳なし芳一の話」(1904)…164、179
小泉八雲（上田一夫訳、新潮文庫『小泉八雲集』所収）

む

「夢応の鯉魚」(1901)…181
小泉八雲（平川祐弘編、講談社学術文庫『小泉八雲名作選集 1 怪談・奇談』）
『無音の弾丸』(1912)…64-65
アーサー・B・リーヴ（論創社〈論創海外ミステリ〉201／〈ヒラヤマ探偵文庫〉Kindle 版）
「貉」(1904)…163、178
小泉八雲著、平川祐弘訳（講談社学術文庫『小泉八雲名作選集 1　怪談・奇談』／河出文庫『骨董・怪談』）
「むじな」…162、178-179
小泉八雲著、平井呈一訳（恒文社〈小泉八雲作品集〉10）
「ムジナ」(2022)…178
小泉八雲著、円城　塔訳（KADOKAWA『怪談』所収）
¶『夢想の研究　活字と映像の想像力』(1993)…64、285、290
瀬戸川猛資（早川書房／東京創元社〈創元ライブラリ〉）
「無法な火葬」(1934)…189
小泉八雲著、佐藤春夫訳（白水社『尖塔登攀記　小泉八雲初期文集』）
「ムーン・クレサントの奇跡」(1924)…312
G・K・チェスタトン（創元推理文庫『ブラウン神父の不信』）

め

〈迷宮課〉シリーズ(1934-1963)…52、74、85-86、89、109、392
ロイ・ヴィカーズ
『明治開化　安吾捕物帖』(1953-1954)…232、267、362、382
坂口安吾（角川文庫、ちくま文庫〈坂口安吾全集〉12・13）
『明治大正集』(1960)…118
（東都書房〈日本推理小説大系〉1）
¶『名探偵たちのユートピア　黄金期・探偵小説の役割』(2007)…268
石上三登志（東京創元社）
『名探偵登場』(映画、1976)…290
ニール・サイモン脚本、ロバート・ムーア監督
『名探偵のいけにえ　人民教会殺人事件』(2022)…307
白井智之（新潮社）
『名探偵のはらわた』(2020)…307
白井智之（新潮文庫）
『名探偵のままでいて』(2023)…203-204、218
小西マサテル（宝島社文庫）
『名探偵ポオ氏　『マリー・ロジェの秘密』をめぐって』(1968)…15
ジョン・ウォルシュ（草思社）
〈名探偵ホームズ全集〉…78
（作品社）
〈名探偵ホームズ全集〉…67
（ポプラ社）
「冥府」(1954)…131-132
福永武彦（小学館〈P + D Books〉『夜の三部作』）
『冥府・深淵』(1956)…132
福永武彦（講談社）
『迷路』(1932)…369
フィリップ・マクドナルド（ハヤカワ・ポケット・ミステリ）

「古畑任三郎」(ドラマ)…52、58、68、109、314
三谷幸喜脚本（1994-2006 年、フジテレビ系）
「ブルームズベリーの惨劇」(1929)…318-319、323-326、333、336
トマス・バーク（エレノア・サリヴァン編、光文社文庫『世界ベストミステリー 50 選　名作短編で編む推理小説 50 年史〈上〉』）
『不連続殺人事件』(1948)…112、126、196、198、233、236-239、243-245、251-252、283、353、381-383
坂口安吾（角川文庫／新潮文庫）
『不連続殺人事件　附・安吾探偵とそのライヴァルたち』(2024)…393
坂口安吾（中公文庫）
『文豪たちのスペイン風邪』(2021)…177
（皓星社〈シリーズ紙礫〉14）
『文豪と感染症　100 年前のスペイン風邪はどう書かれたのか』(2021)…175
永江　朗編（朝日文庫）

へ

『ペテン師まかり通る』(1957)…201-202
ヘンリ・セシル（創元推理文庫）
「BEM・私論」(1968)…331
筒井康隆（「創元推理コーナー」4 号）
「ペラム氏の事件」(TV ドラマ、1955)…328
アルフレッド・ヒッチコック監督〈ヒッチコック劇場〉
『変格ミステリ傑作選【戦前篇】』(2021)…118
竹本健治選（行舟文化〈行舟文庫〉）
「弁護士ペリー・メイスン」(ドラマ)…88
E・S・ガードナー原作（1957-1966 年、アメリカ）
『編集室の床に落ちた顔』(1937)…296
キャメロン・マケイブ（国書刊行会〈世界探偵小説全集〉14）

ほ

「放心家組合」(1905)…304
ロバート・バー（創元推理文庫『世界短編傑作集 1』『世界推理短編傑作集 2』／国書刊行会『ウジェーヌ・ヴァルモンの勝利』所収「うっかり屋協同組合」）
『ぼくらは回収しない』(2024)…321、369
真門浩平（東京創元社〈ミステリ・フロンティア〉119）
『ポー傑作選 2　怪奇ミステリー編　モルグ街の殺人』(2022)…18、23、42、47、374
河合祥一郎訳（角川文庫）
〈ポー推理小説文庫〉(1962)…44
山中峯太郎編著（ポプラ社／平山雄一編、作品社『世界名作探偵小説選』所収）
『ポケミス読者よ信ずるなかれ』(2023)…375
ダン・マクドーマン（ハヤカワ・ポケット・ミステリ）
〈ポジオリ教授〉シリーズ(1925-1957)…315
T・S・ストリブリング
「北極星号の船長」(1883)…221
岡本綺堂（コナン・ドイルの同名作品の翻訳。河出文庫『世界怪談名作集　北極星号の船長ほか九篇』所収／西野辰吉翻案では「北海の白魔」）
『ポッターマック氏の失策』(1930)…52、60
R・A・フリーマン（論創社〈論創海外ミステリ〉77）
¶「ボードレールにおける第二帝政期のパリ」(1938)…48
ヴァルター・ベンヤミン（野村修編訳、岩波文庫『ボードレール　他五篇　ベンヤミンの仕事 2』／浅井健二郎編訳、ちくま学芸文庫『パリ論／ボードレール論集成』）
『ホワイトストーンズ荘の怪事件』(1939)…326
アントニー・アームストロング他著（創元推理文庫）
¶『本格ミステリ・エターナル 300』(2023)…289
探偵小説研究会編著（行舟文化）
¶『本格ミステリ戯作三昧　贋作と評論で描く本格ミステリ十五の魅力』(2017)…130
飯城勇三（南雲堂）
「ポンチュー伯の息女」…120、168
作者不詳（集英社〈世界短篇文学全集〉5「フランス文学／中世～ 18 世紀」／白水社〈フランス中世文学集〉3）

ま

「マジカル頭脳パワー!!」(TV 番組、1990-1999)…259
（日本テレビ系列）
『魔術師が多すぎる』(1966)…56、72-73、101、385
ランドル・ギャレット（ハヤカワ・ポケット・ミステリ／ハヤカワ・ミステリ文庫）
『魔術師を探せ!』(1978)…101
ランドル・ギャレット（ハヤカワ・ミステリ文庫）
¶『真田啓介ミステリ論集　古典探偵小説の愉しみI　フェアプレイの文学』(2020)…271、275、278、304
真田啓介（荒蝦夷／論創社）
「町みなが眠ったなかで」(1950)…116
レイ・ブラッドベリ（EQMM 日本版 1959 年 6 月号／「ミステリマガジン」2012 年 10 月号に再録／晶文社〈文学のおくりもの〉1『たんぽぽのお酒』）
『魔都』(1938)…176
久生十蘭（国書刊行会〈定本久生十蘭全集〉1 所収／創元推理文庫）
¶『円居挽のミステリ塾』(2002)…63、106
円居　挽・青崎有吾・斜線堂有紀・日向　夏・相沢沙呼・麻耶雄嵩（星海社新書）
「マドモワゼル・ド・スキュデリ」(1818)…57
E・T・A・ホフマン（光文社古典新訳文庫『黄金の壺』、岩波文庫『スキュデリー嬢』所収）
「ママは何でも知っている」(1952)…326
ジェイムズ・ヤッフェ（ハヤカワ・ミステリ文庫『ママは何でも知っている』所収）
『迷いの谷　平井呈一怪談翻訳集成』(2023)

〈世界探偵小説全集〉16)
「晩餐後の物語」(1938)…183
ウイリアム・アイリッシュ（創元推理文庫『アイリッシュ短編集1　晩餐後の物語』所収）
「樊噲」(1808)…192-193
上田秋成（角川文庫『春雨物語』／教養文庫『雨月物語・春雨物語　若い人への古典案内』）
「范巨卿雞黍死生交」…180
（『古今小説』巻第16）
「反抗のこだま」(1911)…79
R・A・フリーマン（嶋中文庫〈グレート・ミステリーズ〉6『歌う白骨』所収／創元推理文庫『ソーンダイク博士の事件簿Ⅰ』所収「歌う白骨」／国書刊行会〈ソーンダイク博士短篇全集〉1『歌う骨』所収「船上犯罪の因果」）
『犯罪オムニバス』(1928)…218-219
ドロシー・L・セイヤーズ編（収録作品の大半は既訳だがアンソロジーとしては未訳）
¶「犯人当て奨励」(1951)…237-238
大井廣介（大岡昇平編、社会思想社『ミステリーの仕掛け』／中公文庫『不連続殺人事件　附・安吾探偵とそのライヴァルたち』所収）
¶「犯人当て『妖婦の宿』ニワトリ怨恨の真相」(1973)…197
千代有三（光文社〈高木彬光長編推理小説全集〉2、月報6号／論創社〈論創ミステリ叢書〉85『千代有三探偵小説選Ⅱ』）
『犯人選挙』(2019)…307-308
深水黎一郎（講談社文庫『マルチエンディング・ミステリー』）

ひ

『ピカデリーの殺人』(1929)…289
アントニイ・バークリー（創元推理文庫）
「引き立て役倶楽部の陰謀」(2009)…32
法月綸太郎（角川文庫『ノックス・マシン』所収）
「引き抜かれた短剣」(1893)…303
キャサリン・ルイーザ・パーキス（岩波文庫『英国古典推理小説集』所収／平山雄一私家版〈ヒラヤマ探偵文庫〉31『ラヴデイ・ブルックの事件簿』所収「短剣の絵」）
『非実体主義殺人事件』(1945)…210
ジュリアン・シモンズ（論創社〈論創海外ミステリ〉85）
「ビースト・マスト・ダイ／警部補ストレンジウェイズ」(英国TVドラマ、2021)…107
ニコラス・ブレイク原作（『野獣死すべし』）
『ビッグ・ボウの殺人』(1892)…272、355
イズレイル・ザングウィル（ハヤカワ・ミステリ文庫）
『陽のあたる場所』(映画、1951)…87-88
シオドア・ドライサー原作（『アメリカの悲劇』）ジョージ・スティーヴンス監督
〈火村英生〉シリーズ(1992-)…226、235
有栖川有栖
『101年のお楽しみ　探偵小説傑作選、1841-1941年』(1941)…319
エラリー・クイーン編（未訳）
「百万に一つの偶然」(1949)…74
ロイ・ヴィカーズ（ハヤカワ・ミステリ文庫『百万に一つの偶然　迷宮課事件簿Ⅱ』／早川書房編集部編、ハヤカワ・ポケット・ミステリ『51番目の密室』所収）
『白光』(2002)…306
連城三紀彦（光文社文庫）
「氷菓」(アニメ、2012)…294、308
（京都アニメーション制作。米澤穂信原作）
「瓶詰地獄」(1928)…134、136、142、146
夢野久作（角川文庫『瓶詰地獄』／創元推理文庫〈日本探偵小説全集4『夢野久作集』所収）

ふ

〈ファントマ〉シリーズ…176
ピエール・スヴェストル、マルセル・アラン
『ファントマと囚われの王』(1911)…176
（ピエール・スヴェストル、マルセル・アラン著。国書刊行会より刊行予定）
¶「風俗小説家としてのバークリー」(1997)…66
若島　正（みすず書房『乱視読者の帰還』所収）
「不完全犯罪」(1961)…193
中川悦郎（「ヒッチコック・マガジン」1961年2月号）
『復員殺人事件』(1949-1958)…196、198-200、213、223-224、228、230-233、238、245-247、251、253-254、256、266、352-353、359、361-362、380-384、393
坂口安吾（河出文庫）
「ふしぎな迷子」→「劇場の迷子」
「婦人失踪事件」(1924)…33
アガサ・クリスティー（早川書房〈クリスティー文庫〉52『おしどり探偵』／創元推理文庫『二人で探偵を』所収「婚約者失踪の謎」、新訳版「失踪した婦人の謎」）
「二壜のソース」(1932)…304
ロード・ダンセイニ（ハヤカワ・ミステリ文庫『二瓶の調味剤』／創元推理文庫『世界短編傑作集3』『世界推理短編傑作集4』所収）
『ブラウン神父の童心』(1911)…301
G・K・チェスタトン（創元推理文庫／ちくま文庫『ブラウン神父の無心』）
『フランス白粉の謎』(1930)…66
エラリー・クイーン（創元推理文庫／角川文庫『フランス白粉の秘密』）
『フランチャイズ事件』(1948)…284
ジョセフィン・テイ（ハヤカワ・ポケット・ミステリ）
『プリズム』(1999)…280、306
貫井徳郎（実業之日本社文庫／創元推理文庫）
『プリンス・ザレスキーの事件簿』(1981)…336
M・P・シール（創元推理文庫）

¶『21世紀本格ミステリ映像大全』(2018)…104
千街晶之編・著（原書房）
『20億の針』(1950)…72
ハル・クレメント（創元SF文庫）
「二重像」(1954)…85-86、96、99
ロイ・ヴィカーズ（ハヤカワ・ポケット・ミステリ『罪なき者を捜せ』／創元推理文庫『短編ミステリの二百年2』所収）
『偽のデュー警部』(1982)…99
ピーター・ラヴゼイ（ハヤカワ・ミステリ文庫）
『ニッポン硬貨の謎　エラリー・クイーン最後の事件』(2005)…253
北村　薫（創元推理文庫）
『日本怪奇小説傑作集1〜3』(2005)…160
紀田順一郎・東　雅夫編（創元推理文庫）
¶『日本雑記　他』(1901)…182
小泉八雲（恒文社〈小泉八雲作品集〉）
〈日本推理小説体系〉…118
（東都書房）
〈日本探偵小説全集〉…113、127-128
（創元推理文庫）
¶「日本の誇り得る探偵小説」(1925)…177
江戸川乱歩（光文社文庫〈江戸川乱歩全集〉24『悪人志願』）
〈日本ハードボイルド全集〉…300
（創元推理文庫）
¶『日本を襲ったスペイン・インフルエンザ』(2006)…175
速水　融（藤原書店）
『人間以上』(1953)…72
シオドア・スタージョン（ハヤカワ文庫SF）

ぬ
「盗まれた一萬円」(1933)…113、125、128、396(付録I)
坂口安吾（「東京週報」1933年10月15日36号／「新潮」2023年1月号）
「盗まれた手紙」(1844)…13、21、23、28-29、36、40、42、47-49、316、320
エドガー・アラン・ポー（角川文庫『ポー傑作選2　怪奇ミステリー編　モルグ街の殺人』）

ね
「猫と老婆」(1953)…86
ロイ・ヴィカーズ（ハヤカワ・ミステリ文庫『老女の深情け　迷宮課事件簿III』所収）
『猫の舌に釘をうて』(1961)…31、195、197
都筑道夫（徳間文庫〈トクマの特選!〉）
「ネバーランド」…94、102、340-341
今村昌弘（第13回ミステリーズ!新人賞最終候補作、未発表）
『ネメシスI』(2021)…340
今村昌弘（講談社タイガ）

の
『ノックス・マシン』(2013)…32
法月綸太郎（角川文庫）
『ノッティング・ヒルの謎』(1863)…303
チャールズ・フィーリクス（岩波文庫『英国古典推理小説集』所収）
『法月綸太郎の本格ミステリ・アンソロジー』(2005)…275
法月綸太郎編（角川文庫）
『法月綸太郎ミステリー塾　怒濤編　フェアプレイの向こう側』(2021)…11
法月綸太郎（講談社）

は
『バイバイ、サンタクロース　麻坂家の双子探偵』(2023)…308、320、328、331-332、339
真門浩平（光文社）
『破壊された男』(1953)…69、72-75、77、85、387
アルフレッド・ベスター（ハヤカワ文庫SF／創元推理文庫『分解された男』）
「白昼夢」(1925)…49
江戸川乱歩（光文社文庫〈江戸川乱歩全集〉1『屋根裏の散歩者』）
「破獄の紳士」(1912)…79
三津木春影（フリーマン「パーシヴァル・ブランドの替玉」の翻案。作品社『探偵奇譚 呉田博士【完全版】』所収）
「箱の中のあなた」(1961)…193
山川方夫（ちくま文庫『箱の中のあなた　山川方夫ショートショート集成』所収）
『箱の中のあなた　山川方夫ショートショート集成』(2022)…193
山川方夫（日下三蔵編、ちくま文庫）
「パーシヴァル・ブランドの替(え)玉」(1913)…79
R・A・フリーマン（創元推理文庫『ソーンダイク博士の事件簿II』／国書刊行会〈ソーンダイク博士短篇全集〉2『青いスカラベ』所収）
『バスカヴィル家の犬』(1902)…158
アーサー・コナン・ドイル（光文社文庫〈新訳シャーロック・ホームズ全集〉）
〈パズル〉シリーズ(1936-1947)…88-89
パトリック・クェンティン（創元推理文庫）
『はだかの太陽』(1957)…56、69、72
アイザック・アシモフ（ハヤカワ文庫SF）
〈87分署〉シリーズ(1956-2005)…209
エド・マクベイン（早川書房）
『花火と猫と提督』(1956)…222
ジョスリン・デイヴィー（ハヤカワ・ポケット・ミステリ）
『バーナビー・ラッジ』(1841)…14、21-22、302、376
チャールズ・ディケンズ（集英社〈愛蔵版世界文学全集〉15／佐々木　徹編訳、岩波文庫『英国古典推理小説集』に1%の部分訳あり）
『ハムレット復讐せよ』(1937)…211、278、288
マイクル・イネス（ハヤカワ・ポケット・ミステリ／国書刊行会

¶『〈転生〉する物語　小泉八雲「怪談」の世界』(2011)…182
遠田　勝（新曜社）
『電話男』(1985)…266
小林恭二（ハルキ文庫）

と
「動機」(1937)…275
ロナルド・A・ノックス（ノックス編、晶文社『探偵小説十戒』／法月綸太郎編、角川文庫『法月綸太郎の本格ミステリ・アンソロジー』）
¶「倒叙探偵小説」(1948)…51、60、74
（江戸川乱歩（光文社文庫〈江戸川乱歩全集〉26『幻影城』）
¶「倒叙探偵小説再説」(1949)…51
江戸川乱歩（光文社文庫〈江戸川乱歩全集〉第26巻『幻影城』）
¶『東宝空想特撮映画 轟く 1954-1984』(2022)…185
小林　淳（アルファベータブックス〈叢書・20世紀の芸術と文学〉）
「東方 Project」（ゲーム）…343
ZUN・上海アリス幻樂団
『遠まわりする雛』(2010)…369
米澤穂信（角川文庫）
『時の娘』(1951)…284
ジョセフィン・テイ（ハヤカワ・ミステリ文庫）
¶『〈時〉をつなぐ言葉　ラフカディオ・ハーンの再話文学』(2011)…160-161
牧野陽子（新曜社）
『毒入り火刑法廷』(2024)…307、342-343、355
榊林　銘（光文社）
『毒入りチョコレート事件』(1929)…137-139、146-147、157、267、272-278、280-283、287、289、291-297、306-308、314、339、342、356、362、364、386
アントニイ・バークリー（東都書房〈世界推理小説大系〉18／創元推理文庫）
「毒殺六人賦」(1934)…138、147
稲木勝彦（「新青年」1934年8月号／『毒殺怪事件探偵小説』高橋書店／『毒殺魔』探偵小説社。単行本版は伊那勝彦名義）
『読者よ欺かるるなかれ』(1939)…34
カーター・ディクスン（ハヤカワ・ミステリ文庫）
¶「特殊設定ミステリプロトタイピングの可能性」(2023)…167
宮本道人（『現代ミステリとは何か　二〇一〇年代の探偵作家たち』所収）
『毒薬と老嬢』（映画、1944）…238
フランク・キャプラ監督
『ドグラ・マグラ』(1935)…59、347
夢野久作（創元推理文庫〈日本探偵小説全集4〉『夢野久作集』所収／角川文庫）
「土佐国妹兄行住不知島語」…142
（『今昔物語集』巻26第10）
「途上」(1920)…177
谷崎潤一郎（光文社文庫『白昼鬼語　探偵くらぶ』／集英社文庫『文豪の探偵小説』）
「跳び蛙」(1849)…36
エドガー・アラン・ポー（角川文庫『ポー傑作選1　ゴシックホラー編　黒猫』）
「詣鳥部寺女値盗人語」…150、440（付録V）
（『今昔物語集』巻29第22）

な
『ナイン・テイラーズ』(1934)…164、178、191、202、212、278、288
ドロシー・L・セイヤーズ（東京創元社〈世界推理小説全集〉36／創元推理文庫）
『長い（お）別れ』(1953)…9
レイモンド・チャンドラー（創元推理文庫／ハヤカワ・ミステリ文庫『ロング・グッドバイ』）
〈中村雅楽〉シリーズ（1958-1991）…112、324
戸板康二（創元推理文庫〈中村雅楽探偵全集〉）
¶『なぜアガサ・クリスティーは失踪したのか？　七十年後に明かされた真実』(1998)…26
ジャレッド・ケイド（早川書房）
¶『謎解きが終ったら　法月綸太郎ミステリー論集』(1988)…126、285
法月綸太郎（講談社／増補版、講談社文庫）
『謎の物語』(2012)…117、153
紀田順一郎編（ちくま文庫。1991年ちくまライブラリー版とは異同あり）
¶『謎解きはどこにある　現代日本ミステリの思想』(2023)…287
渡邉大輔（南雲堂）
¶『謎物語　あるいは物語の謎』(1996)…112
北村　薫（中公文庫／創元推理文庫）
『七回死んだ男』(1995)…292
西澤保彦（講談社文庫）
〈なめくじ長屋捕物さわぎ〉シリーズ（1968-1999）…199、209
都筑道夫（光文社時代小説文庫）
『なめくじに聞いてみろ』（旧題『飢えた遺産』）(1962)…28、35
都筑道夫（扶桑社文庫〈昭和ミステリ秘宝〉／講談社文庫）

に
¶『ニアミステリのすすめ』(2008)…96
探偵小説研究会編（原書房）
『ニコラス・クインの静かな世界』(1977)…290
コリン・デクスター（ハヤカワ・ポケット・ミステリ／ハヤカワ・ミステリ文庫）
¶『二十世紀のツヅキです　1986-1993』『同　1994-1999』(2023)…370
都筑道夫（フリースタイル）

F・W・クロフツ（創元推理文庫）
『ターン』（1997）…292
北村　薫（新潮文庫）
『断弦』（1993）…202
岡松和夫（文藝春秋）
『探偵奇譚 呉田博士【完全版】』（2008）…79
末國善己編、三津木春影著（作品社）
「探偵、細菌の謎に挑む」（1911）…65
アーサー・B・リーヴ（論創社〈論創海外ミステリ〉201『無音の弾丸』）
¶『探偵小説五十年』（1972）…238
横溝正史（講談社／日下三蔵編〈横溝正史エッセイコレクション①〉柏書房）
¶「探偵小説十戒」（1929）…270
ロナルド・A・ノックス（晶文社『探偵小説十戒』／鈴木幸夫編、研究社出版『推理小説の詩学』所収）
〈探偵小説大全集〉…289
（創元推理文庫）
¶「探偵小説に現われた犯罪心理」（1947）…49、67
江戸川乱歩（現代教養文庫『探偵小説の「謎」』／中公文庫『江戸川乱歩トリック論集』）
¶『探偵小説の黄金時代　現代探偵小説を生んだ作家たちの秘密』（2015）…52、229
マーティン・エドワーズ（国書刊行会）
¶「探偵小説を截る」（1948）…128、245
坂口安吾（角川文庫『私の探偵小説』／中公文庫『安吾探偵事件帖　事件と探偵小説』所収）
『探偵を捜せ!』（1948）…98-99
パット・マガー（創元推理文庫）
『短編ミステリの二百年 1 ～ 6』（2019-2021）…17、85-86、89、96、101、317、319、325、367-368
小森　収編（創元推理文庫）

ち

『竹林の七探偵』（2020）…138
田中啓文（光文社）
『地下室の殺人』（1932）…108
アントニイ・バークリー（創元推理文庫）
「痴人の宴」（1951）…197
千代有三（論創社〈論創ミステリ叢書〉84『千代有三探偵小説選Ⅰ』）
〈地底世界ペルシダー〉シリーズ（1914-1963）…281
E・R・バロウズ（ハヤカワ文庫 SF ／創元推理文庫）
「茶店の水椀若年の面を現ず」…159、448（付録Ⅷ）
（『新著聞集』巻5第10奇怪篇）
『鳥人計画』（1989）…99
東野圭吾（新潮文庫／角川文庫）
『蝶々殺人事件』（1948）…41、239、354
横溝正史（角川文庫）
『沈黙は金で買え』（1974）…280、312
ピーター・イズレイエル（角川文庫）

つ

『追想五断章』（2009）…342
米澤穂信（集英社文庫）
「月明かりの道」（1907）…168
アンブローズ・ビアス（光文社古典新訳文庫『アウルクリーク橋の出来事／豹の眼』所収）
「告げ口心臓」（「裏切り心臓」「裏切る心臓」「裏ぎった心臓」）（1843）…28-29、35、37、39、42、44、46-50、57、135、188
エドガー・アラン・ポー（角川文庫『ポー傑作選 2　怪奇ミステリー編　モルグ街の殺人』）
「続いている公園」（1956）…129
フリオ・コルタサル（岩波文庫『遊戯の終わり』）
〈都筑道夫異色シリーズ〉…28
都筑道夫（三一書房）
¶「都筑道夫　ショートショート初出誌リスト　試供品版」…183
戸田和光ホームページ
¶『都筑道夫の読ホリデイ（上・下）』（2009）…172、178、211-212
都筑道夫（フリースタイル）
¶『都筑道夫ポケミス全解説』（2009）…73
都筑道夫（フリースタイル）
『罪と罰』（1866）…43、49-52、57-59、67、87-88
フョードル・ドストエフスキー（光文社文庫古典新訳文庫）

て

『でぃすぺる』（2023）…330、340-341
今村昌弘（文藝春秋）
〈定本坂口安吾全集〉…237、256
（冬樹社）
¶『「探偵小説（ディテクティブ・ノベル）」の考古学　セレンディップの三人の王子たちからシャーロック・ホームズまで』（1929）…22
レジス・メサック（国書刊行会）
¶『手紙、栞を添えて』（1998）…7、9、11
辻　邦生・水村美苗（朝日文庫／ちくま文庫）
『デストラップ／死の罠』（映画、1982）…285
シドニー・ルメット監督
『鉄路のオベリスト』（1934）…288、296
C・デイリー・キング（光文社カッパ・ノベルス／日下三蔵編、論創社〈論創海外ミステリ〉192『鉄路のオベリスト　鮎川哲也翻訳セレクション』）
「天狗起し」（1969）…199
都筑道夫（光文社時代小説文庫『ちみどろ砂絵　くらやみ砂絵　なめくじ長屋捕物さわぎ 1』

本綺堂妖術伝奇集』所収）
『青蛙堂鬼談』（1926）…221-222
岡本綺堂（光文社文庫『影を踏まれた女』／中公文庫〈岡本綺堂読物集〉2）
¶「「清張的なもの」へのルサンチマンの忘却」（2000）…346、359
法月綸太郎（河出書房新社「文藝別冊　Jミステリー」／講談社『法月綸太郎ミステリー塾　日本編　名探偵はなぜ時代から逃れられないのか』所収）
¶『清張日記』（1984）…305
松本清張（日本放送出版協会／朝日文庫／文藝春秋〈松本清張全集65〉）
¶『正統とは何か』（1908）…315
G・K・チェスタトン（春秋社）
『世界怪談名作集』（1929）…221
岡本綺堂（改造社〈世界大衆文学全集〉35／河出文庫）
〈世界推理小説大系〉…42、138、191、280
（東都書房）
〈世界探偵小説全集〉…211、282
（国書刊行会）
〈世界探偵小説文庫〉…79
（ポプラ社）
『世界（推理）短編傑作集1～6』…318、324-325、327
江戸川乱歩、戸川安宣編（創元推理文庫）
『世界（推理）短編傑作集1～5』…303-305、318、325
江戸川乱歩編（創元推理文庫）
『世界の終わり、あるいは始まり』（2002）…280
歌野晶午（角川文庫）
¶『世界の推理小説・総解説』（1982）…282
中島河太郎・権田萬治監修（自由国民社）
『世界ベスト・ミステリー50選　名作短編で編む推理小説50年史（上・下）』（1991）…318、324-325、336
エレノア・サリヴァン編（光文社文庫）
¶『世界ミステリ作家事典［本格派篇］』（1998）…267、278
森　英俊編著（国書刊行会）
〈007号〉シリーズ（1953-1966）…28、35
イアン・フレミング（早川書房／創元推理文庫）
「前科者」（1912）…79
R・A・フリーマン（国書刊行会〈ソーンダイク博士短篇全集〉Ⅰ『歌う骨』／創元推理文庫『ソーンダイク博士の事件簿Ⅰ』所収）
『尖塔登攀記　小泉八雲初期文集』（1934）…189
小泉八雲著、佐藤春夫訳（白水社）

そ

〈創元クライム・クラブ〉…362
（東京創元社）
『僧正殺人事件』（1929）…191
S・S・ヴァン・ダイン（創元推理文庫〈S・S・ヴァン・ダイン全集〉）
「即席世界名作文庫」（1973）…174、183
都筑道夫（桃源社『悪夢図鑑』／角川文庫『感傷的対話』所収）
¶『続　妖異博物館』（1963）…161
柴田宵曲（ちくま文庫／角川ソフィア文庫）
『そして誰もいなくなった』（1939）…10、347
アガサ・クリスティー（早川書房〈クリスティー文庫〉80）
『そして、よみがえる世界。』（2020）…55、62、64
西式　豊（早川書房）
『ソニア・ウェイワードの帰還』（1960）…43
マイケル・イネス（論創社〈論創海外ミステリ〉189）
『その可能性はすでに考えた』（2015）…307、342
井上真偽（講談社文庫）
¶「その頃の思い出」…264
坂口三千代（「宝石」1957年8月号）
¶「祖母に聞かされた怪談」（1960）…162-163
江戸川乱歩（講談社〈江戸川乱歩推理文庫〉60『うつし世は夢』／〈平凡社ライブラリー〉843『怪談入門　乱歩怪異小品集』）
〈ソーンダイク博士〉シリーズ（1907-1942）…39、57、64、101
R・A・フリーマン（国書刊行会ほか）

た

「対位法」（2017）…129
法月綸太郎（角川文庫『赤い部屋異聞』所収）
¶『大衆文芸評判記』（1933）…179
三田村鳶魚（中公文庫）
『退職刑事』全6冊（1974-1996）…199-200、326-328、338-339、366、368-369
都筑道夫（徳間文庫／創元推理文庫）
『第二の銃声』（1930）…107-108、128、282、296
アントニイ・バークリー（創元推理文庫）
『高い窓』（1942）…351
レイモンド・チャンドラー（ハヤカワ・ミステリ文庫）
〈ターザン〉シリーズ（1912-1965）…281
エドガー・ライス・バロウズ
〈ダーシー卿〉シリーズ（1964-1979）…101、103、344
ランドル・ギャレット
「多衰丸調伏丸二人盗人語」…150、152-153、439（付録Ⅳ）
（『今昔物語集』巻29第2）
「達也が嗤う」（1956）…197
鮎川哲也（北村薫編、創元推理文庫『下り“はつかり”』／光文社文庫『翳ある墓標』所収）
『007　白紙委任状』（2011）…36
ジェフリー・ディーヴァー（文春文庫）
『樽』（1920）…158

加田伶太郎（福永武彦著、創元推理文庫『完全犯罪 加田伶太郎全集』所収）
「白の下」…83-84、92
唐沢拓磨（第10回ミステリーズ!新人賞最終候補作、未発表）
「死を呼ぶトラブル」（1956）…317
ロバート・トゥーイ（EQMM日本版1965年9月号）
〈新顎十郎捕物帳〉（1980-1985）シリーズ…209
都筑道夫（講談社ノベルス／講談社文庫）
「深淵」（1954）…130、132
福永武彦（小学館〈P＋D BOOKS〉『夜の三部作』）
「新陰陽博士」（1900）…78
原抱一庵（コナン・ドイル『緋色の研究』の翻案。論創社〈論創海外ミステリ200〉『シャーロック・ホームズの古典事件帖』所収）
「蜃気楼博士」（1969）…36
都筑道夫（ソノラマ文庫『蜃気楼博士』／本の雑誌社〈都筑道夫少年小説コレクション〉3所収）
「蜃気楼博士」（TVドラマ、1978-1983）…34、101
都筑道夫原作（NHK〈少年ドラマシリーズ〉全12回）
「信号手」（「魔のトンネル」、1866）…221
岡本綺堂（原作チャールズ・ディケンズ、河出文庫『世界怪談名作集　信号手・貸家ほか五篇』／完訳は岩波文庫『ディケンズ短篇集』所収）
「新釈おとぎばなし」（2004-2005）…226-228、235
北村　薫（講談社文庫『紙魚家崩壊』所収）
『新青年傑作選4　翻訳編』（1970）…220
中島河太郎ほか編（立風書房）
¶『新世代ミステリ作家探訪』（2021）…76
若林　踏（光文社）
『真説　金田一耕助』（1977）…238
横溝正史（角川文庫／日下三蔵編、柏書房〈横溝正史エッセイコレクション〉3）
『新著聞集』（1749）…159、161-162
『審判の日』（1962）…73
ポール・アンダースン（ハヤカワ・SF・シリーズ）
¶『シンポ教授の生活とミステリー』（2020）…25、218
新保博久（光文社文庫）
「心理試験」（1925）…37、42、47、50-51、57、59、64、71、81
江戸川乱歩（光文社文庫〈江戸川乱歩全集〉第1巻『屋根裏の散歩者』所収）
¶『深夜の散歩　ミステリの愉しみ』（1963）…147、157、284
福永武彦・中村真一郎・丸谷才一（創元推理文庫）
『深夜の謎』（1954）…67、78、82
山中峯太郎（コナン・ドイル『緋色の研究』の翻案。ポプラ社〈名探偵ホームズ全集〉5／平山雄一編、作品社〈名探偵ホームズ全集〉1所収）

す
『スイート・ホーム殺人事件』（1944）…283
クレイグ・ライス（ハヤカワ・ミステリ文庫）
『水平線の男』（1946）…97
ヘレン・ユースティス（「別冊宝石」1963年6月119号「地平線の男」／創元推理文庫）
「推理クイズ　マゴベエ探偵団」（TV番組、1976-1980）…260、266
藤原宰太郎・杉江秋典脚本（名古屋放送製作）
¶『推理小説雑学事典』（1976）…116
中村勝彦監修、慶応義塾大学推理小説同好会著（廣済堂出版〈Kosaido Books〉）
¶『推理作家の出来るまで（上・下）』（2000）…36、192、199、、208
都筑道夫（フリースタイル）
¶『推理小説の読み方』（1971）…365
中島河太郎（ポプラ社）
¶「推理小説論」（1950）…245、354
坂口安吾（角川文庫『私の探偵小説』／中公文庫『安吾探偵事件帖　事件と探偵小説』所収）
¶『推理日記』（全12冊、1976-2012）…117-118、366
佐野　洋（講談社）
『好きです、死んでください』（2023）…307
中村あき（双葉社）
『厨子家の悪霊』…291、293
山田風太郎（光文社文庫〈山田風太郎コレクション〉『眼中の悪魔』／ハルキ文庫〈山田風太郎奇想コレクション〉『厨子家の悪霊』所収）
『涼宮ハルヒの直観』（2024）…295
谷川　流（角川文庫）
『涼宮ハルヒの暴走』（2019）…294
谷川　流（角川文庫）
『涼宮ハルヒの憂鬱』（2019）…294
谷川　流（角川文庫）
『スタイルズ荘の怪事件』（1920）…41
アガサ・クリスティー（早川書房〈クリスティー文庫〉／創元推理文庫）
『砂の器』（映画、1974）…360
松本清張原作、野村芳太郎監督
「スノウマン」…102
市川憂人（第10回ミステリーズ!新人賞候補作、未発表）
〈隅の老人〉シリーズ（1901-1925）…363
バロネス・オルツィ（平山雄一編、作品社『隅の老人【完全版】』）
¶「スリルの説」（1929）…49、67
江戸川乱歩（光文社文庫〈江戸川乱歩全集〉25『鬼の言葉』／中公文庫『江戸川乱歩トリック論集』所収）

せ
「青蛙神」（戯曲、1931）…221
岡本綺堂（東雅夫編、学研M文庫〈伝奇ノ匣〉2『岡

トマス・バーク（光文社文庫『クイーンの定員Ⅱ　傑作短編で読むミステリー史』所収）
『死者を笞打て』…352
鮎川哲也（光文社文庫〈鮎川哲也コレクション〉）
『死の接吻』（1953）…87-88、96、98-99、108
アイラ・レヴィン（ハヤカワ・ミステリ文庫）
『紙魚家崩壊　九つの謎』…227
北村　薫（講談社文庫）
「写真うつりのよい女」…199
都筑道夫（徳間文庫『退職刑事』／創元推理文庫『同1』）
「ジャケット背広スーツ」…199、366、368
都筑道夫（徳間文庫『退職刑事』／創元推理文庫『同1』）
『シャム双子の謎』（1933）…253
エラリー・クイーン（創元推理文庫／角川文庫『シャム双子の秘密』）
〈詳註版　シャーロック・ホームズ全集〉…158
アーサー・コナン・ドイル著、ベアリング=グールド解説と注、小池　滋監訳（東京図書／ちくま文庫）
〈シャーロック・ホームズ全集〉（オックスフォード大学版）…158
アーサー・コナン・ドイル（河出書房新社／河出文庫版は註を抄録）
『シャーロック・ホームズの栄冠』…275
北原尚彦編訳（創元推理文庫）
¶『シャーロック・ホームズの誤謬　『バスカヴィル家の犬』再考』（2008）…158
ピエール・バイヤール（東京創元社〈創元ライブラリ〉）
『シャーロック・ホームズの生還』（1905）…41
アーサー・コナン・ドイル（光文社文庫〈新訳シャーロック・ホームズ全集〉）
¶『シャーロック・ホームズ・バイブル　永遠の名探偵をめぐる170年の物語』（2022）…185
日暮雅通（早川書房）
「十五秒」（2015）…95、342
榊林　銘（創元推理文庫『あと十五秒で死ぬ』所収）
「十三号独房の問題」（1905）…306
ジャック・フットレル（作品社『思考機械【完全版】1』／創元推理文庫『世界（推理）短編傑作集1』所収）
『13の暗号　推理ベスト・コレクション』（1975）…350
渡辺剣次編（講談社）
『13の凶器　推理ベスト・コレクション』（1976）…350
渡辺剣次編（講談社）
『13の密室　推理ベスト・コレクション』（1975）…350
渡辺剣次編（講談社文庫『13の密室　密室推理傑作選』）
『十七人目の死神』（1972）…93
都筑道夫（角川文庫／ちくま文庫『阿蘭陀すてれん　都筑道夫恐怖短篇集成2』に併収）
『十二人の怒れる男』（アメリカ映画、1957）…75-76、285-286、290、297、313-314
シドニー・ルメット監督
『12人の怒れる男』（ロシア映画、2007）…286
ニキータ・ミハルコフ監督
『12人の浮かれる男』（戯曲。1979）…76
筒井康隆（新潮文庫／復刊ドットコム『筒井康隆全戯曲1』）
『十二人の評決』（1940）…285
レイモンド・ポストゲート（ハヤカワ・ポケット・ミステリ）
『12人の優しい日本人』（戯曲、1990年初演）…75-76
三谷幸喜
『ジェゼベルの死』（1948）…121
クリスチアナ・ブランド（ハヤカワ・ミステリ文庫）
「十角館の殺人」（実写配信版。2024）…345、359-360、363
綾辻行人原作、hulu オリジナル
『拾分間の不在証明（アリバイ）』…326
アンソニー・アームストロング（書林絢天洞）
「趣味の遺伝」（1906）…118
夏目漱石（竹本健治編、行舟文化〈行舟文庫〉『変格ミステリ傑作選【戦前篇】』）
『重力の使命』（1954）…76
ハル・クレメント（ハヤカワ文庫SF／創元SF文庫『重力への挑戦』）
¶「純潔──『藪の中』をめぐりて──」（1951）…120
瀧井孝作（中央公論社〈瀧井孝作全集〉4／角川書店〈芥川龍之介全集〉別巻所収）
『証拠の問題』（1935）…200
ニコラス・ブレイク（ハヤカワ・ミステリ／「別冊宝石」53号）
〈小市民〉シリーズ…103
米澤穂信（創元推理文庫）
「使用中」（1998）…129
法月綸太郎（祥伝社文庫『しらみつぶしの時計』所収）
「ジョコンダの微笑」（1921）…327、333-335
オルダス・ハックスリー（戸川安宣編、創元推理文庫『世界推理短編傑作集6』所収／エラリー・クイーン編『犯罪文学傑作選』所収「モナ・リザの微笑」）
〈城塚翡翠〉シリーズ（2019-）…101
相沢沙呼（講談社）
「鐘楼の悪魔」（1839）…50
エドガー・アラン・ポー（創元推理文庫『ポオ小説全集1』所収）
¶『書斎の旅人　イギリス・ミステリ歴史散歩』（1991）…210-211
宮脇孝雄（早川書房）
『女郎蜘蛛』（1952）…89
パトリック・クェンティン（創元推理文庫）
『しらみつぶしの時計』（2008）…129
法月綸太郎（祥伝社文庫）
「知られぬ日本の面影」（2023）…207
青崎有吾（講談社タイガ『アンデッドガール・マーダーファルス4』所収）
¶「しろうと探偵小説問答」（1955-1956）…283-284
中村真一郎・福永武彦（創元推理文庫『深夜の散歩　ミステリの愉しみ』／講談社『小説の愉しみ　福永武彦対談集』所収）
¶「素人探偵誕生記」（1959）…139

アントニイ・バークリー（創元推理文庫）
『最後の一撃』(1958)…297
エラリイ・クイーン（ハヤカワ・ポケット・ミステリ／ハヤカワ・ミステリ文庫）
「最後の答」(1962)…116
ハル・エルスン（角川文庫『山口雅也の本格ミステリ・アンソロジー』所収）
『サイロの死体』(1933)…270
ロナルド・A.ノックス（国書刊行会〈世界探偵小説全集〉27）
『坂口安吾集』(1985)…113、127、128
坂口安吾（創元推理文庫〈日本探偵小説全集〉10）
〈坂口安吾全集〉…125、256
（筑摩書房）
「サーチライトと誘蛾灯」(2013)…83
櫻田智也（創元推理文庫『サーチライトと誘蛾灯』）
『殺意』(1931)…43-44、52、60、74、108-109、147、281-282、294、315
フランシス・アイルズ（創元推理文庫）
『殺人者はまだ来ない』(1930)…288
イザベル・B・マイヤーズ（カッパ・ノベルス／光文社文庫）
『砂糖菓子の弾丸は撃ちぬけない』(2009)…358
桜庭一樹（角川文庫）
"The History of Over Sea"(1894)…120
ウイリアム・モリス（「ポンチュー伯の息女」の英訳）
『さよなら神様』…320
麻耶雄嵩（文春文庫）
「猿の足」…220-221、449(付録Ⅸ)
W・W・ジャコブス（立風書房『新青年傑作選 4・翻訳編』所収）
「猿の手」(1902)…205-206、216-222、225、227-228、235、304、338
W・W・ジェイコブズ（創元推理文庫『怪奇小説傑作集 1』所収）
「猿の手」(戯曲、1907)…217
ルイス・N・パーカー（早川書房『学生演劇戯曲集　第二集』所収）
「猿の手」(2023)…218
富安陽子文、W・W・ジェイコブズ原作（ポプラ社〈ホラー・クリッパー〉『猿の手』所収）
「猿の手」…218
菊池　寛訳（武蔵野書房〈菊池寛全集〉補巻第五「翻訳文学集」所収）
「猿の左手」(2005)…220、226-227、235
有栖川有栖（光文社文庫『妃は船を沈める』所収）
「猿の眼」(1925)…221-222
岡本綺堂（光文社文庫『影を踏まれた女　怪談コレクション』）
『三重露出』…195、201
都筑道夫（徳間文庫〈トクマの特選!〉）
¶「『三重露出』ノートまたは誰が沢之内より子を殺したか」…197
中野康太郎（講談社〈大衆文学館〉『猫の舌に釘をうて／三重露出』／「同・完成版」徳間文庫『三重露出』所収）
「サンタクロースのいる世界」(2023)…102、308、320-321、329、331、341
真門浩平（光文社『バイバイ、サンタクロース　麻坂家の双子探偵』所収）
「サンタクロースの贈物」…115
加田伶太郎（河出文庫『サンタクロースの贈物　クリスマス×ミステリーアンソロジー』所収）
『サンタクロースの贈物　クリスマス×ミステリーアンソロジー』(2021)…115
新保博久編（河出文庫）
「三人の学生」(1904)…41
アーサー・コナン・ドイル（光文社文庫〈新訳シャーロック・ホームズ全集〉『シャーロック・ホームズの生還』）
『三人の詐欺師』(旧題『怪奇クラブ』、1895)…203
アーサー・マッケン（沖積舎〈アーサー・マッケン作品集成〉2）
『三人の名探偵のための事件』(1936)…296
レオ・ブルース（扶桑社ミステリー）
〈三番館〉シリーズ…362
鮎川哲也
『3分間探偵ゲーム』(1981)…279
新保博久（角川文庫／扶桑社文庫『5分間ミステリー容疑者は誰だ』）

し

『時空旅行者の砂時計』…387
方丈貴恵（創元推理文庫）
『ジェリコ街の女』(1981)…313
コリン・デクスター（ハヤカワ・ポケット・ミステリ／ハヤカワ・ミステリ文庫）
『ジェリーフィッシュは凍らない』…102
市川憂人（創元推理文庫）
¶『時間ループ物語論　成長しない時代を生きる』(2012)…292、294
浅羽通明（洋泉社）
『試行錯誤』(別題『トライアル&エラー』)(1937)…108、147、157、212、282、343、355
アントニイ・バークリー（創元推理文庫）
『屍人荘の殺人』…84、94、109、308
今村昌弘（創元推理文庫）
「死者の手」(1912)…79
R・A・フリーマン（国書刊行会〈ソーンダイク博士短篇全集〉2『青いスカラベ』）
『死者は旅行中』(1948)…288
トマ・ナルスジャック（晶文社『大密室　幻の探偵小説コレクション』所収）
¶『死体を無事に消すまで　都筑道夫ミステリー論集』(1973)…12、222、237
都筑道夫（晶文社）
『七人のおば』(1947)…99
パット・マガー（創元推理文庫）
「シナ人と子供」(1915)…305

け

「計画殺人事件」(1912)…79
R・A・フリーマン（創元推理文庫『ソーンダイク博士の事件簿Ⅰ』所収／国書刊行会刊〈ソーンダイク博士短篇全集〉Ⅰ『歌う骨』所収「練り上げた事前計画」）
「刑事コロンボ」(ドラマ)…43、52-53、57-58、68、74、89、109、314
『刑事コロンボの帰還』(2020)…58
菊池篤構成（二見書房）
「劇場の迷子」(1984)…324
戸板康二（日下三蔵編、創元推理文庫〈中村雅楽探偵全集〉4『劇場の迷子』所収）
「戯作三昧」(1917)…143
芥川龍之介（新潮文庫『戯作三昧・一塊の土』所収）
『消された時間』(1957)…98
B・S・バリンジャー（ハヤカワ・ポケット・ミステリ／ハヤカワ・ミステリ文庫）
「決断の時」(1955)…116、129
スタインリイ・エリン（ハヤカワ・ミステリ文庫『特別料理』／創元推理文庫『短編ミステリの二百年3』所収）
¶『幻影城』(1951)…43、51、304
江戸川乱歩（光文社文庫〈江戸川乱歩全集〉26）
¶『幻影の蔵　江戸川乱歩探偵小説蔵書目録』(2002)…361
新保博久・山前　譲編（東京書籍）
¶「幻影の城から異形の館へ受け継がれたもの」(2024)…345
若林　踏（「小説現代」2024年4月号）
『幻想と怪奇　英米怪談集』(1956)…217
早川書房編集部編（ハヤカワ・ミステリ）
〈現代国民文学全集〉(1957-1958)…128
（角川書店）
¶『現代推理小説の歩み』(1953)…253
サザランド・スコット（東京創元社）
¶『現代ミステリとは何か　二〇一〇年代の探偵作家たち』(2023)…167
限界研・蔓葉信博編（南雲堂）

こ

『小泉八雲集』(1975)…181
上田和夫訳（新潮文庫）
『小泉八雲名作選集1　怪談・奇談』(2004)…172、178-180、182、186
小泉八雲著、平川祐弘編（講談社学術文庫）
「興義和尚のはなし」(1901)…181
小泉八雲（角川文庫『怪談・奇談』）
『坑木会社の秘密』(1922)…157
F・W・クロフツ（創元推理文庫『製材所の秘密』）
「小梅富士」(1970)…199
都筑道夫（光文社時代小説文庫『からくり砂絵　あやかし砂絵　なめくじ長屋捕物さわぎ2』）
『鋼鉄都市』(1954)…69、72
アイザック・アシモフ（ハヤカワ文庫SF）
「こがね虫」(「黄金虫」)(1843)…12、40、98
エドガー・アラン・ポー（光文社文庫古典新訳文庫『アッシャー家の崩壊／黄金虫』／、角川文庫『ポー傑作選2　怪奇ミステリー編　モルグ街の殺人』所収）
『黒衣聖母』(2011)…118
日下三蔵編、芥川龍之介著（光文社文庫〈探偵くらぶ〉）
『黒死荘の殺人』…191
ジョン・ディクスン・カー著、平井呈一訳（1963年、東都書房〈世界推理小説大系〉22所収）
『獄門島』(1949)…239
横溝正史（角川文庫）
『午後のチャイムが鳴るまでは』(2023)…369
阿津川辰海（実業之日本社）
¶『心　日本の内面生活の暗示と影響』(1896)…172
ラフカディオ・ハーン（岩波文庫）
「心あたりのある者は」(2010)…369
米澤穂信（角川文庫『遠まわりする雛』）
〈GOSICK〉シリーズ(2003-2011)…358
桜庭一樹（角川文庫）
『コージーボーイズ、あるいは消えた居酒屋の謎』(2021)…138
笛吹太郎（東京創元社〈ミステリ・フロンティア〉109）
「五十円玉二十枚の謎」(1991)…200、253
若竹七海（創元推理文庫『競作五十円玉二十枚の謎』）
『骨董』(1902)…160、179
ラフカディオ・ハーン著、平井呈一訳（1954年、岩波文庫）
『骨董・怪談』(2014)…178-179
小泉八雲著、平川祐弘訳（河出文庫）
〈古典部〉シリーズ(2001-)…103、293-294、358、369
米澤穂信（角川文庫）
『此の世の果ての殺人』…54-56
荒木あかね（講談社）
「この世の果てまで」(音楽)…54
（スキーター・ディヴィス歌）
『五匹の赤い鰊』(1931)…296
ドロシー・L.セイヤーズ（創元推理文庫）
「ゴムのラッパ」(1934)…392
ロイ・ヴィカーズ（ハヤカワ・ミステリ文庫『迷宮課事件簿〔Ⅰ〕』所収）
『今昔物語集』…120、124、141、149-153、157、168、223、377-379、439(付録Ⅳ)、440(付録Ⅴ)、442(付録Ⅵ)
作者不詳（岩波書店〈新日本古典文学大系〉33-37／小学館〈日本古典文学全集〉21-24）

さ

『最上階の殺人』(1930)…294、355

集4』所収「死女の恋」／光文社古典新訳文庫『死霊の恋／化身　ゴーティエ恋愛奇譚集』所収「死霊の恋」）
『吸血鬼ドラキュラ』（旧題『魔人ドラキュラ』）（1897）…201-202
ブラム・ストーカー（創元推理文庫）
『九人の偽聖者の密室』（1940）…74
H・H・ホームズ（アントニイ・バウチャー）（国書刊行会〈奇想天外の本棚〉／扶桑社ミステリー『密室の魔術師　ナイン・タイムズ・ナインの呪い』）
「九マイルは遠すぎる」（1947）…328、368
ハリイ・ケメルマン（ハヤカワ・ミステリ文庫『九マイルは遠すぎる』所収）
¶『恐怖コレクション』（1982）…181、216
阿刀田　高（新潮社／新潮文庫）
『恐怖の谷』（1954）…67、78、82
山中峯太郎（コナン・ドイルの同名作品の翻案。ポプラ社〈名探偵ホームズ全集〉9／作品社〈名探偵ホームズ全集〉1）
「恐怖の窓」（1933）…219
谷譲次（サキ「開いた窓」の翻案。〈論創ミステリ叢書〉30『牧逸馬探偵小説選』所収「舶来百物語」の内／河出書房新社〈一人三人全集〉Ⅵ『七時〇三分』所収「西洋怪異談」の内）
『虚構推理　鋼人七瀬』（2011）…103、342
城平　京（講談社文庫『虚構推理』）
『虚無への供物』（1974）…279、291、293
中井英夫（初刊時は塔　晶夫名義）（講談社文庫）
『キリオン・スレイの生活と推理』（1972）…199
都筑道夫（三笠書房／角川文庫）
『ギリシャ棺の秘密』（1932）…296
エラリー・クイーン（角川文庫／創元推理文庫『ギリシャ棺の謎』）
「霧の星で」（1961）…193
星　新一（新潮文庫『ようこそ地球さん』所収）
『禁じられた館』（1932）…289、296
ミシェル・エルベール&ウジェーヌ・ヴィル（扶桑社ミステリー）
『ぎんなみ商店街の事件簿（Sister編／Brother編）』（2023）…307
井上真偽（小学館）

く

〈クイーンの定員　傑作短編で読むミステリー史〉（1984）…65
エラリー・クイーン、各務三郎編（光文社版3分冊を光文社文庫は4分冊）
『クイーンの定員Ⅱ　傑作短編で読むミステリー史』（1984）…305
エラリー・クイーン、各務三郎編（光文社文庫）
「偶然の審判」（1929?）…139、275、281、293、304、306
アントニイ・バークリー（創元推理文庫『世界（推理）短編傑作集3』所収）
『愚者のエンドロール』（2002）…293-294、308
米澤穂信（角川文庫）
『首断ち六地蔵』（2002）…307
霞　流一（カッパ・ノベルス／光文社文庫）
「熊の可能性」（1960）…116
フレドリック・ブラウン（創元SF文庫『未来世界から来た男』／東京創元社『フレドリック・ブラウンSF短編全集4　最初のタイムマシン』所収「クマんにひとつの」）
〈クライム・クラブ〉…108、208、213、230、
（東京創元社）
「蔵の中」（1935）…118、137
横溝正史（角川文庫『蔵の中・鬼火』／日下三蔵編、柏書房〈横溝正史ミステリ短篇コレクション〉2『鬼火』所収）
「クラリモンド」（1914）…171、189、221
芥川龍之介訳（テオフィル・ゴーティエ著。東雅夫編、創元推理文庫『吸血鬼文学名作選』／同編、学研M文庫〈伝奇ノ匣〉9『ゴシック名訳集成　吸血妖鬼譚』所収）
『グリーン家殺人事件』（1928）…245、250、383、385
S・S・ヴァン・ダイン（創元推理文庫）
「狂った形」（1911）…301、325
G・K・チェスタトン（創元推理文庫『ブラウン神父の童心』所収）
「車井戸は何故軋る」（1949）…238-239、245-246、393
横溝正史（出版芸術社〈横溝正史探偵小説コレクション〉3『聖女の首』。金田一耕助の登場しない原型版）
「グレアムズ・マガジン」（雑誌）…13
〈クレイグ・ケネディ教授〉シリーズ（1912-1935）…64
アーサー・B・リーヴ
『クレオパトラの一夜とその他幻想物語集』（1882）…171
テオフィル・ゴーティエ著、ラフカディオ・ハーン英訳
『クロイドン発12時30分』（1934）…43、58、60
F・W・クロフツ（創元推理文庫）
『黒後家蜘蛛の会1〜5』（1974-1990）…138、339、363-364
アイザック・アシモフ（創元推理文庫）
「黒手組」（1925）…65
江戸川乱歩（光文社文庫〈江戸川乱歩全集〉1『屋根裏の散歩者』所収）
「黒猫」（1943）…28-29、35、37、39、44、46、48-50、57、183
エドガー・アラン・ポー（角川文庫『ポー傑作選1　ゴシックホラー編　黒猫』／光文社古典新訳文庫『黒猫』所収）
¶『クロフツ』解説（1963）…42
平野　謙（東都書房〈世界推理小説大系〉12）
「群集の人」（1840）…22、48-49
エドガー・アラン・ポー（中野好夫訳、創元推理文庫『ポオ小説全集2』／巽孝之訳、新潮文庫『ポー短編集Ⅱ　ミステリ編　モルグ街の殺人・黄金虫』所収「群衆の人」）

小泉八雲（みすず書房〈小泉八雲全集〉4）
『火刑法廷』（1937）…280、284、342、355
ジョン・ディクスン・カー（ハヤカワ・ミステリ文庫）
『駆け出し探偵フランシス・ベアードの冒険』（1906）…41
R・W・カウフマン（国書刊行会〈シャーロック・ホームズの姉妹たち〉）
「影なき女」（1950）…197
高木彬光（光文社電子書籍『神津恭介、密室に挑む』所収）
『影を踏まれた女　岡本綺堂怪談集』（1976）…221
岡本綺堂（旺文社文庫／光文社文庫。内容に異同あり）
「貸家」…221
エドワード・ブルワー＝リットン著、岡本綺堂訳（河出文庫『世界怪談名作集』所収。完訳は創元推理文庫『怪奇小説傑作集 1』所収「幽霊屋敷」）
「家常茶飯」（1926）…126、128、415（付録Ⅱ）
佐藤春夫（日下三蔵編、ちくま文庫〈怪奇探偵小説名作選〉4『佐藤春夫集　夢を築く人々』）
『火星人ゴーホーム』（1955）…331
フレドリック・ブラウン（ハヤカワ文庫 SF）
『風のかたみ』（1968）…131、379
福永武彦（河出文庫／新潮文庫 Kindle 版）
「風博士」（1931）…113
坂口安吾（創元推理文庫〈日本探偵小説全集〉10『坂口安吾集』／講談社文芸文庫『木枯の酒倉から・風博士』）
『加田伶太郎全集』（1970）…115、138、146、210
福永武彦（扶桑社文庫〈昭和ミステリ秘宝〉／創元推理文庫『完全犯罪　加田伶太郎全集』に抄録）
¶「『加田伶太郎全集』を語る」（1970）…139
福永武彦・結城昌治・都筑道夫の鼎談（講談社『小説の愉しみ　福永武彦対談集』／創元推理文庫『完全犯罪　加田伶太郎全集』）
「河童」（1927）…157
芥川龍之介（角川文庫『河童』所収）
『甲虫殺人事件』（1930）…233、250、253-254
S・S・ヴァン・ダイン（創元推理文庫『カブト虫殺人事件』／仙仁堂〈古典新訳推理〉『スカラベ殺人事件』）
『神様ゲーム』（2005）…320、341
麻耶雄嵩（講談社文庫）
『火曜クラブ』（1932）…339、364
アガサ・クリスティー（早川書房〈クリスティー文庫〉54／創元推理文庫『ミス・マープルと13の謎』）
『カラマーゾフの兄弟』（1880）…7、43、57、88
フョードル・ドストエフスキー（光文社古典新訳文庫／新潮文庫）
「乾いた死体」…368
都筑道夫（『退職刑事 3』所収、徳間文庫／創元推理文庫）
「考え方」（1953）…316
シオドア・スタージョン（早川書房〈異色作家短編集〉13＝新版 3『一角獣・多角獣』）
「完全犯罪」（1956）…125、132-133、138-140、147、157、168、265、267、283-284
福永武彦（小学館〈P+D BOOKS〉『加田伶太郎作品集』／創元推理文庫『完全犯罪　加田伶太郎全集』）
『完全犯罪　加田伶太郎全集』（2018）…115、138-139、146、210
福永武彦（創元推理文庫）
「カンダウレス王」（1844）…171-172
テオフィル・ゴーティエ（現代教養文庫『吸血女の恋　フランス幻想小説』所収））

き

『黄色い部屋の秘密』（1908）…8、41、354-355
ガストン・ルルー（ハヤカワ・ミステリ文庫／創元推理文庫『黄色い部屋の謎』）
¶『黄色い部屋はいかに改装されたか?』（1975）…35-36、191、200、210、212、245、250、301、315、354、366-367、369、384-385
都筑道夫（晶文社／フリースタイル、増補版）
『消えた玩具屋』（1946）…283
エドマンド・クリスピン（ハヤカワ・ポケット・ミステリ／ハヤカワ・ミステリ文庫）
「消えた金融業者」（別題「消えた金貸し」）（1914）…79
R・A・フリーマン（創元推理文庫『ソーンダイク博士の事件簿 Ⅱ』所収／国書刊行会〈ソーンダイク博士短篇全集Ⅱ〉『青いスカラベ』所収「消えた金貸し」）
『妃は船を沈める』（2008）…227
有栖川有栖（光文社文庫）
『キサラギ』（映画、2007）…293
佐藤祐市監督
〈奇想天外の本棚〉（2022-）…73
「菊花の約」（1776）…161、163、173、180
上田秋成（河出文庫〈古典新訳コレクション〉『雨月物語』所収）
『キドリントンから消えた娘』（1976）…290
コリン・デクスター（ハヤカワ・ポケット・ミステリ／ハヤカワ・ミステリ文庫）
『樹のごときもの歩く』（1958）…196、198、213-214、256
坂口安吾・高木彬光（河出文庫『復員殺人事件』）
¶「『樹のごときもの』懸賞選評」（1958）…264
高木彬光（「宝石」年5月号／ちくま文庫『坂口安吾全集 11』解題に全文引用／筑摩書房版『坂口安吾全集 08』所収）
『逆転裁判』（ゲーム）…342
巧 舟制作（カプコン）
『ギャルトン事件』（1959）…299、392
ロス・マクドナルド（ハヤカワ・ポケット・ミステリ）
『吸血女の恋　フランス幻想小説』（1992）…171
テオフィル・ゴーティエほか著、小柳保義訳（現代教養文庫）
「吸血女の恋」（別題「クラリモンド」）（1836）…171
テオフィル・ゴーティエ（創元推理文庫『怪奇小説傑作

集〉I『歌う骨』所収／創元推理文庫『世界（推理）短編傑作集 2』」所収「オスカー・ブロズキー事件」）
「恐るべき錯誤」(1923)…163
江戸川乱歩（光文社文庫〈江戸川乱歩全集〉第 1 巻『屋根裏の散歩者』所収）
『オックスフォード運河の殺人』(1989)…285、313
コリン・デクスター（ハヤカワ・ポケット・ミステリ／ハヤカワ・ミステリ文庫）
「オッターモール氏の手」(1929)…299、303、305-306、315、317-319、323-325、336、338
トマス・バーク（創元推理文庫『世界（推理）短編傑作集 4』所収／岩波文庫『英国古典推理小説集』所収「オターモゥル氏の手」）
「お伽草紙」(1945)…226
太宰　治（新潮文庫『お伽草紙』所収）
「落とし穴と振り子」(1843)…28、35-36、44
エドガー・アラン・ポー（角川文庫『ポー傑作選 1　ゴシックホラー編　黒猫』／新潮文庫『ポー短編集 I　ゴシック編　黒猫・アッシャー家の崩壊』）
『オトラントの城』(1764)…12
ホレス・ウォルポール（国書刊行会〈ゴシック叢書〉27 ／講談社文庫『オトラント城奇譚』）
「鬼警部アイアンサイド」(ドラマ)…36、88
¶『鬼の言葉』(1936)…348
江戸川乱歩（光文社文庫〈江戸川乱歩全集〉第 25 巻）
『伯母殺人事件』(1935)…43、74
リチャード・ハル（創元推理文庫／ハヤカワ・ミステリ文庫『伯母殺し』）
『伯母の死』(1929)…211
C・H・B・キッチン（ハヤカワ・ポケット・ミステリ）
〈オベリスト〉シリーズ(1934-1938)…296-297
C・デイリー・キング
『鬼の筆　戦後最大の脚本家・橋本忍の栄光と挫折』(2023)…360
春日太一（文藝春秋）
「おまえが犯人だ」(1844)…18、40、42、98、320、374
エドガー・アラン・ポー（角川文庫『ポー傑作選 2　怪奇ミステリー編　モルグ街の殺人』／新潮文庫『ポー短編集 II　モルグ街の殺人・黄金虫』所収）
『折れた竜骨』(2010)…103、342
米澤穂信（創元推理文庫）
『オリエント急行殺人事件』(映画、1974)…285
シドニー・ルメット監督
『オリエント急行の殺人』(1934)…10、347
アガサ・クリスティー（早川書房〈クリスティー文庫〉8 ／光文社古典新訳文庫）
「女か西瓜か」(1959)…115-116、130
加田伶太郎（小学館〈P+D BOOKS〉『加田伶太郎作品集』／新潮社〈福永武彦全集〉5『加田伶太郎全集』所収）
「女か虎か」(1882)…116、130、183、204-205、377
フランク・R・ストックトン（ちくま文庫『謎の物語』／ハヤカワ・ポケット・ミステリ『天外消失』所収）

か

『怪異猟奇ミステリー全史』(2022)…13、190
風間賢二（新潮選書）
¶『海外探偵小説作家と作品』(1957)…147
江戸川乱歩（早川書房／光文社版〈江戸川乱歩全集〉30『わが夢と真実』に抄録）
¶『怪奇三昧　英国恐怖小説の世界』(2013)…337、357
南條竹則（小学館クリエイティブ。集英社新書『恐怖の黄金時代　英国怪奇小説の巨匠たち』の増補改訂版）
『海峡　この水の無明の真秀ろば』(1983)…155
赤江　瀑（創元推理文庫『天上天下　赤江瀑アラベスク 1』所収）
「解決ドミノ倒し」(1991)…293
山口雅也（講談社文庫『ミステリーズ　完全版』所収）
『怪談』(1904)…160-161、163-164、179、189、201
ラフカディオ・ハーン（小泉八雲）著（平井呈一訳、恒文社〈小泉八雲作品集〉10 ／平川祐弘訳、河出文庫『怪談・骨董』／円城　塔訳、KADOKAWA『怪談』。平井呈一訳、偕成社〈ジュニア版日本文学名作選〉13『怪談』は独自編集）
『怪談』(映画、1965)…161、185-186
小林正樹監督
¶「怪談入門」(1951)…163
江戸川乱歩（光文社文庫〈江戸川乱歩全集〉26『幻影城』／東雅夫編、平凡社ライブラリー『怪談入門　乱歩怪異小品集』所収）
「街頭インタビュー」(2024)…369
真門浩平（東京創元社〈ミステリ・フロンティア〉119『ぼくらは回収しない』所収）
「外套の恐怖」(1955)…221
ニコライ・ゴーゴリ、西野辰吉翻案（偕成社〈世界名作文庫〉『幽霊屋敷』）
『怪盗の宝』(1954)…78
山中峯太郎（コナン・ドイル『四つの署名』の翻案。ポプラ社〈名探偵ホームズ全集〉7 ／平山雄一編、作品社〈名探偵ホームズ全集〉1）
「科学的金庫破り」(1910)…64
アーサー・B・リーヴ（論創社〈論創海外ミステリ〉201『無音の弾丸』／ Kindle 版〈ヒラヤマ探偵文庫〉『無音の弾丸』所収「金庫破りの技法」）
『かくして彼女は宴で語る』(2022)…138
宮内悠介（幻冬舎文庫）
『影』(1900)…161

波文庫『英国古典推理小説集』所収「イズリル・ガウの名誉)
『忙しい蜜月旅行』(1937)…212
ドロシイ・L・セイヤーズ(ハヤカワ・ミステリ文庫/創元推理文庫『大忙しの蜜月旅行』)
〈伊丹英典〉シリーズ(1956-1962)…132-133、139
加田伶太郎(創元推理文庫『完全犯罪　加田伶太郎全集』)
『一角獣・多角獣』(1953)…316
シオドア・スタージョン(早川書房〈異色作家短篇集〉13=新版3)
「一等車の秘密」(1947)…275
ロナルド・A・ノックス(論創社〈論創海外ミステリ〉61『シャーロック・ホームズの栄冠』/創元推理文庫『(同題)』所収)
「一方通行」(1952)…326、328、338-339、367、393
アンソニー・アームストロング(光文社文庫『世界ベスト・ミステリー50選　名作短編で編む推理小説50年史〈上〉)
「いつものボックス」(1984)…324-325
戸板康二(創元推理文庫『劇場の迷子　中村雅楽探偵全集4』)
『絃の聖域』(1980)…352
栗本　薫(講談社文庫)
『犬神家の一族』(1951)…233、238、245、251
横溝正史(角川文庫)
『犬神家の戸籍』(2021)…251-252、264、353
遠藤正敬(青土社)
「芋粥」(1916)…131
芥川龍之介(角川文庫『羅生門・鼻・芋粥』に所収)
¶『いやいやながらルパンを生み出した作家　モーリス・ルブラン伝』(2001)…334
ジャック・ドゥルワール(国書刊行会)
『invert　城塚翡翠倒叙集』(2021)…100
相沢沙呼(講談社文庫)

う

『飢えた遺産』(別題『なめくじに聞いてみろ』)(1962)…201
都筑道夫(東都書房〈東都ミステリー〉29)
「浮出た血染の手形」(1919)…79
三津木春影(フリーマン「死者の手」の翻案。国華堂書店/盛林堂ミステリアス文庫『浮出た血染の手形　三津木春影翻案探偵小説集』所収)
『雨月物語』(1768-1776)…161、180-181
上田秋成(河出文庫〈古典新訳コレクション〉)
『歌う白骨』(1912)…41、79、109
R・A・フリーマン(嶋中文庫〈グレート・ミステリーズ〉6/国書刊行会〈ソーンダイク博士短篇全集〉I『歌う骨』)
『ウッドストック行最終バス』(1975)…290
コリン・デクスター(ハヤカワ・ポケット・ミステリ/ハヤカワ・ミステリ文庫)
『うみねこのなく頃に』(ゲーム)…342
竜騎士07(2007年〜、07th Expansion)
『海のオベリスト』(1932)…296
C・デイリー・キング(原書房〈ヴィンテージ・ミステリ・シリーズ〉)
「占いの館へおいで」(2023)…369
阿津川辰海(実業之日本社『午後のチャイムが鳴るまでは』所収)
『朱漆の壁に血がしたたる』(1977)…200
都筑道夫(徳間書店/光文社文庫)

え

『英国古典推理小説集』(2023)…301-303、311、315
佐々木徹編訳(岩波文庫)
¶「英米短篇ベスト集と「奇妙な味」」(1950)…304
江戸川乱歩(光文社文庫〈江戸川乱歩全集〉26『幻影城』)
¶『SF・ミステリおもろ大百科』(1977)…116
石川喬司(早川書房/講談社文庫改題『夢探偵　SF&ミステリー百科』)
¶『NHK 100分de名著「エドガー・アラン・ポー　スペシャル」』…13、57
巽　孝之(日本放送出版協会)
「エドガー・ポーの三つの短編」…50
フョードル・ドストエフスキー(未訳。「ヴレーミャ(時代)」1861年1月号)
「エラリー・クイーンの冒険」(ラジオドラマ)…66
『エラリー・クイーンの冒険』(1934)…138、296
エラリー・クイーン(創元推理文庫)
『エレファントヘッド』(2023)…307
白井智之(KADOKAWA)
「炎天」(1910)…219、221
W・F・ハーヴィー(創元推理文庫『怪奇小説傑作集1』/岩波少年文庫『八月の暑さのなかで』表題作)
「エンドレスエイト」(アニメ)…294
谷川　流原作(原作小説は角川スニーカー文庫『涼宮ハルヒの暴走』所収)

お

『王朝語事典』(2000)…123
秋山　虔編(東京大学出版会)
『黄金の13/現代篇』(1970)…96
エラリイ・クイーン編(ハヤカワ・ミステリ文庫)
「「オカアサン」」…127
佐藤春夫(創元推理文庫〈日本探偵小説全集〉11『名作集1』/山前譲編、集英社文庫『文豪の探偵小説』所収)
『贈る物語　Terror』(2002)…218
宮部みゆき編(光文社/光文社文庫改題『贈る物語　Terror　みんな怖い話が大好き』)
『おしどり探偵』(1929)…33
アガサ・クリスティー(早川書房〈クリスティー文庫〉52/創元推理文庫『二人で探偵を』)
「オスカー・ブロドスキー事件」(1910)…52、58、79
R・A・フリーマン(国書刊行会〈ソーンダイク博士短篇全

作品名索引

『』は書籍タイトル、映画タイトル。「」は短編タイトル、テレビ番組名。〈〉はシリーズ・タイトル、選集や全集タイトル。評論随筆類には ¶ を付した。( ) 内の数字は発表年または初刊年。

多数の出版社から出ているものは代表的な１～２種を記した。２種以上の順序は不同。

あ

〈亜愛一郎〉シリーズ（1976-1984）…315
泡坂妻夫（創元推理文庫）
『アウルクリーク橋の出来事／豹の眼』（2011）…168
アンブローズ・ビアス（光文社古典新訳文庫）
「青い死体」（1965）…101
ランドル・ギャレット（ハヤカワ・ミステリ文庫『魔術師を探せ!』／創元推理文庫『短編ミステリの二百年 5』所収）
『青い鳥』（1908）…327
モーリス・メーテルリンク（講談社文庫）
「赤い部屋」（1925）…49
江戸川乱歩（光文社文庫〈江戸川乱歩全集〉1『屋根裏の散歩者』所収）
『赤い部屋異聞』（2019）…129
法月綸太郎（角川文庫）
『赤い拇指紋』（1907）…289
R・A・フリーマン（創元推理文庫）
¶「「赤毛のレドメイン一家」」（1935）…348
江戸川乱歩（光文社文庫〈江戸川乱歩全集〉25『鬼の言葉』）
「赤毛連盟」（1891）…348
アーサー・コナン・ドイル（角川文庫『シャーロック・ホームズの冒険』所収／光文社文庫〈新訳シャーロック・ホームズ全集〉所収「赤毛組合」）
¶「秋成小見」（1972）…191
平井呈一（創元推理文庫『迷いの谷　平井呈一怪談翻訳集成』所収）
¶『芥川龍之介　『藪の中』を解く』（1990）…119
大里恭三郎（審美社）
¶「芥川龍之介を弁護する」（1970）…119
大岡昇平（中央公論社〈大岡昇平全集〉13／河出書房新社『文芸読本　芥川龍之介』所収）
『悪夢図鑑』（1973）…174、183
都筑道夫（桃源社〈都筑道夫ショート・ショート集成 1〉）
「悪霊」（1933）…349-354、383-384、394
江戸川乱歩（光文社文庫〈江戸川乱歩全集〉8『目羅博士の不思議な犯罪』／日下三蔵編、春陽堂書店〈合作探偵小説コレクション〉2『畸形の天女　女妖』所収）
『アクロイド殺し』（1926）…32-33、98、106、347
アガサ・クリスティー（早川書房〈クリスティー文庫〉3／創元推理文庫『アクロイド殺害事件』）
『明智小五郎事件簿　Ⅰ』（2016）…64
平山雄一編、江戸川乱歩著（集英社文庫）
¶『明智小五郎年代記（クロニクル）1』（2016）…64
平山雄一（集英社文庫『明智小五郎事件簿　Ⅰ』）
『あしながおじさん』（1912）…9
ジーン・ウェブスター（新潮文庫）
『明日という過去に』（1993）…362
連城三紀彦（幻冬舎文庫）
『あと十五秒で死ぬ』（2021）…342
榊林　銘（創元推理文庫）
「穴のあいた記憶」（1943）…116
バリイ・ペロウン（紀田順一郎編、ちくま文庫『謎の物語』所収）
「アフリカ旅商人の冒険」（1934）…138、296
エラリー・クイーン（創元推理文庫『エラリー・クイーンの冒険』所収）
『天城一の密室犯罪学教程』（2004）…336
天城　一（日本評論社／宝島社文庫）
「天邪鬼」（1845）…37、48-51、57
エドガー・アラン・ポー（角川文庫『ポー傑作選 3　ブラックユーモア編　X だらけの社説』所収／光文社古典新訳文庫『黒猫』所収「邪鬼」）
『アメリカの悲劇』（1925）…88、96
シオドア・ドライサー（集英社〈世界文学全集〉デュエット版 49、愛蔵版 27、ベラージュ 63・64／新潮文庫）
「アモンティリャアドの酒樽」（1846）…36
エドガー・アラン・ポー（角川文庫『ポー傑作選 1 ゴシックホラー編　黒猫』所収「アモンティリャードの酒樽」／光文社古典新訳文庫『黒猫』所収「アモンティリャードの樽」）
「或る殺人事件」（1933）…219
谷譲次（〈論創ミステリ叢書〉30『牧逸馬探偵小説選』所収「舶来百物語」の内／河出書房新社〈一人三人全集〉Ⅵ『七時〇三分』所収「西洋怪異談」の内）
「アンゴウ」（1948）…112-113
坂口安吾（新潮文庫『不連続殺人事件』／河出文庫『心霊殺人事件』所収）
¶「安吾流探偵術」（1985）…198
都筑道夫（創元推理文庫〈日本探偵小説全集〉10『坂口安吾集』解説／フリースタイル『黄色い部屋はいかに改装されたか?　増補版』所収）
『アンデッドガール・マーダーファルス 1～4』（2015-2023）…206
青崎有吾（講談社タイガ）

い

『イヴリン嬢は七回殺される』（2018）…295
スチュアート・タートン（文春文庫）
『いじわるな花束』（1962）…183
都筑道夫（七曜社／三一書房〈都筑道夫異色シリーズ〉『いじわるな花束・犯罪見本市』所収）
「イズレイル・ガウの誉れ」（1911）…301-302、312-316、325
G・K・チェスタトン（創元推理文庫『ブラウン神父の童心』／岩

319、370、374-376、380-381、386-387、393
ボアロー、ピエール…288
ポストゲート、レイモンド…285
ホック、エドワード・D…201
ホフマン、E・T・A…57
ホームズ、H・H(＝バウチャー)…73

マ
マイヤーズ、イザベル・B…288
マガー、パット…98-99、108
マケイブ、キャメロン…296-297
マクドナルド、フィリップ…289、367、369
マクドナルド、ロス…299
マクベイン、エド(＝ハンター)…209
マッケン、アーサー…203

ミ
ミハルコフ、ニキータ…286

ム
ムーア、ロバート…290

メ
メサック、レジス…22
メーテルリンク、モーリス…327、334-335

モ
モリス、ウイリアム…120、168

ヤ
ヤッフェ、ジェイムズ…201、326、368

ユ
ユーステス、ヘレン…97

ラ
ライス、クレイグ…283
ラヴゼイ、ピーター…99、108

リ
リーヴ、アーサー・B…64-65
リンク、ウィリアム(レヴィンソン、リチャードと連名)…52

ル
ルブラン、ジョルジェット…327、333-335
ルブラン、モーリス…327、333-334
ルメット、シドニー…75、285-286
ルルー、ガストン…8、41、355

レ
レヴィン、アイラ…87、96-97
レヴィンソン、リチャード(リンク、ウィリアムと連名)…52
レンデル、ルース…43

ロ
ローズ、レジナルド…75-76、285
ロード、ジョン…229

377
ストリブリング、T・S…315

セ
セイヤーズ、ドロシー・L…51-52、164、178、191、212、218-219、222、228-229、269、278、288。296、305、326、357
セシル、ヘンリ…201-202

タ
タートン、スチュアート…295
ダンセイニ、ロード…304

チ
チェスタトン、G・K…40、77、113、292、301、313、315-317
チャンドラー、レイモンド…9、351

テ
テイ、ジョセフィン…284
ディーヴァー、ジェフリー 36
デイヴィ、ジョスリン…222
ディケンズ、チャールズ…14、40、302、376、380
デクスター、コリン…246、285-286、290-291、293、295、312-313、338

ト
ドゥルワール、ジャック…334
(コナン・)ドイル、アーサー…29、41、67、78、158、185、203-204、229、306
トゥーイ、ロバート…317、323
ドストエフスキー、フョードル…7、49-52
ドライサー、シオドア…88、96

ナ
ナルスジャック、トマ…288

ノ
ノックス、ロナルド・A…147、267-270、274-275、289、291、293、302、314、387

ハ
バー、ロバート…304
バイヤール、ピエール…158
ハーヴィー、W・F…219
バウチャー、アントニイ(＝H・H・ホームズ)…73、87、97
パーカー、ルイス・N…217
パーキス、キャサリン・ルイーザ…302
バーク、トマス…303、305、317-318、323、333、336-337
バークリー、アントニイ(＝アイルズ)…66、107-108、128、137-139、146-147、212、222、228-229、267、270、273-274、280、282、285、289-291、294-297、304、306、314、343、355、364
パトリック、Q(＝クェンティン)…88
ハックスリー、オルダス…327、333、335
ハメット、ダシール…176-177
バリンジャー、B・S…98
ハル、リチャード…43、74
バロウズ、E・R…281
ハーン、ラフカディオ(＝小泉八雲)…159-165、168-174、182-183、187-190、193、201、207、378、393
ハンター、エヴァン(＝マクベイン)…209

ヒ
ビアス、アンブローズ…168

フ
フィーリクス、チャールズ…303
フィルポッツ、イーデン…357
フェラーズ、エリザベス…163
ブッシュ、クリストファー…229
フットレル、ジャック…306
ブラウニング、ロバート 169
ブラウン、フレドリック…116、331
ブラッドベリ、レイ…116
ブランド、クリスチアナ…121、212、290、362
フリーマン、R・オースチン…39、41-42、46、51-52、57-58、60-61、64、66、68、74、79、289
ブルース、レオ…296-297
ブレイク、ニコラス…96、106、108、191、196、200、210、212
フレミング、イアン…28、229

ヘ
ヘア、シリル…212
ペアーズ、イーアン…114
ベスター、アルフレッド…69、72、74、85、387
ペロウン、バリイ…116
ベンヤミン、ヴァルター…48

ホ
ポー(ポオ)、エドガー・アラン…12-15、18-23、25、28-30、33-40、42、44、46-50、57、72、98、126、170、189、210、272、292、302、

人名索引（海外）

ア

アイルズ、フランシス（＝バークリー）…43、51-52、60、66、74、108、138、147、213、280-281、294、314-315

アシモフ、アイザック…56、69、72、138、339

アデア、ギルバート…355

アームストロング、アンソニー…326、328、338、367

アンダースン、ポール…72

イ

イズレイエル、ピーター…280、312

イネス、マイケル…43、210-212、278、288

ウ

ヴァン・ダイン、S・S…42、51、122、191、233、244、250、253、348、388

ヴィカーズ、ロイ…52、74、85-86、89、96、109、392

ウェイド、ヘンリー…229-230

ウェブスター、ジーン…9

ウォルシュ、ジョン…15

ウォルポール、ホレス…12

ウールリッチ、コーネル…183

エ

エドワーズ、マーティン…52、229

エリン、スタンリイ…86、89、116、129

エルスン、ハル…116

エルベール、ミシェル&ウジェーヌ・ヴィル…289

オ

オルツィ、バロネス…363、365

カ

カー、ジョン・ディクスン（＝カーター・ディクスン）…34-35、97、191、200、278、280、284、305、342、389

ガーヴ、アンドリュー…191、200、210、212

カウフマン、R・W…41

ディクスン、カーター…343

キ

キッチン、C・H・B…211

キャノン、カート（＝マクベイン）…209

ギャレット、ランドル…56、72、101、344、385

キング、C・デイリー…267、288、296

ク

クイーン、エラリー…7、65-66、85、87、96-97、107、138、191、200、244-245、253、296-297、305、316-318、325、337、348、357、387、389

クェンティン、パトリック（＝Q・パトリック）…88-89

クラーク、アーサー・C…72、101

クリスティー、アガサ…10、25-26、32-34、42、55、62、64、97、125、200、236、241、244-245、302、316、347、363-364、374-376、386、389

クリスピン、エドマンド…200、210-212、283、367、392

グリーン、アンナ・カサリン…40

クレメント、ハル…72、76

クロフツ、F・W…42-43、52、58、157、229-230、302、326

ケ

ケイド、ジャレッド…26

ケイン、ジェイムズ・M…43、60

ケネディ、ミルワード…229

ケメルマン、ハリイ…328、368

コ

ゴーゴリ、ニコライ…221

ゴーズワース、ジョン…336-338、357

ゴーティエ、テオフィル…171、189、221

コルタサル、フリオ…129

コール夫妻（コール、G・D・H & M）…52、229

サ

サキ…219

ザングウィル、イズレイル…272、355

シ

ジェイコブズ（ジャコブス）、W・W…205、216-217、220、235、449（付録Ⅸ）

シムノン、ジョルジュ…201、209

シモンズ、ジュリアン…147、210、229-230、357

シール、M・P…336-338、357、363

ス

スーヴェストル、ピエール&アラン、マルセル…176

スコット、サザランド…253

スタージョン、シオドア…72、316

ストックトン、フランク・R…116、130、183、204、

円居 挽…63、106、342
真門浩平…102、308、320-321、328-330、332、339、341-342、369
麻耶雄嵩…320、341
丸谷才一…20

み
三門優祐…28
三島由紀夫…237、281
水谷 準…350
水村美苗…7、9
三谷幸喜…75-76、83
三田村鳶魚…179
三津木春影…79
三橋 曉…281
光原百合…112
皆川正夫…116
宮内悠介…138
宮島新三郎…157
宮部みゆき…218
宮本道人…167
宮脇孝雄…113-114、116-117、119、210-211、269、306、319、377、380

む
村山槐多…177

も
森 暟峰…78
森 英俊…52、220、267、278

や
矢野 徹…197
山川方夫…193、204
山口雅也…293
山田風太郎…207、291、293
山中峯太郎…44、62、66-67、78、82、149
山前 譲…361
山村正夫…199、365

ゆ
結城昌治…117-119、139
ゆーた…243
夢野久作…59、134、142、146、300、347

よ
横溝正史…10、41、80、112、118、198、233、236-237、239、241、244-245、281、350、354、389、393-394
米澤穂信…83、102-103、293-294、308、331-332、341-342、358、369、389

り
陸 秋槎…392
竜騎士07…342

れ
連城三紀彦…18-19、306、362

わ
若島 正…66
若竹七海…112、200
若林 踏…76-77、103、345-346、358
鷲尾雨工(鷲尾 浩)…220、449(付録Ⅸ)
渡辺剣次…349
渡邉大輔…287
渡辺義愛…169、171

つ
辻 邦生…7、9
筒井康隆…76、331
都筑道夫…12、27-28、31-32、34-36、39、47、50、72-73、78、93、139、162-165、172-174、177-181、183、191-193、195-200、202、204-205、207-213、217、221-222、228、230、237、245、250、276、300-301、310、315、325-327、338、347、354、366-368、370、373、384-385、389、392

て
天藤 真…219

と
戸板康二…112、324
遠田 勝…182
戸川安宣…275、324、327、333、336-337、340、362-365、
戸田和光…183
戸田奈津子…351
富安陽子…218

な
永井荷風…202
中井英夫…279、291、293
永江 朗…175
中河悦朗…193
中島河太郎…28、219、272、301、312、365
中田耕治…87
中辻理央…96、99
中野康太郎…195、197
中村あき…307
中村真一郎…283
中村大介…316
中村利夫…199
夏目漱石…118
七北数人…126
南條竹則…217-218、316、337-338、357

に
二階堂黎人…105
西澤保彦…292、306
西式 豊…55、62
西野辰吉…221
似鳥 鶏…103

ぬ
貫井徳郎…280、306

沼沢洽治…69、72

の
野村宏平…220、278

は
間 羊太郎…305
馬場孤蝶…51
速水 融…175
原抱一庵…78

ひ
東 雅夫…160
東川篤哉…308、321、329
東野圭吾…99、108
日暮雅通…158、185
久生十蘭…176、208-209、237
平井呈一…153-154、162、164、172、177-180、189-193、196、201-203、208-209、212、278
平岡敏夫…140、142-143
平垣霜月…180
平川祐弘…162、172、178-179
平野 謙…42、47、128
平山雄一…41、64-65、79、303

ふ
笛吹太郎…138
深水黎一郎…307
福田恆存…242
福永武彦(=加田伶太郎)…115、130、138-140、146-147、157、168、265、267、283-284、305、379
藤原宰太郎…365
藤原龍一郎…202
古谷利裕…311

ほ
方丈貴恵…387
星 新一…193、204

ま
牧 逸馬→谷 譲次
牧野陽子…160-162、165、170
正岡 容…209
真田啓介…270-272、274-275、278、304
町田暁雄…53、57-60、66、78
松坂 健…28、31-32、35、80
松島 征…363
松本清張…305、315、346、358-360

喜田貞吉…151
紀田順一郎…117、153、160
北上次郎…112、125、145、299
北原尚彦…275
北村　薫…99、112-113、115、127、169、186、219-220、226-227、235、253、292

❹く
日下三蔵…118、193
倉知　淳…112
倉阪鬼一郎…217、220
栗本　薫…300、352
黒澤　明…121-122、360

❹け
限界研…167

❹こ
小泉八雲(＝ハーン)…153-154、159、160-161、163、165、170-173、178-182、186-187、190、193、202、207、221、378、444(付録Ⅶ)
郷原　宏…246
小酒井不木…163
小鷹信光…324、326、336
小西マサテル…203-204、218
小林　淳…185
小林恭二…266
小林　晋…289
小林信彦…239
小林正樹…161、185
五味康祐…116
小森　収…17、85-87、89、96、101、285、317、320、325、338、362、366、368
小森健太朗…306

❹さ
榊林　銘…84、307、342-343、355
坂口安吾…112-113、125-129、196、198、214、223、230-233、235-240、244-251、253、256-257、260-261、264-265、267、283、352-355、361-362、381-384、393、396(付録Ⅰ)
坂口三千代…230
櫻田智也…83
桜庭一樹…188、341、358
佐々木　徹…301、315
佐藤春夫…126-127、189-190、415(付録Ⅱ)
佐野　洋…28、36、117-119、200、366、373、384

狭山　温…31
澤木　喬…112

❹し
柴田宵曲…161
島崎　博…159
島田荘司…300
清水俊二…351
斜線堂有紀…63、103
東海林　広…223、224
白井智之…167、307
白樺香澄(＝菊池　篤)…58、60、66、108
城平　京…342
神命　明…60

❹す
酔眼俊一郎…326
末國善己…79
杉江松恋…99、272-274、306、314、334
鈴木幸夫(＝千代有三)…197、202
数藤康雄…246

❹せ
関口苑生…116
瀬戸川猛資…64、203、246、285、290-293、312-313
千街晶之…104、290、292、296、306、312-313

❹た
高木彬光…99、112、196-198、213-214、223、239-240、247-250、252、262、264、381-382、384
瀧井朝世…204
瀧井孝作…120
巧　舟…342
武満　徹…186
竹本健治…118
太宰　治…226、237
巽　孝之…13
田中潤司…97、197-198
田中啓文…138
谷　譲次(＝牧　逸馬)…219
谷崎潤一郎…126、177
探偵小説研究会…96、289、343

❹ち
近田鳶迩…84、188
千代有三→鈴木幸夫

人名索引(国内)

あ

相沢沙呼…100、103、307
青崎有吾…103、206、211
赤江 瀑…154、159-160、378
赤川次郎…300
秋山憲司…79
秋好亮平…104-106、108
芥川龍之介…113-114、117-122、124、126-127、131、140-143、148-152、157、165-166、168-169、171-172、175、186、188、190、221、242、377-380、385、427(付録Ⅲ)
浅木原 忍…343
浅羽通明…292-293、295
芦辺 拓…349、351-352、354、361-362、384
阿津川辰海…76-77、83、369
厚木 淳…73、191、202、305
阿刀田 高…181-182、186、188、216
鮎川哲也…84、94、102、197、288、308、352、362
荒 正人…128、393
荒木あかね…54
有栖川有栖…220、226-227、235、304、306、323、340
泡坂妻夫…300、315
淡路瑛一(=都筑道夫)…197

い

飯城勇三…130
池 央耿…339
池澤夏樹…131
石上三登志…268
石川喬司…116
石持浅海…308、321
泉 鏡花…154、284
市川憂人…102
稲田豊史…104
乾 信一郎…143
井上真偽…307、342
井上雅彦…179
井上良夫…270-271、278-279
今村昌弘…84、94、102-103、109、308、330、340、342

う

植草甚一…107-108、208、213、230
上田秋成…161、163、173、180、191
上田和夫…162、181-182、186
上野正彦…118
歌野晶午…280
内田百閒…163

え

江戸川乱歩…10、12、37、40、42-43、47、49-51、54-55、57、59-60、64-65、67、68、71、74、78、80、96-98、147、162-163、172、177、190、196、210、220、239、275、279、284、300、304、318、327、348-353、361、365、383-385、387、389、393-394
円城 塔…160、178-179
遠藤正敬…251、264、353

お

鶯春亭梅橋…193、196、198、207、209
大井廣介…128、237-238、393
大岡昇平…117-119
大里恭三郎…119
大坪砂男…209、244
大坪直行…236-237、244
大原祐治…126
大村美根子…305
大森 望…76
岡嶋二人…200
岡松和夫…202
岡本綺堂…163、221-222
荻野 哉…335
小栗虫太郎…300
恩田 陸…119、306

か

各務三郎…246-247
笠井 潔…300
風間賢二…13、190
梶山季之…350
春日太一…360
霞 流一…306
加田伶太郎(=福永武彦)…115、132、138-140、146、157、210、267、283-284
加納朋子…112
唐沢拓磨(ぐたく)…83
河合祥一郎…18、43、48、374
川出正樹…89

き

木々高太郎…279
菊池 篤(=白樺香澄)…58
菊池 寛…218

出　典

「読者への公開状」「往復書簡第一信〜第三十六信」
「ジャーロ」83号（2022年7月号）〜94号（2024年5月号）で連載。

「新保博久×法月綸太郎 感想戦対談」
「ジャーロ」95号（2024年7月号）

「末期のメッセージ」　書下ろし

付録 I 「盗まれた一萬円」「新潮」（新潮社）2023年1月号

付録 II 「家常茶碗」
「新青年」大正15年（1926年）4月号を底本に、旧字を新字に、
旧仮名遣いを新仮名遣いに改めました。

付録 III 「藪の中」
青空文庫を底本に、旧字を新字に、旧仮名遣いを新仮名遣いに改めました。

付録 IV〜VI 『今昔物語集』
『日本古典文学全集』小学館（1976年）を底本に、旧字を新字に、
旧仮名遣いを新仮名遣いに改めました。

付録 VII 「茶碗の中」
青空文庫を底本に、旧字を新字に、旧仮名遣いを新仮名遣いに改めました。

付録 VIII 「茶店の水椀若年の面を現ず」
『新著聞集』巻5、第10奇怪篇（1891年）を底本に、旧字を新字に、
旧仮名遣いを新仮名遣いに改めました。

付録 IX 「猿の足」
『新青年傑作選4・翻訳編』立風書房（1970年）を底本に、旧字を新字に、
旧仮名遣いを新仮名遣いに改めました。

※付録として収録した坂口安吾「盗まれた一萬円」は、坂口安吾研究者の
大原祐治氏が発見し、「新潮」2023年1月号に再録されたものです。
本書への収録をご快諾いただいたことに深く感謝します。

新保博久

(しんぽ・ひろひさ)

ミステリ評論家。1953年、京都府京都市生まれ。早稲田大学美術科在学中はワセダ・ミステリクラブに在籍。卒業後は、文芸評論家の権田萬治氏に師事し、2001年に同氏との共同監修による『日本ミステリー事典』で第1回本格ミステリ大賞(評論・研究部門)を受賞。'03年には推理小説研究家の山前譲氏との共編著『幻影の蔵　江戸川乱歩探偵小説蔵書目録』で第56回日本推理作家協会賞(評論その他の部門)を受賞。山前氏とともに光文社文庫版〈江戸川乱歩全集〉全30巻も監修する他、多数のアンソロジーや全集の編纂に携わる。主な著書に『日本ミステリ解読術』『ミステリ編集道』『シンポ教授の生活とミステリー』などが、編著に『私が愛した名探偵』『横溝正史自伝的随筆集』『泡坂妻夫引退公演』などがある。

法月綸太郎

(のりづき・りんたろう)

ミステリ作家、評論家。1964年、島根県松江市生まれ、京都大学法学部卒業。在学中は京大推理小説研究会に所属。'88年『密閉教室』でデビュー。2002年「都市伝説パズル」で第55回日本推理作家協会賞(短編部門)を、'05年『生首に聞いてみろ』で第5回本格ミステリ大賞(小説部門)を受賞。ロジカルかつ大胆な推理を展開する本格ミステリを次々と生み出す一方、文芸評論・ミステリ評論のジャンルでも多数の著書を著している。主な著作として、小説では作者と同名の名探偵が活躍する〈法月綸太郎〉シリーズのほか、『ノックス・マシン』『赤い部屋異聞』など。また評論書では〈法月綸太郎ミステリー塾〉シリーズ、『謎解きが終ったら　法月綸太郎ミステリー論集』がある。

死体置場《したいおきば》で待《ま》ち合《あ》わせ
新保博久《しんぽひろひさ》 法月綸太郎《のりづきりんたろう》 往復書簡《おうふくしょかん》

2024年12月30日　初版1刷発行

著　者　新保博久《しんぽひろひさ》　法月綸太郎《のりづきりんたろう》
発行者　三宅貴久
発行所　株式会社光文社
〒112-8011　東京都文京区音羽1-16-6
電話 編 集 部　03-5395-8254
書籍販売部　03-5395-8116
制 作 部　03-5395-8125
URL　光文社　https://www.kobunsha.com/

組　版　萩原印刷
印刷所　堀内印刷
製本所　ナショナル製本

ISBN978-4-334-10517-4